王少莲　主编

上好高中历史课

国家制度与社会治理
经济与社会生活
文化交流与传播

浙江教育出版社·杭州

编 委 会

主　编　王少莲

编写人员　包蓉琴　陈海娥　陈娟嫚　陈良彬　陈只信
　　　　　　杜剑锋　高璐璐　郭振豪　洪晖兴　胡韵珂
　　　　　　黄　欢　黄聪敏　黄维汀　贾霞翔　蒋丹怡
　　　　　　全蒙蒙　李诗凝　林　蔚　林德军　刘　平
　　　　　　马　喆　马志宇　聂跺强　尚婷婷　邵晨笙
　　　　　　施　荣　王　磊　王洪星　吴连号　徐彬彬
　　　　　　徐盛超　严迎春　杨丽君　杨苗苗　杨文密
　　　　　　杨泽盈　袁　婕　郑小勇

序

新课标　新教材　新征程

2017年年底,《普通高中历史课程标准(2017版)》(以下统称"新课标")颁布后,根据新课标编写的高中历史新教材也进入了试用阶段。浙江省温州市的高中历史教师在王少莲老师的带领下,先行先试,深入研究新课标和新教材,并进行了广泛的试教工作,取得了初步的成果,本书就是王老师团队近年进行试教工作的结晶。我虽然未能亲身参与温州市高中历史教师如火如荼的试教工作,但通过阅读本书,就如同目睹教师积极投身试教工作的场面,为他们的热情所感染,也为他们的成果而高兴。

这是一本用心编撰的教学设计案例集,它在符合教学设计规范的基础上,突出改革意识,力图把新的课程理念渗透到课堂教学中去。每一次课改都会给师生们带来新的东西,这既是机遇,也是挑战。作为中学一线教师,最重要的工作并非进行理论创新,而是通过自身的实践,检验新的课程理论和教学理论,以求达到最好的教学效果。新课标和新教材提出了许多新的理念和内容,温州的高中历史教师们则用自己的实践初步展现了这些理念和内容的落实效果。他们的努力,为教师们深入理解新课改的精神、准确实现新课改的目标,提供了第一手的优质素材。

在本次课改中,历史学科核心素养的概念和理论成为广大历史教师关注的重点。历史学科核心素养是一个非常大的课题,要真正理解和落实是非常不容易的事情。我认为,要把历史学科核心素养的精神和内容落实到位,需要从六个方面下功夫。第一,要准确理解历史学科五大核心素养的精髓。要做到这一点,不能只停留在解读新课标的表述上,还需要查找和阅读更多的历史专业书籍,准确把握素养的内涵。第二,要扎实提升历史教师的专业素养。没有教师素养的提高,学生素养的提升是不可能的事情。近十年来,从教育部到各级教育行政部门,都高度重视教师的专业发展,所举办的专业培训也真正做到了高投入、重效果。历史教师应该充分利用这一大好时机,结合历史学科核心素养的要求,切实提高自身的专业素养水平。第三,要从课程的观念、角度和内容去理解课程改革,不能够仅仅把课程改革停留在课堂教学的层面。这一方面需要强化国家课程要求和内容的落实,另一方面需要结合自身的资源条件开发校本课程。第四,要抓住课堂教学这个主阵地,向课堂要效率,向课堂要质量,在日常教学中落实历史学科核心素养。第五,要加强对发展性评价的研究。按照新课标的要求,目前单凭传统的纸笔测试已无法完全检测学生的素养水平,教师要在教学实践中呈现发展性评价的理论和方法。第六,要积极探索在纸笔测试中体现出历史学科核心素养的路径。对这六个方面的研究,必须并驾齐驱,才能实现新课改的初衷,达到良好的效果。

王少莲老师的团队已经在课堂教学设计方面进行了积极的探索。教师们认真钻研新课标,反复研读新教材,结合落实历史学科核心素养的要求,努力在课堂教学实践中体现课改精神,追求理想的改革效果。

对于本次课改,我认为不应该是穿新鞋走老路,不应该是贴上改革的标签、实际固守过去的做法,而必须要大胆改革,勇于创新,闯出一条新路。近一年来,很多教师问我,我也在苦苦思索的问题是:历史学科核心素养导向的课堂教学,跟过去的课堂教学究竟有哪些不同?哪些做法应该成为教师们共同追求的目标?我的理念大致有五个方面,这五个方面在王少莲老师团队的实践中也较充分地体现了出来。

第一方面是主题引领。主题有别于专题,我把有明确价值导向和价值追求的专题称为主题。历史教育的终极目标是立德树人,学科核心素养的基本原理是在正确的价值观念引导下运用知识和能力解决真实情境中的问题,而历史学科核心素养中的家国情怀和唯物史观都是与价值观紧密结合的。因此在课堂教学中,教师们应该非常明确本节课的价值取向是什么,而这主要是通过主题设计呈现出来的。

第二方面是任务驱动。任务驱动是一种让学生在解决问题、完成任务的过程中学习的教学方法和教学理念。核心素养是学生解决问题的综合品质,意味着必须在解决问题的过程中,学生的素养才能体现出来,也只有在解决问题的过程中,学生的素养才能够不断地提升。简单说来,任务驱动的教学设计意味着课堂教学应该是活动课,让学生在实践活动中学习。这是核心素养教学的重要特点之一。

第三方面是情境创设。新课标非常重视情境的教学与评价,并且对情境做了四方面的界定——陌生的、复杂的、开放的和真实的。创设好情境,培养学生在真实的情境下解决问题的能力,是核心素养培养的重要要求。历史学科的许多内容与学生的日常生活结合得并不太紧密,如何在课堂教学中设计好的真实的情境,是一个值得大力研究的课题。

第四方面是问题解决。新课标提到,学生学业考试命题的主要原则之一是"以新情境下的问题解决为重心"。问题解决既与任务驱动有关,也与情境创设相关,还与考试测评相关。既然有了任务驱动,意味着必须完成某个任务,也就意味着必须要有解决问题的过程和结果。因此,在以任务驱动为思路的课堂教学中,学生最终都需要呈现学习成果,这才能体现出学生解决问题的能力和素养。

第五方面是评价反馈。素养能否评价?如何测量?这都需要有全新的思路和实践。我们不能仅仅盯着终结性评价,也要研究发展性评价;不能仅仅关注学生纸笔考试的结果,也要看重学生过程性学习的成果;不能仅仅追求选拔性的评价,也要探索课堂教学中的即时评价。

上述理念是一个大的系统,而不是五项互不相干的环节。当前兴起的项目式学习、"做中学"等教学方式,都是对核心素养导向下教学改革的积极探索。王少莲老师团队的教学设计在主题引领、任务驱动、情境创设和分层评价等方面做出了有益的探索。尽管这些探索还是初步的,但方向是正确的,起步是扎实的,在新教材全面铺开之前交出了一份良好的答卷。相信王少莲老师的团队能够在此基础上稳扎稳打,继续积极创新,为历史学科核心素养的教学和评价闯出一条新路。也期待有更多的历史教师在温州高中历史教师所取得成果的基础上,有效地借鉴利用,举一反三,真正把历史学科核心素养的教学和评价落实到实践中。

黄牧航

前 言

2014年,教育部颁布了《关于全面深化课程改革 落实立德树人根本任务的意见》,明确要求依据学生发展核心素养体系,修订高中课程方案和课程标准。2015年11月,首届"浙派名师班"培养对象赴首都师范大学学习,笔者在聆听徐蓝教授的讲座中,首次较系统地了解了历史学科核心素养的研究与制定过程,开始认真思考核心素养对中学历史教学的影响。2016年3月,笔者以"基于区域教研的普通高中历史学科核心素养培育路径研究"为名申请浙江省重点教研课题,力图借助温州市的教研力量探寻历史学科核心素养培育的路径。在为期两年半的研究中,各项工作得到了浙江省高中历史教研员戴晓萍老师的大力支持。在课题组同仁、项目组骨干教师和青年成长组教师的共同努力下,课题成果获得浙江省第八届基础教研成果一等奖、温州市基础教育教学成果奖,这为本书的编写与出版打下了厚实的基础。

2019年,浙江省正式全面推进统编历史新教材的课堂教学实施。在两年多的课堂教学实践中,我们发现必修模块《中外历史纲要》教学有两个问题特别突出:一是课堂教学容量问题;二是对新增内容的理解问题。关于课堂教学容量问题,无论是从单元整体来看,还是从课时内容来看,教师们普遍认为教材内容总体容量过大,涉及史实多,结论性语言多,过程性语言不足,"骨感"有余,"丰满"不足。从对学生的调查问卷结果来看,大部分学生亦认为教材内容过多,很多史实只是一个抽象的概念,难以形成具象的认知。教师需要花费大量教学时间讲授史实和概念,使本已紧张的课时更是所剩无几。关于对新增内容的理解问题,无论对经验丰富的骨干教师还是对刚立讲台的年轻教师来说,这都是一个新挑战。

选择性必修三个模块《国家制度与社会治理》《经济与社会生活》《文化交流与传播》有如下特点:与必修模块内容有所交叉;在不同主题之下,相同史实的表述有不同的侧重点;等等。因此,除了课堂教学容量和对新增内容的理解两个问题之外,选择性必修模块教学还需要考虑如何与必修模块充分融合,如何在必修模块的基础上作进一步的拓展延伸,以螺旋式上升的路径提升学生的历史学科核心素养,这对所有教师来说都是一项新任务。

解决以上问题,笔者认为,需要深刻理解"用教材教,而不是教教材"的理念。本书即是对贯彻该理念的一次尝试。每册第一部分为"单元设计",从"课标要求""单元解读""重要概念""教学示例""推荐阅读"5个方面,剖析每册单元。第二部分为"课时设计",从"课标要求""教材分析""学情分析""教学目标""教学过程"5个方面,详细展现了每课的教学设计。每个课时的教学设计,均经过了真实课堂的检验,希望其中所积淀的史料、所构思的教学环节,能对高中历史教师用好新教材、上好每一堂高中历史课有所帮助。

本书的团队成员,一部分是执教10年左右的骨干教师,一部分是执教不足5年的青年教师。他们的平均年龄在30岁左右,是未来新课标落地、新教材推进的最好力量。对于他们来说,此时也正是成长的最好时期。笔者相信,他们的经验、努力、智慧和勇气会给新课标、新教材的新征程创造更多的可能,亦会探寻到顺利推进新课改更有效的路径,更会给予培育学生核心素养更平稳的落地空间。

王少莲

2021年8月

目 录
CONTENTS

选择性必修1　国家制度与社会治理

第一部分　单元设计 　3
第一单元　政治制度 　3
第二单元　官员的选拔与管理 　7
第三单元　法律与教化 　11
第四单元　民族关系与国家关系 　16
第五单元　货币与赋税制度 　20
第六单元　基层治理与社会保障 　24

第二部分　课时设计 　28
第1课　中国古代政治制度的形成与发展 　28
第2课　西方国家古代和近代政治制度的演变 　36
第3课　中国近代至当代政治制度的演变 　43
第4课　中国历代变法和改革 　51
第5课　中国古代官员的选拔与管理 　60
第6课　西方的文官制度 　71
第7课　近代以来中国的官员选拔与管理 　77
第8课　中国古代的法治与教化 　84
第9课　近代西方的法律与教化 　91
第10课　当代中国的法治与精神文明建设 　100
第11课　中国古代的民族关系与对外交往 　107

第12课	近代西方民族国家与国际法的发展	115
第13课	当代中国的民族政策	121
第14课	当代中国的外交	127
第15课	货币的使用与世界货币体系的形成	133
第16课	中国赋税制度的演变	139
第17课	中国古代的户籍制度与社会治理	146
第18课	世界主要国家的基层治理与社会保障	152
活动课	中国历史上的大一统国家治理	158

选择性必修2　经济与社会生活

第一部分　单元设计　165

第一单元	食物生产与社会生活	165
第二单元	生产工具与劳作方式	171
第三单元	商业贸易与日常生活	175
第四单元	村落、城镇与居住环境	180
第五单元	交通与社会变迁	185
第六单元	医疗与公共卫生	189

第二部分　课时设计　193

第1课	从食物采集到食物生产	193
第2课	新航路开辟后的食物物种交流	201
第3课	现代食物的生产、储备与食品安全	207
第4课	古代的生产工具与劳作	215
第5课	工业革命与工厂制度	222
第6课	现代科技进步与人类社会发展	228
第7课	古代的商业贸易	234
第8课	世界市场与商业贸易	242
第9课	20世纪以来人类的经济与生活	250

第10课	古代的村落、集镇和城市	258
第11课	近代以来的城市化进程	267
第12课	水陆交通的变迁	276
第13课	现代交通运输的新变化	284
第14课	历史上的疫病与医学成就	290
第15课	现代医疗卫生体系与社会生活	297
活动课	技术进步与社会生活的变化	303

选择性必修3　文化交流与传播

第一部分	单元设计	309
第一单元	源远流长的中华文化	309
第二单元	丰富多样的世界文化	312
第三单元	人口迁徙、文化交融与认同	317
第四单元	商路、贸易与文化交流	321
第五单元	战争与文化交锋	325
第六单元	文化的传承与保护	328
第二部分	课时设计	332
第1课	中华优秀传统文化的内涵与特点	332
第2课	中华文化的世界意义	340
第3课	古代西亚、非洲文化	346
第4课	欧洲文化的形成	353
第5课	南亚、东亚与美洲的文化	360
第6课	古代人类的迁徙和区域文化的形成	368
第7课	近代殖民活动和人口的跨地域转移	374
第8课	现代社会的移民和多元文化	379
第9课	古代的商路、贸易与文化交流	386
第10课	近代以来的世界贸易与文化交流的扩展	392

第11课　古代战争与地域文化的演变　　　　　　　　　　398

第12课　近代战争与西方文化的扩张　　　　　　　　　　404

第13课　现代战争与不同文化的碰撞和交流　　　　　　　411

第14课　文化传承的多种载体及其发展　　　　　　　　　419

第15课　文化遗产:全人类共同的财富　　　　　　　　　　428

活动课　信息革命与人类文化共享　　　　　　　　　　　432

选择性必修 1

国家制度与社会治理

第一部分 单元设计

第一单元

政治制度

一、课标要求

了解中国古代政治体制在秦朝建立前后的巨大变化;通过宰相制度和地方行政层级管理的变化,认识自秦起君主专制中央集权政治体制的演变线索;了解古代至近代西方政治体制各主要类型的产生和演变过程,以及共和制在中国建立的曲折过程,理解中国政治道路发展的独特性。

二、单元解读

本单元第1课主要讲述中国古代政治体制从先秦至明清的发展过程及各阶段主要特征。中国古代政治体制的发展可以分为两个阶段。第一阶段包括夏、商、周三代,主要的政治制度有商朝的内外服制度,西周的分封制和宗法制,其主要特征有以血缘关系为纽带、等级森严、神权色彩浓厚和地方权力较大等。中国古代政治体制发展的第一阶段距今较远,遗留史料较少。第二阶段从秦朝开始至清朝,是君主专制中央集权制的演变历程,可以从中央行政中枢制度和地方管理制度的演变这两条线索入手开展学习。秦朝在全国范围内建立起中央集权的政治制度,主要包括中央的皇帝制度、三公九卿制和地方的郡县制,这些制度奠定了中国古代两千多年政治体制的基本格局。本课将秦朝政治制度单列为一个子目,突出了其在中国历史上的重要地位。此后,历代中央行政制度经历了复杂的变化,比较典型的有西汉的中朝制度、隋唐时期的三省六部制、明代的内阁制度和清朝的军机处制度等。地方行政制度也因中央集权的强弱和国家治理的需要而处于不断调整中,从秦朝的郡、县二级制,演变为元代的省、路、府、州、县多级行政制度,此后明清时期省的格局基本未改变。第二阶段的内容要点,尤其是重要知识点大多在统编教材必修模块中已有讲述,本专题主要起到重新梳理线索、提纲挈领的作用。

第2课主要讲述西方国家政治制度的演变过程。雅典和斯巴达分别是古代希腊民主政治和寡头政治的代表。罗马经历了从共和国到帝国的演变。西罗马帝国灭亡后,中古西欧封建制度诞生,形成了封君封臣制度以及教会权力与王权并立的局面。中古后期,随着西欧一些国家王权的不断强大,以法国、英国为代表,分别形成了等级君主制和议会君主制,而这些又构成了西方资本主义政治制度产生与发展的基本背景。西方资本主义政治制度以英国、美国、法国为代表,它们既有共同点,又各具特色。17世纪的英国资产阶级革命确立了君主立宪制的基础,使英国成为第一个建立资产阶级议会和内阁制度的国家;美国1787年宪法确立了联邦制共和制;法国共和制度的确立过程曲折多变,历经多次反复。本课涉及的西方政治制度的政体类型和概念较多,理论性较强,尽管在必修模块中已有提及,但依然是本单元的学习难点。学习中需要将这些重要概念置于具体历史背景下解释,并注意区别异同,梳理脉络。

第3课主要讲述中国近代至当代政治制度的演变过程,与必修模块关联度较大,是在其基础上的丰富和补充。辛亥革命和中华民国的建立改变了中国历史的进程,资产阶级共和制度在中国建立。资产阶级共和制度经历了南京临时政府、北洋政府和南京国民政府的历程。中国共产党在革命根据地、抗日根据地和解放区确立了不同形式的人民政权,从理论和实践上进行了一系列制度探索,为新中国的政权建设奠定了坚实的基础。中华人民共和国成立后,人民成为国家的主人,民主共和制度真正在全国范围内确立起来。近代以来中国政治制度发展的艰巨性和独特性,启示我们要牢固树立中国特色社会主义制度自信,为推进社会主义政治文明建设而不懈努力。

三、重要概念

内外服制 商朝实行的一种二元统治体制,将统治区分为内服和外服两部分,分别采取不同的统治方法和组织形式。内服是商人本族的活动区域,即商王直接统治的王畿地区;外服是王畿以外的附属国,是商王间接控制的方国和部落,即由邦伯管辖的地区。商王通过两种不同的管理制度来处理本族和臣服外族的事务。由此,商王控制着联盟的实际权力,与各附属国形成了支配与被支配的关系。

分封制 中国古代国王或皇帝分封诸侯的制度。商代已开始分封诸侯,称号有侯和伯等。西周灭商和东征胜利后,为了控制幅员辽阔的疆土和统治商代后裔,将封地连同居民大规模地分赏给王室子弟、功臣和先代贵族,诸侯在其封国内享有世袭统治权,但要服从天子命令,定期朝贡,提供军赋和力役。春秋战国时期分封制发生了很大变化,各大国开始陆续实行郡县制度,同时又以食邑分封功臣和贵族子弟,君侯在其食邑有征收田税和工商业赋税的权力,但没有世袭统治之权。秦始皇统一全国后,普遍推行郡县制,废除分封制,但仍分封有"列侯""伦侯"。西汉初年推行"郡国并行制",诸侯在其封国内不仅有征收赋税之权,更有"掌治其国"之权,平定吴楚七国之乱后,诸侯"治国"之权才被削除。此后历代王朝还有分封的事例,但性质不完全相同。

君主制 以君主(国王、皇帝等)为国家元首的政权组织形式。含义原为由个人掌握国家最高权力的统治形式,后转为指由君主全部或部分地掌握国家最高权力,并通过军政官僚机关管理国家的政体。

君主立宪制 资本主义国家君主权力受宪法限制的政权组织形式。是资产阶级同封建势力妥协的产物。有二元制和议会制两种。议会制的君主立宪制仍为现代一些资本主义国家所采用,如英国、荷兰、比利时、丹麦、日本等。是在君主立宪的基础上随着近代政党的形成和议会作用的加强而逐步确立起来的。在这种制度下,议会掌握立法权,内阁由议会产生并对议会负责,君主的实际权力减弱,其职责大多是礼仪性的。

共和制 国家权力机关和国家元首由选举产生的政权组织形式。在不同阶级属性的国家,共和制具有不同的阶级性。新兴资产阶级为反对封建专制而提出的资产阶级民主共和制,始于16世纪,普遍推行于18世纪。

联邦制 由若干成员单位(邦、州、共和国等)联合组成统一国家的政治制度。现代复合制国家的一种主要形式。联邦同成员单位间的权限划分由联邦宪法规定。各成员单位也都有自己的宪法、法律、立法机关和政府。各成员单位的公民同时又是联邦的公民。联邦最高立法机关通常有一个院以成员单位平等选派代表为原则组成,如美国、瑞士等。

议会共和制 近代民主共和制的一种形式,指政府(内阁)由议会中拥有多数席位的政党组成,并对议会负责的国家体制。

人民代表大会制度 是中国人民民主专政的政权组织形式,是中国的根本政治制度。中国共产党在长期的革命斗争中,吸取了巴黎公社、十月革命的经验和教训,总结了革命根据地政权建设的经验,建立了适合中国国情、便于人民行使国家权力的议行合一的人民代表大会制度。

四、教学示例

　　本单元教学的主要立足点是中西方政治体制的产生和演变。学生通过认识中国古代政治体制在秦朝建立前后的巨大变化以及自秦起君主专制中央集权政治体制的史实及演变趋势,提高史料解读与辨析能力,习得史料实证素养;通过观察古代希腊地图和罗马扩张地图来分析西方政治体制变化,以及将中国和西方各时期政治体制置于不同的时空背景下审视,习得时空观念;通过分析各个时期政治体制演变的原因,提高历史解释能力;通过认识古代至近代西方政治体制各主要类型的产生和演变过程,以及共和制在中国建立的曲折过程,认识每个国家的政治体制都有其独特性,都是在这个国家历史传统、文化传统、经济社会发展的基础上长期演进的结果,培育世界意识和对不同文明的宽容心态,涵养家国情怀。

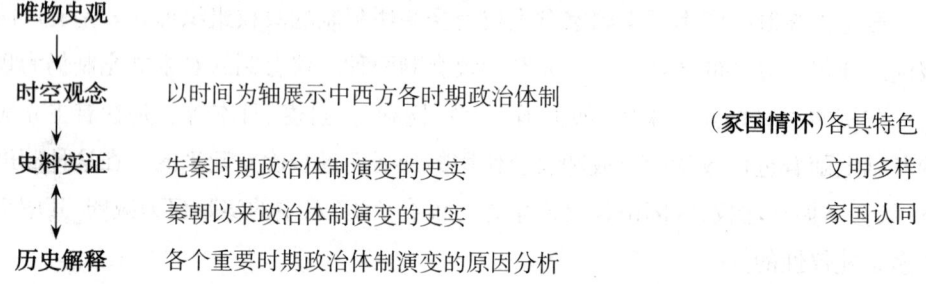

五、推荐阅读

　　[1] 张鸣. 中国古代政治制度史导论[M]. 北京:中国人民大学出版社,2001.

　　[2] 钱乘旦,徐洁明. 英国通史[M]. 上海:上海社会科学院出版社,2002.

　　[3] 杨宽. 西周史[M]. 上海:上海人民出版社,2003.

　　[4] 马克垚. 世界文明史[M]. 北京:北京大学出版社,2004.

　　[5] 吕思勉. 先秦史[M]. 上海:上海古籍出版社,2005.

　　[6] 斯塔夫里阿诺斯. 全球通史[M]. 吴象婴,等,译. 北京:北京大学出版社,2005.

　　[7] 袁行霈,等. 中华文明史[M]. 北京:北京大学出版社,2006.

　　[8] 杰里·本特利,赫伯特·齐格勒. 新全球史[M]. 魏凤莲,译. 北京:北京大学出版社,2007.

　　[9] 樊树志. 国史十六讲[M]. 北京:中华书局,2009.

　　[10] 吴晓群. 希腊思想与文化[M]. 上海:上海社会科学院出版社,2009.

第二单元

官员的选拔与管理

一、课标要求

了解中国古代官员选拔方式的更迭过程和不同阶段的特征,知道中央集权体制下古代中国的官员考核和监察制度;了解中国科举制与西方近代文官制度渊源关系,知道西方近代文官制度的特点,以及对近现代中国公务员制度的影响。

二、单元解读

本单元主要展示了如下内容:中国古代历史上官员选拔方式、官员考核和监察制度的更迭过程以及不同阶段的特征,凸显了中国古代君主专制中央集权不断加强的趋势,也反映了中国选拔与管理官员的丰富经验。近代西方资本主义国家探索并建立了考试选拔的文官制度,这既是时代发展的需要,也反映了为规避政党更替造成的政府工作动荡的需求。晚清以来的近代中国改科举教育为学堂教育,科举选官为学堂选官,并在民国时期尝试建立公务员制度。中华人民共和国成立后,中国共产党坚持党管干部原则,在20世纪90年代开始建立、推行国家公务员制度。

从上述内容可见,选择性必修模块在内容选择及编排方式上,与初中教材及高中必修模块相比,更加强调大线索、大时空。纵向展现了从中国古代的秦汉绵延至新中国成立后至今官员选拔与管理制度的变迁,横向则对比了近代西方资本主义国家考试选拔的文官制度及对晚清以来近代中国选官制度的深远影响。因此,单元把握上需要做到:第一,把握大线索和大时空;第二,精准了解每课乃至每目的特定主题或核心内容,找到相应的价值引领(情感态度价值观)。

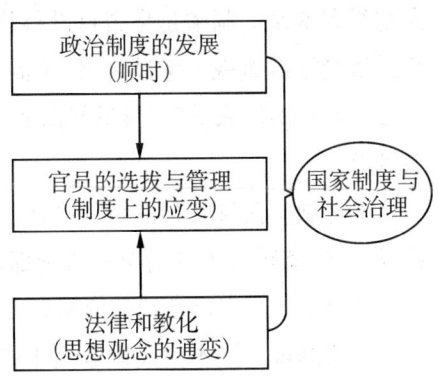

本单元上承第一单元"政治制度",下启第三单元"法律与教化",非常形象地体现了选择性必修1模块的主题逻辑:官员的选拔与管理是国家制度的重要组成部分,也是社会治理的必要前提。选官制度的变迁是时代政治演变的应变之举,也是特定时期政治、经济、思想文化的反映。其中体现的逻辑关系是:制度演进宏观可见的"应变",其内在源头和出现背景是对时代政治经济发展的"顺时",同时折射的是时代思想文化观念之"通变"。

以中国为例,两千多年的封建社会中,选官制度经历了世官制、察举制、九品中正制、科举制的"应变"更迭,选拔人才的主要标准经历了从血缘、德行、门第到通过科举考试选拔的变化,体现了中国古代专制主义中央集权的"顺时"发展,也折射了中国古代法律和教化在思想观念上的"通变"。

三、重要概念

察举制 汉至魏晋南北朝时期的选官制度。先考察后推举,重点考察被举者在乡里的舆论评价和为官能力,然后推荐为官或提拔任用。汉代规定:由公卿、列侯、刺史及郡国守相等推举人才,由朝廷考核后任以官职。始于汉文帝,至武帝时形成较为完备的制度,主要有常科和特科。常科,也称岁举,一年一次,有人数规定,有具体标准,如孝廉、茂才等。特科,也称诏举,时间、对象、员额等均由诏令规定,科目有贤良方正、贤良文学、明经等,对策合格者授以官职。后世仍有沿用,具体制度不同。

九品中正制 三国魏王曹丕推行;在各州、郡设置大中正、中正,根据家世、道德和才能评定州、郡士人的资品,分为九等,写出评语,称为"状"。获得资品的士人,由吏部授官。后演变成只看家世,不看道德才能,逐渐形成"上品无寒门,下品无势族"的局面。

科举制 隋唐以来以考试选拔官员的制度。以分科考试选拔人才为特点,分为制举和常举。制举是皇帝自设科目,考试选人;常举每年举行,其中明经和进士两科最受社会重视。考试合格,还需吏部铨选后方可正式任官。两宋进一步发展完善,"取士不问家世"。科举制保证了政府行政人员的来源,促成了普遍持久的读书风尚。

上计制 秦汉官员的考核办法。每年秋冬,各县、侯国将一年来的户口垦田、钱谷入出、盗贼多少等情况汇集到郡国,再由郡国汇总,制成审核计簿,上报中央。上计考核结果是官员赏罚的依据。

文官制度 资本主义国家关于各级文官的考试、任用、管理、权利和义务以及退休等一整套的制度和体制,是以其特定的内容与形式构成的关于文官进、管、出的法律制度。目的在于选贤任能,提高行政效率。文官制度的产生可以追溯到中国西汉时的官吏任免制度,特别是隋唐时新兴起来的科举制度。现代西方国家的文官制度开始于英国,其特点主要有考试录用、中立、常任等,对政府管理产生了重要影响。近代西方学习古代中国的科举制度,依据本国国情制定文官制度。近现代中国又学习西方的文官制度,建立了公务员考试制度。

四、教学示例

本单元教学的主要立足点是了解中国古代官员选拔方式的更迭过程和不同阶段的特征,知道中央集权体制下中国古代的官员考核和监察制度;知道西方近代文官制度的特点,以及对近现代中国公务员制度的影响。

宏观建构,时空观念:以宏观的历史时空为切入点,梳理中西官员选拔方式的更迭过程,完整地感知中西选官制度的演变历程。以时空观念的联系为视角,引导学生以时间为序,利用历史年表、历史地图等方式描述相关史事,整合演变进程中的历史大事,从而概括提炼不同阶段的特征。

微观理解,历史解释:在宏观勾勒全局"通"的基础上,需聚焦重要阶段的具体制度运行进行微观的历史解释,多角度比较史料进行实证,形成辩证深入的历史认识和内化的"透"的历史价值观。对历史深入理解、形成认识,需要选取典型而鲜活的历史人物,并使其回归具体的时代,以历史现场的情境体验和代入感去分析、评判具体制度的时代内涵和价值影响,从而形成对历史全局的认识和理解。

关于微观深入的情境解读,本单元各课可以选择如下页图所示几个阶段和具体的人或事,营造历史现场,结合相关史料,进行历史解释。

辩证认识,家国情怀:在宏观时空建构和对历史事物进行理性分析与客观评判的历史解释基础上,最终要引导学生形成对历史的事实判断与价值判断的辩证统一,从对历史真实和历史意义的追求中凝练出价值取向,形成历史价值观。本单元在纵横大线索和大时空的前提下,取材选编上聚焦了主题内涵,教师有必要引导学生认识官员选拔和管理制度的文化内涵和价值取向:纵向看,中国古代历史上的官员选拔与管理经历了漫长的发展阶段,积累了丰富经验,为人类政治文明作出了重要贡献;横向看,社会形态、政治体制、国情不同,官员的选拔与管理方式也不同,但也呈现出相互学习、借鉴的特点,共同推进文明进步。

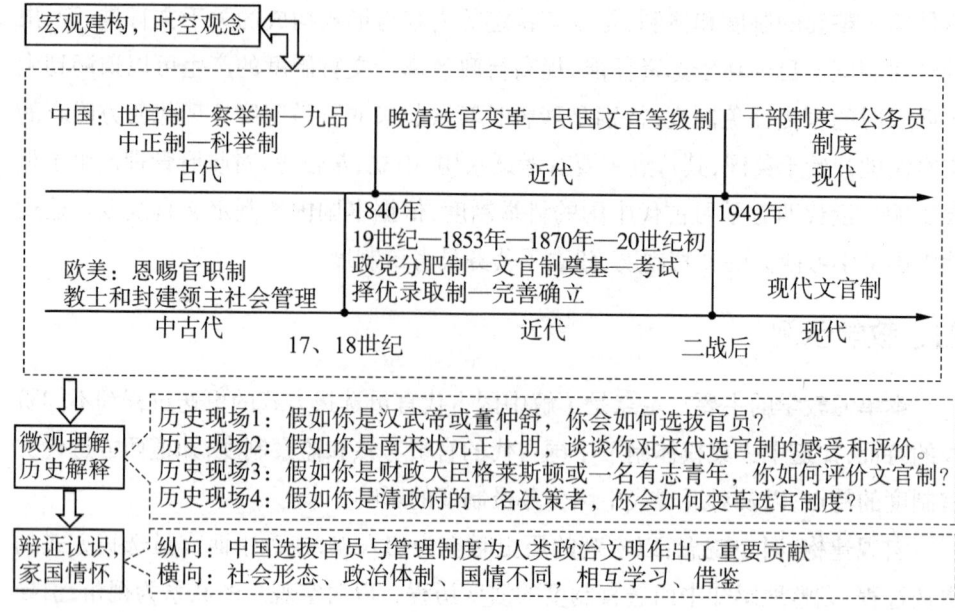

五、推荐阅读

[1] 王亚南. 中国官僚政治研究[M]. 北京：中国社会科学出版社，1981.

[2] 龚祥瑞. 英国行政机构和文官制度[M]. 北京：人民出版社，1983.

[3] 龚祥瑞. 文官制度[M]. 北京：人民出版社，1985.

[4] 程汉大. 英国政治制度史[M]. 北京：中国社会科学出版社，1995.

[5] 古燕. 西方政治的稳定器——文官制度[M]. 沈阳：辽宁大学出版社，1996.

[6] 袁行霈. 中华文明史·第四卷[M]. 北京：北京大学出版社，1997.

[7] 张鸣. 中国古代政治制度史导论[M]. 北京：中国人民大学出版社，2001.

[8] 钱穆. 中国历代政治得失[M]. 上海：三联书店出版社，2004.

[9] 吴宗国. 中国古代官僚政治制度研究[M]. 北京：北京大学出版社，2011.

[10] 陈寅恪. 唐代政治史述论稿[M]. 上海：上海古籍出版社，2012.

[11] 杨百揆，陈子明，等. 西方文官系统[M]. 贵阳：贵州人民出版社，2012.

[12] 阎步克. 察举制度变迁史稿[M]. 北京：中华书局，2015.

[13] 崔斌. 西方国家文官制度述论[J]. 许昌学院学报，1993(4).

[14] 王铭. 英国文官制度述论[J]. 辽宁大学学报，哲学社会科学版，2007(1).

[15] 李星辰. 十九世纪以来英国文官制度的演进及其特征[D]. 天津：天津师范大学.

第三单元

法律与教化

一、课标要求

知道中国先秦时期成文法的产生过程，以及这一时期思想家对于德治、法治关系的讨论；知道自西汉起历代王朝法律、礼教并用的统治手段；了解近代西方法律制度的渊源和基本特征，知道宗教伦理在西方社会发展进程中的作用；了解当代中国的法制建设和精神文明建设成就。

二、单元解读

本单元展示了古代中国中华法系形成过程及礼法结合的重要特点，近代西方法律制度的渊源和基本特征，新中国的法制建设和精神文明建设成就。法律与教化是社会治理的重要工具。法律着眼于防范与惩处，教化着眼于教育与引导，两者相辅相成。

中华法系是世界五大法系之一，德主刑辅、礼法结合是其核心特征，"一准乎礼"的唐律是其典型法典。中华法系的形成过程，也是律令儒家化的过程。中华法系确立于秦，秦以法家思想治国，推动了律的编纂。《唐律疏议》继承了汉晋以来立法和注律的经验，标志着中华法系确立，后历朝历代沿用，在此基础上演变。西方法律发展有自己的路径，罗马法深刻影响欧洲各国。英美等国形成了"英美法系"。法国继承了罗马法的传统，形成了"民法系"，又称"大陆法系"。中华人民共和国成立，尤其是改革开放以来，我国的法制与精神文明建设取得了重大成就和发展。到2010年，我国形成了中国特色社会主义法律体系。社会主义精神文明建设取得新成就，形成了社会主义核心价值观。

总而言之，随着社会生产力的发展，人类文明在不同时空下运用法律与教化作为社会治理的重要工具。两者相辅相成，形成了各具特色的社会治理模式，推动人类社会的不断进步。

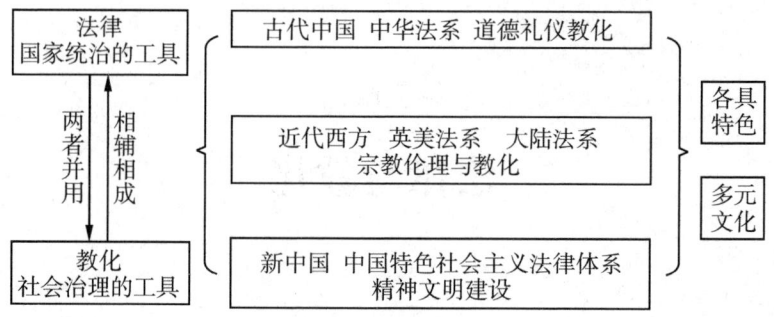

三、重要概念

德治 儒家的政治主张。主张用统治阶级的道德感化来统治人民。《论语·为政》:"道之以政,齐之以刑,民免而无耻。道之以德,齐之以礼,有耻且格。"认为政、刑只能起镇压的作用,德、礼则可以笼络人心。

罗马法 古罗马奴隶制国家的法律的总称,存在于罗马奴隶制国家的整个历史时期。它既包括自罗马国家产生至西罗马帝国灭亡时期的法律、皇帝的命令、元老院的告示、成文法和一些习惯法,也包括公元7世纪中叶以前东罗马帝国的法律。罗马法经历了由习惯法到成文法、从公民法到万民法、从具体法律条文到自然法理念不断完善的过程,贯穿罗马共和国和罗马帝国时期。罗马法的制定与实施激发了国民的爱国热情和参政积极性,促进了社会稳定,在维系罗马帝国统治中发挥了重要作用,并且在世界法制史上占有十分重要的地位。

日耳曼法 日耳曼人入侵西罗马帝国建立早期封建王国后所颁布的法律的总称。由于当时罗马人称日耳曼人为"蛮族",因此亦称为"蛮族法"。最早的日耳曼法只是习惯法。公元5—9世纪,各日耳曼王国以各自的习惯法为基础,并吸收罗马法的一些原则与术语,用拉丁文先后制定较系统的成文法,如西哥特王国的《欧里克法典》、法兰克王国的《撒利克法典》等。日耳曼法是欧洲中世纪法律之一,公元5—15世纪在西欧起过重大作用,对后世资本主义法律也有影响,对英国法的影响尤为显著。

普通法 英美法系中表现为习惯与判例的、通行于全国的法律。形成于1066年诺曼人在英国建立政权后,由国王的诏书敕令、日耳曼人的习惯法、撒克逊人的地方习惯、法院与法官的判例等组成。因具有全国通行、普遍适用的意思,故称。

英美法系 亦称"普通法系""英国法系"。以英国普通法为基础发展起来的法律的总称。指英国从11世纪起主要以源于日耳曼习惯法的普通法为基础,逐渐形成的一种独特的法律制度以及仿效英国的其他一些国家和地区的法律制度。产生于英国,后扩大到曾经是英国殖民地、附属国的许多国家和地区,包括美国、加拿大、印度、澳大利亚等及非洲的个别国家和地区。

大陆法系　亦称"罗马法系""民法法系"。以罗马法为基础,以1804年颁行的《法国民法典》和1900年施行的《德国民法典》为代表的法律以及仿照这种法律而制定的各国法律的总称。因盛行于欧洲大陆,故名。是西方国家中与英美法系并列的影响最大的法系之一。

陪审团制度　非职业审判人员与职业审判人员一起审判案件的制度。这种非职业审判人员称为陪审官或陪审员,我国称为人民陪审员。陪审团制度早在古代的希腊和罗马共和国时期即已产生,11世纪末12世纪初盛行于英国,逐步形成大、小陪审团两种形式。欧洲资产阶级革命胜利后,在法律上确立了陪审团制度。有些国家至今仍有大、小陪审团。大陪审团的职能是审查起诉;小陪审团的职能是参与案件审理,对被告人是否有罪作出裁断。

律师制度　独立、专业的律师为被审判者提供辩护的制度。律师指依法取得律师执业证书,接受委托或指定,为当事人提供法律服务的执业人员。源于古罗马的辩护人,到欧洲资产阶级革命胜利后才有现代意义上的律师。1878年德国颁布的《国家律师法》奠定了近代律师制度的基础。

四、教学示例

本单元教学的主要立足点是法律与教化。

通过"铸刑鼎"改革、儒家与法家之争等史事,感受法治思想符合先秦时期社会发展的新需求,以及加强法治思想的必要性。通过大事年表,梳理西汉至明清法律与礼教的基本内容,感受律令儒家化的趋势,理解中华法系德主刑辅、礼法结合、礼教并用的统治特点。

通过时间轴认知近代西方法律的渊源和发展历程,在历史的时间轴线中和具体法律条文中,感悟历史发展的延续性、曲折性。解读辛普森杀妻案,通过案例分析,理解近代西方法律的基本特征和时代局限。通过时间轴,认知西方宗教的演变历史,在特定的时空中感受宗教伦理在西方社会发展中的作用。

通过党和国家领导人对法制建设和社会主义精神文明建设的论述,了解当代中国的法治建设和精神文明建设成就,并结合自身感受,体会两者在国家建设和社会生活中的重要性,增强文化自信和制度自信。

在学习过程中,教师需引导学生了解法律与教化是国家治理的重要手段,法律着眼于防范与惩处,教化着眼于教育与引导,两者相辅相成;了解世界各国国家治理的多样性和独特性,理解和尊重世界各国、各民族的文化传统,构建人类命运共同体。

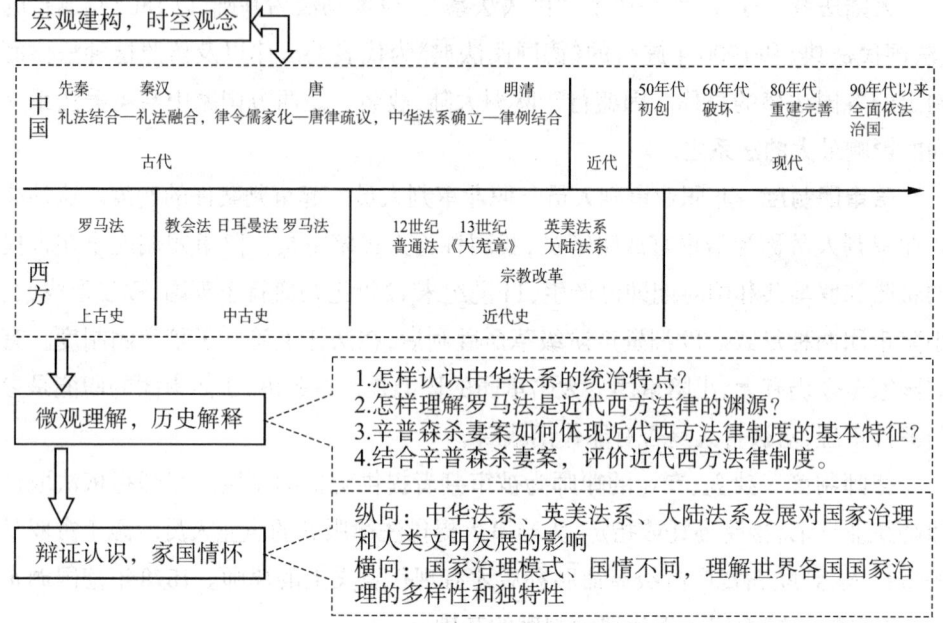

五、推荐阅读

[1] 朱勇,怀效锋,蒲坚,等.中国法制通史[M].北京:法律出版社,1999.

[2] 徐爱国.西法肄言:漫话西方法律史[M].北京:北京大学出版社,2009.

[3] 曾宪义.中国法制史[M].北京:北京大学出版社,2009.

[4] 约翰·莫里斯·凯莉.西方法律思想简史[M].王笑红,译.北京:法律出版社,2010.

[5] 杨一凡,陈寒枫,张群.中华人民共和国法制史[M].北京:社会科学文献出版社,2010.

[6] 曾宪义.中国法制史[M].北京:北京大学出版社,2013.

[7] 徐爱国.法学的圣殿:西方法律思想与法学流派[M].北京:中国法制出版社,2018.

[8] 臧克家.法制与教化[J].求是,1989(13).

[9] 王玉亮,冯晓岚.古代教化与民众乡村法律生活[J].廊坊师范学院学报,2005(01).

［10］周赟.法律与教化:从儒家的教化理念吁归法治工程中的教化［J］.太平洋学报,2008(1).

［11］李良栋.坚持法律的规范作用与道德的教化作用相结合［J］.社会科学研究,2015(2).

第四单元

民族关系与国家关系

一、课标要求

了解中国古代的民族政策和边疆管理制度,认识中国作为统一多民族国家的发展历程,以及中国古代处理对外关系的体制;了解近代西方民族国家的形成情况,以及国际法的发展;了解当代中国民族区域自治制度的历史意义,以及独立自主和平外交政策的主要成就。

二、单元解读

本单元展示了我国是统一的多民族国家,以汉族为主体的各民族共同缔造了中华民族的历史。秦汉时期是统一多民族封建国家的建立时期,秦汉的统一开启了多民族国家的新阶段;隋唐至两宋,北方民族大批进入中原,加速了民族交融,统一的多民族国家进一步发展;元明清时期,统一的多民族国家进一步巩固。各族人民密切联系、友好往来,共同建设祖国,共同反对压迫和侵略,是我国民族关系的主要内容。

新中国成立后,中国共产党运用马克思列宁主义解决中国民族问题,建立了民族区域自治的基本政治制度,有利于加强民族团结和促进各民族发展,增强民族凝聚力。在世界范围内,各民族的大迁徙推动了各地区的文化交流和经济发展。进入近代后,西方民族国家逐渐形成,规范国家和国家之间交往的国际法也逐渐形成、成熟。中国在融入国际社会的同时,提倡独立自主的和平外交。

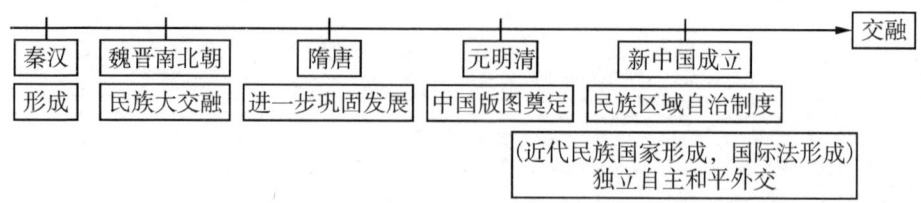

三、重要概念

屯垦戍边 在我国有着悠久的历史，主要以军屯和民屯为主。早在西汉时期，汉政府就总结了西征失败的教训，开始"置校尉，屯田渠犁"，为汉朝统一西域创造条件。公元前60年统一西域后，西汉在西域的屯田又进一步扩大，屯田士卒亦兵亦农、亦耕亦战，不仅为军队提供了粮草，保障了军队的战斗力，而且发展了生产，繁荣了经济，促进了边疆地区的社会进步，成为一支维护西域社会安定和发展西域经济的重要力量。所以自汉朝以后，历朝历代都把屯田作为统一、经营西域的一项重要措施。其中，唐、清两朝屯田规模最大，收效最为显著。以屯田为重要手段对西域进行开发和建设，不仅促进了当地社会经济的发展，而且维护了国家的统一，巩固了祖国西北边防。这是历朝历代"屯垦戍边"的意义之所在。

羁縻政策 羁縻州是指中国古代朝廷在边远少数民族地区所置之州。羁縻政策源于秦汉，兴盛于唐宋。羁縻政策是历代中央王朝在多民族国家里对社会发展落后的边疆地区所采取的一种民族政策。所谓羁縻，"羁"是用军事和政治的压力加以控制，"縻"是以经济和物质利益给以抚慰，即在边疆地区设立特殊的行政单位，保持或基本保持少数民族原有的社会组织形式和管理机构，承认其酋长、首领在本民族和本地区中的政治统治地位，任用少数民族地方首领为地方官吏，除在政治上隶属于中央王朝、经济上有朝贡的义务外，其余一切事务均由少数民族首领自己管理。

丝绸之路 陆上丝绸之路起源于西汉（前202年—8年）汉武帝派张骞出使西域开辟的以首都长安（今西安）为起点，经甘肃、新疆，到中亚、西亚，并连接地中海各国的陆上通道。它的最初作用是运输中国古代出产的丝绸。1877年，德国地质地理学家李希霍芬在其著作《中国》一书中，把"从公元前114年至公元127年间，中国与中亚、中国与印度间以丝绸贸易为媒介的这条西域交通道路"命名为"丝绸之路"，这一名词很快被学术界和大众接受，并正式运用。

民族国家 现代国际政治中重要的行为主体。资产阶级革命时代普遍形成的典型的国家形式。是欧洲中世纪晚期以来逐渐兴起于世界各地的民族自决运动的产物。随着资产阶级民族革命在世界范围内取得胜利，无产阶级在夺取国家政权以后改造了民族国家的传统内容而保留了它的形式，因此，民族国家成为当今世界各国普遍实行的国家形式。对民族国家的界定较有代表性的观点有：从民族结构上界定民族国家；从国家的统一性和国民文化的同质性的结合上界定民族国家；从生产力与生产关系、经济基础与上层建筑的关系上揭示民族国家的内涵。

国际关系 国际关系是国际行为主体之间关系的总称,包括政治关系、经济关系、民族关系、军事关系、文化关系、宗教关系、地域关系等。其中国际政治关系又是最重要和最活跃的关系,与政治密切相关的经济关系是最基本的关系。美国国际关系专家汉斯·摩根索和法国的雷蒙·阿隆认为,国际关系就是国际政治,二者等同。西方一些学者将国际关系中的外交关系与军事关系视为"硬政治",视经济关系为"软政治"。

四、教学示例

本单元教学的主要立足点是民族关系和国家关系,主要内容有:了解中国古代各朝代的民族政策和边疆管理制度,理解民族交融的含义和影响,了解中国古代对外交往的史实及特点,理解丝绸之路及闭关锁国的影响;了解近代西方民族国家的形成过程,认识国际法发展的过程和影响;了解新中国民族区域自治制度的历史意义,以及独立自主和平外交政策的主要成就。

教师可以根据学生的学习情况和教学内容,优化教材,形成完整的知识线索体系,使学生更好地理解本单元内容。本单元有"民族关系"与"国家关系"两条主线,形成较为完整的知识框架,有利于学生学习和理解。

通过自主学习,梳理教材内容,让学生形成完整的历史知识体系,形成系统的时空观念。通过"民族交融"等历史概念的阐释,使学生全面、深刻地分析、理解历

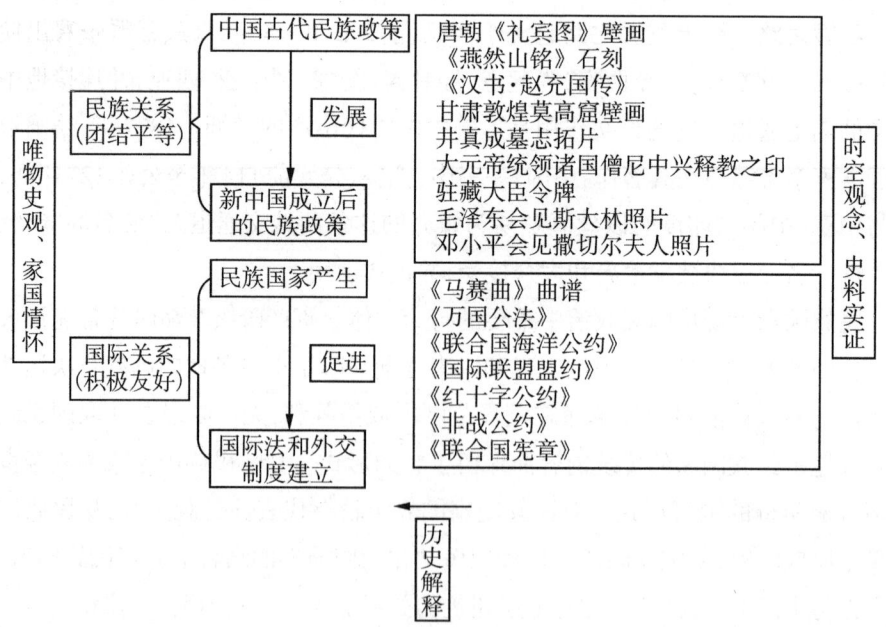

史现象。通过探究思考、课堂讨论等方式，调动学生学习的积极性，培养学生的唯物史观和史料实证素养。

通过古代民族关系的认识和理解，让学生正确理解"统一多民族国家"形成的强大的民族凝聚力。通过学习中国古代对外交往的史实，认识中华文明的和平开放，培养学生的民族自豪感和自信心。

五、推荐阅读

[1] 张尔驹.中国民族区域自治的理论与实践[M].北京:中国社会科学出版社,1988.

[2] 吴于廑,齐世荣.世界史[M].北京:高等教育出版社,1994.

[3] 吴仕民.民族问题概论[M].成都:四川人民出版社,1996.

[4] 吕思勉.中国民族史[M].北京:东方出版社,1996.

[5] 陈国新.马克思主义民族理论发展史[M].昆明:云南大学出版社,2001.

[6] 金炳镐.民族理论与民族政策概论(修订版)[M].北京:中央民族大学出版社,2006.

[7] 王逸舟,谭秀英.中国外交六十年(1949—2009)[M].北京:中国社会科学出版社,2009.

[8] 蔡拓,等.国际关系学[M].天津:南开大学出版社,2015.

[9] 康绍邦.马克思主义国际战略理论[M].北京:九州出版社,2016.

[10] 雷海宗.世界古代史纲要[M].天津:天津人民出版社,2016.

[11] 马克垚.世界文明史[M].北京:北京大学出版社,2016.

[12] 颜声毅.当代中国外交[M].上海:复旦大学出版社,2017.

第五单元

货币与赋税制度

一、课标要求

了解中外历史上货币发行和使用情况,以及现代世界货币体系的形成;了解中国古代赋税制度的演变;了解关税、个人所得税制度的产生及其在中国的实行。

二、单元解读

本单元着重介绍古今中外的货币与赋税制度。人类的经济生活以创造生存和发展的物质条件为目的,在此过程中形成了新的社会关系、社会制度和所从事的社会活动。由经济基础决定的上层建筑,也需进行自我完善以适应经济的发展。

货币的发展与商品交换息息相关,同时货币的发展又进一步促进了商品交换。中国的货币从最初的海贝等实物货币慢慢发展到铜币等金属货币再到纸币,出于巩固国家统治的目的,历代统治者通过法令政策等对货币管理体系进行调节。秦在完成大一统时也促进了货币的统一。北宋,随着市场的繁荣、金属货币流通量不足等问题出现,产生了最早的纸币交子,后因不能兑现而贬值。元代的纸币在中国货币史上占有重要的地位,后因纸币发行过滥而贬值。明清时期,白银广泛应用,说明国家对商品经济发展的重视。清代前期,中国的通用货币以银两和官府制钱为主;鸦片战争后,外国银元充斥中国市场,近代中国币制改革迫在眉睫,经过张之洞等倡导铸银元后,新的银元制度逐渐取代旧的银两制度。近代中国的货币制度发展与内忧外患的国情息息相关,最终在新中国成立后人民币成为法定货币。

在世界市场的形成过程中,世界货币体系也日趋完善。资本主义国家对于世界货币体系的建立与重建起着主导作用,而中国在其中也日益扮演着至关重要的作用。

货币制度的发展进一步影响赋税制度的变化。中国古代的赋役制度和国家政权紧密结合,能够反映一定时期内国家政权的运行情况。"可以肯定的是,国家一经出现,就有徭役的征发。"秦朝徭役十分繁重,汉代的"更卒"可以用钱代役,打开了纳钱代役的先河。隋朝以庸代役,到唐朝更为普遍,租庸调成为一种赋税形态,唐后期实行两税法,将庸并入两税。明代中期实行一条鞭法,徭役一律征银,清朝实行摊丁入亩,国家对百姓的人身束缚进一步减弱。

关税制度古已有之,中国一直享有完全的关税自主权,但在近代经历了丧失和收回的曲折历程;新中国实行了有利于国家发展的关税制度和个人所得税制度。

货币与财税制度的延续、发展状况反映出中国古代历史的演变过程,也反映了国家治理体系的发展以及治理能力的现代化过程。

三、重要概念

交子 中国最早的纸币。北宋初年,四川用的铜钱体重值小且流通不便,于是商人发行一种纸币,命名为交子,可兑现也可流通。后由富商十六户发行。但交子常因发行人破产等原因而不能兑现,政府禁止商人发行。仁宗天圣元年,改由官方发行,一交一缗。每次发行有一定限额,以铁钱为现金准备。三年兑现一次,换发新交子,称为一界。后因供应军饷而超额发行,导致贬值。

金本位制 有广狭二义之分。广义指以黄金为一般等价物的货币制度,包括金币本位制、金块本位制和金汇兑本位制。狭义的金本位制仅指金币本位制。在金本位制下,每单位的货币价值等同于若干重量的黄金(即货币含金量),金币可自由铸造,银行券可自由兑换金币,黄金可自由输出入。19世纪末期,金币本位制为大部分资本主义国家所采行。一战爆发后,许多资本主义国家相继放弃金币本位制,实行纸币制度。

赋役 赋税和徭役的合称。赋税指的是国家凭借政治权力参与国民收入分配取得财政收入的活动,体现国家同社会集团、社会成员之间的分配关系。赋初指兵赋。春秋后期,各国逐渐从田亩征赋,赋和税渐趋混合。秦汉以后,赋指按户口征收的税,徭役则另行征发,包括统治者施加于民众的军役、力役、杂役等。隋朝向民众征收"租调役",唐继承而来变成"租庸调"制,规定可以缴纳一定的绢或布来替代徭役,称为"庸"。宋承唐制,征收两税,且徭役繁重,后王安石提倡募役法。明代以后,将按户口征发的徭役折征银两,把丁税并入田赋,至清则以赋役为田租的专称。

两税法 唐德宗采取宰相杨炎的建议,于建中元年(780)行两税法。主要规定:按旧征户税数,照丁、产定户等,分夏、秋两次征税;租、庸、调折合钱价并入以上两税征收。即以原有的地税和户税为主,主要按照资本多少抽税,是统一各项税收而制定的新税法,由于分夏、秋两季征收,所以称为"两税法"。两税法是对当时赋役制度较全面的改革,直至明行一条鞭法始改变。

一条鞭法 明代嘉靖时期确立的赋役合并的制度,之后张居正于万历九年(1581)推广到全国。新法规定:把各州县的田赋、徭役以及其他杂征总为一条,合并征收银两,按亩折算缴纳。这大大简化了税制,方便征收税款。同时使地方官员难于作弊,进而增加财政收入。一条鞭法上承唐代的两税法,下启清代的摊丁入亩,是中国历史上具有深远历史影响的一次社会变革。它既是明代社会矛盾激化的被动之举,也是中国古代商品经济发展到一定程度的主动选择。

摊丁入亩 即将丁银并入田赋征收。康熙五十一年(1712)规定以前一年的丁银作为定额,不再增加,"滋生人丁,永不加赋"。雍正帝即位后,将丁银分摊到田赋中,称"摊丁入亩"。摊丁入亩后,地丁合一,丁银和田赋统以田亩为征税对象,简化了税种和稽征手续,是明朝"一条鞭法"的继承和发展,也是我国封建社会赋役制度的最后一次改革。

关税 海关根据海关法规和海关税则对进出其关境的物品所征收的税。按征收对象分,有进口税、出口税和过境税等;按征收目的分,有财政关税和保护关税等;按征收基点分,有从量税和从价税、混合税等;按税率的制定权分,有国定关税或自主关税和协定关税等。

四、教学示例

本单元教学的主要立足点是货币与赋税制度,主要内容有:了解中外历史上不同阶段货币的发行和使用情况,近代现代世界货币体系形成动因及过程;了解中国古代赋税制度的演变;从概念上理解关税、个人所得税制度的产生、发展过程以及在中国的实行过程。

通过了解和分析古代中国生产力的发展,认识货币在国家经济生活中的发行和使用情况,理解货币制度变革与古代中国经济发展的重要关联及货币制度变化给中国带来的影响。

通过分析资本主义世界市场的形成与发展,认识世界货币体系形成的动因及过程,在唯物史观下科学认识货币体系形成给世界市场带来的影响。

概括不同朝代的阶段性特征,了解中国古代赋税制度演变因素及过程。以史料为依托,解读影响关税发展的重要因素。从现代国家治理的角度认识货币、赋税等制度对国家发展的影响。在中外发展比较中认识关税、个人所得税在中国的发展历程,感知中国外争关税自主权、内部完善个人所得税征收的过程,涵养家国情怀。

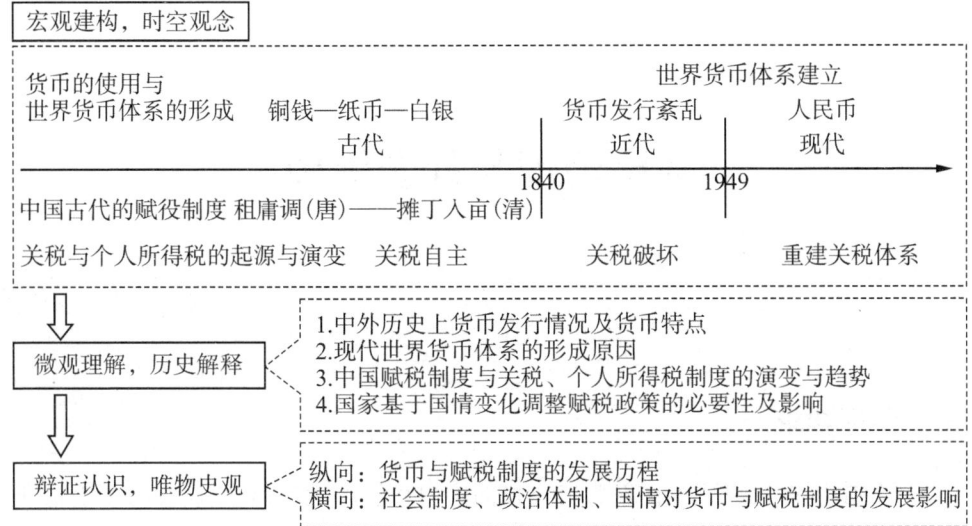

五、推荐阅读

[1] 王献唐.中国古代货币通考(上)[M].济南:齐鲁书社,1979.

[2] 孙翊刚.中国赋税史[M].北京:中国税务出版社,1996.

[3] 虞拱辰.中国赋税史[M].北京:中国财政经济出版社,1996.

[4] 郑学檬.中国赋役制度史[M].上海:上海人民出版社,2000.

[5] 叶世昌.中国金融通史(第一卷)[M].北京:中国金融出版社,2002.

[6] 斯塔夫里阿诺斯.全球通史[M].吴象婴,等,译.北京:北京大学出版社,2006.

[7] 彭信威.中国货币史[M].上海:上海人民出版社,2007.

[8] 陈锋,张建民.中国经济史纲要[M].北京:高等教育出版社,2007.

[9] 钱穆.中国经济史[M].北京:北京联合出版公司,2013.

[10] 万志英.剑桥中国经济史[M].崔传刚,译.北京:中国人民大学出版社,2018.

[11] 易劳逸.家族、土地与祖先:近世中国四百年社会经济的常与变[M].苑杰,译.重庆:重庆出版社,2019.

[12] 徐蓝.试论第二次世界大战后国际秩序的建立与发展[J].世界历史,2003.

[13] 郭家宏,王广坤.论19世纪下半期英国的财税政策[J].史学月刊,2011.

[14] 张学博.从宪制看中国古代税制改革及其启示[J].社会科学战线,2017.

第六单元

基层治理与社会保障

一、课标要求

了解中国古代以赋役征发为首要目的的户籍制度,以及有代表性的基层管理组织;知道中国古代王朝在社会救济和优抚方面采取的重要措施;知道西方主要国家基层治理的特点及其由来;了解现代社会保障制度的产生及其实行情况。

二、单元解读

本单元将关注点放在古今中外基层治理与社会保障的发展变化上。

中国自古就是一个农业大国,人口众多,历朝统治者都十分重视农业的发展与社会秩序的稳定,为此采取了许多重要措施,包括户籍制度、基层社会治理措施及社会救济与优抚政策。这些制度、政策构成了具有中国特色的基层治理与社会保障模式。其中,户籍制度是国家行政管理的一项基本制度,严格户口登记、限制人口迁移是传统户籍制度的主要特征,摊派赋税和赋役、加强治安管理是传统户籍制度的重要功能。在中国社会发展过程中,户籍制度始终扮演着重要的社会角色,发挥着重要的功能,是统治者征发赋役、提高经济收入的保证,是维护社会治安和稳定的重要工具,在一定程度上维护了古代的社会秩序。

中国古代基层组织有四大特点:严密性、独立性、宗法性和自治性。

中国传统社会保障制度形成早,政府介入程度深,国家在社会保障事业方面发挥着重大作用,各种社会力量有效地补充了政府社会保障事业的不足。社会保障措施大多属于社会救济的范畴,社会保障的层次较低,发挥的作用也不够稳定。中国传统社会保障制度思想多元,具有鲜明的伦理特色。

基层自治是西方国家基层治理的主要特点,如古希腊社会的村社自治,中古时期西欧的庄园和城市自治,工业革命后的社区自治等。由于各国的历史传统、文化背景、经济和政治发展水平不同,西方国家地方自治模式可以分为以英美为代表的先天自发型模式和以法国为代表的后天习得型模式。

西欧早在古代社会,就已出现各种形式的社会救济、救助活动,如一些宗教组织以慈善名义展开各种救助活动。由国家组织、通过立法实行的以保险为特征的社会保障制度则是以德国俾斯麦政府实行的社会保险立法为开端。美国罗斯福政府颁布《社会保障法》,实行老年保险和失业保险。随着资本主义的发展,政府加强了对社保制度的干预,社会保障逐渐走向法制化和社会化。同时,出现了许多与社会福利相关的社会服务运动,如大批从事社保工作的社会工作者应运而生。至20世纪50年代末,几乎所有的西方发达国家都基本完成了有关社会保障制度的立法,设立了相应的管理机构,实行了一套完整的以高福利为主要内涵的社会保障体系。发展中国家的社会保障制度,则大多是在第二次世界大战后建立起来的。

三、重要概念

社会治理 政府、社会组织、企事业单位、社区以及个人等多种主体通过平等的合作、对话、协商、沟通等方式,依法对社会事务、社会组织和社会生活进行引导和规范,最终实现公共利益最大化的过程。

基层治理 城市的社区治理、农村的村落治理,都属于基层治理范畴。基层治理涉及面宽、量大、事多,直接面对群众,在整个国家治理体系中占有重要位置。基层治理是国家治理的基石,基层治理是否有效,直接决定着经济社会是否能持续发展、繁荣和稳定。

户籍 等级居民户口的册籍。中国古代亦称"丁籍(册)""黄籍(册)""籍帐"。始编于秦献公十年(公元前375年),至唐代渐臻完备,由户部掌管。历代相沿,定期分类审编,用以稽查人口、征课赋税、调派劳役。清雍正时将丁税摊入田赋,户籍失去征调赋税的意义,乾隆三十七年(1772)遂停止编修。国民党统治时期的户籍属于保甲制度的一部分,作为抽征壮丁、管制人口和镇压人民的一种手段。新中国的户籍记录有各户成员的姓名、年龄、籍贯、职业等项,为统计人口资料、编制国民经济和社会发展计划、保障公民合法权益、维护社会治安服务。

社会保障 社会保障一词最早出自美国1935年颁布的《社会保障法》。国际劳工局对社会保障的界定是:社会通过一系列的公共措施对其成员提供的保护,以防止他们由于疾病、妊娠、工伤、失业、残疾、老年及死亡而导致的收入中断或大大降低而遭受经济和社会困窘,对社会成员提供的医疗照顾以及对有儿童的家庭提供的补贴。从政治上看,它是社会的"稳定器"和"安全阀"。

"福利国家" 这一概念源于19世纪中叶的欧洲,意指致力于"全民福利",是垄断资产阶级为了巩固其政治统治、缓解阶级矛盾而提出的一种政策主张，即建立一种由国家通过其有关职能部门和机构广泛提供福利和社会保险的社会。20世纪30年代以来，因世界经济危机而流行于欧洲一些国家及美国。以福利经济学和凯恩斯主义为理论支柱，把资产阶级国家描绘成"全民国家"，把国家垄断资本主义政策说成是为"全民谋福利"的政策。主要内容有：国家应当实行适当的赋税政策，以重新分配国民收入；实施所谓社会福利政策，如社会保险、失业津贴等，以保障人民生活，并采取刺激投资和消费的"反危机"措施，以保证"充分就业"和经济繁荣。

四、教学示例

本单元教学的主要立足点是基层治理与社会保障。

以相应时期的文献、文物为切入点，以表格形式梳理基层治理和社会保障的措施；通过认识不同时期的政治举措，理解一项政策基于自身历史传承、文化传统、经济社会发展水平等国情，随时代变迁而不断调整。

以新冠肺炎疫情下社区发挥的职能为切入点，了解基层组织的发展及其作用。

通过东西方基层治理与社会保障的比较，认识中国政治文明的历史价值，形成对当今中国制度建设与发展的自信心与责任感。同时开阔视野，了解当今中国和世界的发展大势，增强历史洞察力和历史使命感。

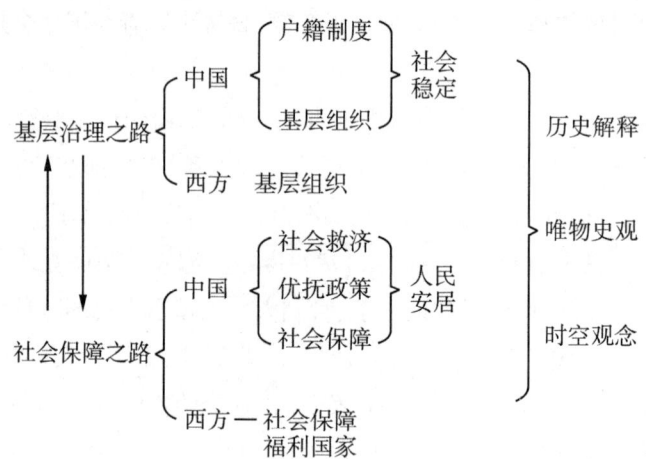

五、推荐阅读

[1] 托克维尔. 论美国的民主[M]. 董果良，译. 北京：商务印书馆，1951.

[2] 赵秀玲. 中国乡里制度[M]. 北京：社会科学文献出版社，1984.

[3] 黄春高. 西欧封建社会[M]. 北京：中国青年出版社，2000.

[4]刘玉䈿,石永义.西方政治制度[M].北京:中国人民大学出版社,2002.

[5]王卫平.中国古代传统社会保障与慈善事业[M].北京:群言出版社,2004.

[6]孙祁祥.中国社会保障制度研究:社会保险改革与商业保险发展[M].北京:中国金融出版社,2005.

[7]马克垚.世界文明史(下册)[M].北京:北京大学出版社,2004.

[8]陈国申.从传统到现代:英国地方治理变迁[M].北京:中国社会科学出版社,2009.

[9]郭海清.当代中国社会保障制度改革[M].郑州:河南人民出版社,2009.

[10]丁建定.西方国家社会保障制度史[M].北京:高等教育出版社,2010.

[11]黄凯斌.法国分权改革和地方治理研究[M].北京:中国社会科学出版社,2012.

[12]王子今.中国社会福利史[M].武汉:武汉大学出版社,2013.

[13]宋昌斌.中国户籍制度史[M].西安:三秦出版社,2016.

第二部分 课时设计

第1课
中国古代政治制度的形成与发展

一、课标要求

了解中国古代政治体制在秦朝建立前后的巨大变化;通过宰相制度和地方行政层级管理的变化,认识自秦起君主专制中央集权政治体制的演变线索。

二、教材分析

本课共三个子目。"先秦时期的政治制度"一目介绍了中国先秦时期的国家政治体制形成与发展,包括夏朝建立世袭制,商朝的内外服制度,西周的分封制、宗法制、礼乐制,集中展示了先秦时期的政治智慧,蕴含了"大一统"的基础。"秦朝的政治制度"和"两汉至明清时期政治制度的演变"两目,主要通过宰相制度和地方行政层级管理的变化,梳理从秦至明清时期君主专制中央集权政治体制的演变趋势。本课大部分知识点在高一必修教材《中外历史纲要》(上)中都已有涉及,因此教学过程中对一些知识点不需要非常详细地讲解。比起高一教材分朝代介绍政治体制,本课更着眼于搭建中国古代政治体制的知识网络,梳理其演变线索,寻找朝代更迭过程中政治体制的变化和延续,以加强对中国古代政治体制演变的整体把握,并进一步感悟中国古代的政治智慧,感知其对现今中国的影响与启示。

三、学情分析

从认知结构来看,通过以往的学习,学生对历朝历代的中央政治体制和地方行政层级管理有一定的认识,但并没有将中国古代政治体制作为一个专题进行系统学习,因而缺乏对中国古代政治体制形成与发展的整体感知,无法较好地理解君主专制中央集权制度的演变趋势,体会中国古代的政治智慧。

从发展需求来看,学生解读史料和获取史料信息的能力较弱,对中国古代政治体制之间的关联缺乏认识,使得其对"大一统"的发展和影响认识不深刻。

四、教学目标

1. 阅读教材,归纳梳理中国古代不同时期政治体制的基本史实。

2. 厘清中国古代不同时期政治体制的线索,深刻理解先秦时期政治体制的特点和秦至明清时期君主专制中央集权制度的演变趋势。

3. 阅读、分析史料,深刻理解君主专制中央集权制度对"大一统"的影响,感悟中国古代的政治智慧,体会其对现今中国培养"中华民族共同体意识"的影响。

教学重点:了解中国古代不同时期政治体制的基本内容、从秦至明清时期君主专制中央集权制度的演变线索。

教学难点:理解君主专制中央集权制度的演变与"大一统"形成之间的关联。

五、教学过程

(一)教学主题

利用圣旨的发展演变这一线索,梳理中国古代不同时期政治体制的基本史实,认识自秦起君主专制中央集权政治体制的演变线索,体会中国古代的政治智慧,并通过史料补充了解"大一统"的演变及其对现今中国的影响。

(二)教学过程

导入

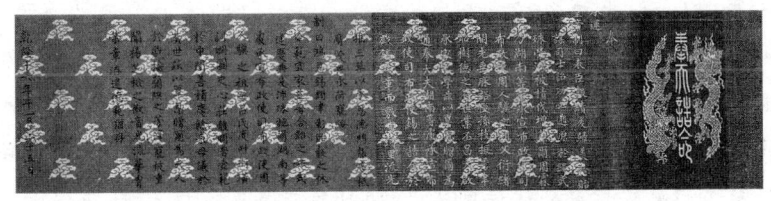

图1　清乾隆十六年(1751)周人骥之祖父母诰命

教师活动:说到圣旨,我们耳边可能马上响起一句话:"奉天承运,皇帝诏曰"。现今影视剧的广泛影响使我们对圣旨有了一个固化的印象。历史上的圣旨究竟是什么样子的?"奉天承运,皇帝诏曰"这几个字又是什么时候出现的?圣旨的背后又暗藏怎样的权力争夺?

设计意图:从影视剧细节切入新课,激发学生的学习兴趣。

学习任务1：认识先秦时期的政治体制特点。

一般而言，"圣旨"这个词不是皇帝命令的正式名称，也不是某一类命令的具体名称，而是对皇帝命令的一种泛称。先秦时代的诰命被视为圣旨的前身，如《尚书》中的《大诰》《康诰》等篇目，就是周王发布的命令，有时朝臣还会把周王的命令刻在鼎上，比如大盂鼎铭文、毛公鼎铭文等。

材料1 成王既伐管叔、蔡叔，以殷余民封康叔，作《康诰》《酒诰》《梓材》。……周公咸勤，乃洪大诰治。

王若曰："孟侯，朕其弟，小子封。惟乃丕显考文王，克明德慎罚；不敢侮鳏寡，庸庸，祗祗，威威，显民，用肇造我区夏，越我一、二邦以修我西土。惟时怙冒，闻于上帝，帝休，天乃大命文王。殪戎殷，诞受厥命越厥邦民，惟时叙，乃寡兄勖。肆汝小子封在兹东土。"

——《尚书·周书·康诰》

学生活动：阅读材料1，通过先秦时期的诰命了解西周的分封制、宗法制，并联系课本中有关大盂鼎的内容，了解礼乐制。回顾《中外历史纲要》（上）中关于夏朝确立世袭制、商朝的内外服制度等相关史实，明确我国在先秦时期就已经建立了与之配套的政治体制。

教师活动：夏商周三代都建立了与之配套的政治体制，代际之间的政治体制并不是孤立的，它们之间也存在一定的联系。通过分析史料，引导学生对比商朝内外服制度和西周分封制，找出它们之间的联系。

材料2 内外服制度实质上是一种指定服役制，是按照对时王的血缘宗族关系的亲疏来划分的一种政治结构。王畿内为内服，以时王同姓及异姓亲族为主；王畿外为外服，以与时王血缘宗族关系较疏远的异姓诸邦方为主。夏商两代如此。而到了西周，由于周初便开始大批分封诸侯，内外服制与分封制相结合，因而在内外服的具体内容上较夏商有所不同。其内服，即王畿内的时王同姓及异姓亲族为主的畿内诸侯；而外服，则不再是由与时王没有血亲关系之异姓为主，而是以分封的大批的时王同姓及异姓的诸侯国为主，同时并存着异族邦方，这两部分构成了西周的外服，即畿外诸侯。

——摘编自沈丽霞《夏商周内外服制度研究》

学生活动：阅读材料2，对比商朝的内外服制度和西周的分封制，获取有效信息。从材料中可以看出，内外服制度与分封制最大的不同在于外服，商朝外服并不注重血缘关系，而在西周分封制中，外服诸侯与周王室之间的血缘关系加强，即使没有血缘关系，也会通过联姻方式建立血缘联系。这种变化使得周王室对诸侯的控制，比起商代有了进一步的加强。由此可见，分封制是比内外服制度更加完善的政治体制，是对内外服制度的继承、发展和完善。

学生活动：综合分析材料1、2，获取有效信息。理解在先秦时期，我国早期政治体制呈现如下特点：以血缘关系为纽带形成国家政治结构，有相对的稳定性和延续性，有专制萌芽，但尚未实现高度集权。

材料3 西周、春秋时期，氏族制残余犹未完全泯灭。当时政体虽以贵族专制为主，但臣权、民权对君权依旧可起到某种制约作用……这一时期仍存在的原始民主制遗存是：一、臣僚对国君的辅贰制；二、君主与众卿共同商议大事的朝议制；三、国人参政制。

——徐鸿修《周代贵族专制政体中的原始民主遗存》

学生活动：阅读材料3，获取有效信息。了解商周政体中存在原始民主遗存，理解即使我国早期政治体制中已经蕴含大一统的基础，但是此时的君主尚未建立完全的专制和集权，大一统的局面尚未真正建立。

设计意图：引导学生解析文献史料，提高史料实证能力。通过文献的对比，展示早期政治体制的演化，体现唯物史观。

学习任务2：认识秦至明清时期政治体制的演变。

材料4 丞相绾、御史大夫劫、廷尉斯等皆曰："臣等昧死上尊号，王为'泰皇'，命为'制'，令为'诏'，天子自称曰'朕'。"王曰："去'泰'，著'皇'，采上古'帝'位号，号曰'皇帝'。他如议。"制曰："可。"

——司马迁《史记·秦始皇本纪》

学生活动：阅读材料4，从材料中获取有效信息，了解秦始皇统一六国后建立皇帝制度的史实，并且通过规定皇帝命令的称呼、天子自称等方式，突显皇权。

教师活动：为了突显皇权，秦始皇规定，改"命"为"制"，改"令"为"诏"，皇帝命令有了专有的名称，圣旨真正登上历史舞台，成为封建社会皇帝命令的一种泛称，影响深远。

学生活动：阅读材料4，并回顾《中外历史纲要》（上）的内容，列举秦始皇建立皇帝制、三公九卿制、郡县制的史实，以及秦始皇巩固统治的措施，明确秦朝建立了专制主义中央集权制度，逐步建立了"大一统"的政体。

材料5 作为历史上第一个建立统一帝国的王朝，秦统一六国后，推行了一系列加强中央集权的政策法令，在全国范围内建立起从中央到地方的统治网，文书档案工作由此步入了一个更趋成熟的发展阶段。秦代公文无论在类型、运转程序、运作规则还是在制度规定上，都具有相当的开创性，在很大程度上影响了后世文书档案制度的发展。

——谢明园《基于里耶秦简的秦代公文档案制度研究》

学生活动:阅读材料5,并结合教材中《睡虎地秦墓竹简·行书》的内容,了解秦代的文书行政管理制度和文书传送系统。统一规范的公文书写和高效的公文传送,使得皇帝的旨意能够准确且快速地下达,有利于秦朝的集权和统一,加强了大一统的力度。

教师活动:公文书写规范化后,皇帝的命令不可能再如此随意,一般以"制诏＋官职名称"的固定格式作为开头。

材料6 制诏御史曰:年七十受王杖者,比六百石,入宫廷不趋;犯罪耐以上,毋二尺告劾;有敢征召、侵辱者,比大逆不道。

——西汉成帝建始二年(前31年)尊老法令

材料7 到了东汉时,掌管政令文书的职能转移到了尚书台,御史不再负责政令,制书的开头便变为"制诏三公"。

这个"制诏某某"的起首语延续到唐宋,随着官制迁改,便摇身一变为"门下"……诏书起首必称"门下"。

——苏衡《圣旨:"村干部"朱元璋的选择》

材料8

图2 南宋乾道二年(1166)八月二十八日司马伋告身

学生活动:阅读材料6,从中获取有效信息。从材料中"制诏御史"可以看出,西汉御史的职能还包括传达文书。阅读材料7,可知东汉负责政令文书的是尚书台和三公,唐代三省六部制中负责审核制书的是门下省。解读材料8,通过观察司马伋告身中的文书经办记录,了解宋代的中央官僚体制。署名的是代表相权的参知政事魏杞与签书枢密院事兼权参知政事蒋芾;中书舍人夔是中书省官员,是这份告词的书行者;权给事中陈岩肖是审读这一告词的门下省封驳官;"八月三十日午时"是尚书省收到三省下达这份告词的准确时辰;接受者是"都事"时宗傅,交付尚书省吏部执行。

学生活动:综合分析材料6、7、8,回顾《中外历史纲要》(上)内容,列举从西汉到元代的中央政治体制(西汉中外朝、东汉尚书台、隋唐三省六部制、宋代二府三司制、元代中书省)。从西汉到元代,皇权和相权的博弈始终存在,最终朝着皇权增强和相权削弱的趋势发展。然而在这博弈的过程中,站在权力金字塔尖的皇帝,在下达圣旨时,却始终受到宰相的牵制和束缚,不可为所欲为。

教师活动:为了彻底摆脱这种制约,明太祖朱元璋最终废除了宰相。朱元璋为了进一步体现皇权受命于天的思想,还在圣旨开头加上了"奉天承运皇帝,诏曰"八个字。

材料9　在唐代,一切政令由宰相拟定,送皇帝画敕。在宋代,是宰相向皇帝上劄子,先得皇帝同意或批改,再正式拟旨。在明代,则一切诏令皆出皇帝亲旨,大学士只替皇帝私人帮忙,全部责任在皇帝。而皇帝失职,却并无办法,只有给事中有时可以封驳。给事中究竟是太小的官位,哪能拗得过皇帝?所以明代制度,可以说是由皇帝独裁了。

清代军机处向六部尚书大臣及各省督抚直接下命令,这些发出的命令还是皇帝的,因为政府最高出命权属于皇帝。军机处不过是皇帝御用的秘书,实实在在只是皇帝的一个"南书房"。

——摘编自钱穆《中国历代政治得失》

学生活动:阅读材料9,指出明朝内阁和清朝军机处在圣旨传递中的作用。原来圣旨拟定中所体现的宰相的制约,在此彻底消失,从而进一步了解明朝内阁和清朝军机处的职能,深化对废相后君主专制空前强化的认识。

教师活动:自秦朝建立君主专制中央集权制度以来,两千多年的封建社会中,除了皇权与相权的博弈外,中央与地方之间关于集权与分权的矛盾也时有突显。

材料10

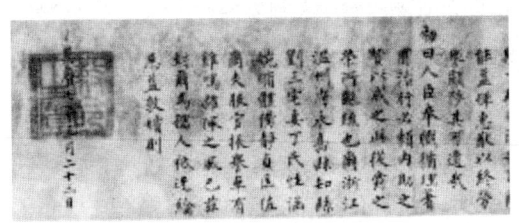

图3　明万历七年(1579)三月二十三日浙江温州府永嘉县知县刘三宅之妻敕命

材料11

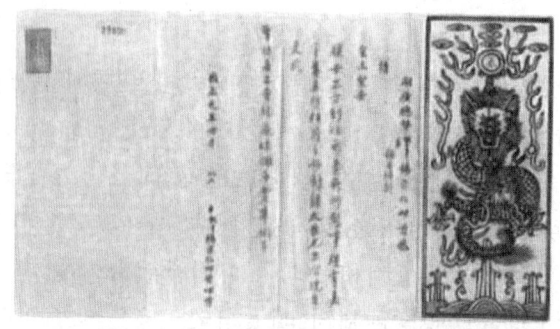

图4 清雍正九年(1731)湖广总督杨宗仁请安折朱批谕旨

材料12 　　　　　　　　中国古代地方政区演变简表

层级	秦汉	魏晋南北朝	隋唐	宋金	元	明	清
高层政区		州	路	道	行省	行省	省
中层政区	郡	郡	州	府	路、府、州	府、州	府(直隶州)
县级政区	道	县	县	县	县	县	县(州)

学生活动：解读材料10、11，指出材料中的地方行政设置，并列举明清两个朝代的地方行政层级管理。观察材料12，指出表格中错误的地方，按照时间顺序重新梳理从秦汉到清朝中国古代地方行政层级管理的变化，并结合所学，得出地方行政层级管理的演变趋势：中央权力不断增强，地方权力不断削弱。

材料13 大一统由此而构成了从外到内的"向中看齐"与自下而上的"向上集中"，一个权威衍生出稳定的秩序，国家治理的内聚力、稳定性由此而生。

——严庆、平维彬《"大一统"与中华民族共同体意识的形成》

教师活动：从秦始皇建立专制主义中央集权制度开始，大一统局面逐渐形成，并在之后的两千余年封建社会中逐渐发展、完善，直至明清时期空前强化。

设计意图：引导学生解析文献材料和文物材料，培养史料实证素养。引导学生梳理我国秦至明清时期的中央政治体制和地方行政层级管理，培养时空观念。引导学生综合分析史料，得出君权不断增强、相权不断削弱和中央权力不断增强、地方权力不断削弱的趋势，加强对秦至明清时期政治体制的认识，培养历史解释的能力。

学习任务3：认识"大一统"和中华民族共同体意识。

材料14 中华民族共同体中的"共同"思想源于中国传统文化中的"大一统"理念。在其传统意义上，"大一统"理念涵括四重主要意蕴：在疆域上主张"天下一统",强调共同体疆域的统一性与完整性;在政治上主张"王权一统",强调共同体治域内政令统一;在文化上主张"儒家一统",强调儒家思想在共同体思想文化领域的一元化主导地位;在族群上主张"华夷一统",强调共同体内部各族群有机融合与统一。在"大一统"四重蕴含的彼此关联与相互叠加中,中华民族共同体意识中之"共同"意蕴得以孕育并发展。

——周洪军等《"大一统":中华民族共同体意识之"共同"的传统意蕴》

学生活动:阅读材料14,分析我国历史上大一统中央集权王朝的政治治理措施,学会从历史中汲取智慧。了解历代政治家为了巩固"大一统"局面所做的措施,包括政治体制、地方行政管理制度、边疆政策、经济措施、思想统一等,理解"大一统"局面对中国统一多民族国家的重要性,并认识到"大一统"对如今培养中华民族共同体意识的影响。

设计意图:引导学生解析材料,培养史料实证的素养。同时,在解析史料的过程中,认识"大一统"对培养中华民族共同体意识的重要性,涵养家国情怀。

(三)板书设计

中国古代政治制度的形成与发展

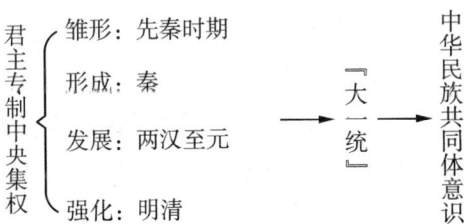

(四)核心素养水平划分

水平1:能够从教材和教师呈现的材料中获取有关信息,能够说出中国古代不同时期政治体制的基本史实。

水平2:能够概述中国古代政治体制的具体内容;能够综合分析史料,概括中国古代君主专制中央集权制度的演变线索;能够初步认识君主专制中央集权制度。

水平3:能够选择、组织和运用相关材料并使用相关历史术语,结合时空观念核心素养,准确掌握中国古代不同时期政治体制的相关史实;能够深刻理解先秦时期政治体制的特点和秦至明清时期君主专制中央集权制度的演变;能够初步认识"大一统"。

水平4:能够感悟中国古代的政治智慧,理解君主专制中央集权和"大一统"的重要性;能够史论结合,严谨地论述历史问题;能建立历史与现实的联系,从历史中汲取智慧,深刻理解"大一统"对培养中华民族共同体意识的重要性。

第2课

西方国家古代和近代政治制度的演变

一、课标要求

了解古代至近代西方政治体制各主要类型的产生和演变过程。

二、教材分析

本课共三个子目。"古希腊罗马的政治制度"一目介绍了雅典和斯巴达的政治制度,它们分别是古代希腊民主政治和寡头政治的代表;此外,还描述了罗马从共和国向帝国演变的过程。"中古西欧的封建制度"一目描述了中古西欧国家制度的一些重要特征,并介绍了法国等级君主制和英国议会君主制的产生过程。"西方资本主义政治制度的产生与发展"一目着重介绍了英国君主立宪制、美国联邦制共和制、法国议会制共和制的产生与演变历程。

三、学情分析

通过高一的学习,学生对本课内容已有一定认识,尤其是对近代西方资本主义代议制了解较多。但是对古代希腊罗马政治制度,尤其是中古时期西欧封建制度了解不多,学习存在一定的难度。教材缺少对这些制度由来的细致描述,在教学中需渗透有关背景资料,以更好地促进学生对这些知识的理解。另外,本课涉及很多学术性较强、专业化程度较高的政治制度的概念,如寡头政治、君主制、等级君主制、议会君主制等,学生较难理解。

四、教学目标

1. 运用生产力与生产关系等理论,客观辩证地认识西方政治体制的产生和演变的原因,培养学生用历史唯物主义和辩证唯物主义分析历史问题的能力。
2. 将西方政治体制的产生、发展置于特定的历史时空中,认识西方政治体制的产生和演变所处的特定的时空环境,抓住其特定时空背景和阶段特征。

3. 通过历史图片和文献史料提出问题、设置悬念,实证西方政治体制的产生和演变的史实、特点及影响,提高探究、分析历史问题的能力。

4. 通过阅读教材文本及文献资料,能准确解释西方各时期政治体制的概念,并能分析说明西方各个时期政治体制产生和演变的原因。

5. 感悟不同国家政治体制的独特性,认识到政治体制是人类社会发展到一定阶段的产物,都是在国家历史传承、文化传统、经济社会发展的基础上长期演进的结果。

教学重点:认识西方各时期政治体制的产生、演变过程。

教学难点:理解西方各时期政治体制的概念及内涵。

五、教学过程

(一)教学主题

掌握不同政治体制的基本概念,了解其演变历程,分析演变的因素,体会西方各国政治文明的多样性和独特性。

(二)教学过程

导入

以吴晓群《希腊思想与文化》中的这段话导入学习:希腊文的"公民"(Polites)一词就由城邦(Polis)一词衍生而来,其原意为"属于城邦的人"。……当古代人称呼"雅典人""斯巴达人"时,他们指的仅仅是雅典的公民或斯巴达的公民。

设计意图:点明公民在古代希腊城邦的政治意义。古希腊的公民以城邦相区分,比如斯巴达人和雅典人,从而引入两个不同政治形态的城邦。

学习任务1:认识古代雅典、斯巴达各具特色的政治体制。

材料1

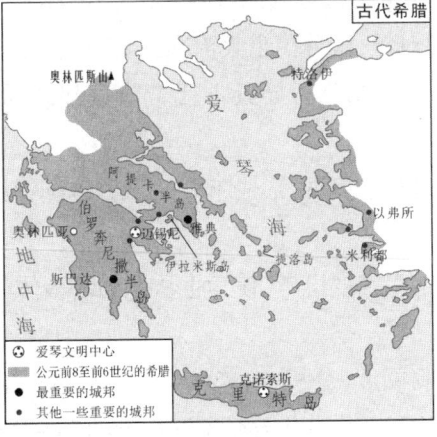

图1 古代希腊

学生活动:从图中找出雅典和斯巴达的空间位置,并结合教材了解两者的自然条件。

设计意图:时空定位,为后面分析雅典、斯巴达形成不同政治体制的原因做好铺垫。

材料2 城邦的政治形式各不相同。这些不同的特点反映出城邦是各自独立发展起来的,并在这个过程中形成了自己的传统,受外部影响很少。另外,经济发展的不同水平也造成了这种不同……斯巴达位于伯罗奔尼撒半岛,土地肥沃。公元前8世纪和公元前7世纪,斯巴达不断扩大其在伯罗奔尼撒半岛上的势力,其人口和经济发展很快。……由于拥有庞大的臣服人口,斯巴达人在伯罗奔尼撒半岛上的耕作非常富有成效,但是他们也常常面临反抗的威胁。……同斯巴达一样,雅典也经历了由于人口增长给经济社会发展带来的紧张局面,但是雅典人通过建立以民主为原则的政治体制缓解了这种压力。斯巴达人以军事手段建立了秩序,而雅典人通过平衡城邦内不同阶层的利益构建了秩序。

——摘编自[美]杰里·本特利、赫伯特·齐格勒《新全球史》

问题1:依据材料2和教材,指出雅典与斯巴达的政治制度有何异同。

学生活动:相似之处在于,城邦的政治形式受外部影响很少,城邦的公民直接参与国家管理;公民大会都是国家最高权力机关;都实行民主选举和分权制等。不同之处在于,雅典是民主政治的典型代表,国家权力掌握在公民大会、议事会官员和陪审法庭手中;斯巴达是寡头政治的典型代表,国家实权被以贵族为代表的国王和长老会所垄断。雅典的政治体制以民主为原则,斯巴达人以军事手段建立秩序。

教师活动:补充有关"寡头政治"概念的资料。寡头政治是一种政体形式,国家政权大部分甚至全部权力被少数特权阶级掌控。再提供伯里克利的演讲:"我们的制度被称作民主政治,那是千真万确的,因为政权不是在少数人手中,而是在多数人手里。"引导学生通过对照,区分民主政治和寡头政治。

问题2:依据材料2,简要分析导致古代希腊城邦政治体制各不相同的主要原因。

学生活动:城邦各自独立发展,形成不同的历史传统;经济发展水平不同;地理环境不同等。

教师活动:引导学生多维度思考,使学生认识到政治体制产生是多种因素共同作用的结果。

设计意图:通过史料阅读、分析,培养学生提取信息的能力。引导学生感受不同类型的政治文明,并认识影响古代希腊不同类型的政治文明形成的主要因素。

学习任务2：认识古代罗马从共和制向帝制的演变。

材料3 罗马建成于公元前8世纪，最初只是一个由国王统治的小城邦。公元前6世纪晚期，城邦废除了国王，结束了君主制，建立了共和国——这是一种政府统治形式，各个利益集团在政府内都有自己的代言人。……两名执政官分别负有管理内政和领兵打仗的职责。执政官由公民大会选举产生，但是公民大会被世袭的贵族和富人阶层控制，他们任期一年。最有权力的机构是元老院，其成员绝大多数是有着丰富政治经验的贵族，他们是执政官的顾问，批准所有重要的决议。

——[美]杰里·本特利、赫伯特·齐格勒《新全球史》

问题3：指出罗马共和国的主要机构及其职能，并结合材料3和教材史实，说明"罗马共和国政体具有浓厚的贵族寡头特征"这一观点。

学生活动：主要机构有元老院、公民大会；史实略。

知识链接：解读概念"共和政治"，它是一种政体形式，国家的权力是公共的，国家元首和国家权力机关由选举产生，并有一定任期。在古代，虽然共和名义上是所有公民共享的制度，但实际上是贵族共和。

设计意图：通过这一设计，让学生认识古代希腊式民主是一种直接民主，公民有机会直接参与国家政治；古罗马作为共和政体，指的是权力是公共的，由民众代表来行使权力，由此认识古罗马的共和实质是贵族共和。

材料4

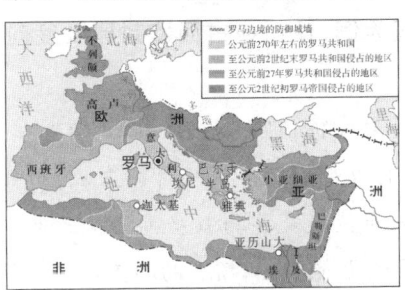

图2 罗马的扩张

材料5 帝国的扩张给罗马带来了财富和权力，但是财富和权力带来了利益的同时也带来了许多问题。财富分配不均加深了阶级之间的矛盾，导致阶级在政治和社会政策方面的纷争也越来越多。与此同时，共和国的宪政体制已经无法管理越来越庞大的被征服的土地。从公元前1世纪到公元1世纪，罗马政治领袖渐渐取消了共和国的宪政，代之以中央集权的帝国政权。

公元前27年，元老院授予他（屋大维）"奥古斯都"称号。……奥古斯都的政权是披着共和制外衣的君主制。……他保留了共和国传统的官职和政权形式，他的政权里包括一些罗马的贵族成员。而实际上，屋大维已经改变了政权的本质。他为自己积累了大量的权力，最终政权所有重要的政令都出自他手。他重新改组军队，创建了新的常备军，常备军的将领只对皇帝一人负责——这项改革实际上避免了共和国末期将军招募个人军队所引起的种种问题。

——[美]杰里·本特利、赫伯特·齐格勒《新全球史》

问题4：罗马经历了从共和国到帝国的演变。与共和国相比，罗马帝国的政治制度最突出的特征是什么？根据材料4、5，归纳这种演变的主要原因。

学生活动：实行君主制，皇帝（元首）实行独裁统治，集元老院、高级长官乃至立法的职权于一身。

知识链接：君主制，在古罗马称为元首制，指由第一公民来领导国家的制度。

学生活动：帝国的扩张加深了罗马阶级之间的矛盾和纷争，共和国体制已经无法管理广阔的土地。

材料6 罗马的政治制度一直在不断革新，正是这种政体革新为罗马帝国的扩张创造了有利条件。……罗马如果一直局限于同城邦社会相适应的共和政体，那么也无法成为雄霸欧、亚、非三大洲的伟大帝国。

——[古罗马]塔西佗《编年史》

设计意图：通过对比，让学生认识到共和制和帝制（君主制）的区别，并理解罗马经历了从共和国到帝国演变的时代背景，它实际上是当时社会发展的结果。

学习任务3：以英国为例，认识中古西欧封建制度向近代资本主义代议制的演变。

材料7 1205年，英国坎特伯雷大主教、国王首席法官休伯特·华尔特去世。国王约翰要求坎特伯雷的教士们选举诺维奇的主教，而教士坚持推选坎特伯雷修道院的副院长，并把这一争执提交罗马教皇英诺森三世。教皇把两个候选人都搁置一旁，自己力荐红衣主教史蒂芬·兰顿。约翰王对教皇的命令加以拒绝并阻止兰顿进入英格兰。英诺森三世于1208年发布剥夺英格兰教会权利的禁令；1209年，教皇又进一步宣布开除约翰王的教籍。1213年，约翰王迫于法国国王入侵英格兰的威胁，不得不向教皇屈服，接受兰顿为坎特伯雷大主教，并承认自己为罗马教皇的臣属。再有，约翰王与贵族交往时不顾封建关系的规范，视贵族的领地财产为己有，导致1215年贵族反叛，国王被逼至谈判桌前签订了《大宪章》。

——摘编自钱乘旦、徐洁明《英国通史》

问题5：阅读材料7，并结合教材，以英国为例，概括中古时期西欧国家制度的主要特征。

学生活动：主要特征为，形成了以封君、封臣为基本特征的封建制度，王权和基督教长期并存,并多次发生冲突,基督教会地位显赫,举足轻重;随着经济的发展,封建主与王权斗争不断,国王被迫签署《大宪章》。

材料8 (14)为了得到王国议会对协助金或免服兵役数量的共识……在所定的日期,按照在场者之建议进行议事。

(39)任何自由人,如未经其同级贵族之依法裁判,或经国法判决,皆不得被逮捕、监禁、没收财产、剥夺法律保护权、流放,或加以任何其他损害。

(41)除战时与予敌对之国家之人民外,一切商人,倘能遵照旧时之公正习惯,皆可免除苛捐杂税,安全经由水路与陆路,出入英格兰……

——摘编自郭守田《世界通史资料选辑·中古部分》

问题6:阅读材料8,概括指出《大宪章》对王权的限制主要体现在哪些方面。

学生活动:限制国王的军事权、司法权和随意征税的权力。

设计意图:通过解读以上材料,使学生认识到中世纪欧洲各国国王的权力是有限制的,教权凌驾于王权之上,国王和贵族存在着封建关系。再通过解读《大宪章》文本,使学生认识到欧洲贵族和国王之间也存在着斗争,英国有王权有限的政治传统。但是,这种有限王权最终被斯图亚特王朝的詹姆士一世和查理一世打破。查理一世统治时期,一方面宣传君权神授,另一方面经常越过议会随意征税。于是,国王和议会的矛盾激化,英国资产阶级革命爆发。

材料9 英国革命创造了一种全新的政体——立宪君主制,并以此淘汰了已成为社会发展桎梏的绝对君主制。新政体的形式也是13世纪以来英国政府的传统形式,其实质内容却已发生了根本性的变化。……英国通过这样一些立法行为来实现议会对王权的约束。……英国的王权还从来没有被套上这么多的"紧箍咒"。这个以往一直自以为只受制于上帝的权威,如今已完全受制于议会了,其神圣的光环已荡然无存。至此,国王的专权在英国已了无可能。后来随着"内阁制"的形成,王权又被进一步架空。

——摘编自马克垚《世界文明史》

问题7:根据材料9和教材,简述英国新政体确立和完善的过程。

问题8:指出材料9中13世纪以来英国政府的"传统形式"。如何理解"其实质内容却已发生了根本性的变化"?

学生活动:经过长期斗争、演变,英国议会权力逐渐高于王权,国王最终统而不治;近代资本主义政治制度的产生和发展经历了曲折、漫长的过程。

问题9:近代英、美、法等国政治制度的发展既有代表性,又各有特色。请以分组合作方式,运用教材知识,对这一问题进行阐述。

学生活动:英国,君主立宪制,议会是权力中心。美国,联邦制共和制,三权分立。法国,议会制共和制,总统和议会是两大权力中心。

教师活动:补充概念。君主立宪制,近代资本主义国家以君主为国家元首,君主权力受到宪法限制的政权组织形式。民主共和制,是指近代资本主义国家的权力机关和国家元首由选举产生并有一定任期的政权组织形式(政体)。近代民主共和制度分为总统制共和制和议会制共和制,其中以美国和法国最为典型。联邦制,从国家结构来讲,中央权力加强的同时,地方保留一部分自治权力。议会共和制,指政府(内阁)由议会中拥有多数席位的政党组成,并对议会负责的国家体制。美国历史学家斯蒂夫·弗兰克认为:"我不认为美国人会觉得世界上只有一种成功的宪法模式。君主立宪制适用于英国,总统制适用于美国。重要的是,政体的形式必须能够体现遵从宪法规定的人们的真实愿望。"

设计意图:通过史料阅读、分析,使学生了解英国近代政治制度确立的过程,进一步认识资本主义各国代议制的特色。

(三) 板书设计

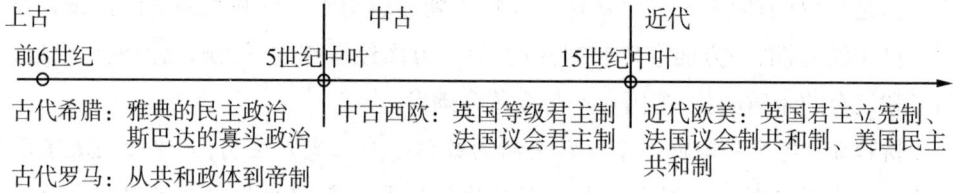

(四) 核心素养水平划分

水平1:能够从教材及文献史料中提取有效信息,概括雅典民主政治和斯巴达寡头政治的基本特点;了解古罗马共和政体的特点及向帝国转变的过程;了解欧洲中世纪封建政治制度的特点;以英、法、美三国为例,理解西方近代资本主义政治制度的特点。

水平2:能够将西方政治体制的产生、发展置于特定的历史时空中,认识西方政治体制的产生和演变所处的特定时空环境,从而分析其特定时空背景和阶段特征。

水平3:通过阅读教材文本及文献资料,能够准确解释西方各时期政治体制的概念,分析、说明西方各个时期政治体制产生和演变的原因。

水平4:通过对比各时期不同的政治体制,感悟不同国家政治体制的独特性,认识到政治体制是人类社会发展到一定阶段的产物,都是在国家历史传承、文化传统、经济社会发展的基础上长期演进的结果。

第3课

中国近代至当代政治制度的演变

一、课标要求

了解共和制在中国建立的曲折过程,理解中国政治道路发展的独特性。

二、教材分析

教材大体可以分为两大部分,第一部分按照时序叙述了1912年中华民国建立至1949年中华人民共和国成立期间政权更迭的过程,通过对比二次革命、《训政纲领》、"伪国大"等相关史实与中国共产党在不同时期进行的民主政权建设,如《宪法大纲》、"三三制"等,凸显近代中国"共和制"从"形式"到"实质"的转变,引导学生从政权建设的角度理解国民党政权覆灭的原因。第二部分介绍了新中国成立以来我国民主政治建设取得的两大成就:人民代表大会制度和中国共产党领导的多党合作和政治协商制度的建立与完善。第二部分的相关内容与思想政治教材的重合性很高,历史学科应当重点关注第一部分的教学内容。

三、学情分析

学生通过初中和高中必修教材的学习,已基本掌握1912—1949年间国民党政权与中国共产党政权之间"合作—对峙—合作—对峙"的相关史实,以及人民解放战争后国民党政权覆灭、中华人民共和国成立的重大转变,但尚未从政治体制的角度去理解两者之间的本质变化。此外,本课的时空跨度虽然小,但是所述政权更迭非常频繁,需要较高的思维概括能力和整合能力,否则将无法建构起历史大框架,导致知识和信息记忆的碎片化。

四、教学目标

1. 通过绘制时间轴的形式,让学生整理1912—1949年中华民国成立后政权更迭（国民党政权和中国共产党政权）的相关史实，用时间轴并立到重合的过程体现中华人民共和国取代中华民国的历史转变；大致了解人民代表大会制度和中国共产党领导的多党合作和政治协商制度，培育时空观念素养。

2. 用大事年表呈现1912—1924年孙中山的革命经历，结合相关知识分析民国建立后"共和制"名存实亡的原因；结合孙中山的"革命程序"论与国民党1928年掌握政权后的实践对比，特别是人民解放战争爆发后"国民大会"召开的相关背景，分析国民党政权的性质，培育史料实证和历史解释素养。

3. 通过呈现中国共产党井冈山时期、抗日战争时期、解放战争时期的政权建设，概括其相同点；结合第一次全国政治协商会议的召开，区分中华人民共和国与国民党政府之间的本质差异，总结"共和制"在我国的曲折历程，培育历史解释素养。

4. 在掌握史实的基础上，结合相关史料，分析"共和制"在我国曲折发展的原因，培育唯物史观和历史解释素养。

教学重点：中国特色社会主义政治制度的建立和完善。

教学难点：理解近代以来中国政治发展的独特性。

五、教学过程

（一）教学主题

通过对比国民党和中国共产党在不同时期政权建设的相关史实，了解从民国到共和国实现了"共和制"从"形式"到"实质"的转变。

（二）教学过程

导入

观察两张图片的相关信息，指出图片所反映的历史事件，并指明两者的关系。

图1

图2

设计意图：通过图片，直接明确本课的教学主线和重大历史事件的演变。

学习任务1：梳理教材中1912—1949年民国时期相关政权更迭以及中国共产党在不同阶段的政权建设。

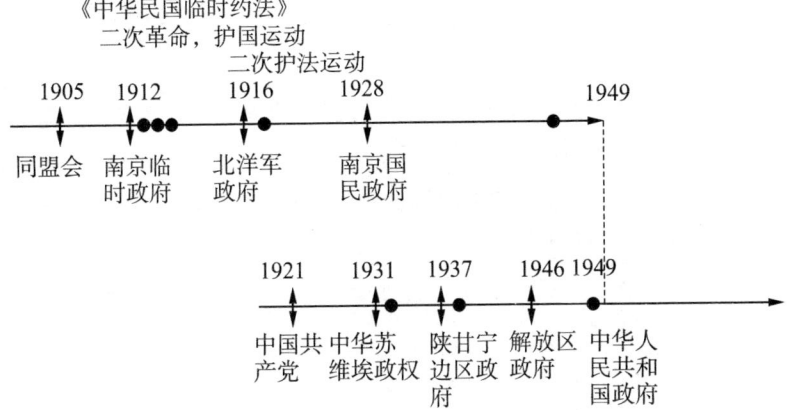

问题设计：(1)绘制1912—1949年的时间轴，标注中华民国时期"官方政权"的更迭，同时以时间为节点，标注以中国共产党为主线的政权建设的过程。(2)依据教材内容，补充1912—1928年孙中山领导的革命运动。(3)依据上述时间轴，结合所学，简述该时段国共两党关系的演变。

学生活动：(展示如上图内容)国共两党第一次合作，1924年开展了轰轰烈烈的国民革命；1927年国民革命失败，国共两党进入十年对峙时期(井冈山革命时期)；在中日民族矛盾上升为主要社会矛盾后，国共两党实现第二次合作，建立抗日民族统一战线；1946年解放战争爆发，经过3年国内战争，国民党政权败退台湾，中华人民共和国成立。

设计意图：通过绘制时间轴，借助直观的图示，使学生整体把握这一时期的阶段特征和政权更迭的过程，形成历史的主线意识，强化时序观念。

学习任务2：通过1912—1924年孙中山的相关革命经历，分辨"共和制"的"虚实"。

材料1　中华民国主权属于国民全体，国民享有人身、言论、著作、集会、结社、迁移等项自由和请愿、诉讼、选举及被选举等项权利。约法按照立法、行政、司法三权分立的原则构建政治体制。参议院行使立法权，有权选举临时大总统、弹劾临时大总统及国务员；临时大总统及国务员行使行政权，国务员"辅佐临时大总统，负其责任"。

——《中华民国临时约法》

材料2

时间	事件
1912年3月	《中华民国临时约法》颁布,孙中山辞去临时大总统职务,袁世凯在北京就任临时大总统
1912年8月	中国同盟会联合4个小党改组成立国民党。宋教仁等(革命派)通过议会斗争使国民党成为国会第一大党,成为执政党
1913年7月	"宋案"发生后,国民党发动"二次革命",因袁世凯镇压而失败。袁世凯就任正式大总统后,解散国会和国民党
1916年	(1915年)袁世凯改中华民国为"中华帝国",后因全国人民反对被迫取消。袁世凯病逝后,中国进入北洋军政府时期
1917年	段祺瑞(皖系)拒绝恢复《中华民国临时约法》,孙中山发动第一次护法运动。后因滇、桂军阀的排挤,护法运动失败
1922年	(1920年始)第二次护法运动由于陈炯明(粤系)叛变而失败

材料3 同盟会未尝深植基础于民众,民众所接受者,仅三民主义中之狭义的民族主义耳。正惟"排满"二字之口号,极简明切要,易于普遍全国,而弱点亦在此。民众以为清室退位,即天下事大定,所谓"民国共和"则取得从来未有之名义而已。至其实质如何,都非所问。革命时代本有不能免之痛苦,闻和平之呼声足以驰其忍受牺牲、继续奋斗之勇气。故当时民众心理,俱祝福于和议。逆之而行,乃至不易。夫以热烈倾向于革命之群众,而不能使为坚强拥护革命之群众,此其责由革命负之,而亦为当日失败之重要原因也。

——摘编自《胡汉民自传》

问题设计:依据材料1并结合所学,概括《临时约法》规定中华民国的国家政治原则、政治体制、政府组织形式。

学生活动:主权在民,共和体制,责任内阁制。

问题设计:依据上述表格并结合教材,简述"宋案"的经过。

学生活动:民国成立后,《临时约法》将总统制变为内阁制,限制总统权力。1912年8月,在宋教仁的努力奔波下,同盟会与其他几个团体改组成为国民党,准备参加第一届中国国会两院议员大选。1913年1月,国会两院选举结束,以同盟会为主干的国民党取得大胜。宋教仁成为国会选举中多数党领袖,将组建责任内阁,这严重威胁了袁世凯的独裁统治。3月20日,宋教仁应袁世凯之邀从上海奔赴北京,在上海车站被刺杀,后送往医院不治身亡。

问题设计:依据上述表格并结合所学,概括1912年袁世凯"赞成"共和的原因。

学生活动：从袁世凯的种种行径可知，其并非真的赞成共和，只是假借共和之名，窃取革命果实，实行独裁统治。

问题设计：结合上述内容，试分析1912—1922年资产阶级"共和制""未能践行"的原因。

学生活动：对三民主义的狭隘理解是导致中华民国建立后，共和政体虽然成立却没有得到真正实践的原因。加之帝国主义对中国革命的干涉形成军阀混战的局面、半殖民地半封建的社会性质，民主共和的理想未能践行。

教师活动：诚然，这一时期由于政局的动荡、各派系军阀的分裂，加之民众对"民主"认识的粗浅，共和制乃至政党政治都不具备真正实践的条件。

设计意图：借助史实梳理和材料分析，使学生知道这一时期"共和制"名存实亡。

学习任务3：通过对比分析材料，概括南京国民政府的政权性质。

材料4 随着1928年北伐的成功，孙中山三阶段革命论中的军事阶段完成了，第二个阶段"训政"阶段也到了实行的时候。1928年10月3日，国民党中央执行委员会通过了一部临时宪法，称为《训政纲领》，目的是令国民党对政府的指导合法化。国民党获受于双重责任：监督人们行使四权——选举、罢免、创制和复议；监督政府行使五权——行政、立法、司法、监察和考试。党的最高机关是全国代表大会，闭会期间权力将委托给中央执行委员会，而这个委员会又设有常委会——权力的真正所在地。与中央执行委员会并列的是中央监察委员会，负责纪律事务和监察财政。

——徐中约《中国近代史 1600—2000中国的奋斗》

材料5 蒋政府的"国大"与"宪草"既未经政协一致同意，又无联合政府召集，更无中共及真正民主党派的代表参加制定，故不论这所谓"国大"已经开过，这所谓"宪法"已经通过，其性质依然是蒋记国大、蒋记宪法，我们及全国民主人士决不会承认它为合法、为有效。

——周恩来关于时局问题答新华社记者（1946年12月28日）

注：首届"国民大会"原定于1936年召开，制定宪法并决定宪法施行的日期，后因抗日战争爆发而延期。

材料6 第一、一九四六年十一月十二日所召开的伪制宪国大，是违背了当时的政协决议，由国民党反动独裁派擅自决定的；第二、当时所提出来的宪法草案，根本就没有得到各党派的协议，而只是由反动的国民党中常会通过，交立法院完成立法程序提出的；第三、当召集伪制宪国大时，国民党反动独裁派正发动大规模的内战，这也即是说，这个伪宪法是在全国已陷于内战分裂的情况下，人民毫无自由的时候制定的。根据这三个理由,本盟决不能承认一九四六年的伪宪法。

——《中国民主同盟关于否认伪国大伪宪法伪总统的紧急声明》(1948年5月3日)

问题设计:依据材料4,概括1928年国民党在国家政治生活中的地位,结合所学概述这一时期国民党的主要活动。

学生活动:执政党,一党专政;主要活动略。

问题设计:依据材料5、6,概括中国共产党和民主党派对国民党召开的"国大"和《中华民国宪法》的基本态度,并指出原因。结合历史背景,分析国民党召开"国大"和"行宪"的真实目的。

学生活动:不承认,没有按法定程序举行,不具备代表性。继续推行一党专政。

教师活动:鉴于辛亥革命的失败,孙中山提出了"革命程序"论,以期缓慢地在中国践行西方民主政体。但是1928年以蒋介石为首的国民党掌握政权,打着"训政"和"行宪"的幌子实施一党专政。抗日战争后,为了维持专政,国民党亲手炮制伪国大和伪宪法,阻碍民主政治发展,使自己在政治上陷入孤立无援的境地。

设计意图:通过概括分析材料,明确南京国民政府在掌握政权后始终坚持一党专政,排挤民主力量的发展,导致其"民心尽失"的事实。

学习任务4:了解中国共产党在不同时期建设民主政权的探索,成为新中国成立后真正实践"主权在民"的基础。

材料7 在苏维埃政权领域内的工人、农民、红军兵士及一切劳苦民众和他们的家属……在十六岁以上皆享有苏维埃选举权和被选举权,直接选派代表参加各级工农兵会议(苏维埃)的大会,讨论和决定一切国家的、地方的政治事务。

——《中华苏维埃共和国宪法大纲》(1931年)

材料8 1937—1941年,所有16年岁及以上的农民,都通过不记名投票的平等直接普选机制,加入了政治活动的潮流。毛泽东认为"所有人都能超越阶级、经验和思想的界限,创造性地参加一个新的中国"。他还阐述了"三三制",该项制度将参加边区政府和参议会的中共党员限制到三分之一,将其余三分之二的席位让给左派进步分子、中间分子及其他人士。

——徐中约《中国近代史 1600—2000中国的奋斗》

材料9 中华人民共和国第一届中央人民政府主要领导成员(主席、副主席)中,中国共产党四人,毛泽东为主席。民主党派三人,分别是宋庆龄(民革成员)、李济深(民革成员)、张澜(民盟成员)。

——寿孝鹤等《中华人民共和国资料手册》

问题设计:依据材料7、8、9,概括不同时期中国共产党在政权组织方面的共同点。结合所学,分析国民党政权覆灭的原因。

学生活动:发展民主政治,尊重各阶层、各区域、各党派参政议政的意愿,真正践行人民当家作主理念。国民党政权背离民心,逆时代潮流。

材料10

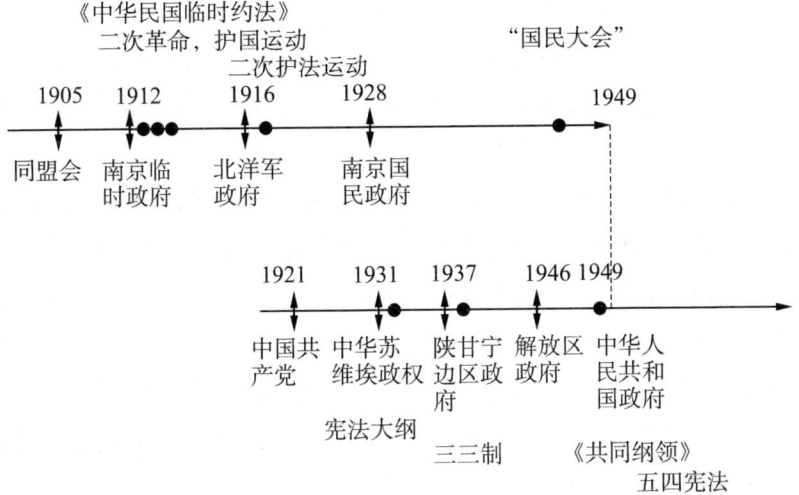

问题设计:综上所学,用一句话概括从中华民国到中华人民共和国,近代中国"共和制"的根本转变。

学生活动:从形式到实质的转变。

教师活动:新中国成立后,"民主政治"又取得了哪些重大成果?

学生活动:1949年中国人民政治协商会议第一届全体会议召开,标志着中国共产党领导的多党合作和政治协商制度的确立。1954年全国第一届人民代表大会召开,确立人民代表大会制度是我国的根本政治制度。1956年,中共中央提出"长期共存、互相监督"八字方针,进一步确立了社会主义条件下我国多党合作的基本格局。

教师活动:发展民主政治乃是中国近代至当代政治制度演变的大势所趋。民主政治并不囿于资产阶级共和政体,也没有固定的表现形式,只有所持"执政为民"理念,才能真正实现多数人的民主,为历史和人民所选择。

设计意图:区分国民党与共产党在政权建设上的差异,体会中国共产党始终代表最广大人民群众的利益;明确"共和制"在中国从形式到实质的曲折发展。

（三）板书设计

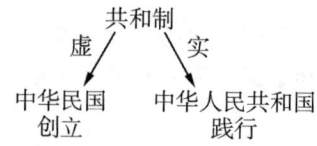

（四）核心素养水平划分

水平1：知道1912—1949年历史阶段分期，通过梳理该时段重大历史事件，如二次革命、护法运动、《宪法大纲》等，明确阶段特征，掌握国共两党不同时期关系的演变。

水平2：能够通过史料分析，区分不同时期国民党政权实施专政的手段，概括国民党执政时期政权建设的本质；能够借助史料，分析国民政府初期"共和制"名存实亡的原因；能够通过国共两党政权的具体建设，分析国民党政权覆灭的原因。

水平3：能够借助史料并结合所学，立足时空背景，分析中国特色社会主义政治制度的建立和完善；认识中国特色社会主义制度的最大优势是中国共产党领导。

水平4：搜集近代中国政党政治与政治制度发展方面的学术观点，能够从已知的历史结论中提出新的见解。

第4课

中国历代变法和改革

一、教材分析

本课主要讲述中国古代、近代、现代的重要变法与改革,共分三个子目:"中国古代的重要变法和改革""中国近代的改革探索""新中国成立以来的重要改革"。第一子目主要叙述了春秋战国时期商鞅变法、北魏孝文帝改革、北宋庆历新政和王安石变法以及明朝张居正改革。这些顺应时代潮流的变法与改革,都推动了社会生产力的发展,促进了社会进步和民族交融,但无论是从过程还是从结果来看,变法改革都充满了曲折与艰辛。第二子目主要叙述了近代中国面临"数千年未有之大变局",爱国的有识之士求变求新,走上了探索救亡图存之路,特别是甲午战后的维新变法。变法虽然最终失败,但它在社会上起到了思想启蒙作用,促进了中国人民的觉醒。清末新政和民国时期的一些改革措施也大多没有成功。第三子目主要叙述了三部分重要的内容。社会主义基本制度的确立是中国历史上最深刻最伟大的社会变革。以《论十大关系》和中共八大为标志,中国共产党人努力探索一条适合中国国情的建设社会主义的道路,积累了党领导社会主义建设的重要经验。以中共十一届三中全会的召开为标志,中国开始实行改革开放的历史性决策。改革开放40多年来,党中央团结和带领全党全国各族人民,干出了一片新天地,中国面貌得到极大改变。40多年的时间充分证明,改革开放是党和人民大踏步赶上时代的重要法宝,是坚持和发展中国特色社会主义的必由之路,是实现中华民族伟大复兴的关键一招。

二、学情分析

学生通过初中和高中必修教材的学习,对中国历代变法和改革等重要内容有较好的了解,商鞅变法、孝文帝改革、庆历新政、王安石变法、张居正改革、戊戌变法、社会主义制度建立、社会主义道路探索、改革开放等均已较翔实地学习过。本课要求学生比较这些变法、改革,从更加宏观的角度去看待中国历代变法与改革,理解中国的改革传统和改革过程的曲折与艰辛,更需要从整体上把握新中国成立以来的重要改革尤其是改革开放,这些都需要学生在唯物史观的基础上有更高的时空观念和历史解释素养。

三、教学目标

1. 通过梳理教材内容,了解中国古代的重要变法和改革;借助史料阅读,比较这些变法和改革的共通之处,理解改革与时代潮流的关系,认识改革过程的曲折与艰辛。

2. 通过史料分析,理解戊戌变法的影响与意义,简析近代改革大多没有成功的原因。

3. 知道新中国成立以来的重要改革,理解社会主义基本制度的确立是中国历史上最深刻最伟大的社会变革;从整体上宏观把握改革开放的主要内容,理解并阐释改革开放是实现中华民族伟大复兴的关键一招。

教学重点:理解戊戌变法的影响与意义;阐释改革开放是实现中华民族伟大复兴的关键一招。

教学难点:比较中国古代重要变法和改革的共通之处。

四、教学过程

(一)教学主题

中国自古就有改革的传统,改革的过程充满了曲折与艰辛;新中国成立以来的重要改革,尤其是改革开放,是实现中华民族伟大复兴的关键一招。

(二)教学过程

导入

教师活动:展示图片——"蛟龙号"载人深潜器、世界上最大单口径射电望远镜(天眼)等,展示改革开放以来中国自主研发和制造实力所取得的成就。这些图片所展示的成就代表的仅仅是中国改革开放40多年来的部分成果。改革开放40多年来,中国的现代化建设取得了巨大的成就,可以说改革开放是实现中华民族伟大复兴的关键一招。这样的重大改革一方面得益于中国共产党的领导和全国各族人民的共同奋斗,另一方面也来自对中国历代变法和改革经验的积累和总结。

设计意图:回望历史,一方面让学生直接感受改革开放的巨大成就,另一方面让学生初步认识中国改革的传承与传统。

学习任务1：了解中国古代重要的变法和改革，认识它们的共通之处。

教师活动：中国历朝历代都有不同程度的变法和改革，每一次变法与改革都会给王朝统治和社会带来不同的影响。不同时期，不同王朝变法改革的侧重点有所不同，带来的结果和影响也存在差异。但是，古代历史上那些重要的变法和改革有不少共通之处。根据教材内容，以时间轴的形式，梳理中国古代重要的变法和改革。

学生活动：阅读教材，制作时间轴，梳理中国古代重要的变法和改革。

```
魏国李悝变法
楚国吴起变法    北魏孝文      庆历新政
秦国商鞅变法    帝改革        王安石变法       张居正改革
─────────────┼────────────┼──────────────┼────────────→
  春秋战国      三国两晋        北宋             明朝
                南北朝
```

教师活动：指导学生从背景、主要内容、主要影响等角度，横向比较这些重要的变法和改革，分析其共通之处和从中得到的认识。

学生活动：梳理、比较中国古代重要变法和改革的背景、主要内容和主要影响。

重要变法和改革	背景	主要内容	主要影响
商鞅变法	大变革时代：社会生产力进一步发展，生产关系急剧变动；兼并战争不断；为适应社会变动，实现富国强兵	废除井田制，奖励耕织，废除世卿世禄制，奖励军功，实行什伍连坐，建立县制等	打击了贵族特权，促进了封建政治、经济、军事的发展，为秦成就统一霸业奠定了基础
北魏孝文帝改革	游牧民族之间征伐不断，战乱给各族人民带来苦难；民族交融成为历史发展的潮流	实行俸禄制，推行均田制、三长制等；迁都洛阳、易服装、改汉姓、说汉话、通婚姻等	加快了北方各族人民的交融，缓和了民族矛盾，缩小了南北差距，为中国统一多民族国家的发展作出了重要贡献
庆历新政和王安石变法	政治腐败，财政困难，各地农民起义不断，北部边境经常受到游牧民族的袭扰	主张改革腐败的官僚机构；针对官僚机构、财政制度、军事体制等方面的弊端，制定和推行了一系列变法的政策和措施	触犯大官僚大地主的利益，仅推行了一年多；初期取得了显著成效，实行五六年后，王安石被罢职，变法措施被废止
张居正改革	政治日益腐败，府库空虚，土地兼并严重，农民纷起反抗，统治危机不断加深	大力整肃吏治，加强官吏考核，裁减开支，清丈土地，改革税制	国家财政收入增加，社会矛盾相对缓和，严重的封建统治危机得到暂时缓解；但他死后，除一条鞭法外，其他改革几乎全部废止

教师活动：这些重要的变法和改革发生的背景有哪些共通之处？

学生活动：变法与改革往往发生在社会大变动,社会发展出现变化或产生较多问题时期；变法与改革的目的往往是富国强兵,巩固统治,适应社会变化。

教师活动：正如《周易》所言,"穷则变,变则通,通则久"。变法因时而变,与时俱进,"求变""求新"是变法与改革的历史传统。什么样的变法与改革才能推动社会的发展与进步呢？

学生活动：讨论、分享。针对问题开展的变法与改革,顺应时代变化的变法与改革才能推动社会的发展与进步。

教师活动：你怎样看待改革的过程？

学生活动：讨论、分享。改革会有巨大的阻力,其过程充满了曲折与艰辛。

教师活动：通过刚才内容的学习,请你谈谈对中国古代变法和改革的认识。

学生活动：讨论、分享。中国自古就有改革的传统；改革的过程充满了曲折与艰辛；顺应时代潮流的改革,推动了生产力发展,促进了社会进步和民族交融。

教师活动：从中国古代重要的变法和改革的梳理与比较中,我们了解了中国改革的传统,也理解了改革对时代的顺应与推动,更懂得了改革过程的曲折与艰辛。

设计意图：基于必修模块的学习基础,通过表格的方式梳理中国古代重要的变法与改革,在比较之中了解并认识中国古代改革的传统和改革过程的艰辛,理解顺应时代改革的重要性,培养学生的唯物史观和历史解释素养。

学习任务2：了解中国近代的改革探索,理解戊戌变法的影响。

教师活动：提到中国近代的改革探索,我们肯定绕不过戊戌变法。

展示图片：《马关条约》签署地——日本春帆楼(如右图所示)。

问题设计：根据图片,结合所学,回顾维新变法运动的时代背景。

学生活动：甲午战败,《马关条约》签署,帝国主义掀起瓜分中国的狂潮,中国面临严重的民族危机。

教师活动：自近代鸦片战争以来,中国社会陷入内忧外患的严重局面,面临"数千年未有之大变局",近代中国的改革探索之路也由此不断推进。在中国近代的改革探索之路中,救亡图存一直是其重要命题。戊戌变法更是如此。

材料1　朝士即有言西法者,不过称其船坚炮利制造精奇而已；所采用者,不过炮械军兵而已,无人知有学者,更无人知有政者。自甲午东事败后,朝野乃知旧法不足恃,于是言变法者乃纷纷。变法之本,在育人才;人才之兴,在开学校;学校之立,在变科举;而一切要其大成,在变官制。官制之义乃在伸民权、设议院。

——梁启超《变法通议》

问题设计:梁启超认为变法的"要其大成"在哪里?这一"大成"的实质是什么?这一"大成"在1898年6月演化为哪一政治事件?这一事件的实际结果如何?

学生活动:"要其大成",在变官制,实质上是改变政治制度,实行君主立宪制。这一"大成"演化为戊戌变法运动,结果遭到守旧势力的激烈反对,慈禧太后发动政变,废除了大部分变法措施,戊戌变法失败。

材料2 维新党在各个部门都实行大刀阔斧的改革工作,直到举世都为之震动,认为比起这个青年的中国来,就是日本的明治维新也瞠乎其后。

——《字林西报》

材料3 百日之间,维新之诏,联翩而下,变法神速,几有一日千里之势。

——黄鸿寿《清史记事本末》

问题设计:根据材料2、3,结合所学,分析戊戌变法失败的主要原因。

学生活动:改革涉及面过广,阻力大;触犯守旧势力的利益,遭到他们的激烈反对。

教师活动:戊戌变法的失败,证明资产阶级改良道路在半殖民地半封建社会的中国是行不通的。

材料4

戊戌变法时期学会、学堂、报馆一览表

名称	时期	地点	创办人
万木草堂	1891年	广州	康有为
《中外纪闻》(原名《万国公报》)	1895年	北京	康有为
强学会	1895年	北京	康有为
《时务报》	1896年	上海	梁启超(主笔)
《国闻报》	1897年	天津	严复
《知新报》	1897年	澳门	康广仁
时务学堂	1897年	湖南	谭嗣同
粤学会	1898年	北京	康有为
《湘报》	1898年	湖南	谭嗣同
南学会	1898年	湖南	谭嗣同
保国会	1898年	北京	康有为

材料5 吾辈今日得稍有世界知识，其源泉乃康、梁二先生之赐，是二先生维新觉世之功。

——陈独秀

问题设计：根据材料4、5，简述戊戌变法带来的主要影响。

学生活动：在社会上起到了思想启蒙作用，促进了中国人民的觉醒。

教师活动：慈禧太后发动的政变直接导致了戊戌变法的失败，但是20世纪初，面对日益严重的统治危机，清政府宣布实行"新政"。新政的很多措施在很大程度上与戊戌变法的措施有相同之处，这些措施也在客观上促进了中国民族资本主义的发展，但是新政并没有让清政府摆脱内外困境。中华民国建立后的一些改革措施，也多以失败告终。

设计意图：通过阅读与分析不同类型的史料，一方面让学生充分认识以戊戌变法为代表的中国近代改革探索的背景、主题、结果以及影响，另一方面提升学生的史料实证素养。

学习任务3：知道新中国成立后的重要变革，阐释改革开放是实现中华民族伟大复兴的关键一招。

教师活动：1949年，新中国成立。为了实现国家富强，我们开始进行社会主义革命，探索社会主义发展道路。社会主义基本制度的确立，成功实现了中国历史上最深刻最伟大的社会变革。请简要回顾社会主义基本制度确立的标志。

学生活动：1954年，第一届全国人民代表大会确立了人民代表大会制度是我国根本政治制度，中国共产党领导的多党合作和政治协商制度、民族区域自治制度是我国基本政治制度，它们初步构成了我国社会主义的政治制度体系。1956年，我国基本完成对农业、手工业和资本主义工商业的社会主义改造，标志着生产资料公有制占绝对优势的社会主义经济制度在我国初步建立起来。

教师活动：1956年，以毛泽东发表《论十大关系》和中共八大的召开为标志，中国共产党人努力探索一条适合中国国情的社会主义建设道路，这一时期的探索取得了很大的成就，这对中国社会的发展来说，具有开创性和奠基性的作用。

材料6 党的十一届三中全会是划时代的，开启了改革开放和社会主义现代化建设历史新时期。党的十八届三中全会也是划时代的，开创了我国改革开放的全新局面。

——习近平在中央全面深化改革委员会第六次会议上的重要讲话（2019年1月23日）

问题设计：结合上述重要论断，谈谈两次三中全会在中国特色社会主义事业进程中都具有划时代重大意义的原因。

学生活动:中共十一届三中全会决定停止"以阶级斗争为纲"的错误做法,作出把党和国家工作中心转移到经济建设上来、实行改革开放的历史性决策。中共十八届三中全会对全面深化改革作出总部署、总动员,提出完善和发展中国特色社会主义制度、推进国家治理体系和治理能力现代化的全面深化改革总目标。

教师活动:中共十九大召开,指出中国特色社会主义进入了新时代。中共十九届四中全会召开,提出了"两个一百年"的奋斗目标。请简要叙述"两个一百年"的奋斗目标。

学生活动:到中国共产党成立100年时,在各方面制度更加成熟更加定型上取得明显成效;到新中国成立100年时,全面实现国家治理体系和治理能力现代化,使中国特色社会主义制度更加巩固、优越性充分展现。

教师活动:改革并不是一蹴而就的,它是一个持续、不断推进的过程,开放亦然,也是一个不断深入展开的过程。

小组活动:结合教材内容,梳理改革开放40多年来的主要历程。

主要内容	主要历程
农村改革	家庭联产承包、乡镇企业—取消农业税—农业承包地"三权"分置、打赢脱贫攻坚战、实施乡村振兴战略
对外开放	兴办经济特区—沿海沿边沿江沿线和内陆中心城市对外开放—加入世界贸易组织—共建"一带一路"、设立自由贸易试验区、成功举办中国国际进口博览会 "引进来"—"走出去"
经济体制改革	搞好国营大中小企业、发展个体私营经济—深化国资国企改革、发展混合所有制经济 单一公有制—公有制为主体、多种所有制共同发展,坚持"两个毫不动摇" 传统计划经济体制—社会主义市场经济体制—市场在资源配置中起决定性作用和更好发挥政府作用
全面深化体制改革	以经济体制改革为主—全面深化经济、政治、文化、社会、生态文明体制和党的建设制度改革

材料7 我们党作出实行改革开放的历史性决策,是基于对党和国家前途命运的深刻把握,是基于对社会主义革命和建设实践的深刻总结,是基于对时代潮流的审核洞察,是基于对人民群众期盼和需要的深刻体悟。

——习近平《在庆祝改革开放40周年大会上的讲话》

问题设计:40多年来,改革开放取得了伟大成就,它为中国社会主义现代化建设积累了哪些宝贵经验?

学生活动:讨论、分享。改革开放要符合民心、顺应时代潮流,要坚持正确的方向和目标;改革开放要解放思想、实事求是;改革开放要坚定不移、始终如一地走中国特色社会主义道路,以中国特色社会主义理论体系为指导。

材料8 在庆祝改革开放40周年大会的讲话中,习近平以穿透历史的视野,将中国改革开放40年的经验,提炼为九点启示。必须坚持党对一切工作的领导,不断加强和改善党的领导。必须坚持以人民为中心,不断实现人民对美好生活的向往。必须坚持马克思主义指导地位,不断推进实践基础上的理论创新。必须坚持走中国特色社会主义道路,不断坚持和发展中国特色社会主义。必须坚持完善和发展中国特色社会主义制度,不断发挥和增强中国制度优势。必须坚持以发展为第一要务,不断增强中国综合国力。必须坚持扩大开放,不断推动共建人类命运共同体。必须坚持全面从严治党,不断提高党的创造力、凝聚力、战斗力。必须坚持辩证唯物主义和历史唯物主义世界观和方法论,正确处理改革发展稳定关系。九点启示包罗了中国改革开放进程中的关键方面,浓缩了中国40年发展进程中的宝贵经验。

——中华人民共和国年鉴社《中国国情读本》

设计意图:通过教材知识梳理和史料阅读,了解新中国成立以来的重要改革和改革开放的主要历程,认识改革开放为社会主义现代化建设积累的宝贵经验,进而理解改革开放是实现中华民族伟大复兴的关键一招,培养历史解释素养。

学习任务4:谈谈改革家应该具有的精神品质。

教师活动:时势造英雄,改革是社会发展的动力,改革中的杰出人物会把自己的命运与社会的发展紧紧连在一起。

材料9 "三代不同礼而王,五伯不同法而霸。""治世不一道,便国不法古。"

——商鞅

材料10 "如今要作事,何能免人纷纭!""天命不足畏,祖宗不足法,人言不足恤。"

——王安石

材料11 我自横刀向天笑,去留肝胆两昆仑。

——谭嗣同

材料12 "不解放思想,正确的政治路线就制定不出来,制定了也贯彻不下去。""搞成功是我们的愿望,不成功是一个经验嘛。""没有艰苦奋斗的精神不行。""改革是大家的主意,人民的要求。"

——邓小平

问题设计:谈谈改革家所具有的精神品质。

学生活动:创新、勇敢、坚持、责任、思想解放、艰苦奋斗、不懈努力、不服输……

设计意图:通过展示改革家的言论,折射改革家的精神品质,培养学生的家国情怀。

小结:"穷则变,变则通,通则久。"中国自古就有改革的传统,与时俱进,顺应时代潮流,在改革中创新、发展,是中华民族生生不息的动力。

(三)板书设计

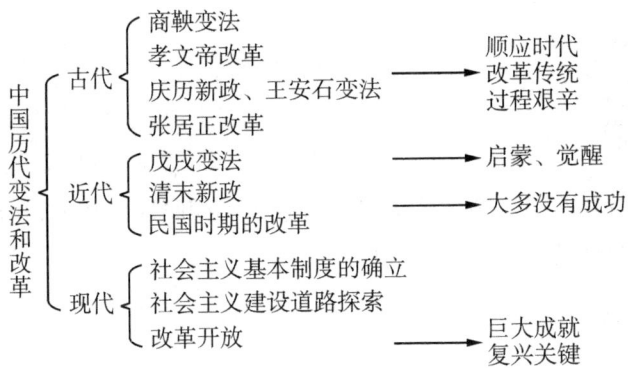

(四)核心素养水平划分

水平1:能够梳理教材知识,了解中国古代的重要变法和改革;能够说出中国近代改革探索的主要背景和戊戌变法的影响,概述新中国成立后的重要改革以及改革开放的主要历程,认识改革开放的伟大意义。

水平2:能够通过列表的方式,比较中国古代的重要变法和改革的共通之处;能够借助史料阅读与分析,理解戊戌变法的影响;能够理解"改革开放是实现中华民族伟大复兴的关键一招",认识改革家的精神品质。

水平3:能够从生产力与生产关系、经济基础与上层建筑的辩证关系来理解中国历代重要变法和改革的必然性与影响;能够从阶段上把握改革开放的主要历程,认识当代中国的改革是社会主义制度的自我完善;认识改革家的政治智慧。

水平4:能够从生产力与生产关系、经济基础与上层建筑的辩证关系来理解中国历代的重要变法和改革;能够从改革开放的主要历程和巨大成就中,阐述改革开放对中国社会主义建设的宝贵经验,认识中华民族改革创新的传统。

第5课

中国古代官员的选拔与管理

一、课标要求

了解中国古代官员选拔方式的更迭过程和不同阶段的特征,知道中央集权体制下古代中国的官员考核和监察制度。

二、教材分析

本课主要叙述了从秦汉到明清中国古代官员的选拔、考核与监察的史实,主要由三个子目构成:"秦汉至魏晋南北朝时期的官员选拔与管理""隋唐至两宋时期的官员选拔与管理""元明清时期的官员选拔与管理"。从子目标题可发现,教材以时序为线索组织、编写内容,三目的整体架构对应中国古代官员选拔与管理制度的三个阶段:秦汉时期为形成制度化时期,隋唐至两宋为创新及发展完善期,元明清为走向不断严密的固化期。第一个阶段主要介绍以察举制、九品中正制为代表的选官制度,秦汉上计制的官员考核及御史大夫、刺史为主的从中央到地方的监察制度,体现了随着"大一统"局面形成和定型,官员选拔与管理逐渐制度化;第二个阶段主要介绍隋唐以来的选官制度,即科举制的确立及发展、创新,宋代"磨勘"官员考核制及台谏合一的监察制度等,官员选拔与管理的创新和演变体现了中央集权的发展完善;第三个阶段主要介绍元明清科举制的调整,考核制度的严密化等,折射出中央集权的不断强化。

三、学情分析

通过初中及高中必修课程的学习,学生已了解和掌握了古代政治制度中的察举制、九品中正制、科举制等选官制度的基本史实,基本认识了选官制度演变中的制度创新和僵化所带来的影响。因此,在这一课时的学习中,学生具有较好的史实基础,并对古代官制的演变和影响具有基本认识。但从课标要求来看,本课要求学生立足于核心素养,从宏观的时空切入古代官员选拔和管理制度的演变过程,并概括提炼不同阶段的特征;微观层面聚焦重要阶段特征及对具体制度运行进行历史解释,多角度比较进行史料实证,形成辩证深入的历史认识,内化历史价值,这对高二的学生来说仍有挑战,需要在课堂教学中补充历史上鲜活的人和事,营造历史现场,创设适切的情境问题。

四、教学目标

1. 运用时空定位,纵向以时间为序,了解官员选拔、考核、监察制度的演变和相互关系,并补充历史年表、思维导图等方式,通过横向比较、观察、挖掘制度内细微的量变,提炼不同历史时期的阶段特征,培养时空观念素养。

2. 引导学生读懂教材、文献资料,结合情境并依据所学,分析不同时期官员选拔与管理制度的演变趋势和利弊影响,掌握理解历史问题的思维过程,培养历史解释与史料实证素养。

3. 在唯物史观的指导下,通过史料分析,引导学生横向理解官员选拔与管理制度演变的原因,理解上层建筑和时代经济、文化之间的历史关联,培养唯物史观素养。

4. 通过选取历史中具体的人、事和时代进行深入解读,引导学生理解官员选拔与管理制度作为国家政治制度的重要组成部分,既受时代的制约和影响,也形塑了时代的政治文明的态势,推进了古代政治文明的发展;在对政治制度更全面、客观的认识中增强国家、民族、社会认同,培养服务于国家发展和社会进步的家国情怀。

教学重点:了解中国古代不同时期官员选拔方式的变化,以及官员考核、监察的方法。

教学难点:认识古代官员选拔与管理制度演进的内在规律以及不同时期选官制度的利弊,知道中国古代官制发展为人类政治文明作出了重要贡献。

五、教学过程

(一) 教学主题

从古代官员选拔与管理制度的时空演变中认识其演变的趋势及利弊,寻找制度与时代的关联,理解制度演变的原因。

(二) 教学过程

导入

教师活动:上课之前让我们来认识一位历史上值得我们骄傲的温州老乡(出示

人物资料卡,请学生逐段朗读,学生边猜想,猜出即停止朗读,约3分钟)。请根据人物资料卡提供的信息和知识储备,先猜猜,他是谁?他在怎样的历史时空中?你判断的依据是什么?

【人物资料卡】浙江乐清左原梅溪村人,著名政治家、诗人、爱国名臣,有2200多首诗文及54卷文集传世。祖上世代为农,开荒种地,生活贫困。其诗文曾自述:"吾季弟昌龄,日课农事于其间……黧面目,暴肌体,身劳而况恶……然于耕稼之余,手不废卷。"清贫艰辛,却耕读不断,少时颖悟强记,7岁入塾,14岁先后在乡塾、邑馆、乐清县学读书,学通经史,诗文名闻远近。

从青年时代起,他就参加在温州举行的发解试(初级考试),但多次应试,皆名落孙山。32岁在家乡"辟馆聚徒",创办梅溪书院,开馆授业,借此与他人探讨学问,同时获取些许束脩,以补贴家用。

35岁通过太学补试,正式入京城临安最高学府太学读书,食宿由国家承担。36岁和42岁在太学两次参加省试,连遭黜落,再度回乡讲学。46岁太学生省试及格参加殿试,以近万言《廷试策》"揽权"中兴为对,直言极谏革除时弊,为皇帝赏识,亲擢为进士第一(状元)。

他入仕14年,历官左承事郎(正九品京官)、秘书省校书郎(从八品京官)兼建王府小学教授、大宗正丞、侍御史、太子詹事等,最后因病以龙图阁学士(正三品朝官)致仕。52岁任侍御史,弹劾当朝宰相史浩,使之罢职。震动朝野,人称颂为真御史。53岁起,先后出知饶州(江西鄱阳)、夔州(重庆奉节)、湖州(今属浙江)和泉州(今属福建)四州。他恤民急,苏民困,屡次奏请为农民减免租税,抑制豪强,深受百姓爱戴。

事亲孝,友爱二弟……谥曰忠文。同时代的儒学大师评价其"光明正大,疏畅洞达,无有隐蔽,而见于事业文章者一皆如此",正是对他一生气节文章的高度肯定。

学生活动:从【人物资料卡】"科举入仕",判断时间不早于隋唐。出任四州做地方官知州,知州是北宋才设立的官制。"京城临安",可以判断为南宋。

教师活动:出示【人物资料卡】出处——何忠礼《从王十朋夺魁看宋代科举》与《宋史·王十朋传》,判断人物为南宋高宗朝的王十朋。这位贫苦农家子弟的人生逆袭之路,给你最大的感受是什么?

学生活动:才能、坚持、政绩和文学……

教师活动:王十朋之所以能成为一个杰出的历史人物,有诸多自身的因素,但如果没有不论门第高低、不讲财富多少、"一切以程文为去留"的科举取士制度,他到老很可能仍旧是一领白衣,一个默默无闻的穷书生,最后免不了贫贱潦倒终生。今天让王十朋带领我们走进宋代科举,从科举这一切口进入,去全面了解中国古代官员的选拔、考核与监察制度。

设计意图:通过温州本土的历史真实人物王十朋的资料,以历史猜想的方式制造悬念,神入历史现场,同时快速调动必修教材中相关的古代政治制度的知识储备,既引入主题,也激发学生进一步学习的浓厚兴趣和探究动力,为后续培养学生历史解释素养做好铺垫。

教师活动:历史是一条源远流长的河流,如果置于宋之前的时空,同样资质条件的农家子弟王十朋是否依然可以实现"朝为田舍郎,暮登天子堂"的人生逆袭?请在"西周、秦国、西汉中期、东晋、盛唐"中任选一时代进行时空置换,判断另一个时空的王十朋是否也可以被举荐为官。结合教材选官制度内容及【人物资料卡】内容,参考示例,结合时代背景判断并作出合理解释。

学习任务1:自主选择置换时空定位,结合不同时期的选官制度及选拔标准判断说明。

选择时间	选择空间	判断:能否举荐为官	说明1:选官制度	说明2:选拔标准
示例:西周	镐京(今西安)	不能:王十朋为农家子弟,无贵族血统	世卿世禄制	血缘
战国(秦国)	咸阳(今西安)	不能:王十朋颖悟强记,有文采,上场杀敌应该不行。 能:王十朋为农家子弟,长期劳动锻炼,其身体素质不错,加上有勇有谋,战场上定能脱颖而出	军功爵禄制	军功
西汉中期	东瓯王国(今温州)	能:王十朋少时"学通经史,诗文名闻远近",又能"事亲孝,友爱二弟……谥曰忠文",可见其文才出众,德行合乎儒家孝悌规则,乡里舆论评价比较高。不论是常科的"孝廉、茂才",还是特科的"贤良方正、明经",均有可能被郡里推荐,以其才学也能通过中央的"经义奏章"考试,顺利入朝为官	察举制	品德、才能
东晋	永嘉郡(今温州)	不能:王十朋为农家子弟,无贵族血统。虽然最初选材也强调德才,但随着门阀士族势力的发展,中正选人只看家世,不看德才	九品中正制	家世、道德和才能

续表

选择时间	选择空间	判断:能否举荐为官	说明1:选官制度	说明2:选拔标准
盛唐	东嘉州,始名温州	能:隋朝科举制已正式形成,唐朝完善,武则天开殿试,唐玄宗时诗赋成为主要内容。王十朋"学通经史,诗文名闻远近",在盛唐也能妥妥考中进士,也可能成为状元。 不能:教材指出"取士不问家世"在两宋科举制进一步完善,才真正成为官员选拔的主要途径。由此推测唐朝还没有完全取消门第或出身的限制,如李白就未能通过科举获得功名而入仕,以才华而言,应是当时科举制的某些限制而导致的	科举制	考试合格

学习任务2:结合具体朝代,提炼中国古代选官制度的演变内容,完成下表。

古代选官制度的对比

朝代	选官制度	选拔标准	选拔方式	选官权
夏商西周	世卿世禄制	血缘	亲贵合一,世代相传	奴隶主贵族
战国	军功爵禄制	军功	按军功授爵	国君、贵族
汉朝	察举制	品德、才能(儒家以外的各家均不得举,开创了以儒术取士的标准)	科目:常科(岁举)——察孝廉、举茂才;特科(诏举)——贤良方正、明经、明法	中央和地方官员
魏晋南北朝	九品中正制	家世、道德、才能	①设置中正:各州郡以本地的中央官员为中正举荐;②品评人物:中正考察士人的"品状"后,评定其等第,分为九品;③吏部按品授官	中正官(本籍在中央的高官)
隋唐宋元	科举制	考试成绩	科目:常科——秀才、明经、进士;制举——皇帝亲任考官,选拔具有专才之人	朝廷、中央
明清		八股文成绩		

设计意图:延展时空,充分利用教材信息,探讨王十朋在西周到明清等不同朝代能否被举荐为官,这样开放性的情境创设既可以加深学生对选官标准的理解,又

可以提高学生的史料实证及历史解释水平。

教师活动:在对不同朝代农家子弟王十朋是否可被举荐为官的解释判断中,尤其是战国和盛唐两个时期,同学们给出了两种不同的判断和解释。其中战国的不同判断,是基于共同时代条件下王十朋的个人特点而作出的,对这样合理的想象不再细究;但盛唐的两种判断是基于对盛唐科举制度的取士条件和标准的不同理解而作出的,这关系到对科举制史实的把握。科举,以"投牒自进"为主要特征,以成绩好坏为录取与否的主要标准,以进士科为主要科目。

科举制正式形成于唐代,但科举过程的严密程度和结果的公正性是否已经达到科举制定义的标准?唐代前后的选官制度有怎样的发展历程?

材料1 唐太宗曾下诏令,文武官限六百四十三员。他对宰相房玄龄说:"朕设此待天下贤士,工商、杂流假使技出等夷,正当厚给以财,不可假以官,与贤者比肩立,同坐食也。"

——宋祁、欧阳修《新唐书·曹确传》

材料2 (唐高宗时规定:)凡官人身及同居大功已上亲,自执工商,家专其业,皆不得入仕。

——长孙无忌等《唐律疏义·诈伪》

材料3 唐代科举取士,重"公荐","兼采时望"……所谓"公荐",就是朝廷中的公卿大臣向主司推荐某举人可以录取,某举人可以获得何种甲第的行为。所谓"时望",就是文学和品行的声誉。举人为了提高"时望",在省试前需要向权贵"行卷"或"求知己",通过他们的揄扬,以提高自己的知名度,在省试中造成必定录取的舆论。

有一代"诗圣"之称的杜甫,因乏人"公荐",终身榜上无名。才思横溢、声名远播的中唐诗人孟郊,因同样原因,沉沦场屋二十余年,无奈发出"空有篇章传海内,更无亲贵在朝中"的慨叹。晚唐诗人杜荀鹤,诗名甚高,亦屡试不第,至有"闭户十年专笔砚,仰天无处认梯媒"的哀鸣。

——据陆游《老学庵笔记》、孟郊《唐风集》等整理

师生互动:根据材料思考、讨论,师生互动形成认识——科举制正式形成于唐代,但科举过程的严密程度和结果的公正性尚未达到科举制定义的标准。由材料1、2可见,唐代士人应举受到门第的严格限制。士人如果有大功以上亲(指堂兄弟一辈)从事工商者,或出身于奴婢、胥吏家庭,就不得应举。由材料3可见,唐代科举重"公荐","兼采时望",虽然也有某些真才实学之士通过举荐而科举及第,但更为世家子弟垄断科举大开方便之门,实际上就是"走后门",科场成绩优劣尚不能成

为录取与否和甲第高低的主要标准,所以才会出现杜甫、孟郊、杜荀鹤等因无亲、无"公荐"而落榜的现象。

教师活动:我们再来看看宋代科举过程的严密程度和结果的公正性是否有所改进。请结合以下材料分析,并概括描述王十朋科举入仕的流程。

材料4 诏礼部贡举人,自今朝臣不得更发公荐,违者重置其罪。

——[南宋]李焘《续资治通鉴长编》

材料5 取士不问家世。

——[南宋]郑樵《通志》

材料6 窃以国家取士之制,比于前世,最号至公。盖累圣留心,讲求曲尽。以为王者无外,天下一家,故不问东西南北之人,尽聚诸路贡士,混合为一,而惟才是择。又糊名、誊录而考之,使主司莫知为何方之人,谁氏之子,不得有所憎爱薄厚于其间。故议者谓国家科场之制,虽未复古法,而便于今世,其无情如造化,至公如权衡,祖宗以来不可易之制也。

——《欧阳修全集·论逐路取人札子》

材料7 "如工商、杂类人内有奇才异行、卓然不群者,亦许解送。"至南宋,甚至"狞干黥吏之子"及"以屠杀为业之人"也可成为举人。

——《宋会要辑稿》

教师活动:宋朝科举考试中,实行了糊名、誊录制。从材料6欧阳修赞扬当时的科举制度可见,宋代科举进行了一系列改革:彻底取消门第、贫富限制,无论士、农、工、商皆允许"投牒自进",应举入仕;废除了公荐、公卷制,进行"锁院"封闭考试,试卷实行"封弥""誊录",从而杜绝考官根据试卷姓名与笔迹徇私与权贵操纵选举。科举过程的严密程度和结果的公正性得到很大改进,科举制趋于完善。故有宋一代,人才之盛,莫过于仁宗一朝:由科举入仕而彪炳史册者,不下数十人,如李迪、王曾、张知白、杜衍、晏殊、范仲淹、韩琦、富弼、文彦博、欧阳修、包拯、唐介、张方平、司马光、王安石、曾巩、刘敞、刘攽、刘恕、蔡襄、苏轼、苏辙、苏颂、沈括等。这些人中,既有深谋远虑的政治家,又有才能杰出的思想家、文学家、史学家和科学家。

教师活动:根据宋朝的科举制特点和王十朋的生平资料,指导学生勾勒、描绘王十朋参加科举入仕的流程。

学生活动:乡塾、县学,自主备考—"投牒自进",自由报名—分科考试,"封弥""誊录",进士授官,其余中央铨选。

教师活动:王十朋参加科举之后的仕途如何?国家如何管理官员?请结合教材内容和王十朋的仕途资料进行合理的描述和解释。

【王十朋仕途】

王十朋入仕14年,历官左承事郎(正九品京官)、秘书省校书郎(从八品京官)兼建王府小学教授、大宗正丞、侍御史、吏部侍郎、太子詹事等,最后因病以龙图阁学士(正三品朝官)致仕。隆兴元年(1163)任侍御史(52岁),力赞张浚主战,排和议,并以怀奸、误国等八大罪状弹劾主和派代表、当朝宰相史浩,使之罢职。朝野震动,人称王十朋为"真御史"。后张浚符离战败,引咎辞职。

隆兴二年(1164)夏,知饶州(江西鄱阳),之后出知夔州(重庆奉节)、湖州(今属浙江)和泉州(今属福建)等四州。地方为官,恤民急、苏民困,屡次奏请为农民减免租税,抑制豪强,深受百姓爱戴。饶州离任,民乞留不得,断所过之桥,王氏从他道离开。离任泉州,泉人为立生祠。

因病归故里,以疾革许里第,诏以龙图阁学士致仕,命下而卒,享年60岁,赐谥忠文。

——《宋史·王十朋传》

师生互动:参考教材的相关叙述和王十朋的经历,师生、生生互动中描述宋朝官员的考核、监察:科举中举取得任官资格的人,为官需经过中央的铨选,从王十朋经历看,宋代进士可以直接授官。宋朝官吏的升降黜陟,需要接受"磨勘"考核:王十朋在朝为京官时要接受审官院考核;在地方做知州,要接受考课院的考核。从王十朋任侍御史"弹劾宰相史浩,使之罢职"经历可发现,宋代中央通过御史台对百官内外违制行为进行监察和弹劾;王十朋任知州做地方官时,则需要接受路一级监察区的监察,比如"通判"等,可见宋朝对地方的监察相当严密。

教师活动:宋真宗时设谏官,仁宗时设谏院,规谏讽喻朝政遗缺和官员失职等,因职责有所交叉,宋朝监察制度出现"台谏合一"的重大变化,谏官和御史台官员一样拥有了监察权力。从王十朋历任四州知州还可发现,宋代对官员的任用管理与前代一样,必须实行原籍回避,即本地人不做本地官。在原籍回避的同时,还实行避亲制度,即在一个部门和一个地方系统中,上下级中不能出现亲戚关系,有这种关系就要申请回避改任。

学生活动:梳理知识。

时期	官员考核办法	官员监察体系
秦汉	上计,御史参与	秦在中央设御史大夫,汉在地方设刺史
隋唐	吏部考核或遣使巡行	御史台为最高监察机构,派员巡回监察

续表

时期	官员考核办法	官员监察体系
两宋	磨勘	御史台,且"台谏合一"
明	考满和考察	都察院纠察百官,巡按各省;六科稽查六部
清	京察和大计	六科并入都察院,停止派御史巡按各省

设计意图:聚焦时空,以学习任务1中自主生成的对唐科举制度的分歧理解入手,形成学习任务2的重点聚焦分析:比较唐宋科举制,凸显宋代科举制的完善。设置情境,继续以王十朋为切入点,设置"科举入仕流程"这一问题,充分利用教材信息,结合【王十朋仕途】资料的相关信息,对宋代科举制的具体内容、影响和官吏考核、监察等管理制度进行整理和辨析,形成对问题更全面、丰富的解释。通过具体深入分析宋代官员选拔与管理制度,引导学生深入思考制度演变的发展趋势和内在联系,为下阶段提炼制度演进的内在规律和趋势做好铺垫。

教师活动:通过分析宋代官员选拔与管理制度,我们发现官员选拔、考核、监察等制度是相辅相成的,共同推进中国古代政治的发展。古代官员选拔与管理制度的变化是基于不同的时代特征、社会状况和统治需要而不断调整的。从整体上看,这种调整适应了中央集权统治不断强化的需要,为稳定历代封建国家政权发挥了巨大作用,当然,其在不同时期亦带来了一定的现实问题,而后世基于实际情况对政策的调整,客观上也促成了中国古代官员选拔与管理制度的完善。

学习任务3:综合本课教材内容,举例说明官员选拔、管理制度与中央集权、社会治理之间的关系。

材料8　至南北朝……君主为了改变门阀势盛、威权下移的局面,开始启用寒庶,典掌机要。标准由出身门第变为以文化考试为主,考试逐渐居于选用官制度的中心环节。

——《阎步克自选集》

材料9　盖天下之事,不难于立法,而难于法之必行;不难于听言,而难于言之必效。若询事而不考其终,兴事而不加屡省,上无综核之明,人怀苟且之念。虽使尧舜为君,禹皋为佐,恐亦难以底绩而有成也。

——张居正《请稽查章奏随事考成以修实政疏》

材料10　中国古代监察制度十大特征:第一,御史是皇权的御用工具;第二,皇帝握有最高的监察权;第三,监察机构独立,自上而下垂直监察;第四,监察官秩卑、位尊、权重、赏厚;第五,历代统治者注重监察官的遴选;第六,凭实绩黜陟,严格考核监察官;第七,监察活动法律化;第八,监察方式多样化;第九,允许风闻言事;第十,监察权与行政职权混淆。

——修晓波《中国古代监察制度的基本特征》

学生活动:小组自主选择教材或材料,合作讨论,形成观点,根据各组生成情况进行反馈展示。

中国古代官员选拔、管理制度与中央集权、社会治理之间的相互关系:(1)科举选官,有助于扩大统治基础,强化中央集权。(2)考核官员,可以一定程度上监督官员,提升官员素养,推动吏治清明和行政效率的提高,促进社会秩序良性发展。(3)监察制度在整顿吏治、打击地方割据势力、维护中央集权方面发挥了重要作用,但受制于皇权、人治,政监混一,闻风弹人……

官员的选拔与管理是国家制度的重要组成部分,也是社会治理的必要前提。中国古代官员选拔与管理制度经历了漫长的发展阶段,积累了丰富的经验,为人类的政治文明作出了重要贡献。

设计意图:以"相互关系"为切入点,助推学生恰当地运用史料,从古代官员选拔与管理制度的时空演变中认识其演变趋势、内在规律及利弊,寻找制度与时代的关联。

(三)板书设计

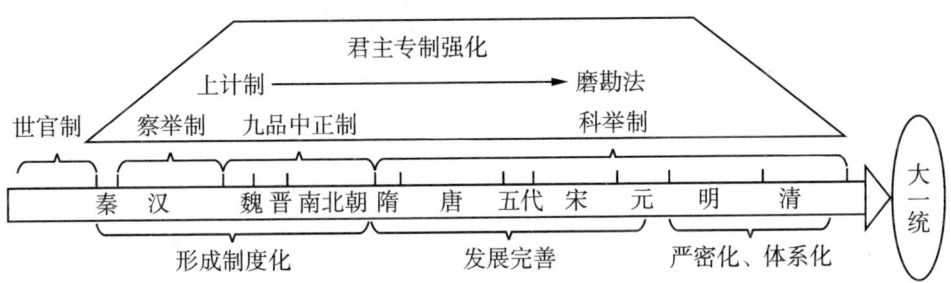

(四)核心素养水平划分

水平1:知道中国古代选官和管理制度的更迭过程;结合历史情境,能够从多种类型的史料中提取有关信息,辨别秦汉、隋唐、明清等不同阶段选官制度的时空表达和历史解释,并运用教材及所学加以分析。

水平2:聚焦唐宋具体的时空,能够利用不同类型的史料,分析宋代科举制的具体表现、影响,概括阶段特征;能够以宋代选官、考核、监察制度为参照物,对整个古代选官及管理制度进行综合、比较、概括,更全面地解释古代官员选拔与管理制度的变化与完善。

水平3：能够运用时空定位，从纵向角度以时间为序，了解官员选拔、考核、监察制度前后的演变，挖掘制度内细微的量变，提炼不同阶段的特征；能够读懂教材、文献资料，结合情境依据所学，分析不同时期官员选拔与管理制度变迁的原因及利弊影响，形成理解历史问题的思维过程。

水平4：能够选取历史中具体的人、事和时代进行深入解读，通过比较、分析不同来源、不同观点的史料，认识选官制度和官员考核、监察制度之间的关系，理解上层建筑和时代经济、文化之间的历史关联；能够对政治制度有更全面、客观的认识，增强国家、民族、社会认同，培养服务于国家发展和社会进步的家国情怀。

第6课

西方的文官制度

一、课标要求

了解中国科举制与西方近代文官制度渊源关系,知道西方近代文官制度的特点。

二、教材分析

本课共三个子目:"西方文官制度出现的背景""西方文官制度的建立""西方文官制度的特点和影响"。官员的选拔与管理是国家制度的重要组成部分,也是社会治理的必要前提。社会形态不同,政治体制不同,各国国情不同,官员的选拔与管理方式也不一样,但也呈现出相互学习、借鉴的特点。近代西方资本主义国家探索和建立起了考试选拔的文官制度,以规避政党更替造成的政府工作动荡。本课在本单元中具有承上启下的特点,上承中国古代的科举制,下启近现代中国公务员制度。教师要注意引导学生了解中国科举制与西方近代文官制度的渊源关系,以及西方文官制度对近现代中国公务员制度的影响。在实际教学中,还可以补充"西方文官制度的作用"等材料,丰富学生的知识体系。

三、学情分析

通过以往的学习,学生对西方资本主义的发展有一定的认识,特别是英国的资产阶级革命曾是高一的学习重点。相比较而言,选考历史的学生对新教材的新鲜感较强,接受新知识的能力较快。但是,西方的文官制度对于学生来说还是比较抽象与陌生的知识点,因此教师在授课过程中要注重解释基础知识,充分保证在学生学习知识的过程中落实核心素养的基本要求,达成历史学科的教学目标。

四、教学目标

1. 通过史料分析,学习西方文官制度出现的背景,探究工业革命与西方文官制度建立的关系,理解西方文官制度的特点,增强史料实证意识和历史解释能力。

2. 通过自主学习,梳理西方文官制度建立的过程,提高综合概括和表达的能力。

3. 通过探究西方文官制度的历史作用,学会辩证地、一分为二地看待历史问题,进而学会在唯物史观的指导下进行历史解释。

教学重点:西方文官制度出现的背景和特点。

教学难点:工业革命与西方文官制度建立的关系;西方近代文官制度的历史作用。

五、教学过程

(一)教学主题

西方文官制度的产生及其发展是历史的选择,时代的选择。任何制度都会随着社会的变化而变化,因此要从社会实际状况出发,不断探索使之臻于完善。

(二)教学过程

导入

材料1 当我接受联合国的邀请来中国向诸位讲文官制度的时候,我是深感惊讶的。因为在我们西方所有的政治学教科书中,当谈及文官制度时,都把它的创始者归于中国。

——[美]艾仑·坎贝尔(美国人事署长)(1983年)

问题设计:材料1中,文官制度的"创始者归于中国",是指中国的什么制度?别国为什么要学习中国的这一制度?

学生活动:科举制。公开考试、公开竞争、择优录用,将读书—考试—做官联系起来,打破特权垄断,扩大人才来源,提高官员素质,等等。

设计意图:通过美国人事署长艾仑·坎贝尔的话导入本课,便于学生理解中国科举制与西方近代文官制度的渊源关系。

学习任务1:归纳西方文官制度出现的背景。

教师活动:西方早期的选官用官制度有什么弊端?

材料2 海军部财务处和陆军部主计处长官每年分别花费500镑和1000镑雇人代理,官俸剩余部分作己用。内务部首席书记员查理·布里耶兹克本有81镑13

先令的职薪,可他一面雇人代行此职,一面为大法官厅高级文官威廉·弗雷泽代行职守,每年获取227镑3先令的职薪。

——钱乘旦、陈晓律《在传统与变革之间——英国文化模式溯源》

材料3 如果有人无视政党利益,必将遭到本党党徒的攻击和社会非议。如1830—1834年,担任海军大臣的詹姆士·格雷厄姆曾在本部门内打破政党界限,按能力任命文官,结果遭到本党成员的攻击,同时受到财政部负责文官任命事务的秘书的谴责。

——钱乘旦、陈晓律《在传统与变革之间——英国文化模式溯源》

问题设计:结合课本及材料,分析"恩赐官职制""政党分肥制"的弊端。

教师活动:结合课本讲解"恩赐官职制"的概念:中古时期国王和权贵常常凭个人的喜好随意恩赐官职给身边的人,官员也只是为国王和显贵服务,类似于仆从。17—18世纪,欧美国家逐渐建立起资本主义制度,但仍是少数人掌握官员的任免权。他们将官职作为礼品或商品,私相授受。"政党分肥制":内阁制和政党政治形成后,执政党一般会把官职分给党内同僚,一旦内阁重组或执政党更换,就要更换几乎所有政府官员。

材料4 工业革命带来的生产力水平的大提高导致政府管理职能的膨胀,政府面临着许多新课题:除了维护社会治安、国防、财政、税收等传统事务,还要担负起经济、文化、科技等新的社会事务的管理……经济基础的变化必然要求上层建筑做出调整。工业资产阶级经济实力的猛增使其政治要求增加。他们要求参与行政管理,要求清除旧制度的弊端,要求社会公职向社会开放,要求机会平等、自由竞争,建立一个廉洁而高效的政府,更大程度地维护他们的既得利益。……工业革命犹如经济魔棍,点化出了19世纪中叶英国政治改革的浪潮,选举与考试相配套的文官制度由此诞生了。

——鲍红信《英国近代文官制度的建立》

问题设计:为什么说工业革命推动了文官制度的建立?

学生活动:小组探究之后,结合课本及上述材料,归纳西方文官制度出现的背景。

西方文官制度出现的背景:
1. 中国科举制的影响;
2. 传统官制——"恩赐官职制""政党分肥制"的弊端;
3. 工业革命的推动;
4. 启蒙思想的影响;
总结:资本主义的发展需要公平高效的官员录用制度。

设计意图:通过史料分析,了解西方文官制度出现的背景,分析"恩赐官职制""政党分肥制"的弊端,探究工业革命推动文官制度建立的原因,增强学生的史料实证意识和历史解释能力。

学习任务2:归纳英国文官制度出现的过程。

教师活动:英国是世界上最早建立文官制度的国家,请简述英国文官制度建立的过程,并完成表格。

学生活动:小组合作,完成表格。

18世纪初	除大臣外,官员不得当选为下院议员
19世纪初	开始设立常务次官的职位
1853年	英国东印度公司在职员任用方面采用书面考试录用方法
1855年	颁布法令,建立文官委员会,对被推荐的候选人进行考试
1870年	最终确立文官制度

教师活动:18世纪初,英国规定除了大臣以外,官员不得当选为下院议员。19世纪初,开始设立常务次官的职位。此后,英国政府的官员分为两类:一类是政务官,包括大臣和政务次官或政务秘书,他们随内阁共进退;另一类是事务官,即文官,包括常务次官直至以下的一般政府工作人员,负责具体事务,不受党派影响,长期任职。

问题设计:政务官和事务官的出现对英国文官制度有何作用?

学生活动:实现了政治和管理的分离,既维持了代议制下政党轮流执政的特点,又保证了政府工作的稳定性和持续性。

教师活动:1853年,英国东印度公司进行人事改革,在职员任用方面采用了书面考试录用的方法。同年,英国财政部两名官员对英国政府的官吏状况进行了全面的调查,发布了《关于建立英国常任文官制度的报告》,对当时英国官吏制度存在的种种弊端进行了尖锐批评,提出了各项改革建议。

问题设计:阅读教材,想一想《关于建立英国常任文官制度的报告》的核心思想是什么?

学生活动:该报告建议设立常任文官制度,包括考试、录用文官、重视文官的专业水平、提拔优秀文官等。

教师活动:1854年,克里米亚战争暴露出英国政府的种种问题:由于政府机构混乱,官员昏庸无能,英军因后勤供应问题伤亡惨重,人们对政府官员的管理能力强烈不满。1855年,英国颁布法令,建立不受党派干涉的文官委员会,对被推荐的候选人进行考试。1870年,再次颁布法令,规定多数重要文官职位必须通过公开竞争考试择优录取,最终确立了文官制度。

材料5

1881年,美国新任总统加菲尔德被一个没有得到官职的党内支持者杀害

教师活动:1883年,美国国会通过了由议员彭德尔顿提出的文官制度改革法案,史称《彭德尔顿法》,建立了美国的文官制度。第二次世界大战后,法国、德国和日本等国的文官制度也最终建立起来。

设计意图:指导学生自主学习西方文官制度建立的过程,增强自主学习意识,提高综合概括能力和历史解释能力。

学习任务3:分析文官制度的影响。

材料6 英国文官制度的绝对专业化素养,使得政府能够在最低的差错和最高的效率的情况下运转自如。这个制度足以让采用不同制度的其他国家羡慕不已。

——[英]玛格丽特·撒切尔《唐宁街岁月》

材料7 资产阶级议会制的国家的全部历史表明,资产阶级立宪国家的历史也在相当大的程度上表明,更换部长意义极小,因为实际的管理工作掌握在一支庞大的官吏队伍手中。这支官吏队伍浸透了反民主的意识,同地主和资产阶级有千丝万缕的联系,在各方面都依附他们。这支队伍被资产阶级关系的气氛所笼罩,他们呼吸的就是这种空气,他们凝固了,变硬了,僵化了,摆脱不了这种空气,他们的思想、感情、行为不能不是老样子的。对上司毕恭毕敬的习气和某些"公"务特权把他们拴住了,通过股票和银行,这支队伍的上层分子完全成了金融资本的奴才,在某种程度上也是它的代理人,它的利益的代表者和影响的传播者。

——《列宁全集》

问题设计:结合所学及材料,探究西方文官制度的作用。为何玛格丽特·撒切尔和列宁对于同一历史事件会得出不同的结论?

学生活动:文官制度的建立,规范了西方国家政府行政部门事务官员的选用和管理,实现了政治和管理的分离,既维持了代议制下政党轮流执政的特点,又保证了政府工作的稳定性和持续性,还能够吸收大批高素质的人才进入政府管理队伍,有利于官员管理的法制化和专业化,提高国家治理能力和政府行政效率。但是,文官制度并未触及资本主义基本制度,仍然是资产阶级利益的代表者,且容易滋生官僚习气和僵化现象。

学生活动：撒切尔与列宁得出不同结论，与他们的身份、地位、所处阶级及时代有关。

设计意图：通过阅读相关史料，理解西方文官制度的特点，探究西方文官制度的历史作用，引导学生辩证地、一分为二地看待历史问题，进而学会在唯物史观的指导下进行历史解释。

小结：一个成功的政治制度必然是符合人类政治文明前进发展大趋势的政治制度，也必然是符合实现人的彻底解放和自由全面发展理想的政治制度。任何政治制度的构建都不会是一劳永逸的，也不会是一帆风顺的，它必然也有其内在的矛盾发展规律及所表现出的外在的曲折形式。如同任何事物都是有长有短、有利有弊一样，政治制度也是如此。对具体国家来说，立足本国国情、顺应时代潮流、符合人民利益的政治制度就是适合自己的好的政治制度。在不同的社会经济和文化传统里造就的中西方各自不同气质的政治制度，都是人类政治文明发展进程中的结晶。对此，我们应坚持传统与现实、本土与外来、民族特色与人类政治文明的辩证统一。

（三）板书设计

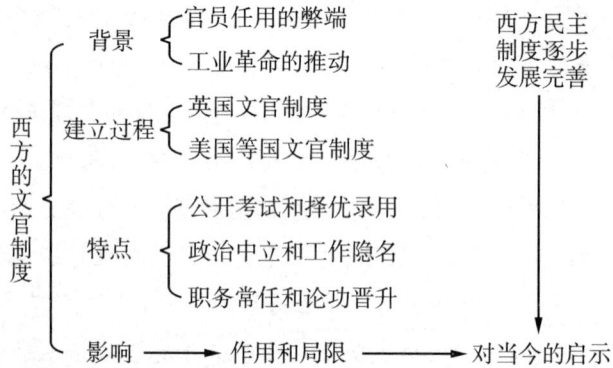

（四）核心素养水平划分

水平1：能够从教材和教师呈现的材料中提取有关信息，说出西方文官制度出现的背景、建立过程和特点。

水平2：能够通过史料分析，探究西方文官制度出现的背景，工业革命与文官制度建立的关系，理解西方文官制度的特点。

水平3：能够通过探究西方文官制度的历史作用，辩证地、一分为二地看待历史问题，在唯物史观的指导下进行历史解释。

水平4：能够在全面认识西方文官制度的基础上，分析西方文官制度的作用和局限，探讨其对当今社会的启示。

第7课

近代以来中国的官员选拔与管理

一、课标要求

知道西方近代文官制度对近现代中国公务员制度的影响。

二、教材分析

本课共三个子目。"晚清选官制度的变革"一目介绍了晚清时期科举制废除后，学堂选官制度和留学毕业生选官制度成为清政府选拔官员的主要方式。"民国时期的官员选拔制度"一目建构了中国现代文官制度的草创、形成与发展，体现了其逐步进入法制化、合理化、现代化的轨道，趋于公平公正并不断完善。"中华人民共和国的干部制度和公务员制度"一目阐释了我国干部制度和公务员制度建立的基本过程及其内容。本课以近代以来中国的官员选拔与管理制度为主题，既可与中国古代的科举制形成纵向对比，又可与西方近代文官制度构成横向比较，在教学过程中要注意涵养学生的唯物史观、史料实证等素养。

三、学情分析

从认知结构看，学生熟知"公务员"一词，但对公务员制度的起源、建构、沿革等内容缺少了解。由于本课内容在以往历史课程中鲜有涉及，故学生较难从整体上建构对近代以来中国的官员选拔与管理制度的初步认知，进而把握各个阶段选官制度的内容与特征。

四、教学目标

1. 通过对"晚清时期—民国时期—中华人民共和国时期"官员选拔与管理制度的梳理，掌握不同时期官员选拔与管理制度的内容与特点。
2. 通过阅读史料，知道西方近代文官制度对近现代中国公务员制度的影响。

3. 以唯物史观为指导,从历史发展的角度引导学生辩证看待选官制度的更迭与沿革,探究近代以来中国的官员选拔与管理制度演进的趋势,体会制度创新的意义和价值,认识近现代中国公务员制度是随着时代的需要产生和发展的。

教学重点:知道西方近代文官制度对近现代中国公务员制度的影响。

教学难点:认识近代以来中国的官员选拔与管理制度变革的趋势。

五、教学过程

(一) 教学主题

通过梳理"晚清时期—民国时期—中华人民共和国时期"官员的选拔与管理制度,掌握不同时期官员选拔与管理制度的内容与特点,进而探究近代以来中国的官员选拔与管理制度演进的趋势。

(二) 教学过程

导入

教师活动:J.S.密尔认为,"一国的制度是从该国人民的特性和生活成长起来的一种有机的产物,绝不是故意的目的的产物"。密尔认为制度不是做成的,而是长成的。对此,你怎么看?

设计意图:通过开放式提问与小组探讨,引导学生思考选官制度形成的依据。

学习任务1:了解晚清时期的近代文官制度。

材料1 今变法之道万千,而莫急于得人才;得才之道多端,而莫先于改科举。今学校未成,科举之法未能骤废,则莫先于废弃八股矣。

——康有为《请废八股折试帖楷法试士改用策论折》

材料2 1898年,清政府加设经济特科,选拔经时济变之才;在康有为等人的建议下,废八股,改试策论,以时务策命题。

——《普通高中教科书 历史 选择性必修1 国家制度与社会治理》

材料3 科举夙为外人诟病,学堂最为新政大端,一旦毅然决然,舍其旧而新是谋,则风声所树,观听一倾,群且刮目相看,推诚相与。

——袁世凯等《立停科举推广学校折》

材料4 光绪三十一年八月初四(1905年9月2日),清廷颁诏,谕令自次年起停止科举考试。

——《光绪政要》

问题设计:材料1体现了康有为的什么主张?材料3体现了袁世凯等人的什么

主张?依据材料2、4,并结合所学,列表梳理晚清科举制度的发展走向。

学生活动:阅读并分析材料1、2,认识到19世纪末维新派提出的改革科举的主张,推动了自同治初期至光绪中期的一系列改革尝试;阅读材料3、4,认识到20世纪初袁世凯等人立停科举之奏使得清政府最终决定停废科举。

教师活动:晚清时期科举制度经历了从主张"渐废"到主张"立废"的转变,引导学生思考其背后的原因。科举制度的废除绝非孤立,它是时代发展的必然产物。

材料5 1905年科举一途中断之后,新式教育相对于废科举之前的学堂来说,确实有了长足的进展,全国学堂总数的增长情况是:1904年4222所,1905年8277所,1906年19830所,1907年35913所,1908年43088所,1909年52348所。

1906年学部成立后,清政府规定大、中、小学堂毕业后,经定期会考,考试成绩中等以上的学生,奖给科举出身。凡在会考中取得进士、举人身份的,可按成绩等级授予官职。

——桑兵《晚清学堂学生与社会变迁》

材料6 据统计,在清王朝覆灭之前,各部侍郎、部丞、参议及内阁属员中,仅出国留过学或出洋考察过宪政等有留洋经历的人,占百分之十四点九。

——鞠方安《试论清末官制改革中的文官设置及其特点和影响》

材料7 科举时代虽已结束,科举教育之实质却仍存在,论者早已有谓此科教育为"洋八股""新科举"者,而国人昧于推广学校,亟速造就人才之意,每年学校毕业之学生,相当于昔日之秀才、贡生、举人、进士之资格,以入社会争地位夺饭碗者,又收百千倍于科举时代。

——陈东原《中国科举时代之教育》

问题设计:根据材料5、6,概括1905年后清政府官员选拔的主要方式。根据材料7,结合教材,评价清政府学堂选官制度的利弊。

学生活动:阅读材料5、6,认识到科举制废除后,学堂选官制度和留学毕业生选官制度是清政府官员选拔的主要方式。阅读材料7,辩证地看待清政府学堂选官制度。

教师活动:引导学生将古代科举制度、清政府学堂选官制度、现代学校制度进行横向对比,认识到清政府学堂选官制度在一定程度上适应了形势需要,但其实质是以学堂为载体来选拔官员,从而混淆了学堂的育才功能,使学堂教育沦为选官制度的附庸。

设计意图:通过阅读和分析材料,一方面让学生认识到晚清时期科举制由"渐废"至"立废"的历史走向及其时代渊源,另一方面涵养学生的时空观念、史料实证素养,使学生能够透过现象看本质,辩证看待选官制度的更迭,从而培养其批判精神。

学习任务2:理解中华民国时期现代文官制度的发展。

材料8 将来中华民国宪法,必需设独立机关,专掌考试权,大小官吏必须考试,定了他的资格,无论那官吏是由选举的抑或是委任的,必须合格之人,方得有效。这法可以除却盲目滥举及任用私人的流弊。

——孙中山在东京《民报》创刊周年庆祝大会上的演说

材料9 在短短几个月的时间里,孙中山令法制局拟定《任官状纸程式》《任官令》《文官考试令》《文官考试委员官职令》《外交官及领事官考试令》《外交官及领事官考试委员官职令》《法官考试令》《法官考试委员官职令》《官职试验章程》等法令,并交参议院议决。尽管由于南京临时政府存在的时间太短,以上法令均未能完成立法程序,但已构建了现代文官制度的基本框架。

——李俊清《现代文官制度在中国的创构》

材料10 1913年初,北洋政府颁布了《文官考试法草案》等法案,这是文官考试制度建立的标志。

——《普通高中教科书 历史 选择性必修1 国家制度与社会治理》

材料11 国民政府于1929年8月1日公布第一部《考试法》,此后又颁布一系列的法规,集民国文官考试法规之大成。考试院秘书处1947年编印的《考铨法规集》,"考选"部分即收有"一般法规"2种,"公职候选人考试法规"8种,"任命人员考试法规"77种,"专门职业及技术人员考试法规"23种,"奖学考试法规"3种,合计已达113种。翻开长达数千页的《考试院施政编年录》,随处可见由国民政府或考试院公布的大大小小的考试法规,其数量之多是惊人的。

——房列曙《中国近现代文官制度》

问题设计: 根据上述材料,分析中华民国时期的现代文官制度经历了哪几个阶段。

学生活动: 梳理民国时期时间轴,标注出各个政权的存续时间。理解孙中山对文官制度的设计,开创了我国文官制度之先河,奠定了我国文官制度的基础;北洋政府时期,现代文官制度正式形成;南京国民政府时期,是民国文官制度的改革、创新和发展时期。

教师活动: 引导学生阅读史料,理解以考试方式选拔官员,是民国时期官员选拔制度的载体;辛亥革命后,新的社会形态的出现必然要呼唤新的文官制度;文官制度逐步走向法制化、合理化、现代化的轨道。

材料12 1919年第二届国文试题为"大学之末,七篇之首,所以正人心,塞乱源论",题目不算习钻,但没有读过"四书"并能熟记的人,就无从下笔了。据说有些人的国文题就交了白卷。

——邓宗禹《北洋政府举办第二届文官高等考试记略》

1931年第一届高等文官考试国文试题为:"天下之治,天下之贤共理之论。"并规定不得以白话作答。

1933年第二届高等文官考试国文试题为:"孟子谓入则无法家拂士,出则无敌国外患者,国恒亡。其理由安在?试申论之。"

——杨学为等《中国考试制度史资料选编》

材料13 欲成一个优秀的公务员,必须一方面具有胜任公务的共同学养,他方面又具有处理专业的特殊知识。亦可说,一个全才的公务员,要既是通才,又是专才,通而不专或专而不通,都不能算是全才。共同科目与特殊科目的并重,论者谓为兼采英、美两国考试制度之长,亦足为考试制度上的一个优点。

——陈大齐《戴季陶与考试》(陈大齐:曾长期担任南京国民政府考试院秘书长)

问题设计:阅读材料12、13,思考民国时期文官制度构建的特点。

学生活动:阅读材料12,认识到北洋政府、南京国民政府时期文官考试国文试题均出自四书五经,与科举之试别无二致;阅读材料13,认识到近代以来,西方文官制度传入中国,为中国近现代文官制度提供了理论基础和制度蓝本。

教师活动:引导学生复习旧知,体悟西方近代文官制度对近现代中国公务员制度的影响。

材料14 (在古代)首先,占人口半数的妇女被排除在科举考试以外……其次,科举自开始推行起,就对准入的身份作了一些限制,从事工商者以及奴婢、倡优、皂隶等身份不得参加科举考试。

——徐萍《科举考试的公正追求及其悖反——制度伦理的视角》

材料15 民国男子年满21岁以上,中学以上毕业者,得应文官考试。

——1913年《文官考试法草案》

材料16 凡中华民国国民,均有考试资格。

——1929年《考试法》

问题设计:对比材料14、15、16,分析中国古代、北洋政府时期和南京国民政府时期在考试资格上规定的差别及其体现的选官制度的发展趋势。

学生活动:阅读材料14、15、16,指出中国古代妇女和"贱民"被排除在科举之外;北洋政府时期,妇女没有参加文官考试的权利;南京国民政府时期,男女同有考试权,体现了在考试资格方面的男女平等。

教师活动:通过不同时空下选官制度考试资格的对比,引导学生得出文官考试资格规定趋于扩大,民国文官考试制度赋予更多人以参加考试和为官的权利,具有更强的开放性和平等性。

设计意图:通过阅读并分析史料,整体感知中国现代文官制度在民国时期草创、形成、发展的脉络,理解逐步法制化是其演进的鲜明特点;了解中国近现代文官制度构建的依据,既有西方文官制度的示范效应,又渗透着科举制的内在传承,最终形成了中国特色的文官制度;比较阅读,对比三个时期的考试资格规定,由点及面,理解近代以来中国的官员选拔与管理制度不断走向完善。

学习任务3:了解中华人民共和国的干部制度和公务员制度。

材料17 我国的经济体制改革的目标是要建立社会主义市场经济体制。

——1992年中共十四大

材料18 1993年,公务员制度开始推行。2005年,全国人大常委会通过《中华人民共和国公务员法》,标志着国家公务员制度正式形成。

——《普通高中教科书　历史　选择性必修1　国家制度与社会治理》

问题设计:根据材料17、18,探究在干部人事制度改革中建立国家公务员制度的原因。

学生活动:阅读材料17、18,认识到我国公务员制度的产生同发展社会主义市场经济有着密切的关系。

教师活动:进一步阐明其内在联系,指出由计划经济向市场经济过渡,既是一场改革,又是一场革命,这对行政管理尤其是国家机关的人事管理提出了更高要求,它要求改革不合时宜的干部人事制度,加快推行公务员制度。

设计意图:运用唯物史观分析史料,培养学生历史解释素养,理解社会主义市场经济呼唤公务员制度的出现。

小结:一国制度是从该国人民的特性和生活中成长起来的一种有机的产物,绝不是故意为之的产物,即制度不是做成的,而是长成的。但是不同文明之间的交流与渗透是人类社会发展的普遍趋势,因而制度的移植与借鉴也是文明进程的必然。总之,近代以来中国的官员选拔与管理制度,既有传承的因子,又有异质细胞,并趋于法制化、现代化,趋于公平公正,呈现出不断完善的态势,其历史经验值得借鉴。

（三）板书设计

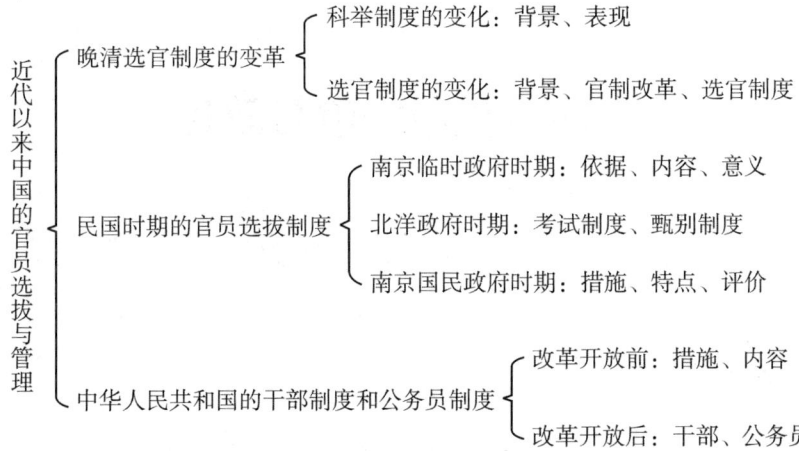

（四）核心素养水平划分

水平1：能够辨识不同历史时期官员选拔与管理制度的名称及其标志性法规；能够叙述西方主要国家建立近代西方文官制度的史实；能够体会近代以来中国的官员选拔与管理制度主要吸收了西方文官制度的营养。

水平2：能够在时空框架下系统梳理"晚清时期—民国时期—中华人民共和国时期"官员的选拔与管理制度；能够从史料中提取有效信息，得出不同时期、不同区域官员选拔与管理制度的历史渊源、内容与特点。

水平3：能够纵向联系中国古代的科举制，横向比较西方近代文官制度，进而充分理解所学，正确解释近代以来中国官员选拔与管理制度的演进趋势。

水平4：能够以唯物史观为指导，从历史发展的角度解释近代以来中国官员选拔与管理制度的演进；通过与思想政治课程相关内容的整合，能够增强对当今中国公务员制度建设与发展的自信心和责任感。

第8课

中国古代的法治与教化

一、课标要求

知道中国先秦时期成文法的产生过程,以及这一时期思想家对于德治、法治关系的讨论;知道自西汉起历代王朝法律、礼教并用的统治手段。

二、教材分析

法律是统治阶级意志的体现,是国家的统治工具,着眼于防范与惩处。教化是社会治理的重要工具,着眼于教育和引导。两者相辅相成。本课是第三单元的第一课,按时序介绍了中国古代的法治与教化,突出礼法结合是中华法系的重要特点。本课的学习内容横向上与近代西方的法律与教化相区别,纵向上有助于引领学习当代中国的法治与精神文明建设的相关内容。

本课共三个子目。"先秦时期的德治与法治"一目介绍了中国先秦时期成文法的产生过程,以及这一时期德治、法治关系的讨论,明晰儒家的德治思想有积极意义,但法家的法治思想更符合战国时期各国富国强兵、政令统一的需要。"秦汉至隋唐时期的法律与教化"一目展示了汉朝以后,儒家思想逐步融入法典,律令儒家化趋势发展起来。中华法系至唐律臻于完备,礼法结合也成为中华法系的重要特征。"宋元至明清时期的法律与教化"一目不仅介绍了宋以后法律以唐律为蓝本的发展情况,还介绍了宋朝以后理学深入基层,以乡约形式直接面向底层百姓宣讲,明清时乡约经政府利用和推广而具有约束力,并与法律合流。

三、学情分析

从知识结构来看,学生通过高一必修课程的学习,对时序及历史阶段特征有了一定的知识储备,也零散地接触了《秦律》《唐律疏议》等概念,但不成体系,无法很好地构建中国古代法治与礼教的发展框架,也无法完整地理解法律和礼教的关系及中华法系的特征。

从发展需求来看,学生阅读原始史料的能力有待进一步提高,对法律名词与理论的理解能力有限,教师需要运用有效的教学手段帮助学生掌握。

四、教学目标

1. 通过了解中国先秦时期的德治与法治情况,认识春秋时期郑国子产"铸刑书"是中国最早的成文法。

2. 通过阅读早期德治与法治之争、儒家与法家治国理念之争,训练学生恰当运用史料论述探究问题的能力;通过探究总结出法家的法治思想更符合战国时期富国强兵、政令统一的需要这一结论,引导学生掌握运用唯物史观分析解决问题的方法。

3. 通过梳理西汉至明清法律与礼教的基本内容,感受律令儒家化的趋势;通过阅读《唐律疏议》有关史料,体会礼法结合是中华法系的重要特点。

4. 了解宋元至明清法律与礼教是中华法系成熟后的继承和发展,认识礼法结合是中华法系的重要特点,涵养家国情怀。

教学重点:认识中国先秦时期成文法的产生过程,理解这一时期思想家关于德治、法治关系的讨论。

教学难点:理解自西汉起律令儒家化是历代王朝法律、礼教并用的统治手段。

五、教学过程

(一)教学主题

在梳理中国古代法治与教化的发展过程中,认识礼法结合是中华法系的重要特点。

(二)教学过程

导入

教师活动:展示《中华人民共和国民法典》图片,引出法律的概念;展示孔子图像,回顾礼教的情况,指出法律与教化是社会治理的重要工具,进而设问:中国历史上的法律和教化发展情况如何?二者有怎样的关系?

设计意图:以国家法治大事切入新课,激发学生兴趣,引发学生思考。

学习任务1:梳理中国先秦时期成文法的产生过程。

学生活动:依据教材内容填表。

时期	德治	法治
夏	君王及奴隶主可以随意残害奴隶	《禹刑》
商		《汤刑》
西周	礼制；敬天保民	《九刑》
春秋战国	礼崩乐坏，孔孟主张德治	子产"铸刑书"，商鞅、韩非主张法治

设计意图：通过填表，让学生掌握梳理知识的方法，体会夏、商、西周的法律都属于非成文法的范畴，而春秋时期郑国子产"铸刑书"则是中国最早的成文法。

教师活动：成文法是指由特定国家机关制定和公布的、以成文形式出现的法律。

学习任务2：分析先秦时期思想家关于德治、法治关系的讨论。

材料1　当郑国铸造公布刑书时，晋国叔向曾给子产一封信，责备他说："昔先王议事以制，不为刑辟，惧民之有争心也……制为禄位，以劝其从，严断刑罚，以威其淫……民于是乎可任使也，而不生祸乱。民知有辟，则不忌于上，并有争心，以征于书，而徼幸以成之，弗可为也……民知争端矣，将弃礼而征于书，锥刀之末，将尽争之，乱狱滋丰，贿赂并行，终子之世，郑其败乎！"子产回信说："若吾子之言，侨不才，不能及子孙，吾以救世也。"……叔向虽然曾经尽力反对子产铸刑书，然而由于形势所迫，仅仅相隔23年，叔向自己的祖国即晋国的赵鞅、荀寅也"赋晋国一鼓铁，以铸刑鼎，著范宣子所为刑书"了。

——摘编自徐喜良等《中国通史　第3卷　上古时代（上册）》

学生活动：根据材料1，概括春秋时期郑国"铸刑鼎"遭到反对的原因。

教师活动：在学生概括的基础上，指出基本原因。公布法律损害了贵族的利益，守旧大臣担心公布法律会引起社会动荡（社会混乱或违法、腐败贿赂等现象严重）。

学生活动：思考曾经反对铸刑书的晋国在23年后也铸了刑书的原因。

教师活动：春秋时期，宗法贵族势力削弱，新的地主阶层兴起，各利益集团、社会阶层及经济条件都在发生变化，"铸刑鼎"这一重大改革措施符合社会发展的新需求。

材料2　明主使其群臣不游意于法之外，不为惠于法之内，动无非法。……以法治国，举措而已矣。法不阿贵，绳不挠曲。法之所加，智者弗能辞，勇者弗敢争。刑过不避大臣，赏善不遗匹夫，故矫上之失，诘下之邪，治乱决谬，细美齐非，一民之轨，莫如法。属官威民，退淫殆，止诈伪，莫如刑。

——《韩非子·有度》

材料3 道德仁义,非礼不成。教训正俗,非礼不备。分争辨讼,非礼不决。君臣上下,父子兄弟,非礼不定。宦学事师,非礼不亲。班朝治军,莅官行法,非礼威严不行。祷祠祭祀,供给鬼神,非礼不诚不庄。是以君子恭敬撙节退让以明礼。

——《礼记·曲礼》

学生活动:根据材料2、3,指出法家与儒家争论的核心问题。

教师活动:根据学生回答情况,归纳法家与儒家争论的核心问题是以什么思想治国的问题。法家认为君主应该用法和刑来管理国家,儒家认为君主应该以礼来治理社会。

学生活动:结合法家、儒家思想家对于儒法之争的观点,思考秦国采用法家思想治国的原因。

教师活动:指导学生识记儒法之争的主要观点(儒家认为人性善,主张德治,注重教化,如孔子提出"为政以德""节用而爱人",孟子主张"施仁政、省刑罚、薄税敛";法家认为人性恶,主张法治,唯法为治,如韩非子主张法、术、势相结合,以法为教、以吏为师)。法家的法治思想更符合战国时期各国富国强兵、政令统一的需要。

补充:商鞅改法为律,突出了法律规范的普遍性、稳定性、必行性,具有"范天下之不一而归于一"的功能。

设计意图:解析文献史料,提高概括能力。"铸刑鼎"这一重大改革措施符合社会发展的新需求,体现唯物史观,培养学生的大历史观。通过解析材料2、3,提高归纳、分析能力。

学习任务3:梳理西汉至明清法律与教化的基本内容,感受律令儒家化的趋势,体会礼法结合是中华法系的重要特点。

学生活动:依据教材内容继续填表,梳理西汉至明清法律与教化的基本内容。

时期	德治→教化	法治→法律
夏	君王及奴隶主可以随意残害奴隶	《禹刑》
商		《汤刑》
西周	礼制;敬天保民	《九刑》
春秋战国	礼崩乐坏,孔孟主张德治	子产"铸刑书",商鞅、韩非主张法治
秦	法家思想治国	秦律及令都具有法律效力
汉	儒家思想成为主流 儒家知识分子以经注律	《九章律》 《二年律令》

续表

时期	德治→教化	法治→法律
魏晋南北朝	律令儒家化	设置律博士
唐	国家层面:提倡礼制,颁布《大唐开元礼》 社会层面:重视家训,强化基层教化	《贞观律》《永徽律》 《唐律疏议》

教师活动:根据学生填表情况,强调《唐律疏议》是中华法系确立的标志。

学生活动:分析《唐律疏议》,体会礼法结合是中华法系的重要特点。

材料4 德礼为政教之本,刑罚为政教之用,犹昏晓阳秋相须而成者也。

——《唐律疏议·名例》

材料5 我们从《疏议》中也可以看到,完全是以儒家的经典《诗》《书》《易》《礼》《春秋》的基本思想来注释《唐律》,有不少条文,实际上是把礼义道德规范直接纳入法律,使儒家学说法典化。可以说,"唐律一准乎礼,而得古今之平"实质上就是唐律一切依礼以为出入,礼与刑相辅相成,律学与经义相互发明,使礼法结合在唐律中达到十分完备的程度。

——程鹏生《中国法制通史 第4卷 隋唐》

教师活动:根据表格,引导学生观察从汉到唐的德法关系。根据材料4、5,引导学生体会唐律礼法结合的特点,感受律令儒家化的趋势,并将其发展过程概括为"律令儒家化的启动—引礼入律—准乎礼"三个阶段。

设计意图:通过由浅入深的史料解读与理解,培养学生的史料实证素养。

学习任务4:知道宋元至明清时期的法律与教化是中华法系成熟后的继承和发展。

学生活动:依据教材内容继续填表,梳理宋元至明清法律与礼教的基本内容。

时期	德治→教化	法治→法律
夏	君王及奴隶主可以随意残害奴隶	《禹刑》
商		《汤刑》
西周	礼制;敬天保民	《九刑》
春秋战国	礼崩乐坏,孔孟主张德治	子产"铸刑书",商鞅、韩非主张法治
秦	法家思想治国	秦律及令都具有法律效力
汉	儒家思想成为主流 儒家知识分子以经注律	《九章律》 《二年律令》

续表

时期	德治→教化	法治→法律
魏晋南北朝	律令儒家化	设置律博士
唐	国家层面:提倡礼制,颁布《大唐开元礼》 社会层面:重视家训,强化基层教化	《贞观律》《永徽律》 《唐律疏议》
宋	程朱理学确立统治地位,控制教育与科举 儒学士人投身基层教化,以乡约教化乡里	《宋刑统》《天圣令》
元		司法实践中广泛援引唐律
明	以朱元璋的"六谕"作为乡约的宣讲内容,使乡约逐渐带有强制力	《大明律》,重视"例",开创律例合编体例
清	以康熙帝"圣谕十六条"和雍正帝《圣谕广训》作为乡约的宣讲内容,也常引用《大清律例》,使乡约具有约束力,与法律合流	《大清律例》

教师活动:根据表格,引导学生观察从宋到清的德法关系,关注到中国古代的教化发展线索:家训—族规—乡约。

材料6 一、德业相劝;二、过失相规;三、礼俗相交;四、患难相恤。

——《吕氏乡约》

材料7 孝顺父母,尊敬长上,和睦乡里,教训子孙,各安生理,毋作非为。

——明太祖"六谕"

材料8 敦孝弟以重人伦,笃宗族以昭雍睦,和乡党以息争讼,重农桑以足衣食,尚节俭以惜财用,隆学校以端士习,黜异端以崇正学,讲法律以儆愚顽,明礼让以厚风俗,务本业以定民志,训子弟以禁非为,息诬告以全良善,戒窝逃以免株连,完钱粮以省催科,联保甲以弭盗贼,解仇忿以重身命。

——康熙帝"圣谕十六条"

学生活动:阅读材料6、7、8,思考从宋朝到清朝乡约所讲内容有何变化。

教师活动:根据学生的回答,概括出从宋朝到清朝,乡约所讲内容从道德教化逐渐转向宣讲皇帝的"圣谕",具有约束力,并与法律合流。

设计意图:通过梳理表格,使学生认识到宋元至明清法律与礼教是中华法系成熟后的继承和发展;通过解析材料,提高学生的史料分析能力。

（三）板书设计

中国古代的法治与教化

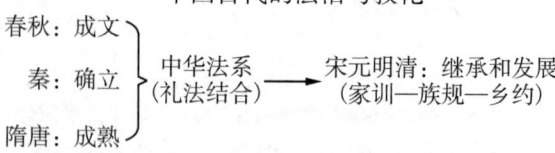

（四）核心素养水平划分

水平1：能够认识春秋时期郑国子产"铸刑书"是中国最早的成文法；能够依据早期德治与法治之争、儒家与法家治国理念之争的材料，分析先秦时期思想家对于德治、法治关系的讨论；能够从中华法系形成过程的学习中，理解认同中国传统文化，涵养家国情怀。

水平2：能够利用历史年表，描述中国古代法治与礼教的阶段特点，理解中国古代法治与礼教之间的逻辑关系。

水平3：能够运用唯物史观，理解法家的法治思想更符合战国时期富国强兵、政令统一的需要这一结论。

水平4：能够分析出西汉至明清律令儒家化的趋势，论述礼法结合是中华法系的重要特点。

第9课

近代西方的法律与教化

一、课标要求

了解近代西方法律制度的渊源和基本特征,知道宗教伦理在西方社会发展进程中的作用。

二、教材分析

本课共有三个子目:"近代西方法律制度的渊源及发展""近代西方法律制度的基本特征""宗教伦理与教化"。本课内容有如下特点:内容新、理解难,涉及法学和宗教学方面的专门知识,如罗马法、日耳曼法、教会法、英美法系、大陆法系、陪审制、律师制、无罪推定、普通法等;时间跨度大,从西方古代的罗马法一直到1917年之前的近代西方,长达两千多年;事件多,涉及世界史分期大事件、罗马帝国分裂、基督教发展演变、中世纪的基督教、宗教改革、资产阶级革命等。

三、学情分析

通过高一必修课程的学习,学生已具备了一定的知识储备,对西欧中世纪、罗马帝国兴衰、宗教改革、西方资本主义制度的确立等有一定的了解,故有些内容可以通过自主学习完成。但是,学生较难把握长时段下历史事件之间的逻辑,较难快速理解陌生的专业名词,因此,教师需要通过多种形式重点突破。

四、教学目标

1. 通过阅读教材,梳理时间轴或大事年表,归纳近代西方法律制度的渊源和发展历程,培育时空观念素养。

2. 通过对教材和史料的解读分析,理解罗马法是近代西方法律的渊源,并会用自己的语言进行说明或解释。

3. 通过阅读教材,知道近代两大法系发展的脉络,并能比较分析其特点。

4. 通过了解近代西方具体法律条文和辛普森杀妻案,掌握西方法律的主要特征,并会用自己的语言进行说明或解释。

5. 通过阅读教材和回顾所学,知道西方宗教对西方政治生活和社会生活的影响,并能指出其消极影响。

6. 通过分析史料和案例,理解西方法律中对个人权利的保护和宗教改革对人性解放和教化的作用,感悟法律和教化是国家治理的重要手段,感悟"法律是成文的道德,道德是内心的法律"。

教学重点:理解罗马法是近代西方法律的渊源;认识近代西方两大法系发展的过程和区别;认识宗教伦理在西方社会发展进程中的作用。

教学难点:理解近代西方法律制度的基本特征。

五、教学过程

（一）教学主题

了解近代西方法律发展历程,理解近代西方法律的特征,感悟法律和宗教教化是国家治理的手段。

（二）教学过程

导入

创设情境:出示图片《世纪审判——辛普森案》(如右图所示)。

教师活动:美国前橄榄球运动员辛普森杀妻一案成为当时美国最为轰动的事件,被美联社称为"1995年全球十大新闻之一"。此案当时的审理一波三折,在辛普森用刀杀前妻及餐馆的侍应生郎·高曼两项一级谋杀罪的指控中,公诉方出具723件证据,由于警方的几个重大失误导致有力证据的失效,辩护方以392件证据反证"证据不足",最终辛普森无罪获释,仅被民事判定为对两人的死亡负有责任。本案也成为美国历史上疑罪从无的最大案件。有人说辛普森案是对美国司法制度的活体解剖。辛普森案体现了美国法律制度的哪些特点？这些法律制度又是如何形成的？今天我们就带着这些问题来了解近代西方的法律与教化。

设计意图:以著名法律案例导入新课,激发学生学习探究兴趣,同时也为后面的课堂探究埋下伏笔。

学习任务1：认识近代西方法律的渊源。

教师活动：出示时间轴，并简要讲述世界历史分期。近代西方法律与教化主要是指资本主义的法律和宗教伦理。

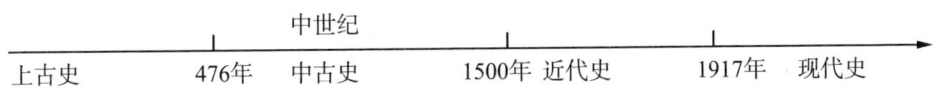

学生活动：阅读教材，根据时间轴梳理近代西方法律的渊源。

材料1 "任何人在缺席时不得被判罪；同样，不得基于怀疑而惩罚任何人……与其判处无罪之人，不如容许罪犯逃脱惩罚。""任何人不能仅因思想而受惩罚。""提供证据的责任在陈述事实的一方，而非否认事实的一方。""父亲的罪名或所受的惩罚不能玷污儿子的名声，因为每一方的命运均取决于自己的行为，而任何一方都不得被指定为另一方所犯罪行的继承人。"

——《查士丁尼民法大全》

问题设计：什么是罗马法？材料1体现了罗马法有哪些重要原则？

学生活动：不得缺席定罪；无罪推定（无证据不定罪，即疑罪从无）；不得因言获罪（或言论自由、思想者无罪）；谁主张谁举证；罪责自负。

教师活动：罗马法，一般泛指罗马奴隶制国家法律的总称，存在于罗马奴隶制国家的整个历史时期。它既包括自罗马国家产生至西罗马帝国灭亡时期的法律，也包括皇帝的命令、元老院的告示、成文法和一些习惯法。

材料2 古罗马人认为，社会要受法律的支配，法应当是针对所有人的，是公正、正义的，是社会的最高权威，任何人都得依法生活，即法享有绝对的权威，即使皇帝也不例外，罗马法具有资本主义发展初期所需要的现成法律形式，是现代资本主义法制的先声。世界资本主义的发展与罗马法的复兴密不可分。自19世纪以来，欧洲大多数国家皆以罗马法为法制基础，制定本国的法律制度，如1804年制定的《法国民法典》，就继承了《法学阶梯》的人法、物法、诉讼法的体例；1900年实施的《德国民法典》则是以《学说汇纂》为蓝本的，罗马法中的法人制度、物权制度、契约制度、陪审制度、律师制度、私人权利平等原则等都毫不例外地给后世国家带来不同程度的影响。

——摘编自沈芝《古代罗马法的内容和影响述评》

问题设计：为什么说罗马法是近代西方法律的渊源？

学生活动：阅读并概括史料。①罗马法的私法体系，被西欧大陆资产阶级民事立法成功地借鉴与发展。如1804年制定的《法国民法典》，就继承了罗马法的人法、物法、诉讼法的体例；1900年实施的《德国民法典》根据罗马法形成了总则、债法、物法、亲属法、继承法。②罗马法中许多原则和制度,也被近代法制所采用,如遗嘱自由原则、"不告不理"原则、法人制度、物权制度、陪审制度、律师制度等。

教师活动:476年,西罗马帝国被日耳曼人所灭,西欧进入中世纪,基督教在经济上、政治上和思想上形成巨大的统治力量。在此基础上讲清日耳曼法、教会法等概念。

> 日耳曼法:日耳曼人入侵西罗马帝国建立早期封建王国后所颁布的法律的总称。日耳曼人以部落习惯法为基础,受罗马法影响,归纳总结形成的一批成文法,等级色彩浓厚,是庄园法庭审判的依据。

> 教会法:专指中世纪罗马天主教会制定和颁布的法律。以基督教神学为思想基础,吸收了若干罗马法原则而形成的法律,是对古罗马法制文明的传承。

教师活动:当西方社会进入封建社会末期的时候,资本主义开始兴起。一个新的阶级和社会阶层登上了历史舞台。资产阶级在争取自己的政治权利和经济权利的同时,也需要有一套法律来保障他们的利益。11世纪以后,欧洲各国先后出现了研究和采用罗马法的热潮,历史上称为"罗马法的复兴"。罗马法、日耳曼法、教会法成为欧洲中世纪三大法律支柱。同时,罗马法的复兴、文艺复兴和宗教改革,一起构成了中世纪西欧三次大的改革运动,推动了欧洲社会的进步。

设计意图:罗马法是本课第一部分中的重点,通过材料去了解其概念、原则、影响,培养学生的历史解释能力。教会法和日耳曼法内容过于生僻,且不是重点,故简单讲清概念即可。

学习任务2:认识近代西方法律的发展,分析英美法系和大陆法系的区别。

教师活动:呈现《两大法系国家分布图》(略)和时间轴。

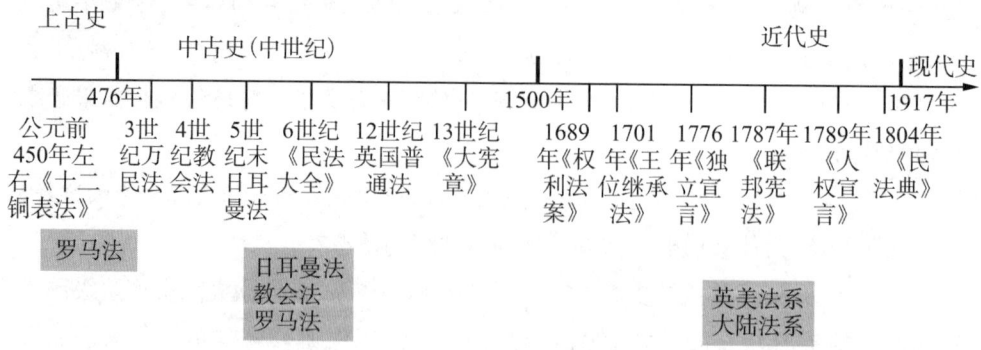

问题设计:列举近代西方的代表性法律文献,简述英美法系和大陆法系的形成过程。

学生活动:阅读教材,列举时间轴的主要史事,简要说明英美法系和大陆法系的形成过程。

教师活动:补充说明。

材料3 英美法系和大陆法系有以下共性:法律由代表人民行使权力的议会制定,行政机构在法律规定的框架内行使行政权,法院根据法律独立掌握司法权,司法实践中坚持程序公正和无罪推定。

——摘编自齐世荣《世界史·近代卷》

问题设计:英美法系和大陆法系有何异同?

教师活动:展示表格,引导学生阅读教材,并通过表格比较英美法系和大陆法系。

角度		英美法系	大陆法系
不同	法律渊源	以<u>判例法</u>为主要法律渊源,以<u>遵循先例</u>为基本原则	以成文法为主要法律渊源,强调宪法的根本地位,法律体系比较完整,一般不承认判例的效力
	法官地位	法官的地位突出,当无先例可循时,法官可以<u>创立</u>先例,也可以<u>对先例作出新的解释</u>	法官的作用不太突出
	审判权	法官与陪审员分工	审判人员统一行使
	证据来源	人证为主	书证为主
	审判模式	律师主导	法官主导
	论证方法	归纳	演绎
	代表国家	英国、美国、加拿大、澳大利亚、印度等国家和地区	法国、德国、意大利、日本等
相同		明确<u>立法</u>和<u>司法</u>的分工,强调保障个人的权利	

设计意图:英美法系和大陆法系是学生较生疏的内容,但却是第一部分内容的教学重点。好在教材对英美法系内容有足够的介绍,故可让学生归纳过程,培养其归纳概括能力。展示《两大法系国家分布图》,使学生直观地把握两大法系的空间范围。通过梳理表格,根据教材"历史纵横"资料,比较两大法系,使学生把握英美法系和大陆法系的区别,提升理性思维和历史学科思维,体现核心素养。

学习任务3：认识近代西方法律制度的基本特征。

材料4 在有"当代福尔摩斯"之称的李昌钰及其他著名律师组成的律师团队的精心辩护下，经过133次陈词、126位证人证词后，一场耗资1500万美元的官司终于在4个小时内尘埃落定。由9名黑人、2名白人和1名西班牙裔（10女2男）组成的陪审团，做出辛普森无罪的判决。陪审员布兰达·莫兰在判决公布后，对记者说：裁定根据两点，血手套戴在辛普森手上显然不合适；勘查现场发现的那只血手套上浸满了血，但手套的四周却没有任何血迹。10月3日，加州最高法院作终审宣判，做出了无罪判决。

材料5 信仰、出版、集会、示威自由；携带武器的自由；军队不得进入民房；免于不合理的搜查与扣押；正当审判程序、一事不再理、无罪推定、征用私产需赔偿；刑事案件接受陪审团审判的权利；民事案件接受陪审团审判的权利；……

——1791年美国宪法的修正案

问题设计：根据材料4、5和教材"历史纵横""学思之窗"，分析辛普森案反映的美国司法程序中的原则，说明这些原则反映的美国法律制度的特征。

学生活动：辛普森案体现了美国司法程序中的律师制度、陪审团制度，无罪推定、程序公正和证据确凿的特点。在国家权力结构层面上，坚持权力制衡、三权分立；在法律内容上，注重保护个人权利；在司法实践过程中，坚持程序公正和无罪推定。

程序公正和确凿证据的重视程度远远超过了寻求案情真相和把罪犯绳之以法。
无罪推定原则：指所有被审判者在判决之前都是无罪的。
陪审团制度：从普通民众中产生陪审团，参与案件审理和裁决，使民众能够直接参与法律事务。
律师制度：独立、专业的律师为被审判者提供辩护。1878年德国《国家律师法》奠定了近代律师制度的基础。

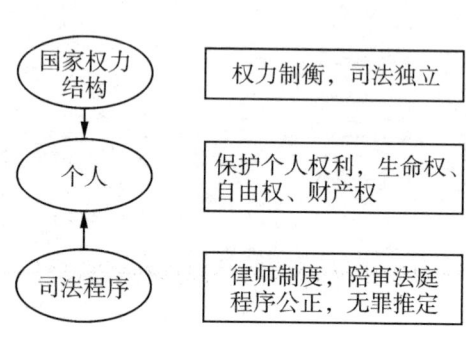

教师活动：总结，多媒体展示，并对原则作简单说明。

教师活动：无论是国家权力结构，还是司法程序，围绕的核心都是个人权利。为了保障个人权利，在国家权力结构上实行三权分立，权力制衡，以防止专制和权力滥用，达成社会契约论下的政府。为了保障个人权利，在司法程序上，实行无罪推定、律师制、陪审制，以保障公平公正。

材料6 在理论上,法律总是体现着其创造者的世界观,每一种世界观都包含着社会和经济趋向,它不取决于这个或那个人的思想,而取决于事实上规定权力及凭借这一权力立法的阶级的实际意图。所有法律都是某个阶级以普遍性的名义确立的,法律是掌权者的财产。他们的法律就是所有人的法律。

——[德]斯宾格勒《西方的没落》

> **金钱的作用**
>
> 辛普森花1500万美元请来了最有才华、最有名的律师,他们运用自己的全部智慧和经验,一次次地向控方发出挑战,才使此案枝节横生,旷日持久,并让陪审团对所取证据的可靠性发生怀疑。
>
> **黑白对立态度**
>
> 本案所反映的最大问题是,美国社会在观念上的种族对立仍然明显。判决前的一项问卷调查显示,74%的白人认为被告有罪,77%的黑人则认为无罪。
>
> 12人组成的陪审团组成人员中,有9名黑人、2名白人、1名西班牙裔人。

问题设计:根据材料概括其主要观点,并结合辛普森案简要说明其理由。

学生活动:概括并说明理由。

教师活动:辛普森案呈现的金钱问题和种族对立问题,反映了法律受阶级和时代的限制。在资本主义国家,富人管理法律,法律压迫穷人。自近代以来,西方国家高举"人权"大旗,掀起资产阶级改革或革命,通过资本主义立法,保障个人权利,进而维护资本主义统治。西方法律制度中融入自由、平等、民主等启蒙思想,推动了人类政治文明的发展。然而法律都有着时代和阶级的烙印,西方法律制度是资产阶级意志的体现。

设计意图:近代西方法律的基本特征是本课教学重点,教材中有具体结论,教师通过展现、分析具体法律条文和典型案例辛普森案,使学生得以更直观地感受,并提升历史理解能力,涵养史料实证素养。通过剖析辛普森案反映的美国社会问题和资本主义法律的局限性,使学生增强对我国法律制度的自信。

学习任务4:知道宗教伦理在西方社会发展进程中的作用。

材料7 对西方人来说,宗教的情绪和宗教的精神,对于社会的发展至关重要。韦伯和阿昂格尔认为,资本主义的兴起和资本主义法治的形成与宗教伦理密不可分。

——徐爱国《西法肄言——漫话西方法律史》

教师活动:梳理时间轴,简单讲述西方基督教的发展历程。

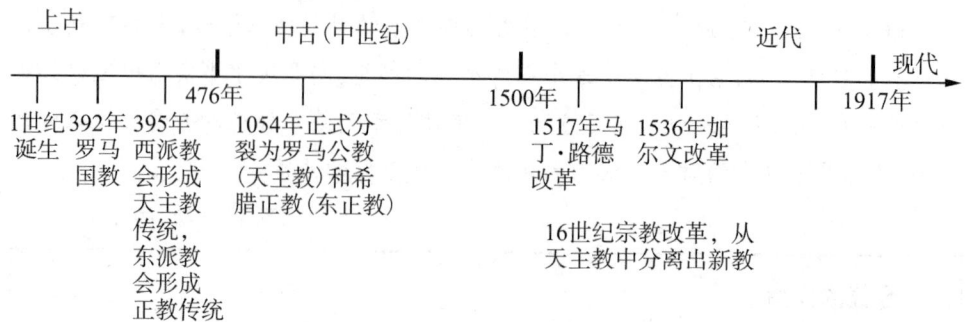

材料8 中世纪完全是从野蛮状态发展而来的。……在僧侣手中,政治和法学同其他一切科学一样,不过是神学的分支,一切都按照神学中适用的原则来处理。教会的教条同时就是政治信条,圣经词句在各个法庭都具有法律效力。

——[德]恩格斯《德国农民战争》

材料9 马丁·路德张贴《九十五条论纲》是新教的宗教改革之始。他提出了"信仰耶稣即可得救"的原则,认为只有上帝才能赦免罪人,信徒要得救上天堂,不靠教会或行善,更不靠赎罪券,全凭个人虔诚的信仰。

加尔文认为,财富不是万恶之源,而是上帝祝福的标志;强调不随便乱花一厘钱,财产越多越应感到有责任为上帝的荣耀而不使财产减少;财富意味着人履行了其职业责任,它不仅在道德上是正当的,而且是应该的、必须的。

——李会军、王罡《加尔文的新教伦理及其启蒙意义》

问题设计:基督教在中世纪的欧洲发挥了什么样的作用?新教提出了哪些主张?宗教改革对欧洲社会产生了哪些影响?

学生活动:马丁·路德主张"信仰得救",《圣经》是信仰的唯一根据,世俗权力大于教权。宗教改革否定了罗马教皇的绝对权威,促进了思想解放,促进了文化普及,有利于加强世俗王权,也反映了新兴资产阶级的要求。

教师活动:补充、总结,并指出中世纪宗教压抑人性,而宗教改革反对教会权威,促进人性的解放,发展人文主义,推动了资本主义的发展。

设计意图:西方的宗教具有一定的社会教化功能,宗教改革破除了对教会权威的信仰,对解放人性起到了至关重要的作用。以时间轴梳理西方宗教的发展历程,有利于培养学生的时空意识,了解历史发展脉络。

小结:西方法律发展有自己的路径,在罗马法的基础上,英国和法国分别发展了英美法系和大陆法系,强调司法独立、保护个人权利。法律着眼于防范与惩处,通过法律和制度保护个人权利,宗教上解放人性,法律和宗教教化是西方社会发展和国家治理中必不可少的重要措施,两者相辅相成,推动了西方文明的发展。然而法律都有着时代和阶级的烙印,西方法律制度是资产阶级意志的体现,有其阶级性。

（三）板书设计

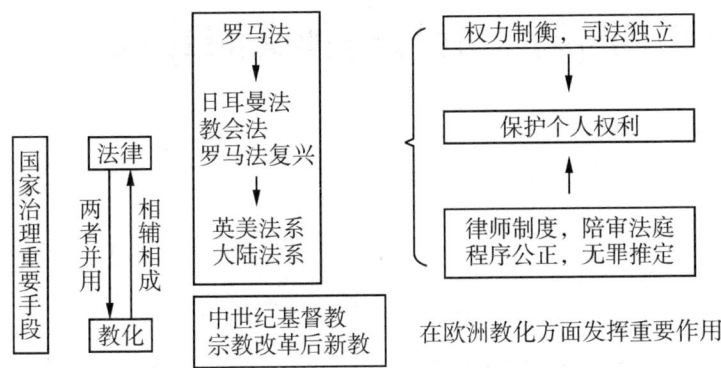

（四）核心素养水平划分

水平1:了解世界历史分期,能够从教材和教师呈现的材料中提取有关信息;能够辨识西方历史中的古罗马、中世纪、近代西方等西方历史中的时间表达方式,在叙述西方法律和宗教发展中能够恰当地运用这些时间表达方式;能够辨识罗马法、教会法、日耳曼法、英美法系、大陆法系等历史概念。

水平2:能够利用历史年表或时间轴描述西方法律和宗教发展,认识近代西方法律发展的来龙去脉,理解空间和环境对认识历史的重要性;能够理解罗马法的特点、原则及影响;能够理解英美法系和大陆法系的特点、原则;能够认识宗教改革的内容及影响。

水平3:能够对西方法律和宗教的发展有着整体的认知和概括的说明;能够选择、组织和运用相关材料并使用相关历史术语,准确掌握西方法律发展的相关史实;能够深刻理解并感悟罗马法对近代西方法律的影响;能够分辨英美法系和大陆法系,尝试从不同角度分析近代西方法律的基本特征;能够通过辛普森杀妻案,对近代西方法律的基本特征进行互证,形成对近代西方法律更全面、丰富的解释。

水平4:知道宗教伦理在西方社会发展过程中的作用;评价不同时期基督教伦理在教化方面的不同作用;在对历史和现实问题进行独立探究的过程中,能够恰当地运用史料论述所探究问题;能够正确地把握世界历史的发展进程,形成正确的世界观、历史观、人生观,学会尊重不同文明的特性,认识人类文明的多元面貌。

第10课

当代中国的法治与精神文明建设

一、课标要求

了解新中国的法制建设和精神文明建设成就。

二、教材分析

随着新中国的成立,中国开始了现代法治建设。民主与法制是现代政治建设的重要目标,而法制是民主和公民权利的重要保障。从1949年9月召开的中国人民政治协商会议第一届全体会议至1954年第一届全国人民代表大会第一次会议的召开,中国出台了一系列法律制度,初步奠定了中国法治建设的基础;"文化大革命"期间,社会主义法制遭到严重破坏;党的十一届三中全会后,社会主义法制又得到了完善与发展,中国的法治建设进入新的发展时期。

随着改革开放过程中社会问题的增加与复杂化,中国必须广泛依据法律裁决争端。法制的日渐完善使得中国有条件依据法律制度来治理国家,即依法治国。1997年中共十五大报告第一次提出"依法治国,建设社会主义法治国家"。到2010年,我国形成了中国特色社会主义法律体系;中共十八大以来,党领导人民全面依法治国,法治建设得到不断加强。法治之外,国家的稳定和社会的和谐更需要每个人的道德自觉,因此社会主义精神文明建设至关重要。

三、学情分析

学生在初中时已初步了解过法制、依法治国、精神文明建设等概念及其大致内涵,但缺乏对这些概念的深入理解,对它们之间关系的认识也比较模糊。且初中将这部分内容置于道德与法治课里学习,高中历史在教授这部分内容时,需要融入更多的历史角度,比如联系时代背景来理解为何各时期的法制建设具有不同特色,以培养学生的思辨能力。

四、教学目标

1. 借助史料分析、梳理当代中国的法治建设进程,知道"法制"和"法治"的联系与区别,并能联系时代背景,理解各阶段法制状况不同的原因,培养历史思维。

2. 知道各时期社会主义精神文明建设的基本内容,理解各时代不同的精神需要,认识精神文明建设对法治和社会和谐稳定的重要意义。

3. 感悟法治和精神文明建设的重要性,培养学生的爱国主义情怀、法制意识、正确的价值观和良好的道德品质。

教学重点:梳理新中国的法治建设进程。

教学难点:辨析"法制"和"法治",明晰两者的联系与区别。

五、教学过程

（一）教学主题

从思考新中国成立以来的政治需求这一角度出发,理解法制和精神文明建设对社会安定与发展的作用。

（二）教学过程

导入

问题设计:1949年,中国结束了半殖民地半封建社会,建立起民主共和国。新中国成立后百废待兴,你认为在政治方面,新中国需要达成的目标是什么？

学生活动:建立民主政治,人民当家作主;以法律制度,即法制来保障民主以及人民的权利。

设计意图:问题导学,引出本课重点,并使学生在回答中自然地理解法制为何物。

学习任务1:辨析"法制"和"法治"。

材料1 昔者先君桓公之地狭于今,修法治,广政教,以霸诸侯。

——《晏子春秋·谏上九》

材料2 这就说明发扬民主要讲两方面,一方面要讲勇气,一方面还要有健全的法制来保障。

——巴金《作家要有勇气,文艺要有法制》

教师活动:结合材料,将"法制"与"法治"两个词扩充组词后进行辨析,说明两者的联系与区别。

学生活动:"法制"是"法律制度"的简称,是一种静态存在的东西。"法治"是"法律统治""依法治国"的简称,是法律运行的状态、方式和过程,是相对于"人治"而言的,其基本要求是严格依法办事,法律在各种社会调整措施中具有至上性、权威性和强制性。这是两者的区别。法律统治、依法治国的前提是有法可依,建立起完善的法律制度体系,这是两者的联系。

设计意图:通过简单的组词分辨"法制"与"法治",厘清二者的逻辑关系,避免概念混淆。

学习任务2:根据课本内容,用表格的形式梳理新中国成立以来的法治进程及成就,并分析时代背景。

学生活动:梳理内容,制作表格。

时间	法制内容	影响
1949年9月中国人民政治协商会议第一届全体会	通过了《中国人民政治协商会议共同纲领》《中华人民共和国中央人民政府组织法》《中国人民政治协商会议组织法》等	开始了中国法治建设的新历程
20世纪50年代	制定了《中华人民共和国婚姻法》《中华人民共和国土地改革法》等。1954年,第一届全国人民代表大会第一次会议制定了《中华人民共和国宪法》《中华人民共和国国务院组织法》《中华人民共和国人民法院组织法》《中华人民共和国人民检察院组织法》等,确立了社会主义中国的政治制度、立法制度、司法制度	初步奠定了中国法治建设的基础
"文化大革命"时期		社会主义法制遭到严重破坏
1978年中共十一届三中全会	保障人民民主,加强社会主义法制	拨乱反正
1982年前后	通过了《中华人民共和国宪法》,制定了《中华人民共和国刑法》《中华人民共和国刑事诉讼法》《中华人民共和国中外合资经营企业法》《中华人民共和国经济合同法》等	中国的法治建设进入新的发展时期
20世纪90年代	中共十五大报告第一次完整地提出要"依法治国,建设社会主义法治国家",将以往的"建设社会主义法制国家"改为"建设社会主义法治国家"	
1999年、2004年	《中华人民共和国宪法修正案》先后将"实行依法治国,建设社会主义法治国家"和"国家尊重和保障人权"写入宪法	法治建设得到进一步加强

续表

时间	法制内容	影响
2010年	中国特色社会主义法律体系形成	推动我国社会主义制度不断自我完善和发展,为实现中华民族伟大复兴奠定了坚定的法制基础
中共十八大以来	全面依法治国	
2020年5月	十三届全国人大三次会议通过了《中华人民共和国民法典》	在法律体系中居于基础性地位

设计意图:以表格的方式清晰直观地呈现课本主体内容,在梳理表格的过程中培养学生提取信息、归纳分类的能力,同时强调历史的时序性,增强学生的时间观念。

学习任务3:根据材料并结合所学,分析为何中国在20世纪90年代将"建设社会主义法制国家"改为"建设社会主义法治国家"。

材料3 社会主义要赢得与资本主义相比较的优势,必须大胆吸收和借鉴人类社会创造的一切文明成果,包括资本主义发达国家的一切反映现代社会化生产规律的先进经营管理方式。

——邓小平南方谈话

教师活动:根据课本内容和材料3,再次辨析法制与法治的关系。把"建设社会主义法制国家"改为"建设社会主义法治国家","制"改为"治",请你谈谈对这一字之改的认识。

学生活动:"建设社会主义法制国家"是"建设社会主义法治国家"的前提,我国法律制度从新中国成立以来至20世纪90年代逐渐发展和完善。20世纪90年代邓小平南方谈话和中共十四大的召开,标志着中国改革开放进入新阶段,此后社会主义市场经济体制逐步建立起来。在经济贸易、自由竞争、出现新问题、矛盾日趋复杂的情况下,中国需要严格按照法律制度裁决纠纷、治理国家,依法治国,保证社会公平、国家稳定,保护人民权利。

设计意图:锻炼学生分析、概括材料的能力,与所学相联系,理解"法治"的深层原因,并构建起完整的知识体系。

学习任务4:了解中共十八大以来,党领导人民全面依法治国的内容。

材料4 依法治国,是坚持和发展中国特色社会主义的本质要求和重要保障,是实现国家治理体系和治理能力现代化的必然要求,事关我们党执政兴国,事关人民幸福安康,事关党和国家长治久安。

——《中共中央关于全面推进依法治国若干重大问题的决定》

"努力让人民群众在每一个司法案件中感受到公平正义",这是党中央对人民的庄严承诺。为践行这一承诺,政法机关近年来不懈努力,全面深化司法体制改革,在重要领域和关键环节取得突破性进展……"法律必须被信仰,否则它将形同虚设。"党的十八大以来,法治信仰浸润人心,全民守法的氛围日益浓厚,办事依法、遇事找法、解决问题用法、化解矛盾靠法,法治社会新风扑面。

——人民日报《党的十八大以来我国全面推进依法治国新成就综述》

人民民主是社会主义社会的生命,是我们党始终高扬的光辉旗帜;不断扩大人民民主是全面建成小康社会的重要目标,是发展社会主义政治文明的核心内容。在当代中国,要实现最广泛的人民民主,就必须坚定不移地走中国特色社会主义政治发展道路,坚持党的领导、人民当家作主、依法治国有机统一,充分发挥社会主义法治对人民民主的根本保障作用,加快推进社会主义民主政治制度化、规范化、程序化,从各层次各领域扩大公民有序政治参与,实现国家各项工作法制化。

——人民网

学生活动:党领导人民全面依法治国,加强宪法实施和监督,维护宪法权威;推进科学立法、民主立法、依法立法,以良法促进发展、保障善治;做到依法治国、依法执政、依法行政共同推进,法治国家、法治政府、法治社会一体建设;深化司法改革,让人民群众在每一个司法案件中感受到公平正义。

设计意图:结合时政,使学生深入认识、理解中国当下的政治理念和治国方略,培养学生关心国家大事的习惯和爱国主义情怀。

学习任务5:知道社会主义精神文明建设的内涵、意义,用表格法梳理中国社会主义精神文明建设进程。

教师活动:一个国家仅靠法律和依法办事是无法达到真正的和谐稳定与繁荣昌盛的,更需要每个公民的道德自觉,公民需要拥有良好的道德品质、文化素养、正确的人生目标和价值取向,因此社会主义精神文明建设是个人及国家发展的重要支柱。社会主义精神文明建设是社会主义社会的重要特征,是现代化建设的重要目标和重要保证。

材料5 社会主义精神文明建设以马克思主义为指导,其基本内容包括两个方面,即思想道德建设和科学文化建设。思想道德建设要解决的是整个民族的精神支柱和精神动力问题,教育科学文化建设要解决的是整个民族的科学文化素质和现代化建设的智力支持问题。这两个方面密不可分,缺一不可。

——摘编自《社会主义精神文明建设概论》

学生活动:梳理表格。

时间	社会主义精神文明建设内容	影响
社会主义革命和建设时期	英勇奋斗的革命传统和艰苦奋斗的精神,涌现出大批英雄模范集体和个人,如全国劳动模范孟泰、"铁人"王进喜、党的好干部焦裕禄、解放军好战士雷锋、科学家李四光、华罗庚等	全社会形成了健康向上的道德风尚,热爱社会主义的政治氛围,全心全意为人民服务的行动准则和新型人民关系,极大地激发了人民的热情和干劲
改革开放以后	"五讲四美三热爱"	是20世纪80年代群众性精神文明建设最响亮的口号
20世纪90年代	开展以创建文明城市、文明村镇、文明行业为主要内容的创建活动	促进了社会风气好转
1994年	颁布《爱国主义教育实施纲要》《关于进一步加强和改进学校德育工作的若干意见》	把爱国主义教育作为加强精神文明建设的基础工程加以推进
2001年	颁布《公民道德建设实施纲要》	从以德治国的高度进一步规划思想道德建设
2006年	《中共中央关于构建社会主义和谐社会若干重大问题的决定》	第一次提出建设社会主义核心价值体系的战略任务
中共十七大	提出"社会主义核心价值体系是社会主义意识形态的本质体现"	深刻揭示了社会主义核心价值体系的地位和作用
中共十八大	进一步提炼、概括,形成社会主义核心价值观	是当代中国精神的集中体现,凝结着全体人民共同的价值追求

设计意图:再次使用表格梳理法,提高学生阅读材料、提炼信息的能力。

学习任务6:爱国主义教育和公民道德建设对社会主义精神文明建设的作用与影响。

材料6 开展爱国主义教育的目的,是要振奋民族精神,增强民族凝聚力,树立民族自尊心和自豪感,巩固和发展最广泛的爱国统一战线,把人民群众的爱国热情引导和凝聚到建设有中国特色的社会主义伟大事业上来,引导和凝聚到为祖国的统一、繁荣和富强作贡献上来,做有理想、有道德、有文化、有纪律的社会主义公民,为实现四化、振兴中华的共同理想团结奋斗。

爱国主义教育必须坚持对外开放的原则。爱国主义决不是狭隘的民族主义,我们既要继承和发扬中华民族的优秀成果,也要学习和吸收世界各国包括资本主义发达国家所创造的一切文明成果。只有这样,中国人民才能和各国人民一道,为促进世界和平和人类进步作出贡献。

——《爱国主义教育实施纲要》

爱祖国、爱人民、爱劳动、爱科学、爱社会主义作为公民道德建设的基本要求,是每个公民都应当承担的法律义务和道德责任。要引导人们发扬爱国主义精神,提高民族自尊心、自信心和自豪感,以热爱祖国、报效人民为最大光荣。

——《公民道德建设实施纲要》

学生活动:爱国主义是中华民族精神的核心;思想道德建设是精神文明建设的灵魂,决定着精神文明建设的性质和方向。

教师活动:谈谈社会主义核心价值观和我们自身的关系。

学生活动:自由发言。

设计意图:把爱国主义、公民道德建设、社会主义核心价值观与自身联系起来,使学生认识到祖国的未来与自身息息相关。每个人都要从点滴小事做起,为之努力、敢于担当,培养深厚的家国情怀。

（三）板书设计

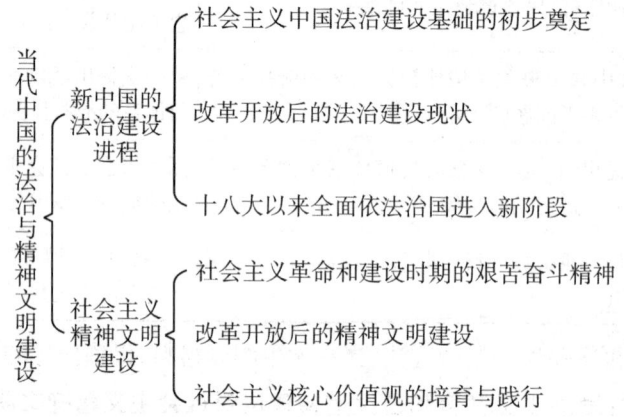

（四）核心素养水平划分

水平1:能够按时间顺序梳理新中国的法治进程和社会主义精神文明建设的进程,有整理文本、提取信息的能力。

水平2:能够联系所学,分析不同阶段法治和精神文明建设的时代背景,具有历史思维,构建起完整的知识体系。

水平3、4:能够在掌握知识、解读材料的基础上产生共鸣,形成自己的看法,树立起理想抱负,具有社会责任感,为个人的发展和实现中华民族伟大复兴而奋斗。

第11课

中国古代的民族关系与对外交往

一、课标要求

了解中国古代的民族政策和边疆管理制度,认识中国作为统一多民族国家的发展历程,以及中国古代处理对外关系的体制。

二、教材分析

本课共四个子目。"秦汉时期的民族关系"一目介绍了秦汉时期,尤其是汉朝在北面、西面、东北、南方等方向的具体民族政策管理。"隋唐至两宋时期的民族关系"一目主要介绍唐朝的边疆政策和宋代与北方少数民族的关系。"元明清时期的民族关系"一目主要讲述元朝在重建统一多民族国家后,民族交往在明清时期的进一步巩固和发展。"中国古代的对外交往"一目主要介绍了秦汉以来至明清时期中国对外交往的情况。

三、学情分析

从认知结构来看,通过以往的学习,学生对中国古代各朝的民族政策和对外交往有一定的了解。本课时间跨度大,知识点繁多,学生在知识记忆方面会有一定的困难,形成知识之间的逻辑思维体系,更是较大的挑战。

从发展需求来看,学生阅读原始史料和概括、理解历史理论问题的能力有限,本课专业概念较多,教师需要讲透这些概念。

四、教学目标

1. 通过了解中国古代各时期的民族关系和对外交往制度的发展变化,认识民族政策和对外政策的历史背景以及制度相关的历史渊源,认识中国各民族之间自古以来保持着密切联系,对外交往历史悠久。

2. 通过了解民族政策与对外政策，引导学生重点分析制度的特点与作用，认识这些制度对当时及以后的影响，感受到各民族在漫长历史过程中既有冲突又有交融，但民族交融是主流。

3. 从发展的角度认识历史上的民族政策和对外交往，考虑当时的具体国情和社会状况，明白政策所要解决的社会问题，辩证分析政策中存在的创新之处和缺陷。

教学重点：认识中国古代各时期的民族关系和对外交往的政策发展历史。

教学难点：理解民族政策和对外政策的特点及作用、影响。

五、教学过程

（一）教学主题

在时空框架下认识中国古代的民族政策和边疆管理制度，认识中国作为统一多民族国家的发展历程，以及中国古代处理对外关系的体制。

（二）教学过程

导入

材料1 中国少数民族分布地图（略）。

材料2 我国是统一的多民族国家。各民族多元一体，是老祖宗留给我们的一笔重要财富，也是我们国家的重要优势。我国各族人民共同缔造了中华人民共和国，都为中华民族形成和发展作出了卓越贡献。

——习近平在会见基层民族团结优秀代表时的讲话（2015年9月30日）

教师活动：我国是统一的社会主义国家，除汉族外，有55个少数民族，各民族大散居、小聚居，交错杂居。

问题设计：如何理解习近平总书记讲话中提到的"老祖宗留给我们的一笔重要财富"？

学生活动：我国自古以来的民族政策和各族人民的共同努力缔造了统一的中国。

设计意图：以习近平总书记的讲话切入新课，激发学习兴趣，引出下文。

学习任务1：整体把握中国古代民族关系的发展，了解中国古代的民族政策与边疆管理制度。

学习活动1：了解秦汉至魏晋南北朝时期民族关系的发展。

材料3 秦朝和汉朝的疆域图（略）。

学生活动：指出秦汉管理地方的中央机构及具体边疆管理措施。

材料4 文帝时,匈奴数寇边,晁错上言:"以陛下之时,徙民实边,使远方无屯戍之事;塞下之民,父子相保,无系虏之患。"

——《汉书·食货志》

问题设计:结合所学,指出秦汉管理地方的中央机构及具体边疆管理措施。阅读材料,分析屯戍政策的影响。

学生活动:屯戍政策有效抵御了匈奴的入侵;降低了军费开支,在一定程度上减轻了人民负担;有利于边疆的开发;推动了民族交流;等等。

教师活动:引导学生阅读材料,理解民族政策对统一多民族封建国家的巩固作用。

材料5 魏晋南北朝疆域图(略)。

问题设计:根据所学,回答孝文帝改革内容,并谈谈魏晋南北朝时期的多民族关系,阐述孝文帝改革的意义。

学生活动:改革内容主要有"迁洛阳,说汉话,穿汉服,改汉姓,定门第,通汉婚,用汉制",总体上民族关系趋于缓和交融。孝文帝改革促进了北魏经济发展和社会繁荣,促进了民族交融,缓解了民族矛盾,为隋唐的统一强盛奠定了基础。

教师活动:引导学生观察地图,认识魏晋南北朝的时空范围。

设计意图:引导学生结合所学及材料,梳理秦汉管理地方的中央机构及具体的边疆管理措施;回顾孝文帝改革,认识民族政策对统一多民族封建国家的巩固作用。

学习活动2:理解隋唐至两宋时期的民族大交融大发展。

材料6 隋朝疆域图(略)。

问题设计:根据所学并结合地图,指出隋朝管理地方的中央机构及具体边疆管理措施。

学生活动:边疆推行郡县制,以边疆民族豪酋大姓任郡守、县令,册封谯国夫人。

材料7 谯国夫人(冼夫人)是中国南北朝时期的政治家、军事家、社会活动家。她率领族人归附隋朝,被加封谯国夫人,为隋朝治理岭南起到了重要作用,去世后追谥"诚敬夫人"。她一生审时度势,爱国爱民,深得后人敬重。

学生活动:了解谯国夫人的史实,感受少数民族为建设统一多民族国家作出的贡献,明白统一多民族国家的建设离不开各民族的努力。

谯国夫人冯冼氏

教师活动:补充课外材料,使学生更深入地认识谯国夫人对建设统一多民族国家的贡献。

材料8 唐朝疆域图(741年)(略)。

问题设计:根据所学并结合地图,指出唐朝在边疆设置了哪些管理机构并说明其作用。

学生活动:唐朝在边疆设置了都护府,都督府,羁縻州、县等管理机构,加强了对边疆的管理,有利于边疆的稳定,促进民族交融和民族间经济文化交流。

材料9 王者视四海如一家,封域之内,皆朕赤子。

自古皆贵中华贱夷狄,朕独爱之如一,故其种落皆依朕如父母。

夷狄亦人耳,其情与中夏不殊。人主患德泽不加,不必猜忌异类。盖德泽洽,则四夷可使如一家;猜忌多,则骨肉不免为仇敌。

——李世民

问题设计:根据所学并结合材料,回答唐朝民族政策的特点及原因。

学生活动:唐朝出现了前所未有的民族大交融。原因主要有:经济繁荣,国力增强;国家统一,政治清明,社会安定;唐朝实行的民族政策正确、开明,策略灵活。

教师活动:引导学生解读材料,理解唐朝民族大交融的原因。

材料10 两宋疆域图(略)。

问题设计:回顾高一所学,指出两宋的政权局面。

学生活动:宋朝先后与辽(契丹)、西夏(党项)、金(女真)长期并立。辽、西夏、金等政权都吸收了中原王朝的政治制度、治理经验和文化。在局部割据下,民族交流仍未间断。

教师活动:引导学生观察地图及结合所学,理解民族发展的延续性。

设计意图:通过唐宋疆域图及材料,培养学生解读史料、史料实证的能力,理解这一时期的民族大交融大发展。

学习活动3:了解明清时期统一多民族国家的巩固与发展。

材料11 元朝"四等人制"。

等级	名称	民族
第一等	蒙古人	蒙古族
第二等	色目人	蒙古以外的西北、西域各族人,包括党项人、畏兀儿人及其以西诸族
第三等	汉人	北方的汉族,也包括已经入居中原的契丹、女真人
第四等	南人	原南宋统治下的汉族人

材料12 元、明、清疆域图(略)。

问题设计:根据所学及材料11,回答"四等人制"的影响。结合材料12,梳理元、明、清的中央机构及具体边疆管理措施。

学生活动:"四等人制"不利于缓和民族矛盾。元朝设置行省,征收赋税,设北庭都元帅府、宣慰司管理西域军政事务,设宣政院管理吐蕃。明朝管理边疆的中央机构有礼部、鸿胪寺、提督四夷馆。管理边疆措施包括修筑长城、布置军镇、边境贸易等。在西北地区,明朝设赤斤蒙古、沙州、哈密等卫;在西藏地区,明朝敕封西藏僧俗领袖,建立羁縻性质的都司等机构,并通过贡赐、茶马等贸易进行经济交流;在东北地区,明朝设都司、卫、所;在西南地区,明朝设土司。清朝管理边疆的中央机构是理藩院。管理边疆措施:在蒙古地区,采取联姻、军事斗争等措施;在新疆地区,平定大、小和卓叛乱,设立盟、旗,后设置伊犁将军;在青海、西藏地区,册封宗教领袖,设西宁办事大臣、驻藏办事大臣;在西南地区,沿袭土司制度,"改土归流",选派有任期的流官进行管理。

教师活动:引导学生结合材料及所学,认识元明清时期的民族关系,了解统一多民族国家得到巩固和发展并逐渐稳定的历史,并理解我国辽阔的版图在清朝前期最终奠定。

设计意图:引导学生认识民族政策发展过程中各朝代有所不同,结合地图,落实时空观念核心素养,深化对民族政策的理解,并感受中华民族的多样性和统一性。

学习活动4:表格总结,概括中国古代处理民族关系的方式。

问题设计:根据所学并结合材料,梳理中国古代处理民族关系的基本方式。

学生活动:设置中央机构,如鸿胪寺、提督四夷馆、宣政院、理藩院;设郡管辖,如西域都护府,羁縻性质的卫、所;战争方式,如击退匈奴;和亲方式,如昭君出塞;通使方式,如张骞、班超出使西域;移民方式,如屯戍政策;册封方式,如唐玄宗册封回纥首领骨力裴罗为怀仁可汗等。

教师活动:引导学生概括总结,回顾所学知识,提升认识。

设计意图:引导学生回顾并整体把握中国古代民族关系的发展,理解统一多民族国家建立、巩固方式的多样性。

学习任务2:探究中国古代各民族相互交融的影响。

材料13 中国古代历史上三次民族交融:

第一次:春秋战国时期。诸侯争霸,华夏族在战争中与其他民族接触频繁,促进民族交融,形成华夏认同观念。

第二次：三国两晋南北朝时期。少数民族不断内迁；北魏统一黄河流域，推行汉法，推进民族交融；蜀国坚持搞好与西南少数民族的关系；吴国汉族和山越族共同生产，开发江南；民族大交融趋势出现。

第三次：辽、宋、夏、金、元时期。少数民族接受汉族封建文化，在加速自身封建化进程的同时，也促进了民族大交融。特别是元的统一，使民族交融进一步加强，并且出现了新的民族——回族。

材料14 （汉）灵帝好胡服、胡帐、胡床、胡饭、胡箜篌、胡笛、胡舞，京都贵戚竟为之。

——《后汉书·五行志》

材料15

魏晋汉人胡食（画像砖）

问题设计：根据所学并结合材料，指出材料所反映的三次大规模民族交融时期带来的主要影响。

学生活动：促进民族认同观念的形成与发展；促进民族交融；促进少数民族的封建化；带动边疆地区的开发与社会经济的进步；共同创造灿烂的中华文明。

教师活动：中华民族的历史是各族人民共同创造的，最后形成以汉族为主体的统一的多民族国家。民族友好交往是民族关系的主流。

设计意图：以三次民族交融为例，阐述民族交融带来的积极影响，同时，解读具体的史料，使学生直观易懂地了解民族交融的概念，深入理解各民族之间有冲突也有交融，但民族交融是主流，对中华文明的发展起到重要作用。

学习任务3：了解自秦汉以来中国的对外交往情况及影响。

材料16 汉丝绸之路路线图、唐宋海上丝绸之路路线图、马可·波罗游记路线图（略）。

问题设计：根据所学并结合材料16，判断对外交通图的朝代，并说明判断依据。

学生活动：根据图片关键字，分析判断对外交通图的朝代，梳理并了解中国古代对外交往发展历程。

教师活动:引导学生对比各国对外交通图,补充相关史实,理解自秦汉以来中国对外交往规模不断扩大。马可·波罗在中国游历17年,并担任了元朝官员,访问过当时中国的许多地方,到过云南和东南沿海地区。

材料17 以倭寇仍不稍敛足迹,又下令禁濒海民私通海外诸国。

——《明太祖实录》卷139

1656年6月,顺治帝发布申严海禁敕谕,命令从天津至广东沿海各地,一律严禁商民船只私自出海,有与郑氏等反清势力贸易者,"不论官民,俱奏闻处斩……不许片帆入江,一贼登岸"。

——据陈旭麓《近代中国社会的新陈代谢》改编

问题设计:根据所学并结合材料17,指出明清对外政策发生了怎样的变化,概括变化的主要原因,简要分析变化带来的影响。

学生活动:从开放的政策逐渐转变为闭关锁国;主要原因有清朝的"天朝上国"观念、抵制倭寇侵扰等客观原因;闭关锁国,虽然在一定程度上起到了自卫的作用,但是也导致中国在世界的潮流中落后挨打。

教师活动:引导学生结合材料及所学,解读明清对外政策发生变化的原因及影响。

设计意图:仔细研读地图,引导学生整体了解并把握中国古代的对外交往,培养学生的时空观念;对照明清时期的对外政策,使学生进一步理解对外政策变化带来的影响,引导学生从全球史观的角度去认识中国的发展变化。

(三)板书设计

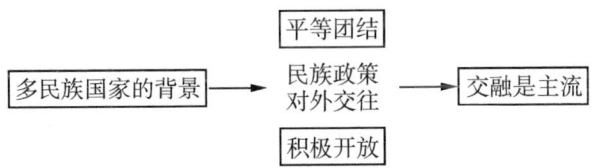

(四)核心素养水平划分

水平1:能够辨识历史叙述中不同的时间与空间表达方式;能够理解各朝代的背景,在叙述外交和民族政策时能够运用恰当的时间和空间表达方式。

水平2:能够将具体的政策放在特定的朝代框架下分析;能够运用历史年表、历史地图,如各朝代疆域图等方式,描述相关史事;能够认识政策制定的来龙去脉,理解空间和环境因素对认识历史与现实的重要性。

水平3：能够把握民族和外交政策的时间、空间联系，并使用特定的时间、空间术语描述和概括史事，理解中华民族文化的变化与延续、统一与多样、局部与整体及意义。

水平4：能够在独立探究历史和现实问题的过程中，将民族和外交政策置于具体的时空框架下；能够分析、综合、比较民族和外交政策，并在此基础上做出合理的解释。

第12课

近代西方民族国家与国际法的发展

一、课标要求

了解近代西方民族国家的形成情况,以及国际法的发展。

二、教材分析

本课主要讲述近代民族国家形成和国际法发展的有关情况。内容由三个子目构成:"近代西方民族国家的产生""国际法的形成与外交制度的建立""20世纪国际法的发展"。本课时间跨度大,自英法百年战争至二战结束以来乃至当今国际社会,时间长达八七百年。本课所涉及内容也相对较多,如英国百年战争、宗教改革、近代西方中央集权、法国大革命、《威斯特伐利亚和约》、维也纳体系、《非战公约》、两次世界大战、国际联盟、联合国等。

三、学情分析

经过必修课的学习,学生对宗教改革、中央集权、法国大革命、两次世界大战以及《联合国宪章》等知识已经有所了解,具备了一定的学习本课的史实基础。但是,学生对民族国家、《至尊法案》、《威斯特伐利亚和约》、维也纳体系、《非战公约》、国际法的出现与发展等知识比较陌生,特别是与国际法相关的知识专业性比较强,学生理解起来难度较大。理解近代民族国家的兴起和国际法发展之间的关系,以及认识国际法出现的时代背景和国际法对主权国家交往的规范意义等问题,对学生来说是一个比较大的挑战。

四、教学目标

1. 知道近代西方民族国家产生的历程,说明近代国际法的形成和外交制度的建立。

2. 准确表述近代西方民族国家产生的历程,描述《威斯特伐利亚和约》、维也纳体系、《非战公约》、《联合国宪章》等国际法发展中的重要史事。

3. 通过史料,分析"以战争作为推行国家政策、解决国际争端的手段是否合法";知道国际法的发展永远在路上;关注当今外交制度和国际法的不断发展;理解世界和平来之不易,树立正确的和平观和战争观。

教学重点、难点:国际法对主权国家的规范要求与国家主权的绝对性之间的冲突和关系演化。

五、教学过程

（一）教学主题

抓住"以战争作为推行国家政策、解决国际争端的手段是否合法"这一核心问题,理解国际法对规范国家与国家之间交往的重要历史意义。

（二）教学过程

导入

材料1 17世纪的欧洲上空,弥漫着战争的乌云。海上有三次英荷战争,陆上有旷日持久并席卷欧洲各国的"三十年战争"。各交战国在战争中不仅采用欺诈、偷袭等卑劣手段,而且疯狂屠杀平民,抢掠财产。欧洲大地上尸骨遍野,到处是断壁残垣。

——摘编自李浩培《国际法的概念和渊源》

问题设计:阅读课本,面对这样的境况,荷兰人格劳秀斯提出了怎样的对策？

学生活动:格劳秀斯在1625年出版《战争与和平法》,希望通过建立一定的法律关系来处理国家之间的关系,减少武力冲突,奠定了国际法的基础。

设计意图:展示无休止的战争所带来的残酷景象,将学生带入17世纪的欧洲,使学生对那段历史的理解更加深刻,并思考应该用怎样的对策来改变现状。

学习任务1:理解《威斯特伐利亚和约》的签订与国际法之间的关系。

教师活动:1618—1648年欧洲发生了三十年战争,最终以1648年《威斯特伐利亚和约》的签订为标志宣告混战局面的结束。阅读教材,思考该和约对国际法有怎样的贡献。

学生活动:《威斯特伐利亚和约》开创了用国际会议的形式解决国际争端、结束国际战争的先例,确认了缔约国必须遵守条约、各缔约国可以对违约国集体制裁的国际法基本原则。

设计意图:让学生回归教材,学会解读和理解教材文本,涵养历史解释核心素养。

学习任务2：近代西方民族国家的产生。

材料2 三十年战争重新塑造了欧洲的形象,教皇的权力和大一统局面不再。德意志诸邦、瑞典、丹麦、西班牙、法国等几十个国家相继参战。在民族国家崛起的过程中,一批以语族与民族为基础的近代意义上的国家相继巩固了自己在欧洲的地位,他们不再崇拜神权,而是更为实际地追求本国的领土、资源、财富等现实利益。1618—1648年的欧洲三十年战争,给了教皇权威致命的一击。在结束战争的威斯特伐利亚和会上,国家观念开始取代神权观念。

——黄宇蓝《论三十年战争中欧洲各国国家利益意识的觉醒》

问题设计:根据材料并结合教材,思考三十年战争和《威斯特伐利亚和约》给欧洲带来的变化。

学生活动:教皇权威衰落,国家观念开始取代神权观念。伴随着民族语言地位的上升,国家和民族认同感日益显现,近代西方民族国家逐渐产生。

设计意图:通过解读与理解材料,认识近代西方民族国家的产生,培养历史理解能力。

学习任务3：思考战争作为推行国家政策、解决国际争端的手段是否合法。

材料3 各国从中世纪走入近代,主要政治特点是近代民族国家的形成,他们的主要政治标志是强调国家主权。……各国逐渐形成了国家至上的观念。

——黄宇蓝《论三十年战争中欧洲各国国家利益意识的觉醒》

材料4 标志着近代意义上主权国家诞生的《威斯特伐利亚和约》同时也标志着近代国际法的开端,它规定了不少有拘束力的规则:条约必须遵守;冲突必须通过和平方式,即谈判、调解和调停或仲裁加以解决;无正当理由而进行的战争是非法的,其他国家应该联合反对破坏和平者。这些规则奠定了国际法发展的基础。欧洲各国通过条约方式维持共存关系,标志着人类文明发展到了新阶段。

——陈海明《主权观念的变迁与国际法的发展——从国际法体系逻辑起点角度分析》

问题设计:阅读材料3、4,通过小组合作,思考以战争作为推行国家政策、解决国际争端的手段是否合法。

学生活动:小组合作交流,并做好记录和总结,推选小组代表发言。

学生代表1:我们小组认为,以战争作为推行国家政策、解决国际争端的手段是合法的。因为这一时期的政治特点是近代民族国家的形成,强调的就是国家主权的绝对性,发动战争是一个国家主权的一部分,是行使国家主权的表现,因而是合法的。

学生代表2：我们小组认为，以战争作为推行国家政策、解决国际争端的手段是不合法的。尽管民族国家推崇国家主权的绝对性，但经过三十年战争后所签署的《威斯特伐利亚和约》明确规定"冲突必须通过和平方式，即谈判、调解和调停或仲裁加以解决；无正当理由而进行的战争是非法的，其他国家应该联合反对破坏和平者"。因此，发动战争必须具有正当的理由，否则即不合法，这个法就是《威斯特伐利亚和约》。

教师补充：国家主权的绝对性和排他性本质上不服从于任何外在权威的管辖。这样国际法就不可避免地陷入了一种逻辑悖论之中：国际法体系给自己调整的对象——民族国家赋予了至高无上的权力，以至于使自己所规范的对象脱离自身体系的约束。一方面国际法要尊重各国主权，另一方面又要约束各国的战争行为，因而陷入两难的境地。可见，以战争作为推行国家政策、解决国际争端的手段既是合法的，又是不合法的。很显然，国际法的发展要求必须打破这种逻辑悖论。

设计意图：该环节聚焦本课的重点和难点问题，因为难度较大，所以通过小组合作的方式来探讨"以战争作为推行国家政策、解决国际争端的手段是否合法"这一核心问题，让学生理解国际法一开始就面临着困局，只有突破困局，国际法才能真正对主权国家具有约束力，从而明白国际法的发展是需要一个漫长过程的。

学习任务4：认识20世纪国际法的发展。

材料5 1928年8月，美、法等国签订了《非战公约》，宣布缔约各国在它们的相互关系中废弃以战争作为实行国家政策的工具，和平解决国际争端。到1933年，共有63个国家批准或加入该公约。

——摘编自《普通高中教科书 历史 选择性必修1 国家制度与社会治理》

问题设计：根据材料5，思考《非战公约》是如何推动国际法发展的。

学生活动：它第一次从法律上明确否定了战争权的合法性，成为制止侵略战争的一个重要法律依据。

教师补充："以战争作为推行国家政策、解决国际争端的手段是否合法"的争论终于可以结束了。《非战公约》明确宣布"废弃以战争作为实行国家政策的工具"。《非战公约》有没有带来持久的和平？为什么？

学生活动：没有。《非战公约》并未真正实施，后来二战爆发，法西斯国家的侵略活动使国际法再次遭到极大破坏。

设计意图：通过这个环节，学生进一步认识到，尽管战争作为推行国家政策、解决国际争端的手段最终被废弃了，但战争并未就此结束，体会历史发展的曲折性、复杂性。

学习任务5：了解第二次世界大战和《联合国宪章》。

材料6 第二次世界大战后成立的联合国为了维护国际社会和平与安全，进一步意识到全面禁止战争和非法使用武力行为的重要性，因而宪章第二条约定"各会员国在国际关系上不得使用武力或武力威胁，或其他与联合国宗旨不符之任何其他方法，侵害任何会员国或国家之领土完整或政治独立"这一联合国会员国和非会员国都应该遵循的重要原则。《联合国宪章》只允许两种合法使用武力的方式，即第51条规定的单独或集体自卫方式（规定了严格的条件限制），联合国安理会根据宪章第42条规定采取的行为以便维持或恢复国际和平与安全。

——陈海明《主权观念的变迁与国际法的发展——从国际法体系逻辑起点角度分析》

问题设计：根据材料6，结合教材，思考二战后国际法又有了哪些新发展。

学生活动：《联合国宪章》明确禁止了非法武力的使用，并明确限制了合法使用武力的方式；确立了和平解决国际争端和制裁侵略的机制，并赋予安理会制裁的力量，集体安全体制进一步完善。海牙国际法院成立，发展了国际司法制度；各类国际组织的激增也推动了国际法的发展；国际法的领域扩大到裁军、防止核武器及生化武器扩散、人权、环境、海洋、外层空间等方面。

教师补充：现代国际法的发展不仅体现在禁止战争和非法使用武力，还体现在二战后开始的对其他领域内国家主权的限制。国际人权法、国际刑法、国际环境法以及其他强制法的发展都弱化了传统主权的绝对权威。

材料7 国际法的存在也不能避免国际违法现象的出现。强国有时容易铤而走险违反国际法，但是会经常寻找各种借口替自己的违法行为辩护；同时在国际舆论压力下，特别是在联大决议的谴责或者国际法院等国际司法机构判决面前停止违法行为。这些表明国际法的权威仍然是存在的。

——陈海明《主权观念的变迁与国际法的发展——从国际法体系逻辑起点角度分析》

教师活动：二战后，《联合国宪章》及相关国际法的发展对世界和平与持续发展作出了积极的贡献，但当代国际法仍然面临着什么问题？

学生活动：国际法的实施仍然有很多局限性，一些大国为一己私利，不惜退出国际条约，甚至不经联合国授权就采取制裁或战争，严重威胁着国际和平。

设计意图：通过对《非战公约》《联合国宪章》等内容的理解，认识20世纪以来国际法的发展及其影响与存在的局限，培养学生史料实证与历史解释的素养，并理解世界和平来之不易,树立正确的和平观和战争观。

（三）板书设计

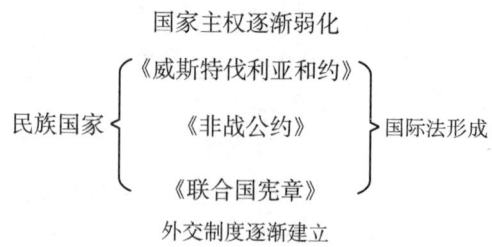

（四）核心素养水平划分

水平1:能够知道近代西方民族国家产生的历程;能够通过分析史料,说明近代国际法的形成和外交制度的建立。

水平2:能够准确表述近代西方民族国家产生的历程;能够描述《威斯特伐利亚和约》、维也纳体系、《非战公约》《联合国宪章》等国际法发展中的重要史事;能够从多种类型的史料中提取有关信息,分析"以战争作为推行国家政策、解决国际争端的手段是否合法";能够知道国际法的发展永远在路上。

水平3:能够利用不同类型的史料,分析"以战争作为推行国家政策、解决国际争端的手段是否合法";能够理解国际法发展的历史意义,理解世界和平来之不易,树立正确的和平观和战争观。

水平4:能够比较、分析不同来源、不同观点的史料,分析"以战争作为推行国家政策、解决国际争端的手段是否合法";能够关注当今外交制度和国际法的不断发展;能够理解世界和平来之不易,树立正确的和平观和战争观。

第13课

当代中国的民族政策

一、课标要求

了解当代中国民族区域自治制度的历史意义。

二、教材分析

本课共三个子目。第一子目"民族区域自治制度的建立"主要介绍中华人民共和国成立后为了改变自古以来民族不平等的现象而推行民族区域自治制度,民族区域自治制度不仅体现在政治平等,也体现在经济、文化共同发展和民族团结上。第二子目"民族区域自治制度的发展"主要介绍中共十一届三中全会后,我国民族区域自治制度的发展与完善及其历史意义。第三子目"中共十八大以来民族区域自治制度的完善"主要介绍中共十八大以来我国民族区域自治制度在新时代的进一步发展和完善。

三、学情分析

关于我国实行民族区域自治制度这一政治生活现象,学生在日常生活中及道德与法治课、思想政治课中应当有所了解,但是对该政策实施的原因、具体内涵、发展脉络等内容,还需要进一步深入学习,在此基础上才能理解民族区域自治制度是我国的一项基本政治制度,对巩固中华民族团结有重大意义。

四、教学目标

1. 解读"中国"与"中华"的概念,理解"中华民族共同体意识"的形成。
2. 分析相关史料,概括我国实施民族区域自治制度的原因和历史意义。
3. 以表格的形式梳理改革开放后民族区域自治制度的发展。
4. 结合相关史料,理解"民族平等"不仅是形式上、法律上的,而且是政治、经济、文化上的平等。

教学重、难点:理解实现"民族平等"的重大意义。

五、教学过程

(一)教学主题

"民族平等"指国内各民族一律平等,这种平等不仅仅体现为政治权利的平等,也体现在经济、文化共同发展和民族团结。在各民族平等的基础上铸牢中华民族共同体意识,实现中华民族的伟大复兴。

(二)教学过程

导入

教师活动:出示右图,谈谈对我国现今民族政策的认识。

学生活动:我国是统一多民族国家,实行民族区域自治制度,各民族平等团结协作。

设计意图:通过图片,直观地理解"中国是统一多民族国家"及"各民族平等"的现代民族观念。

学习任务1:分析"中国""中华"概念,体会"统一多民族国家的形成"。

材料1 中国戎夷,五方之民,皆有性也,不可推移。东方曰夷……南方曰蛮……西方曰戎……北方曰狄……中国、夷、蛮、戎、狄,皆有安居、和味、宜服、利用、备器。

——《礼记·王制》

材料2 春秋战国时期,"中国"约含黄河中下游及淮河流域,秦、楚、吴、越尚不在其内,但后来这些边裔诸侯强大起来,便要"问鼎中原",试图主宰"中国事务"。至战国晚期,七国都纳入"中国范畴"。秦统一天下后,"中国"范围更扩展至长城以南、临洮(今甘肃)以东广大地区。秦朝为确立大一统的帝国模式,即专制集权的国家制度和整齐划一的文化形态,所做的种种努力,垂之久远,为后世列朝所沿袭。

——整编自冯天瑜、杨华等《中国文化史》

问题设计:依据材料1、2,概括指出"中国"的含义及疆域变化。

学生活动:"中国"原意为中原地区,是一个地域概念,随着各地区各民族交流密切,其区域不断扩大。秦统一天下后,"中国"的地域范围明显扩大。

教师活动:"中国"原意为中原地区,是指以洛阳至开封一带为中心的黄河中下游地区,大致为今河南省。秦统一天下后,"中国"地域已经扩展至长城以南、临洮(今甘肃)以东广大地区。可见"中国"的概念伴随着疆域变化而变化。

材料3 中华者,中国也。亲被王教,自属中国,衣冠威仪,习俗孝悌,居身礼义,故谓之中华。

——[唐]长孙无忌等《唐律疏议》

问题设计:根据材料3,指出"中华"与"中国"的区别。

学生活动:"中华"虽然也有"中国"的意思,但是已经超越地理概念,更多呈现统一多民族国家对同一文化的认同感。

材料4 则中华之名词,不仅非一地域之国名,亦且非一血统之种名,乃为一文化之族名。……华之所以为华,以文化言,不以血统言,可决之也。故欲知中华民族为何等民族,则于其民族命名之项,而已含定义于其中。

——杨度《金铁主义说》

问题设计:根据材料4,并结合所学,概括晚清时期杨度认为"中华民族为何等民族"。

学生活动:超越肤色、形貌等血统、种族属性,创造共同文化、形成共同心理,拥有共同的文化认同。

教师活动:"中华民族"是自秦以来伴随中国疆域的不断拓展,各民族相互交流相互交融相互认同而形成的具有同一心理认同感的"民族群体"。

设计意图:"中华民族"概念的形成恰好印证中国自秦以来民族交融不断加深、民族关系不断发展的过程。

学习任务2:认识列强入侵造成民族危机是近代中华民族意识觉醒的原因。

材料5 吾中国言民族者,当于小民族主义之外,更提倡大民族主义。小民族主义者何?汉族对于国内他族是也。大民族主义者何?合国内本部属部之诸族以对于国外之诸族是也。……合汉合满合蒙合回合苗合藏,组成一大民族。

——梁启超《政治学大家伯伦知理之学说》

材料6 少数民族人民在中国共产党的抗日民族统一战线旗帜下,和汉族人民一起积极投入反抗日本帝国主义的斗争。东北的满族、朝鲜族、达斡尔族、鄂伦春族等少数民族,在九一八事变后就积极参加抗日斗争。……蒙古族人民从1933年就参加了抗日斗争……回族人民在八路军和新四军的帮助下,在河北、山东、冀鲁豫等地组织数十支抗日武装,参加抗日游击战。

——摘编自王桧林、郭大钧《中国现代史·上》

问题设计:根据材料5、6,并结合所学,概括近代"中华民族"的具体含义。

学生活动:中华民族为中国诸民族之总称。在面对近代外来侵略的情况下,中华民族意识觉醒,对内强调各民族平等,对外力争民族解放、国家独立。

问题设计:综合上述学习,分析新中国成立后我国实行民族区域自治制度的原因。

学生活动:长期以来,中国各民族在分布上交错杂居、文化上兼收并蓄、经济上相互依存、情感上相互亲近。中国在历史上长期以来就是一个集中统一的国家。在长期的历史发展中,中国境内各民族逐步汇合成了中华民族。近代以来中国各民族都面临着反帝反封建、为民族解放而奋斗的共同任务。在共御外敌、争取民族独立和解放的长期斗争中,中国各民族建立了休戚与共的亲密关系,形成了互相离不开的政治认同。近代中国反侵略斗争的胜利,是少数民族与汉族共同抗争的结果,民族独立后应该实现各民族平等,尊重少数民族为新中国成立作出的重大贡献。

教师活动:近代民族危机推动"中华民族"意识的觉醒,也更新了"民族平等"的民族理念。近代中国各民族在共同抗击外来侵略的斗争中,逐渐形成了中华民族的自觉意识,从秦开始奠定的统一多民族国家的政治格局自此融汇成共同的民族认同感,是新中国成立后实行民族区域自治制度的历史与现实原因。

设计意图:新中国成立后,我国实施民族区域自治制度既符合历史,又体现现实需求。在各民族平等的基础上,尊重各民族的风俗习惯和文化传统,保证人民当家作主的权利。

学习任务3:梳理民族区域自治制度的建设与发展。

材料7

时间(年)	民族区域自治制度的建设与发展
1941	《陕甘宁边区施政纲领》规定"建立蒙、回民族的自治区"
1947	内蒙古自治区成立,是我国第一个省一级的自治区
1949	《中国人民政治协商会议共同纲领》规定"中华人民共和国境内各民族一律平等,实行团结互助"
1954	《中华人民共和国宪法》确立民族区域自治制度是我国的一项基本政治制度
1984	《中华人民共和国民族区域自治法》的颁布实施标志着民族区域自治制度被纳入法制轨道
1990	"三个离不开",各民族休戚相关、命运与共
1997	民族区域自治制度被确立为建设有中国特色社会主义政治的基本政治制度之一

续表

时间(年)	民族区域自治制度的建设与发展
2012	中共十八大以来,坚持各民族"共同团结奋斗,共同繁荣发展"的民族工作主题
2017	中共十九大提出"铸牢中华民族共同体意识",并写入新修订的《中国共产党章程》

学生活动:根据教材,梳理完成上表。

学习任务4:铸牢"中华民族共同体意识"。

材料8 6年前的十八洞村,贫困落后。2013年11月3日之后,在"精准扶贫"政策帮助下,十八洞村开始发展旅游、猕猴桃产业等特色经济。6年多来,十八洞村发生了翻天覆地的变化,如今寨子里的村民脱贫致富,人均收入从2013年的1668元增加了到了去年的1万多元。

——中国日报网(2019年11月19日)

问题设计:依据材料8并结合相关背景知识,分析我国对少数民族地区实施"精准扶贫"政策的重大意义。

学生活动:践行中共十八大提出的"共同团结奋斗,共同繁荣发展"的目标,让少数民族在享受政治上平等的同时,进一步感受经济上的进步和发展。

材料9 中华人民共和国第十一届少数民族传统体育运动会会徽主体图形由腾飞向上的龙、凤及两侧的色带组成:龙凤形似阿拉伯数字"11",恰为本届运动会的届次,又寓有"龙凤呈祥"之意;两侧旋转呈半圆的橙色与蓝绿色的色带分别代表着黄河与长江,寓意天南地北各民族的团结凝聚。会徽轮廓与汉字"中"的轮廓相似,龙凤相依腾飞之势,突出了"中华民族一家亲、向心共筑中国梦"的主题。

材料10 各少数民族聚居的地方实行区域自治,设立自治机关,行使自治权。各民族自治地方都是中华人民共和国不可分离的部分。

——《中华人民共和国宪法》

问题设计:根据材料9、10,概括民族区域自治制度的基本内容及特点。

学生活动:在国家的统一领导下,实现民族区域自治;不仅指政治权利上的平等,还包括经济上的共同发展,文化上的相互交流和包容。

教师活动:民族区域自治制度有两个显著特点:一是在国家统一领导下的自治,各民族自治地方都是中国不可分离的一部分;二是不只是单纯的民族自治或地方自治,而是民族因素与区域因素的结合、政治因素和经济因素的结合。

问题设计:综上所学,阐述民族区域自治制度的重大意义。

学生活动:增强民族凝聚力,团结各民族,保证他们当家作主的权利、与其他民族共同进步和共同发展的权利,最终有助于实现中华民族伟大复兴。

教师活动:民族区域自治是以领土完整、国家统一为前提和基础的,是国家的集中统一领导与民族区域自治的有机结合。它增强了中华民族的凝聚力,使各族人民,特别是少数民族把热爱本民族与热爱祖国的深厚感情结合起来,更加自觉地担负起捍卫祖国统一、实现中华民族伟大复兴的光荣职责。

设计意图:通过对民族区域自治制度的深入理解,感受我国践行民族平等政策对实现中华民族伟大复兴的重大意义。

(三)板书设计

当代中国的民族政策

民族区域自治制度
- 原因
  - 历史原因:中国是一个统一的多民族国家
  - 现实因素:大杂居、小聚居,各民族一律平等,团结互助
- 主要内容——各民族自治机关都是国家统一领导下的一级地方政权机关
- 发展进程
  - 法制化建设
  - 共同繁荣、共同发展
- 伟大意义
  - 践行"民族平等"政策
  - 铸牢"中华民族共同体意识"

(四)核心素养水平划分

水平1:能够根据材料概括并且区分"中国"和"中华"两个历史概念,自觉养成用发展的眼光看待"中华民族"的形成。

水平2:能够通过史料解读,感受"中华民族"意识的觉醒是统一多民族国家发展的结果,也受到近代外来侵略的刺激。

水平3:能够通过史料解读,学会用历史专业术语去概括阐释新中国成立后实行民族区域自治制度的历史和现实原因。

水平4:能够通过民族区域自治制度的学习,理解民族平等不仅包含政治平等,还有经济平等、文化平等内容,深刻理解自中共十八大以来我国为完善民族区域自治制度所采取的各项政策法规。

第14课

当代中国的外交

一、课标要求

了解独立自主的和平外交政策的主要成就。

二、教材分析

本课知识点多,但时序脉络清晰,共包括三个子目。第一子目"开创独立自主的和平外交",介绍了从新中国成立到改革开放前,我国奉行独立自主和平外交政策在不同时期因重大外交事件取得了三次建交高潮的成就;第二子目"改革开放后的外交成就",介绍了20世纪80年代以来我国积极参与国际事务,以重要的区域合作组织和经济发展组织为外交重心,开展多边外交;第三子目"中共十八大以来的中国特色大国外交",介绍了中共十八大以来,我国针对不同发展阶段的国家和区域组织采取不同的外交方针,形成了全方位、多层次、立体化的外交布局,推动构建人类命运共同体进程,推进"一带一路"国际合作。

三、学情分析

关于我国奉行独立自主的和平外交政策所取得的主要成就,从知识理解的角度看难度不大,但内容比较多,且与时事联系紧密。学生对此大多有所涉及,但缺少脉络整理和阶段特征把握。教学时应着重突出重大外交事件的历史意义,避免面面俱到。

四、教学目标

1. 知道从新中国成立到改革开放前不同时期的重大外交事件及其历史意义。
2. 认识新中国坚持独立自主和平外交政策的意义,知道中国参与并发挥重大作用的国际组织。

3. 了解中共十八大以来的中国特色大国外交及重大成就。

4. 感受综合国力的增强提升中国的国际地位,理解中国积极倡导构建人类命运共同体的意义。

五、教学过程

（一）教学主题

了解不同历史时期中国外交政策的发展与成就,从中体会国家的发展与强盛,凝聚国家认同感和民族自信心。

（二）教学过程

导入

教师活动:展示中国外交部几位发言人的图片(略)。中国外交部被网友亲切地称为"中国第一天团"。对此你有哪些了解？据此,你认为当代中国外交的主要职责是什么？

学生活动:维护国家尊严、国家声誉和国家利益。

教师活动:外交是一个国家实力的晴雨表,我国的外交更是如此。

设计意图:通过图片,直观感受当代中国外交的魅力和国家外交的诉求。

学习任务1:梳理从新中国成立到改革开放前的重大外交事件。

材料1　展示图片《毛泽东与斯大林》《周恩来在万隆会议上发言》《周恩来迎接尼克松》(略)。

材料2　继新中国成立初期与社会主义阵营国家、1956—1965年与亚非民族国家独立国家两次建交高潮后,20世纪70年代,中国迎来第三次建交高潮。1971年与中国建交的国家有15个,1972年达到了18个,加拿大、意大利、奥地利、比利时、日本、联邦德国、澳大利亚、英国等西方资本主义国家先后与中国建立了外交关系。

——摘编自人民出版社《普通高中实验教科书　历史　必修1》

问题设计:根据图片并结合教材内容,指明上述重大外交事件。

学生活动:1950年中苏建交,1955年万隆会议,1972年尼克松访华

问题设计:根据材料1、2,结合教材,阐述上述外交事件与中国三次建交高潮之间的联系。

学生活动:三个重大外交事件推动三次建交高潮的出现。

问题设计:结合上述内容,概括这一时期中国外交的基本原则及诉求。

学生活动:奉行独立自主和平外交政策,在确保国家主权独立的情况下发展外交关系,打破西方资本主义对中国的外交封锁。

设计意图：理解独立自主和平外交政策对新中国成立初到20世纪70年代我国取得外交成就的重大意义。

学习任务2：通过当今国际舞台上活跃的区域组织和经济合作组织，展现新时期中国的外交成就。

材料3

时间(年)	重大外交成就
1997	中国与东盟首脑非正式会晤，建立"10+1"领导人会议机制
1999	中国参加在华盛顿举办的第一届G20峰会
2000	成立中非合作论坛
2001	发起成立上海合作组织、博鳌亚洲论坛
2003	加入《东南亚友好合作条约》
2016	杭州成功举办G20第十一次峰会
2017	首届"一带一路"国际合作高峰论坛领导人圆桌峰会召开

学生活动：依据教材，梳理完成上表。

材料4 1967年，印度尼西亚、马来西亚、菲律宾、新加坡和泰国的外长在曼谷举行会议，发表了《东南亚国家联盟成立宣言》(即《曼谷宣言》)，正式宣布成立东南亚国家联盟(简称东盟)。其宗旨主要是维护和促进各成员国相互间的政治和经济的合作，实现地区的和平与稳定，加速成员国经济增长、社会进步和文化发展。……自成立开始，东盟在推进区域内自由贸易的同时，积极加强与本地区国家及相关国际组织的联系。

——摘编自人民出版社《普通高中实验教科书　历史　必修1》

材料5 中国—东盟自由贸易区是中国与东盟十国组建的发展中国家之间最大的自由贸易区，于2002年启动，2010年全面建成，合作成果丰硕。2013年，中国政府提出要打造中国—东盟自由贸易区升级版。

——《普通高中教科书　历史　选择性必修1　国家制度与社会治理》

问题设计：根据材料3、4、5，概括这一时期我国外交发展的显著特征。

学生活动：加强与周边东南亚国家的合作与交流。

材料6 二十国集团，即G20，是国际经济合作主要论坛，于1999年9月25日由八国集团的财长在华盛顿宣布成立，最初为财长和央行行长会议机制，2008年国际金融危机后，升格为领导人峰会。……二十国集团人口占全球的三分之二，国土面积占全球的60%。该机制的宗旨是为推动工业化的发达国家和新兴市场国家之间就实质性问题进行开放及有建设性的讨论和研究,以寻求合作并促进国际金融稳定和经济的持续增长。中国领导人参加了历次二十国集团峰会,在推动全球经济治理体系改革、世界经济复苏方面发挥了重要建设性作用。2016年9月,中国在杭州成功举办二十国集团领导人第十一次峰会,这是中国首次举办二十国集团领导人峰会。

——《普通高中教科书　历史　选择性必修1　国家制度与社会治理》

教师活动:我国将巩固和发展周边关系作为外交工作的首要任务,同时致力于与世界各大国建立不同形式的伙伴关系。

设计意图:这一时期随着我国国力的提升,中国在国际舞台上发挥越来越重要的作用,推动经济全球化和贸易增长。

学习任务3:了解中共十八大以来中国特色大国外交形成了全方位、多层次、立体化的外交布局。

材料7

外交对象	代表国家	外交方针与原则
发达国家	俄罗斯、法国、德国、英国	拓宽合作领域,妥善处理分歧,稳步发展
周边国家	日本、韩国、东盟各国	与邻为善、以邻为伴
非洲国家	赞比亚	真、实、亲、诚
外交布局特点	全方位、多层次、立体化	

学生活动:依据教材,梳理完成上表。

教师活动:伴随着中国改革开放40多年所取得的重大成就,在奋力实现中华民族伟大复兴和国力日渐强盛的情况下,"惠及世界"成为当下中国在对外关系发展中的重要使命。

学习任务4:综合国力的增强提升了中国的国际地位,理解中国积极倡导构建人类命运共同体的意义。

材料8　"一带一路"是促进共同发展,实现共同繁荣的合作共赢之路,是增进理解信任、加强全方位交流的和平友谊之路。中国政府倡议,秉持和平合作、开放包容、互学互鉴、互利共赢的理念,全方位推进务实合作,打造政治互信、经济融合、文化包容的利

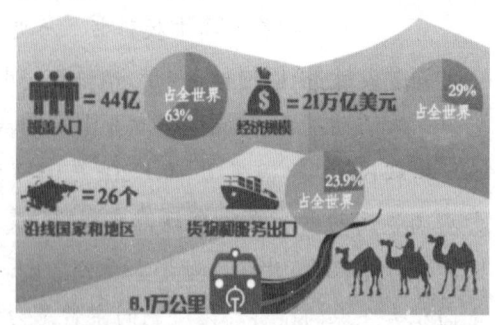

益共同体、命运共同体和责任共同体。

——整理自新华网数据新闻部、新华网国际部相关资料

问题设计：依据材料8，概括"一带一路"的基本内涵，并分析其基本特点。

学生活动："一带一路"是"丝绸之路经济带"和"21世纪海上丝绸之路"的简称，致力于共同打造政治互信、经济融合、文化包容的利益共同体、命运共同体和责任共同体。

教师活动："一带一路"将充分依靠中国与有关国家既有的双多边机制，借助既有的、行之有效的区域合作平台，高举和平发展的旗帜，积极发展与沿线国家的经济合作伙伴关系。

材料9 观看《挑战主持人》第一期《柬埔寨男孩》的介绍。

问题设计：依据视频及相关背景知识，谈谈中国推动"一带一路"建设的意义。

学生活动："一带一路"是促进共同发展、实现共同繁荣的合作共赢之路，是增进理解信任、加强全方位交流和和平的友谊之路；带动沿线地区，特别是贫困地区的经济发展；真正促进世界的整体发展与和平发展。

材料10 一切决定于我们自己的事情干得好不好。我们在国际事务中起的作用的大小，要看我们自己经济建设成就的大小。如果我们国家发展了，更加兴旺发达了，我们在国际事务中的作用就会大。现在我们在国际事务中起的作用并不小，但是，如果我们的物质基础、物质力量强大起来，起的作用就会更大。

——邓小平《目前的形势和任务》（1980年1月16日）

问题设计：结合上述材料及所学，概括改革开放后我国在国际外交舞台上身份的转变。

学生活动：随着综合国力的增长，中国正从经济全球化的积极参与者变为更有影响力和作用力的推动者。

教师活动：从新中国成立至今，我国始终坚持独立自主的和平外交政策，在维护国家主权独立和国家尊严的同时，走和平崛起道路，致力于构建人类命运共同体，真正为世界的和平与发展贡献独特的力量。

设计意图：体会综合国力决定国际地位及所担负的国际责任。

（三）板书设计

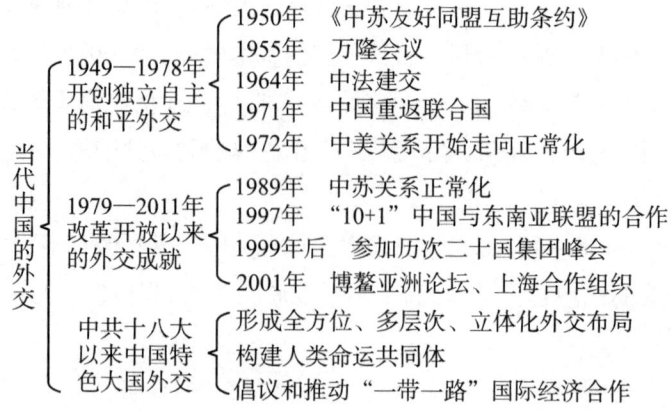

（四）核心素养水平划分

水平1：能够知道不同时期内中国在国际外交舞台上所取得的成就。

水平2：能够通过阅读和理解材料，概括不同时期中国外交政策的特点。

水平3：能够理解随着综合国力的增强和中国国际地位的提升，中国积极倡导构建人类命运共同体的意义，明确我国当代外交的主要职责与使命。

水平4：能够通过当代中国外交的成就及中国在当下全球防疫中的外交表现，培养对国家和民族的认同感，涵养家国情怀。

第15课

货币的使用与世界货币体系的形成

一、课标要求

了解中外历史上货币发行和使用情况,以及现代世界货币体系的形成。

二、教材分析

本课共两个子目。第一子目"中国货币的演进历程",主要叙述了货币的产生,中国货币从二里头文化时期至今的演进历程。古代部分,主要叙述了铜铸币与纸币的使用情况以及白银自明朝中期开始成为基本支付手段;近代部分,主要叙述了法币的流通情况;现代部分,介绍了人民币的发行与使用情况。第二子目"世界货币体系的形成",主要叙述了19世纪初以来国际金本位货币制度的建立与崩溃、20世纪中期布雷顿森林体系的建立与瓦解,以及21世纪世界的主要货币。本课内容较多,但是脉络清晰,历史连贯性较强。

三、学情分析

通过以往的学习,学生对货币、货币的本质以及赋税制度等知识有一定的了解。在本课中,教师需要把握住货币的历史发展线索,抓住货币发展过程中的重要转折点,适当补充材料,帮助学生加深认识。

四、教学目标

1. 通过梳理中国不同时期货币的使用与演变历程,培养学生的史料解读能力,涵养学生的时空观念与史料实证素养。

2. 通过了解人民币的使用与作用,增强学生对中国大一统国家的认同感。

3. 通过自主学习,培养学生阅读、归纳、概括历史材料的能力;通过合作探究与史料解读,了解现代世界货币体系的形成过程,拓展学生国际视野,涵养学生的历史解释素养。

教学重点:梳理并了解中外货币发行、使用和发展脉络。

教学难点:分析历史发展过程中货币发生重要转折的社会原因。

五、教学过程

(一)教学主题

了解中外货币发行和使用的演变历程,探究货币发展过程中的关键转折时期的社会状况,从货币的角度深化对社会历史发展的认识。

(二)教学过程

导入

材料1 氓之蚩蚩,抱布贸丝。匪来贸丝,来即我谋。

——《诗经·卫风·氓》

材料2

图1 春秋时期晋国布币

教师活动:解释诗中"布"的含义,可局部反映当时的民间贸易情况:传统的以物易物习俗仍然常见,但也已经开始使用铜铸币。

设计意图:由文字和实物史料导入,激发兴趣,为学生认识中国货币的演进历程做好铺垫。

学习任务1:认识中国货币的演进历程。

教师活动:指导学生完成下表。

中国货币历程表

时期	主要货币	材质
上古时期	海贝等	
商朝后期	出现铜铸币	
春秋战国	布币、刀币、圜钱等	铜

续表

时期	主要货币	材质
秦朝—唐初	半两钱 五铢钱 ……	铜
北宋后期	铜钱、交子等	铜、纸
元朝	钞	纸
明朝	铜钱、纸币、白银	铜、纸、白银
清朝	铜钱、纸币、银元	铜、纸、白银
中华民国	银元、法币、金圆券	白银、纸
中华人民共和国	人民币	

学生活动:阅读教材,完成表格。

教师活动:出示早期贝币、半两钱、开元通宝、北宋交子等图片,讲述不同时期代表性货币的使用情况、地位等信息,总结古代货币特征之一:一铜二辅三时期(铜质货币长期为主、白银和纸币是两种重要的辅币、秦宋明是变化较大的三个时期)。

材料3 根据日本学者加藤繁的研究,中国从唐代开始就在政府和官僚上层使用白银作为货币了,到宋代,金银特别是银已经广泛作为货币使用了。明初,朱元璋为了推广大明宝钞,曾经严禁银作为货币,但明代中叶以后,由于宝钞的恶性通货膨胀,宝钞在民间完全丧失了信用,白银逐渐成为民间的基础货币。梁方仲认为,明代自正统以后,赋税折银之风盛行,当时不仅物料早已折为物价,而且各种力役亦陆续折为工价。16世纪后,由于对外贸易日益兴盛,国内交易日益频繁,16世纪中期后政府支出的大幅增长,实物税收的低效率和巨大浪费……对财政白银货币化有着巨大的需求。

——据万明《明代白银货币化:中国与世界连接新视角》等整理

问题设计:为什么自明朝中期起白银成为主要货币?为什么白银大量流入中国?为什么新航路开辟后白银大量流入?

学生活动:思考,回答问题。

教师活动:总结学生回答。明朝中期起,大量白银流入中国的原因包括,新航路开辟,全球联系加强;白银开采增加,洲际贸易发展;明清农业发展和工商业繁荣;实物税收的低效率和大浪费;明朝君主专制中央集权强化;等等。

设计意图:通过表格,简化学习内容;通过了解货币发展历程等,培养学生的时空观念;通过剖析明朝白银问题,在古代货币发展史上打开一个切口,加深学生对重点问题的理解。

学习任务2:认识货币的发展,从西方银元到近代法币,从一国货币到国际货币(现代)。

问题设计:《南京条约》赔款数是多少? 国民政府的法币为何在20世纪40年代加速贬值? 人民币成为国际货币的主要原因是什么?

学生活动:带着问题阅读教材,回答问题。

材料4

图2 墨西哥鹰洋　　　　　图3 法币

教师活动:出示墨西哥鹰洋、法币图片,《中华人民共和国人民币管理条例》(见教材)等材料,简要讲述中国近现代货币的演进历程。

设计意图:带领学生梳理从古代到现代的货币演进历程,突出时间观念;简化处理近现代内容,重点放到世界货币体系上。

学习任务3:认识世界货币体系的形成

教师活动:人民币正在逐渐国际化。纸币时代的世界货币兴衰能给人民币国际化带来哪些启示呢?

教师活动:讲述英镑体系建立过程并总结:海外贸易、殖民帝国提供保障;工业革命是英镑坚挺的重要基础;金本位制度的确立;战争因素。战争既推动了英镑体系的建立,也是英镑体系瓦解的重要原因。一战后的大萧条给了英镑重重一击,大萧条又引发了二战。二战后美国的美元逐步取代英国的英镑,成为国际货币体系的核心。

材料5

二战后主要资本主义国家工业生产在资本主义世界工业生产中所占比重(%)

	美国	英国	联邦德国	法国	意大利	日本
1948年	56.4	11.7	4.3	4.1	2.1	1.5

材料6

图4　布雷顿森林会议会场

材料7

国际货币基金之目的为：……

（2）推进国际贸易之平衡发展借以提高并维持高度就业与实际收益，并发展全体会员国之产生富源作为经济政策之首要目标。

（3）提倡汇兑之稳定，在会员国间维持有秩序之汇兑方法，并避免竞争性之汇兑贬值。

——《国际货币基金协定》

教师活动：指出布雷顿森林会议召开的地点，讲述会议内容、"双挂钩制度"、国际货币基金组织和世界银行的运作及意义。

问题设计：20世纪70年代初，美国政府宣布停止美元兑换黄金，布雷顿森林体系走向瓦解。但美元仍然是当今世界主要的国际结算货币，为什么？

学生活动：思考回答。

教师活动：设问，英镑、美元兴衰的相似因素有哪些？对人民币国际化有何启示？

材料8

图5　位于北京的亚洲基础设施投资银行

教师总结：在人民币国际化的道路上，我们应进一步增强经济实力，完善金融体制，推动建立国际经济新秩序；积极参与全球竞争，走和平崛起之路，与他国共筑人类命运共同体。

设计意图:通过探讨美元体系的成因,提高学生的历史解释能力;引导学生从唯物史观角度认识、借鉴历史,突破难点,进一步培养世界意识,涵养家国情怀。

(三)板书设计

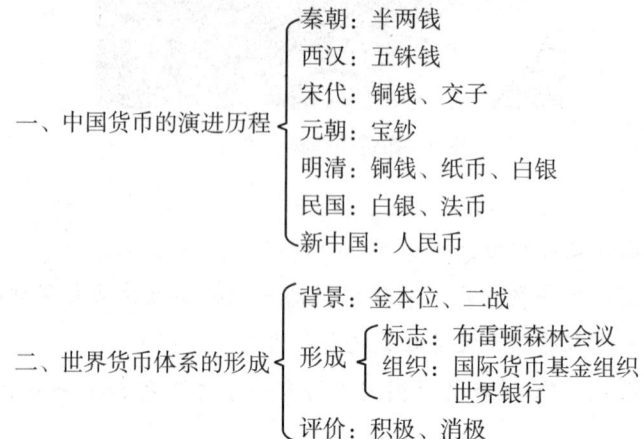

(四)核心素养水平划分

水平1:能够从教材和教师呈现的材料中提取有关信息,说出中国货币的演进历程和世界货币体系形成的基本状况。

水平2:能够通过材料分析,联系所学,了解中国货币发展历程中的重大变化,分析英国英镑崛起的过程,有一定的时空观念;能够认识布雷顿森林体系形成的原因、过程、影响。

水平3:能够通过史料研读,进一步培养史料实证能力;能够通过分析英镑崛起和布雷顿森林体系,从唯物史观角度认识货币体系兴衰的原因和启示。

水平4:能够通过思考货币体系兴衰过程和人民币国际化,拓展国际视野,涵养家国情怀,坚定对实现中华民族伟大复兴中国梦的信心。

第16课

中国赋税制度的演变

一、课标要求

了解中国古代赋税制度的演变;了解关税、个人所得税制度的产生及其在中国的实行。

二、教材分析

本课通过讲述中国古代不同时期所实行的赋税制度以及关税和个人所得税制度的起源与演变,使学生认识国家在税收方面的治理措施。赋税的征收象征着一个国家政府的执行力,反过来又影响政权的稳定。自夏至清代历经若干个王朝,赋税制度从无到有,逐步变革,前后有夏商周时期的劳役地租制度,春秋战国至秦汉时期的赋、税、力役制度,魏晋南北朝时期的租调力役制度,隋唐时期的租庸调制,唐中期至明中期的两税法,明中期至清代的一条鞭法和摊丁入亩等几个相对稳定、实行时间较长的主流税制。这些变化体现了统治阶层为适应新因素的发展而不断调整政策,可为现代国家治理提供借鉴。中国的关税最早出现在西周时期,关税的独立也被视作国家统一、主权独立的重要象征。个人所得税是以纳税人个人取得的各项应税所得为征收对象的税种。我国的个人所得税制度起步于民国时期,其不断完善发展也表明国家对税收的治理能力的提高。

三、学情分析

学生在初中和高一的历史与思想政治课中,已粗浅学习过历朝历代重要的赋税制度,具备一定的历史理解能力。但本课时间跨度大,且赋役变化的过程虽有相似但不尽相同,了解其阶段性特征较为不易,教师需引导学生构建中国赋税制度演变的知识体系。在对外关税方面,学生对于其重要意义缺乏深入理解,教师需在授课过程中渗透家国情怀。

四、教学目标

1. 通过阅读教材,归纳梳理中国古代赋役制度变化的基本史实,培育学生的时空观念。

2. 通过厘清各种赋役制度、关税与个人所得税制度的基本内容,培养学生的历史解释素养。

3. 通过史料阅读及分析,深刻理解国家基于不同时期的统治需要对赋税制度等进行调整的必要性,培养学生的史料实证素养。

教学重点:了解中国赋税制度的演变过程。

教学难点:理解国家基于国情变化调整赋税政策的必要性及影响。

五、教学过程

(一)教学主题

通过梳理从古至今的赋税制度的演变,感受中国国家治理能力的逐步提高;能够厘清关税、个人所得税制度的产生及其在中国的实行历程。

(二)教学过程

导入

教师活动:展示纪录片《如果文物会说话》里耶秦简视频片段。综合视频片段与教材中睡虎地秦简《徭律》一图,使学生多层次感受秦朝吏治、法律以及徭役的情况。

问题设计:视频展现了秦朝严格的户籍制度,其对于地区人口的记载可谓精细,秦朝为什么要实行严格的户籍制度?

学生活动:实行户籍制度有利于秦朝加强对土地和人口的管理,进而征收赋税、征发徭役,打牢国家财政的基础,为接下来国家的建设提供前提条件。

设计意图:通过展示视频,结合教材,使学生意识到赋役是一个国家的根本,认识到"战争物资与军事力量动员推动了君主专制国家的崛起,反过来又要求国家需要掌控政治、军事以及法律的新手段"。

学习任务1:厘清中国古代赋役制度的发展历程。

学生活动:梳理、完成表格。

中国古代赋役制度的发展历程表

朝代	赋役制度		特点
	赋	役	
秦汉	田赋、人头税 汉代还征收财产税	更卒、正卒、戍卒	秦赋税沉重 汉初"与民休息",轻徭薄赋
隋朝	租调役		
唐朝	"租庸调"制	即"庸",且可缴纳绢布代替徭役	
	唐建中元年两税法		按每亩征收地税,按人丁、资产征收户税,分两季征收
宋朝	两税法		附加税繁杂多变,役上加役
		北宋中期募役法	
元朝	沿袭租庸调、两税法		分别实行于南北方,在税粮外有科差
明朝	两税法+附加税		
	万历年间"一条鞭法"		赋役合并、一概折银,是中国赋役制度上的重大变革
清朝	康熙盛世滋丁,永不加赋		
	雍正时期摊丁入亩		人头税彻底废除

问题设计:根据表格,结合教材,指出中国古代赋役制度的特点并分析原因。

学生活动:赋役沉重、形式多样,历朝历代对赋役都有严格的规定;严格管理赋役可为国家统一、稳定奠定基础。

问题设计:中国古代赋役制度的发展可以划分成哪些阶段?划分标准是什么?这些不同的赋役制度又有什么区别与联系?

学生活动:以明万历前后进行划分。标准为在此之前赋役分开,之后赋役合并(或以两税法实行前后进行划分,标准为征税时间是否固定)。按征税标准,可分为实物税与货币税。按征税时间,可分为不定时与基本定时。赋役制度演变的整体趋势是化繁为简,继承发展。例如,两税法在推出后多数朝代都有继承,明万历年间的"一条鞭法"也是对两税法的延续,同时其又下启清朝的"摊丁入亩"。

设计意图:通过表格形式梳理教材主体内容,使学生整体感知古代中国赋役的整体发展趋势,掌握赋役制度演变的特点,并在自主归纳、整理的过程中比较各类税收的异同点,加深印象。

学习任务2：概括中国古代赋役制度发展的时代特征。

教师活动：纵览中国古代赋役制度的发展演变历程可知，力役一步步退出历史舞台，表明政府对农民的人身控制进一步松弛，侧面反映了社会的进步。"财政国家"是欧洲学术界的一个概念，它的内涵集中于发行债务和融资的能力以及对发债与征税权力的约束。后者在中国古代以与欧洲截然不同的各种制度得以体现。

材料1 从井田制，到授田制，然后是均田制，最后是两税法，这就是从公元前8世纪到公元18世纪中国2000多年历史的四种税制。当然在每个大的阶段，还包括了一些小的税制，如三国时期的屯田制度等。分析四种税制如何实现中国历史的家国同构，可以得出一个基本观点：中国古代的税制以土地为核心线索，呈现出公私并存、家国天下同构并循环往复的特征，即家庭、国家都围绕土地权力而展开。历代君主都以开疆扩土为第一功绩，而以割地为丧权辱国之第一要事。

——摘编自张学博《从宪制看中国古代税制改革及其启示》

问题设计：根据"中国古代赋役制度的发展历程表"与材料1，指出中国古代赋役制度的时代特征并分析原因。

学生活动：中国古代赋税沉重、形式多样，以土地为核心线索，呈现出公私并存、家国天下同构并循环往复的特征。究其原因，历朝历代对赋役都有严格的规定，以奠定国家统一、稳定的基础。

设计意图：通过解读材料，使学生理解赋役制度对社会治理的重要性，感受"赋役是一个国家或一个政权的根本"。

学习任务3：厘清关税、个人所得税制度的产生及其在中国的实行历程。

教师活动：学者认为，君主为巩固统治实行赋役制度，同时也避免因割地而丧权辱国，但这样的情况还是发生了。近代中国不仅割地，关税自主权也经历了丧失和收回的曲折历程。这里出现了一个新的名词：关税。什么是关税？为什么会产生关税呢？

学生活动：国家对进出关境的物品征收的税，称为关税。

教师补充：据《周礼·天官冢宰·大宰》记载，西周时有九种赋税，所谓"以九赋敛财贿"，其中的"关市之赋"，可能意味着在西周末年关税制度已经诞生。通常情况下，关境与国境是一致的，即在执行统一海关法令的领土范围内征收关税。有些国家和地区的关境同国境并不完全一致。如一国境内有自由港或自由区，即不属于该国关境范围之内，在此情况下，关境小于国境。在缔结关税同盟的国家，它们的领土成为统一的关境，在此情况下，关境则大于国境。

问题设计：结合教材，概括近代中国国内关税长期存在的原因，列举见证近代以来中国关税权丧失的重要文献。

学生活动:原因包括,国内长途商品经济发展,使得课收商利在政府财政中占据一定地位;近代国家逐渐形成,国际贸易长期发展;等等。重要文献包括《南京条约》《望厦条约》《黄埔条约》《进口税暂行条例》等。

问题设计:从以上文献签订的国家来分析近代中国关税发展历程的特点。

学生回答:签订国家多,以西方殖民国家为主。

材料2 不平等条约的相继签订,使中国关税主权被破坏的程度不断加深,片面协定关税制度形成。这一协定关税制度片面性主要表现为两点:(1)非互惠性。中国对从英、美、法等国输入的货物,降低税率,为其输入提供方便,而英、美、法等国并未以降低税率作为回报。(2)非自主性,包括两层含义:其一,被迫接受。其二,不得单方面修改或废止。……实际上,列强可以以武力提出和达到其修约要求,例如第二次鸦片战争前列强提出"修约"要求,中国则很难提出和达到修约的要求。

——陈争平《不平等条约下近代关税制度的形成及对中国经济的影响》

材料3 西方资本主义列强为了进一步打开中国市场,加强对中国的侵略和渗透,不仅要加强对中国关税税则制定权的控制,还要加强对中国有关进出境货品的纳税申报、查验、关税的缴纳以及违章处分等重要环节的掌控;同时为了便利进出口贸易在中国通商口岸与内地市场之间延伸,又要控制进出口货物中国内地通过税则制定权。因此,西方列强要挟清政府,在19世纪中叶逐渐形成中国海关外籍税务司制和子口税制,成为不平等条约下中国关税制度重要的配套举措。

——陈争平《不平等条约下近代关税制度的形成及对中国经济的影响》

问题设计:根据材料2、3并结合所学,分析近代中国关税自主权被破坏的原因及特点。

学生活动:原因在于,西方列强为了进一步打开中国市场,利用双方关系的不平等性,借助武力等优势,逐步破坏中国关税自主权,建立有利于自己的关税配套体系。特点包括程度深、范围广、制度化发展、片面性、非互惠性、非自主性等。

学生活动:根据整理好的时间轴,结合所学,思考新中国成立后关税制度发展的重要原因。

教师引导:结合新中国成立后民主与法制的建设历程进行分析。新中国成立后,随着民主与法制的完善,对个人财产的保护也愈发规范,个人所得税的制定历程就是很好的体现。

材料4 英国是世界上最早征收个人所得税的国家,于1799年提出,目的是为了缓解拿破仑战争中日益增长的财政开支。由于利益集团的反对,于1803年废除。1842年,面对贫困问题急剧发展、工人运动风起云涌、政治动荡不安、财政预算赤字不断增加的局面,英国再次提出开征个人所得税的议案,得到人民的认可,所得税由临时性税收转变成为固定化的税收。1880年,免税的起征点由150英镑提高到160英镑,所得税税率由原先的2.9%提高到3.3%。19世纪英国征收所得税,扩大了低收入者减免的范围,进一步减轻了中下层居民的负担,这是走向现代税收制度的第一步,为20世纪英国走向"福利社会"打下了良好的基础。

——摘编自郭家宏、王广坤《论19世纪下半期英国的财税政策》

问题设计:根据材料4和教材"历史纵横"内容思考,分析导致英国成为世界上最早开征个人所得税国家的因素,以及对中国个人所得税发展的借鉴意义。

学生活动:主要因素包括战争的影响、经济的发展和解决社会问题的需要。国家在制定个人所得税制度时,需要根据国情及时解决社会上存在的实际问题,改善人民生活,同时可有选择性地借鉴西方优秀的治理经验。

设计意图:借助历史材料,使学生依据材料并结合教材归纳税制在中国的实行,教师补充说明,帮助学生理解相关概念,归纳特征。在中西对比中理解税制在国家机器中的重要地位,同时进一步渗透史料实证素养。

小结:作为维护国家统治的一项非常重要的工具,赋税在古今中外都扮演着重要的角色。从唐朝末年的"两税法"到清朝雍正年间的"摊丁入亩",其实质是一脉相承的,就是逐步废止人丁税,转向对资产征税。其最大的进步意义在于把人民从土地的束缚中解放出来,可以逐步从事工业、商业等活动。当近代中国被迫卷入世界市场后,关税变化与国家主权被侵略密切联系,外争关税自主权,内部谋求国家独立壮大,这也从一个角度见证了中国发展的历史。

(三)板书设计

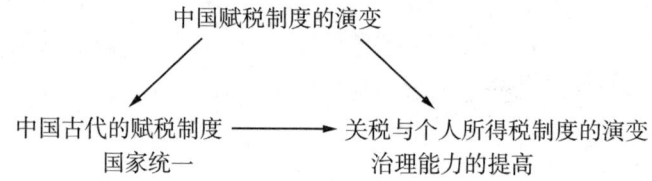

(四)核心素养水平划分

水平1:能够从教材和教师呈现的材料中提取有关信息,了解中国历史上不同时期、阶段所采取的赋役制度,说出不同时期国家所采取的关税制度及个人所得税制度。

水平2：能够归纳整理中国古代赋役制度的关系；能够初步认识近代关税制度的重要地位；能够说出个人所得税完善的重要意义。

水平3：能够根据时代特征，辨析不同时期所采取的赋役制度；能够选择、组织和运用相关材料及历史术语，准确掌握国家发展与税收政策调整的相关史实；能够深刻理解影响中外关税及个人所得税制度发展的因素。

水平4：能够体会税收对国家治理的重要作用；能够借鉴古今，史论结合、实事求是地论述历史与现实的问题，尊重不同历史时期呈现出的时代特征，感悟治理国家的多元手段。

第17课

中国古代的户籍制度与社会治理

一、课标要求

了解中国古代以赋役征发为首要目的的户籍制度,以及有代表性的基层管理组织;知道中国古代王朝在社会救济和优抚方面采取的重要措施。

二、教材分析

教材前五个单元的内容主要围绕国家制度来阐述,本单元则将重心放在基层治理上,与现实的联系更为紧密。本课共三个子目,分别介绍了历代户籍制度演变、历代基层组织与社会治理、历代社会救济与优抚政策,三者一起构成了具有中国特色的基层治理模式,并随着时代的发展不断调整和完善。

三、学情分析

经过高一的学习和相关训练,学生对中国古代中央集权制度已经有了初步的了解和认识,理性思维能力已有较大提高。但本课知识点多,时间跨度大,理论性较强,学生理解起来会有一定困难。教师需要突出重点,补充相关史料,释读重要概念。

四、教学目标

1.搭建时空框架,掌握不同时空定位下中国古代的户籍制度、基层组织形态、基层社会治理基本情况以及社会救济政策和优抚政策的发展状况。

2.通过史料阅读及分析,运用唯物史观的基本原理,分析古代中国户籍制度与社会治理的作用,并对中国古代户籍制度、基层治理、社会保障做出恰当评价。

3.通过学习古代中国基层治理模式和社会保障制度,使学生认识中国古代政治文明的历史价值,提高对中华优秀传统文化的认同度和自信心,涵养家国情怀。

教学重点:中国古代户籍制度变革的过程及原因;基层管理组织的形式;中国古代历朝社会救济的内容。

教学难点:理解户籍制度变革的原因。

五、教学过程

(一) 教学主题

以"基层治理"为核心展开教学,了解中国古代的户籍管理制度与基层管理组织以及社会救济制度的建立与发展,理解基层治理的要义,使学生能够充分认识中国古代基层治理模式和社会救济制度是基于中国自身的国情而建立起来的,并随时代变迁而不断调整。

(二) 教学过程

导入

教师活动:中国于2020年11月1日0时开展第七次全国人口普查,彻查十年来我国人口变动情况和房屋情况。我们的户口本上会登记我们个人的一些基本信息,如姓名、民族、籍贯、身份证号等。从历史上看,中国古代很早就有类似的人口普查行为,主要就是通过户籍制度来实施的。

设计意图:联系现实生活,创设学习情境,引发学生兴趣。

学习任务1:梳理历代户籍制度的演变历程。

教师活动:介绍户籍制度。

材料1　户籍,依据《辞海》解释,是指中国历代政府为掌握户口数量而设置的一种簿籍登记制度。户籍制度的内容十分广泛,功能也非常繁杂,可以说是一项综合性的制度。户籍制度,既包括户籍登记,也包括户籍管理。

教师活动:指导学生阅读教材,完成表格,概括战国至清朝中国古代户籍制度的演变历程。(也可以布置学生在课前自主完成)

学生活动:阅读教材,完成表格。

战国时期	五家为伍
秦朝	分类登记:宗室籍、官吏籍、商贾籍、一般百姓户籍
汉朝	丞相主管,"编户齐民",定期进行人口普查
两晋	西晋重建户籍,"黄籍";东晋"黄籍""白籍""土断"
隋	"大索貌阅",重新核定
唐	承隋制,三年一造;"刮户"

续表

宋	主户与客户
元	按职业划分户籍,户籍世袭不得变动
明	以职业定户籍,造"黄册"
清	基本沿袭明朝;乾隆年间,户籍永停编审

教师活动:评价学生的回答,指导学生阅读"课前提示"和"历史纵横",并做适当补充。

设计意图:界定古代户籍制度的概念,使学生初步了解中国古代户籍制度;通过梳理中国古代户籍制度的演变历程,培养学生的时空观念;以表格的形式对教材内容进行整合,简化教学过程,提高教学效率。

学习任务2:认识户籍制度变革的主要原因。

问题设计:中国历代王朝都非常重视户籍建造和管理的主要原因是什么?

学生活动:依据教材和材料2,分析东晋和宋朝户籍制度变化的原因。

材料2 客户(失去了独立的户籍,流亡他乡的人)在唐代已普遍存在,宋代因"田制坏"而进一步增多。客户往往得不到法律的保护,也不在国家的赋税征收之列,且时有"滋扰乡里"甚至"啸聚山林"之患。宋政府改革户籍制度,将客户与主户(有田地、家产,并承担国家赋税的有产户)均列为国家的编户齐民,给予独立的户籍。宋代在主户和客户外还设置了特殊户籍。宋真宗年间将坊郭户作为正式户种,包括商贾、手工业者和城内其他的居民家庭,开创了封建城市人口管理的新方式。此外,户籍中还有兵籍。宋代规定:"凡天下兵籍,武官选授……悉归枢密院。"

——摘编自姜婷婷《宋代户籍制度探析》

教师活动:东晋时,户籍是政府征收赋役的主要依据,只有登记了南迁的人口,才能将其纳入以后征收赋役的范围,同时也可以缓和政府和南迁北方人与南方土著人的矛盾。

宋朝户籍制度变化的原因有:城市化与商品经济发展迅猛,商业税收远超农业税;土地私有制进一步发展,征收赋税渐以田亩为主;社会各阶级的流动性强,为便于管理,必须变革户籍制度。

赋役是国家财政的根本,户籍制度的改革有助于赋役的征发。从战国到清朝,随着社会和经济的发展,户籍制度的内容不断调整和完善。

学生活动:依据教材和材料3,进一步理解户籍制度的作用。

材料3 户口漏于国版,夫家脱于联伍,避役者有之,弃捐者有之,浮食者有之。于是奸心竞生,伪端并作矣。小则盗窃,大则攻劫,严刑峻法,不能救也。故民数者,庶事之所自出也。

——徐干《中论·民数》

教师活动:在学生阅读、理解材料3的基础上,指出户籍制度还有利于社会管理,维护社会治安。

设计意图:通过分析东晋、宋朝和清朝户籍制度变革的原因,提高学生的史料实证能力,认识到户籍制度随时代变迁而不断调整,古代户籍制度的变革主要是为了便于赋役征发。

学习任务3:认识历代基层组织形态与基层社会治理的措施、特点及作用。

问题设计:户籍制度是如何进行社会管理的呢?除了户籍制度,历代统治者还通过哪些措施进行基层社会治理?

教师活动:从秦汉到明清,县是最基层的行政组织,县以下没有政府的派出机构。如何治理县以下的地区呢?

学生活动:阅读教材,列表概括古代基层组织的几种基本形态。

秦汉时期	乡里制度
唐朝	乡、里、坊、村
明朝	里甲制度
清朝	保甲制度

教师活动:秦汉时期形成较成熟的乡里制度,后代基本沿袭,稍有变化。

学生活动:阅读材料4和教材,理解封建时代基层组织的任务。

材料4 秦汉时代的乡,上承县,下治里,从户籍、税收、徭役、治安、教化、选举等各个方面直接管理乡内民户,是国家政权的末端组织,相当于现代中国农村的乡镇和城市的街道办事处。

——李开元《秦汉的乡里社祭》

教师活动:封建时代基层组织的任务是管理户籍、征发赋役和维护稳定,被称为"治民之基"(《周书·苏绰传》)。历代王朝又是如何利用这些组织进行基层社会管理的?

学生活动:阅读教材,概括古代基层社会治理的具体措施。

秦汉时期	什伍组织
唐朝	邻保制度
北宋	王安石的保甲制
明朝	十家牌法
清朝	里甲制、保甲制

教师活动:乡官、里正、亭长都由本地人担任。结合材料5,说明两者体现了古代基层管理的什么特点。

材料5 令民为什伍,而相牧司连坐。……不告奸者腰斩,告奸者与斩敌首者同赏,匿奸者与降敌者同罚。

——司马迁《史记·商君列传》

学生活动:阅读教材及材料5,理解自我管理和相互监督是古代基层治理的突出特点,提高了基层管理的效率。

设计意图:通过阅读教材,用好教材,充分发挥学生的主体作用,再辅之一定的材料,可以提高学生概括和分析历史问题的水平,使学生了解、认识古代中国基层社会治理的基本组织、特点及作用。

学习任务4:概括了解历代社会救济与优抚政策(古代社会保障政策)。

教师活动:古代中国以农业文明为基础,自然灾害会给生产力水平相对低下的农业社会带来严重的灾难,这就需要国家和社会政府采取预防措施,并进行必要的救助。

学生活动:阅读教材,列表概括历代社会救济的具体措施。

朝代	政府	民间社会
汉朝	常平仓制度	
隋朝	官仓救大灾	义仓救小灾
唐宋	养病坊、福田院	宗族设义田、义学、义宅、义冢
元明清	众济院、养济院	慈善组织:善堂、善会

教师活动:宋以前,以政府救济为主;宋以后,宗族内部救助活动逐渐兴起和发展;明清时期,慈善组织开始兴起。阅读教材,指出范仲淹设立义田,主要帮助对象是谁,提供了哪些方面的帮助。

学生活动:主要对象是族人,提供教育等日常生活方面的帮助。

问题设计:阅读教材,概括历代社会救济的主要特点和作用。

学生活动:主要特点包括,历代社会救济的主体是掌握大量资源的政府,民间社会处于辅助地位;政府救济的重点在救灾,核心在于保证粮食供应,同时还会疏导和安置流民,鼓励民间富户救济灾民;社会力量的救济活动侧重于日常生活中的赈济。作用包括,为民众提供了一定的生活保障,以保证人口的繁衍和正常生产活动的进行;有利于维护社会稳定,巩固统治。

设计意图:引导学生通过阅读教材,概括历代王朝实施社会保障的具体措施、特点和作用,提高历史解释和概括分析历史问题的水平。

(三)板书设计

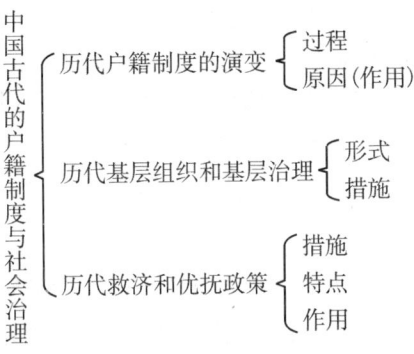

(四)核心素养水平划分

水平1:能够识记历代户籍制度演变的过程;能够了解历代基层管理组织与基层社会治理的概况,知道历代社会救济与优抚政策方面的措施。

水平2:能够通过史料探究,理解历代户籍制度演变的原因,理解基层组织的任务,分析古代实施社会保障的作用。

水平3:能够对中国古代的社会治理有一个整体的认知,理解户籍制度、基层组织和社会救济三者是一个整体,理解这些内容补充和完善了专制主义中央集权制度。

水平4:能够感受中国古代国家治理制度的先进性,理解中国古代社会治理措施中蕴含的"以民为本"等优秀的传统文化思想,提高对中华优秀传统文化的认同度和自信心,增强传承中华优秀传统文化的责任感和使命感。

第18课

世界主要国家的基层治理与社会保障

一、课标要求

知道西方主要国家基层治理的特点及其由来;了解现代社会保障制度的产生及其实行情况。

二、教材分析

本课共两个子目。第一子目讲述西方主要国家的基层治理,涉及四个时段的史实:古希腊时期的村社;中世纪时期西欧农村的庄园,城市的行会和教会;近代时期西欧的乡镇、自治市镇和自治市;二战以后的社区。第二子目讲述现代社会保障制度的建立与发展,涉及西方国家的社会保障和社会主义国家的社会保障。两子目内容虽独立叙述,却有着相同的指向:制度会随着社会的变迁而变化;不同国家和地区的制度,都是在结合本国的具体国情、坚持自身优秀的传统、彼此相互借鉴和学习的基础上形成的;任何一种制度都不是十全十美的,而是会随着社会的发展而调整。

三、学情分析

从认知结构看,通过以往的学习,学生对世界历史发展的总体进程,主要国家的政治制度,尤其是西方基层治理和社会保障制度的时代背景有一定的认识。当今中国特色社会主义民主政治不断发展完善,社会主义保障制度不断进步,学生对此也有切身感受。现阶段的学习,学生需要将特定的政治制度与经济基础、社会环境等因素联系起来,教师应培养学生将政治制度上升到国家和民族发展高度来思考的能力。

四、教学目标

1. 通过阅读教材文本,利用表格梳理西方主要国家基层治理的基本史实,培养学生的时空观念。

2. 通过了解现代社会保障制度的产生及实施情况,提升学生的史料解读能力,培养学生的史料实证素养。

3. 通过史料阅读与分析,归纳西方主要国家基层治理的特点,正确解释不同历史背景下基层管理的差异。认识社会保障制度建立在西方较为发达的经济发展水平基础之上,同时也认识到20世纪80年代后西方社会保障制度又出现新的亟待解决的问题,学会用辩证的思维看待历史问题,培养学生的史料实证与历史解释素养。

4. 通过学习苏联和中国社会保障制度不断丰富发展的史实,形成对当今中国制度建设与发展的自信心与责任感,培养学生的家国情怀素养。

教学重点:理解西方主要国家基层治理的史实与主要特点;理解二战后主要国家社会保障制度的建立与发展。

教学难点:理解不同时期西方主要国家基层治理发展的原因及其作用;理解现代社会保障制度建立的原因及其作用。

五、教学过程

(一)教学主题

通过不同时段西方主要国家基层治理的史实,认识西方基层治理的发展趋势、主要特点及历史作用;了解不同时期不同国度建立现代社会保障制度的过程,认识到必须要立足本国国情,把国际经验与本国实际紧密联系在一起,取长补短,臻于完善。

(二)教学过程

导入

教师活动:展示新冠肺炎疫情期间社区防疫管理的照片。新冠肺炎疫情暴发以来,"防控一线在社区"成为普遍共识,作为疫情防控的"最后一公里",社区成为防止疫情扩散的重要战场。从疫情防控角度看,社区防控具有全局性、基础性的重要作用。

问题设计:结合以上时事,阅读教材文本,归纳概括社区的特点、主要社会功能、意义。

学生活动：社区是基层自治的主要方式。在政府不同程度的管理和组织下，社区实施居民自我管理，提供生活服务、教育、休闲娱乐、福利、卫生保健等，参与相关的城市规划、土地政策等地方政府的决策。社区的存在，可以反映民意，缓和社会矛盾，维护社会秩序和政治稳定。

设计意图：从身边的实事切入新课，落实课本知识，拉近历史与现实的距离，激发学生的学习兴趣。

学习任务1：理解西方主要国家基层治理的历史与特点。

材料1 在塞克洛甫和最初诸王的时期，直到提秀斯当政，雅典总是分为好些各有其公所和首长的村社。除非发生危急的事情，大家就不和王打交道。他们在自己的村社里各管各事。

——修昔底德《伯罗奔尼撒战争史》

材料2 庄园是地方事务的管理者，是地方法规的制定者，是地方案件的审判者。从范围来看，真可谓事无巨细都在它的视野之内，一些法庭不仅能够处理邻里吵架、小偷小摸、乱倒垃圾、财物丢失、债务纠纷、土地的转让继承等极为具体琐碎的事情，而且也能处理审判诸如杀人放火、盗窃之类的重大案件。

——黄春高《西欧封建社会》

材料3 巴黎商人行会的会长拥有广泛的权力，他的司法审判权不但及于商会成员，而且及于全体巴黎市民，他负责城防建设，监督道路桥梁的修筑，主持城市警务及粮食供应，并征收赋税，可见他的政治作用之大。

——黄春高《西欧封建社会》

材料4 在中古时期的西欧，无论是结婚还是离婚，都必须获得教会的许可……基督教会在基层治理中也发挥了重要作用。

——《普通高中教科书　历史　选择性必修1　国家制度与社会治理》

材料5 1835年，英国颁布法律，规定自治市的政府和议会都由当地选民选举产生，地方征税所得也得由自治市自主开支，但必须接受选民监督，确立了英国近代自治市制度。……法国大革命后，形成了以自治市镇为基层单位的制度，每个市镇的市长和市议会都由普选产生，市长同时对中央政府和本地选民负责。

——《普通高中教科书　历史　选择性必修1　国家制度与社会治理》

学生活动：阅读材料1—5，联系教材文本，梳理西方主要国家基层治理的历史。

时期	基层单位	管理机构或方式	职责范围
古希腊	村社	村社大会	登记公民、抽签选举
中世纪	庄园	庄园主或管家	管理庄园事务
	城市	行会或商会	规范经营活动，城市治理
		基督教会	在基层治理中发挥重要作用
近代以来	（英）自治市 （美）乡镇 （法）自治市镇	市长 社区组织	自主开支地方所得征税（英） 除司法之外的所有公共服务功能 社会救济（美）
第二次世界大战后	社区	地方政府 社区	提供生活服务、教育、休闲娱乐、福利、卫生保健，参与城市规划、土地政策等地方政府的决策，反映民意

问题设计：阅读材料4、5，思考近代以来城市自治的基层组织管理与中世纪时期的基层组织管理的最大区别及原因。

学生活动：最大区别在于，地方官员和议会都由当地的选民选举产生，需对当地选民负责。主要原因在于近代西欧民族国家的产生，工业城市的发展，代议制的确立与完善。

问题设计：分析表格，总结西方国家基层治理的发展趋势和主要特点。

学生活动：发展趋势为基层自治，主要特点为地方享有的自治权越来越大。

设计意图：通过阅读教材文本和史料，对西方不同时期主要国家的基层管理有基本认识，培养学生的时空观念；通过对西方不同时期主要国家基层治理方式的梳理和比较，了解和掌握唯物史观的基本方法。

学习任务2：认识现代社会保障制度的建立与发展。

教师活动：解释概念——"社会保障"和"福利国家"。社会保障指以国家或政府为主体，依据法律，通过国民收入的再分配，保障公民基本生活的制度。福利国家指国家运用社会保障政策和社会福利开支，来保障个人和家庭的最低收入，并保证所有公民都能享受社会服务的一种方法。

材料6 英国圈地运动开始后，偷盗者、乞讨者等日益增多，社会不安定因素急剧增加。1601年，英国颁布济贫法。救济办法因类而异，凡年老及丧失劳动者，在家接受济贫；贫穷儿童则在指定的人家寄养，长到一定年龄时送去做学徒；流浪者被关进监狱或送入教养院。1834年，新济贫法规定，有劳动能力的失业者必须进"贫民习艺所"才能得到救济，而那里的条件比最低工资收入的自由劳动者还要恶劣得多。

——陈晓律《英国福利制度的由来与发展》

材料7 工业革命之后,西方社会贫富差距拉大,劳动者要求改善劳动和生活条件的呼声逐日高涨。为此,发达国家推行了一系列社会保障政策,以使贫困人口和由于各种原因丧失劳动能力的人得到最低的生存保障。这一制度被称为"福利国家"制度。二战以后,"福利国家"在西欧日趋普遍,在很大程度上起了稳定社会情绪的作用。这样的"福利国家"必然占用相当大的财政预算。人民对福利政策不仅已经习惯,而且不嫌其多,只嫌其少。至80年代,"福利国家"的弊病已明显化。国家财政不堪重负,严重地妨碍了经济的增长和发展高新科技的投入。

——陈乐民《20世纪的欧洲》

问题设计:结合材料和教材文本,简述西方各国社会保障制度的发展历程。

学生活动:17世纪初,英国公布了济贫法;19世纪80年代,德国初步建立社会保障制度,涉及疾病、工伤、养老等方面;1935年,美国颁布《社会保障法》,标志着美国现代社会保障制度的最终确立;二战后,英国社会保障体系基本实现了全民覆盖,推动了社会保障制度的发展,此后欧美各国纷纷建成福利国家,社会保障制度基本建立。

问题设计:根据材料,概括"福利国家"产生的历史根源和作用。

学生活动:历史根源包括工业革命的发展;贫富差距加大,劳动者要求改善劳动和生活条件。作用包括改善了人民群众的生活,缓和了社会矛盾等。

问题设计:结合材料,分析二战后"福利国家"日渐完善的主客观条件,并揭示"福利国家"遇到的难题。

学生活动:主观条件是资本主义国家汲取历史教训,客观条件是资本主义经济的迅速发展。难题在于人民过于依赖福利制度,国家财政不堪重负,严重阻碍经济的增长等。

问题设计:结合所学评价资本主义国家的社会保障。

学生活动:资本主义国家的社会保障是资本主义社会生产力发展到一定阶段的产物,它在一定程度上改善了广大人民群众的生活,缓和了社会矛盾,有利于经济发展。但是,过度的社会保障加重了国家财政负担,容易助长懒惰行为。

设计意图:全面深化学生对社会保障制度的认识,提高历史理解能力;学会辩证地看待社会保障制度,培养学生的唯物史观素养。

学习任务3:了解中国社会保障制度的建立与发展。

材料8 改革开放以来,伴随经济体制改革的全面推进,社会保障制度也进行了全面的改革和重构,主要经历了三个阶段。第一阶段是1978—1992年的社会保障改革起步阶段。第二阶段是1993—2003年的社会保障制度重构阶段。这一阶段的社会保障立法,主要围绕市场经济制度的确立而展开,通过国务院一系列行政法规的出台,基本建立起了城镇职工养老、医疗、失业、工伤、生育等社会保险制度和城市居民最低生活保障制度。第三阶段是2004年至今的社会保障全面深化阶段。当前我国社会保障制度的目标是要建立城乡统筹的社会保障制度,着力解决我国社会长期存在的、由城乡二元结构导致的农村社会保障制度薄弱问题。

——林嘉《中国特色社会保障制度的发展》

问题设计:依据材料和所学,梳理新中国社会保障制度发展的历程及特点。

学生活动:1951年政务院发布《中华人民共和国劳动保险条例》;改革开放后不断推进并成熟。我国的社会保障制度具有不断发展完善、覆盖面广、社会主义特色等特点。

设计意图:补充材料,加深历史理解,了解我国社会保障制度的建立、发展与取得的成就;理解社会制度的建立、发展是与社会经济发展水平、政治制度的建设完善相辅相成的,形成辩证的、发展的历史思维。

(三)板书设计

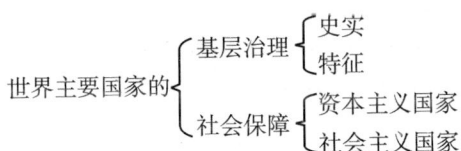

(四)核心素养水平划分

水平1:能够从教材和教师呈现的史料中提取有关信息;能够梳理出不同时空中基层管理和社会保障制度的演变史实。

水平2:能够通过阅读史料,归纳概括基层管理的发展演变趋势和特点。

水平3:能够认识到基层治理与社会保障是国家治理的基石,汇聚着居民群众日常工作生活的直接利益,关系着国家政权的和谐稳定,具有重要的现实意义和深远的历史意义。

水平4:能够认识到不同国家和地区的制度应当从社会实际状况出发,理解和尊重世界各国的文化传统,具有广阔的国际视野,形成面向世界、面向未来的开放意识,增强历史使命感。

活动课

中国历史上的大一统国家治理

一、教材分析

本课是一节活动课,要求学生以小组合作的方式进行专题研究,对我国历史上大一统中央集权的形成、演变、内涵、作用、特点等进行梳理,从而加深对这一重要问题的认识,总结历史经验教训,阐发其当代意义。

二、学情分析

学习本课前,学生已学习了中国历史上大一统国家的基本史实,对整个大一统中央集权王朝已经有了初步的了解,奠定了了解中国历史上大一统国家治理的基础。通过这一活动,学生可认识到大一统是中国历史的重要特点,与历代国家治理有着密切联系。

三、教学目标

1. 通过探究我国历史上大一统中央集权政体的阶段性发展演变,掌握其基本特征。

2. 以我国历史上大一统中央集权王朝为例,分析其政治、经济、法律与教化、民族关系等方面的治理措施,总结历史经验和教训,学会从历史中汲取智慧。

3. 了解我国历史上考核与监察制度的形成与演变,探讨其在大一统国家治理上的作用。

教学重点:理解中国历史上统一多民族国家形成与发展的过程。

教学难点:理解中国历史上大一统国家治理的特点。

四、教学过程

（一）教学主题

以"中国历史上的大一统国家治理"为主题，以个人探究、小组合作、班级研讨会等方式，认识我国历史上大一统中央集权政治体制与国家治理的关系，从历史的角度加深对统一多民族国家形成与发展过程的了解。

（二）教学过程

学习任务 1：前奏——课前准备。

卒然问曰："天下恶乎定？"吾对曰："定于一。"

——《孟子·梁惠王上》

学生活动：全班以个人学习探究为主，了解我国历史上大一统中央集权国家治理的基本形式、主要内容以及形成的原因。

教师活动：阐明大一统是我国历史上长期形成的政治观、民族观和天下观，也是历代国家治理所追求的理想与目标。

设计意图：通过引用《孟子·梁惠王上》中孟子的答复，引发学生对"大一统"一词的思考。

学习任务 2：切入——分组探究。

第一组：

研究主题：中国走向大一统国家的发展历程

学生活动：

（1）以时序为线索，以时间轴为工具，梳理中国走向大一统的发展历程。

（2）通过了解中国历史上统一与分裂的不同历史阶段，认识统一是主流，是历史的大势。

第二组：

研究主题：中央集权与大一统的关系

学生活动：

（1）对"中央集权"和"大一统"进行概念界定，搜寻史料，得出二者之关系。

（2）整理不同时期大一统中央集权力量强弱变化的资料，分析中央集权对保持大一统的作用。

第三组：

研究主题：历代中央与地方关系的变化及其对大一统的影响

学生活动：

（1）绘制思维导图，说明历代中央与地方关系的变化，并阐明其对大一统的影响。

（2）通过了解地方行政区划的变迁，以及中央对地方的管控，了解大一统中央集权国家治理形成的体制机制。

第四组：

研究主题：中国历史上考核与监察制度的演进及其对大一统国家治理的作用

学生活动：

（1）溯源——探究考核、监察制度的形成及成因。

（2）演变——以朝代为顺序梳理中国古代考核制度与监察制度的形成与发展，归纳其演变趋势。

（3）评价——通过对中国古代考核、监察制度的梳理，辨析中国历史上出现过的考核、监察制度与维护中央权威之间的关系，从而总结其对大一统国家治理的作用。

设计意图：通过分组探究的形式，引导学生从不同角度探究中国历史上的大一统国家治理。通过不同主题的分别探究，引导学生认识到，大一统国家治理在历史沿革的同时又在不断地创新，历代中央集权、中央与地方的关系总是在"变"与"不变"中找寻平衡点；考核、监察制度不断发展，渐趋完善，是中央政府推行政令、维护中央权威的有效方式。

学习任务3：高潮——搜集整合。

活动过程：

（1）各组根据以上问题进行分工，制定具体研究方案，分别搜集相关资料，研读相关论著，注意吸收新的研究成果。有条件的学校，可以向相关高校或科研机构的专业人员寻求指导。

（2）各组整理所搜集的材料，通过组内交流的形式进行充分讨论，在本组达成基本共识的基础上，形成活动成果。成果展出形式不受限，可撰写研究报告，可绘制历史小画报，也可以历史短剧的方式进行课堂展演。

设计意图：引导学生学会历史学习之方法，所谓"有一份史料说一分话"，可在小组探究过程中涵养学生的史料实证精神。

学习任务4：尾声——成果展示。

（1）各组报告完成后，举办全班专题论坛，各组分别展出自己的成果，并回答其他小组的提问。通过共同研讨辩论，加深对我国历史上大一统国家治理问题的认识。

（2）专题论坛后，吸取大家意见，各组作进一步修改补充，使之更加完善。

（3）将各组的研究报告汇总，编成文集、画报、历史小剧场，形成全班成果。

设计意图：举办全班专题论坛，使学生在展示与提问中认识到大一统是中国历史的重要特点，与历代国家治理有着密切联系；通过合理的历史解释，增强学生对我国历史上制度文化的理解，培养历史学科核心素养。

课后活动：了解了中国历史上的大一统国家治理，你是否跃跃欲试？请以"假如我是……（中国历史上某朝代皇帝），我会……（如何治理国家）"为题，撰写一篇历史小论文。

设计意图：通过撰写历史小论文，开发学生的想象力，有利于学生站在历史的角度去看待历史的发展。

（三）板书设计

前奏	切入	高潮	尾声
孟子语录，创建探究环境	搜集史料，分组明确任务	进行整合，小组讨论，形成研究报告	举办班级专题论坛，展示与辩论，撰写历史小论文

（四）核心素养水平划分

水平1：能够有条理地讲述我国历史上大一统中央集权政体的阶段性发展演变，掌握其基本特征。

水平2：能够认识大一统中央集权政治体制与国家治理的关系，加深对统一多民族国家形成与发展过程的了解。

水平3：能够以我国历史上大一统中央集权王朝为例，探究其政治、经济、法律与教化、民族关系等方面的治理措施。

水平4：能够从中国古代制度文化中总结历史经验和教训，学会从历史中汲取智慧，阐发其当代意义。

选择性必修 2

经济与社会生活

第一部分 单元设计

第一单元

食物生产与社会生活

一、课标要求

知道人类由食物采集者向食物生产者演进的过程及意义；知道古代不同地区的食物生产及其对社会生活的影响；了解新航路开辟后食物物种交流及其历史影响；了解现代农业、渔业发展过程中，人类在食物生产、储备等方面的进步，认识消除饥饿和食品安全在人类历史上的重大意义。

二、单元解读

本单元主要讲述食物生产对人类社会生活的影响。远古时期，人类以采集和渔猎为生。大约1万年前，农业产生，人类从食物采集者转变为食物生产者。农业的产生被视为新石器时代开始的标志。这种发生在新旧石器过渡之际并持续相当长时间的以动植物的驯化取代原来的采集、狩猎经济的食物生产技术变革，以及由此引发的广泛的社会与文化的大变革，考古学家称之为"农业革命"。农业的产生使人类生活区域和生活方式发生了重大变化，并推动生产关系变革，出现了私有制和阶级，是人类产业形态变革推动社会发展的典型例子。

农业最初由几个起源中心，通过引种和农耕方法的传播，沿不同的路线向世界各地扩散，并与各地的自然和社会经济条件相结合，逐步发展出各具特色的农业类型和生产面貌，进而演变出异中有同、同中有异的各类文明。

自然环境相似的地区，农业类型相似，社会发展轨迹也有相似之处。以古巴比伦文明、古埃及文明、中华文明等为代表的古代东方农业文明多发源于大河流域，灌溉农业发达。这不仅为农业的发展提供了保障，更直接影响着国家政治体制的选择。大规模水利工程的修建需要充分组织人力和物力,由此促使国家公共权力逐渐集中在中央政府,故古代东方国家大多实行中央集权制。

然而在同属农耕文明的不同地区,食物生产的内容和方式不同,加之地理位置、国家政策、经济发展水平等方面的诸多不同,社会生活也展现出不同特质。古巴比伦在农业发达的基础上形成了较发达的商业经济,买卖、租赁等活动异常活跃,商业文明的特性突出。受此影响,古巴比伦人信奉实用主义,计较现世利益,功利主义倾向明显,具有尚武性格。古埃及的特殊之处则在于,"宗教是埃及文明的核心"。它被认为是古代世界中宗教意识最强烈、最浓厚的文明国家。其中一个重要原因是,尼罗河定期泛滥带来肥沃土壤,埃及人不需要付出太大努力就可以获得丰收,他们将这视为神灵与法老的恩典。

战国以后,中国农业文明的特色有二,一是以家庭为单位进行生产,二是精耕细作。有学者指出,封建经济是自给自足的自然经济占统治地位的经济,这是中国与西欧封建社会的共性,但不同的封建国家构成封建自然经济的经济单位或说组成细胞则有不同。西欧的封建制小农经济以庄园为细胞,中国则是一家一户进行独立生产的农民家庭。对家庭的特殊情感也使中国文化一直保持着小农经济与家庭组织的基因,家族、祖先崇拜文化和天下国家的概念代代相传。至于"精耕细作",以古希腊为代表的西方农业多实行轮作制度,中国在人口压力下走上了土地连种制道路,在集约经营方面取得高度发展。"天人相参"和"天人相协"是精耕细作的灵魂,对中国传统思维方式有着深刻影响。

奴隶的广泛使用是古希腊农业的特点。"希腊人主要采用两种农业制度,一种以斯巴达为代表,采用奴隶制度,另一种以雅典为代表……很显然,早期希腊城邦中多数采用奴隶制度。"古希腊和罗马的奴隶制曾发展到古代世界的顶峰,成为奴隶制的典型。奴隶制作为"自由"观念不可缺少的参照物,被认为是古代西方历史的重要组成部分。

由"村社土地公有"现象可知,在欧洲人来到"新"大陆之前,北美印第安人尚未进入阶级社会,社会进化程度十分落后。他们没有畜牧业[①],农业技术也停留在刀耕火种的阶段。令人费解的是,美洲居然培育出了玉米、甘薯、马铃薯等如今已经

---

① 印第安人在农业上的落后状态的最典型事例是他们从未发明畜牧业,从未出现像东半球文明所出现过的农业与畜牧业的分离。印第安人没有驯养出任何大型动物,除了印加人饲养的体型较小的骆马和羊驼外,其他印第安人只饲养了狗、火鸡、鸭和鹅等动物。这使他们缺乏足够的肉食和奶,给农业生产造成巨大压力,同时也使印第安人在身体进化方面受限。详见程洪.论拉丁美洲古代印第安文明的特点[J].武汉教育学院学报,1998(2):81—87.

成为全世界日常饮食支柱的多种植物。其实,印第安人的秘诀在于根据生活所在地的地理环境来培植农作物。或许是因为同为亚洲后裔,美洲文明中存在着与古代中国十分相似的"天人合一"宇宙观,即敬畏自然造物,倡导人与自然和谐共存。然而因为农业技术的欠缺,美洲印第安人对自然更多地表现出畏惧和无可奈何,习惯将人的地位置于造物主之下。在这一点上,田间管理技艺高超的古代中国通常将人、自然和天道看作是不可分割但无论高低的关联体。由此可见农业生产方式对文明的影响。

生活在公元1世纪的人们可能无法理解,现在全球消耗的作物中大约70%是"外来者"。这是由于15—17世纪的地理大发现带来了全球范围内农作物大传播、大交流的高潮。新航路开辟后,美洲的物种陆续传播到欧洲、亚洲、非洲等地。欧洲第二大粮食作物玉米即原产于美洲。同时,许多欧亚作物传入美洲,如小麦、水稻等农作物和牛、羊、鸡等畜禽。其中,小麦和水稻后成为北美第一大和第二大农作物。可见这场食物物种交流的影响力。

此外,这一世界性食物物种交流丰富了食物种类,促进了人口增长,也改变了生态环境。由"欧洲农艺家改良美洲番茄并传回美洲"一事可知,在这场物种交流中还存在着改良与创新。世界农业就是在这样的交流、互动、创新中不断丰富和发展的。

近代以来,科学技术革命推动着食物生产与储备技术的现代化。到了现代,优良品种育成技术和杂交育种技术、致力于人工调节生物生长条件以获得最佳产出的设施农业等提供了技术支持,农业机器的广泛使用提供了设备支持,各生产环节均实现机械化和自动控制的养殖场及农、牧场则提供了先进经济管理方法的示例。在这些因素的推动下,人类的食物生产走向现代化,生产效率不断提高。同时,技术进步增加了粮仓容量,实现了粮食储备的自动化和智能化。冷冻食品工业迅猛发展,冷链物流产业为食物运输提供了便利。食物生产的现代化与食物储备技术的进步为保障人类粮食安全创造了条件,但也带来了各种食品安全问题。食物是人类赖以生存和发展的基本物质条件,食品供应及其安全性问题理应得到妥善解决。在人类驾驭和改造自然能力不断提升的今天,我们也应借鉴"天人和谐"的中国智慧,以可持续发展的食物生产方式消除饥饿并保障食品安全,为营造健康美好的社会生活提供助力。

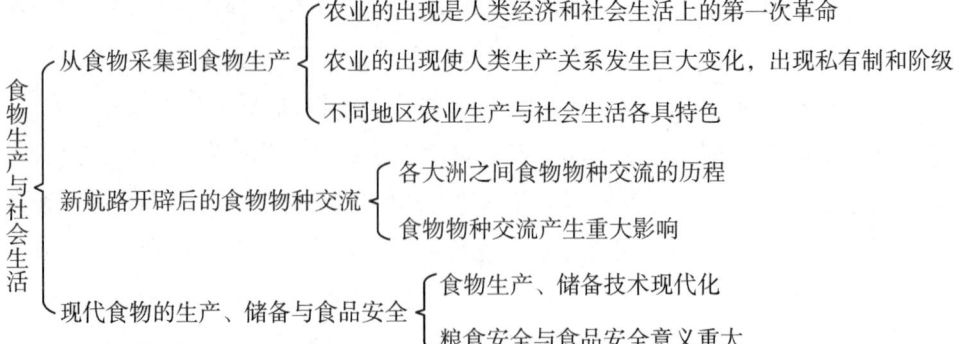

三、重要概念

村社 原始社会末期公有制向私有制过渡时期的社会经济组织。原始社会后期,随着社会生产力的提高和经济发展,父权制家庭公社逐渐解体,血缘纽带日益松弛,从中分化出个体家庭,并形成由相互毗邻的个体家庭按地域关系组成的、从事农业生产的组织形式。这一没有血统关系的自由人的社会联合就是村社。在村社范围内,宅地及园地归个人私有,耕地由村社定期分配给各家庭使用,草地、森林、水源及荒地归村社成员公用。随着经济分化和阶级分化日益加速,私有制逐步代替公有制而使村社瓦解。

生活方式 是指人们生活活动所采取的方法和形式。狭义上是指人们日常生活活动的方法和形式,即衣、食、住、行、用等消费生活方式。广义上是指受一定生产方式和社会条件制约,并且由某种价值观指导的人们生活活动的方法和形式的总和,包括了社会、经济、政治、精神、文化及日常生活等各个领域的创造性活动,是对该社会人们生活数量和质量的综合反映。

生产关系 亦称"社会生产关系""经济关系",指人们在物质资料生产过程中所结成的社会关系,是生产方式的社会形式。生产关系是适应生产力一定发展水平建立起来的客观的物质的社会关系,是一切社会关系中最基本的一种社会关系,并且是社会的经济基础,其余的政治、法律、道德等各种社会关系,都是它的上层建筑。在生产关系中,生产资料所有制形式是最基本的方面,是全部生产关系的基础,决定生产关系的性质。根据生产资料的所有制形式,可以从总体上把生产关系划分为两种基本类型:以生产资料公有制为基础的生产关系,以生产资料私有制为基础的生产关系。

农业产业化 在市场经济条件下,通过将农业生产的产前、产中、产后诸环节整合为一个完整的产业系统,实现种养加、产供销、贸工农一体化经营的生产经营方式。农业产业化有助于解决农业生产规模狭小与提高农业劳动生产率之间的矛盾,促进先进农业科学技术的推广应用,并提高农业生产的抗风险能力。

四、教学示例

本单元教学的主要立足点是食物生产方式的演化对社会生活的影响,主要内容有:理解农业的出现是人类经济和社会生活的第一次革命,认识农业的产生对生产关系的影响,了解古巴比伦、古埃及、古中国、古希腊及美洲的农业特色,认识不同地区各具特色的农业孕育出了多元文明;知道新航路开辟后主要食物物种的传播历程,理解食物物种交流带来的历史影响;了解现代农业在食物生产、储备等方面取得的技术成就,认识消除饥饿和保障食品安全的重大意义。

以埃及墓室壁画等人类早期农耕文明相关遗存为切入点,了解人类由食物采集者向生产者演进的过程及其意义,感受劳作与经济活动是人类社会发展的基础。通过了解不同地区食物生产内容和方式的特点,认识农业特色与文明特色之间的关联,感受经济与社会生活的互动关系。

通过了解新航路开辟后各主要食物物种的传播历程及其影响,感受世界农业在交流、互动中获得丰富与发展。

通过了解现代农业的技术成就,认识食物生产的现代化与食物储备技术的进步大大增加了食物供给,为保障粮食安全创造了条件。通过了解消除饥饿和保障食品安全面临的严峻形势及各方所采取的重要举措,认识消除饥饿和保障食品安全的重要性。

在学习过程中,教师需引导学生认识生产方式的变革对人类社会发展的革命性意义,认识经济与社会生活的互动关系,以深化对人类社会发展历程的认识。

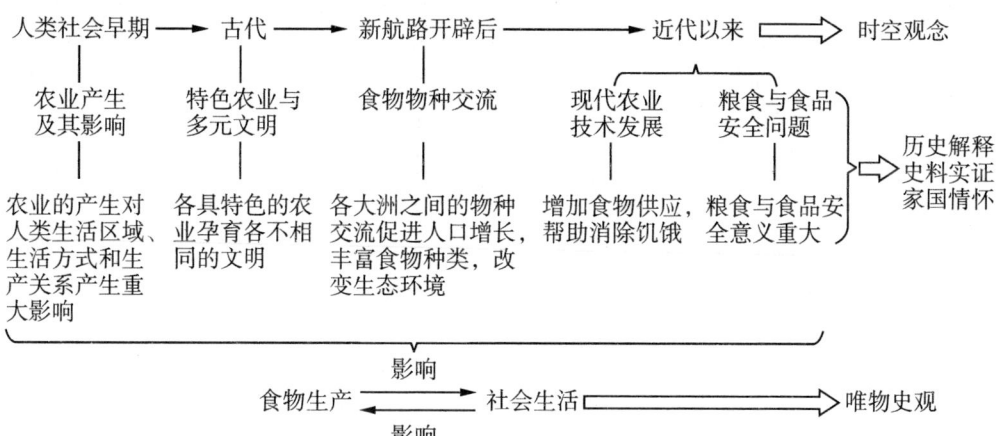

五、推荐阅读

[1] 凌岩.农业现代化论[M].上海:学林出版社,2000.

[2] 威廉·韦斯特曼.古希腊罗马奴隶制[M].邢颖,译.郑州:大象出版社,2011.

[3] 李海峰.古巴比伦时期不动产经济活动研究[M].北京:社会科学文献出版社,2011.

[4] 张箭.新大陆农作物的传播和意义[M].北京:科学出版社,2014.

[5] 马克·陶格.世界历史上的农业[M].刘健,李军,译.北京:商务印书馆,2015.

[6] 翟虎渠.农业概论[M].北京:高等教育出版社,2016.

[7] 王思明.世界农业文明史[M].北京:中国农业出版社,2019.

第二单元

生产工具与劳作方式

一、课标要求

了解劳动在社会生产中的作用,以及历史上劳动工具和主要劳作方式的变化;认识大机器生产、工厂制度、人工智能技术等对人类劳作方式及生活方式的影响;理解劳动人民对历史的推动作用,以及生产方式的变革对人类社会发展所具有的革命性意义。

二、单元解读

本单元讲述了从原始时期开始到现今社会生产工具、生产方式等的不断发展与进步,据此了解整个社会的生产力与生产关系的变化,以及由此带来的社会的不断发展。

古代生产工具的变化,表现为农业工具和手工业工具的变化。农业工具的变化:农具从石器为主到少量铜质工具再到铁质农具;圈厩、马槽等畜牧工具的出现和使用;翻车、筒车等灌溉工具的发展与运用。手工业工具的变化:纺织业工具从骨针到纺车到提花车织布机;陶瓷业工具坯车、匣钵、支钉等的出现;冶铸业出现了锻打工具如熔化原料的土炉、打击的锤、磨平的锉,铸造工具如熔化金属的坩埚、使液体成型的范等专门化工具的发展。生产工具的变化带来劳作方式的变化,农业从集体劳作到小农户个体经营,也曾出现过庄园式经济,手工业也曾出现家庭式生产和作坊式生产。

工业革命本身就是生产力方面的革命,带来了生产方式的变化:工厂制度和标准化生产出现。工业革命蓬勃发展的同时也带来了人类生活的巨大变化:英国城市化的发展,交通运输业的发展,城乡差距的缩小,生活节奏的加快,教育的推广和人口文化素质的提高。工业革命也带来了环境污染、传染病、职业病等问题,也促进了欧洲社会主义运动的兴起与发展。

新科技革命带来了生产力的巨大进步,以计算机、互联网和人工智能技术的发展为基础,航天技术、海洋技术、生物技术、新材料技术等不断发展。新科技革命也开拓了新的生产领域和社会经济活动:新兴产业的发展与经济模式从粗放型转向集约型,社会阶层结构和产业结构变化,网络和智能手机发展带来的文化生活变化。

总而言之,生产力的发展和生产方式的不断变革给人类的劳作方式和生活方式带来深刻影响,对人类社会的发展具有决定性意义。

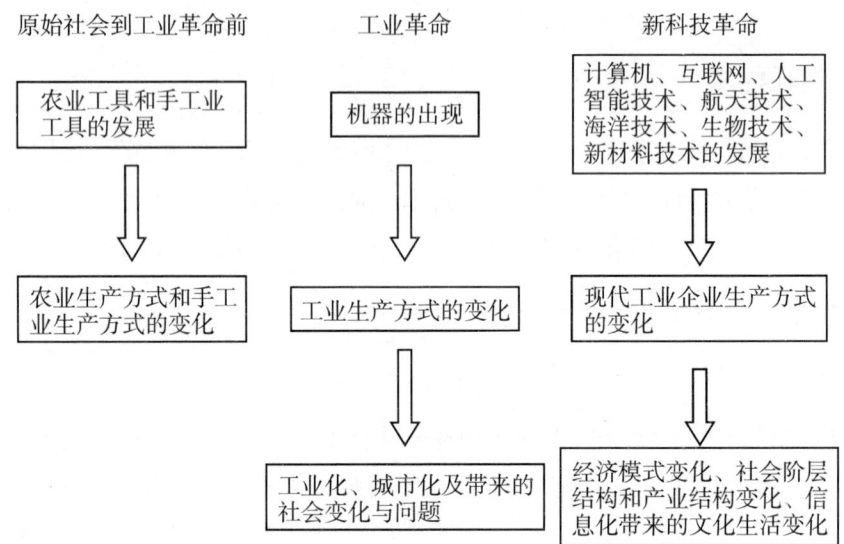

三、重要概念

生产方式 马克思主义政治经济学概念。人们取得物质资料的方式,包括生产力和生产关系两个方面。生产方式决定社会的性质。

生产力 人类在生产过程中把自然物改造成为适合自己需要的物质资料的力量,包括具有一定知识、经验和技能的劳动者,以生产工具为主的劳动资料,以及劳动对象。其中劳动者是首要的、能动的因素。科学技术的广泛运用促进或决定生产力的发展。从这一意义上讲,科学技术是第一生产力。

生产关系 人们在物质资料的生产过程中形成的社会关系。它包括生产资料所有制的形式,人们在生产中的地位和相互关系,产品分配的形式。其中起决定作用的是生产资料所有制的形式。

工业革命 工业革命开始于18世纪60年代,通常认为它发源于英格兰中部地区,是指资本主义工业化的早期历程,即资本主义生产完成了从工场手工业向机器大工业过渡的阶段。工业革命是以机器取代人力、以大规模工厂化生产取代个体工场手工生产的一场生产与科技革命。

第三次科技革命 20世纪四五十年代开始的新科学技术革命,以原子能技术、航天技术、电子计算机技术的应用为代表,还包括人工合成材料、分子生物学和遗传工程等高新技术。第三次科技革命的出现,既是由于科学理论出现重大突破,一定的物质、技术基础的形成,也是由于社会发展的需要,特别是第二次世界大战期间和第二次世界大战后各国对高科技迫切需要的结果。

四、教学示例

本单元教学的主要立足点是生产工具和劳作方式的变化。

以教材提供的文字、图片史料为切入点,了解历史上劳动工具和劳作方式发生的变化,同时在这一过程中了解劳动在社会生产中的作用。

通过阅读教材提供的史料,感受大机器生产、工厂制度、人工智能技术等给人类劳作方式和生活方式带来的巨大变化。

通过对比本单元的三节课,认识到伴随着人民不断劳动而带来的生产工具变化、生产方式的变革,体会人民对于生产工具和劳作方式变化的推动作用;通过感受劳动工具不断变化的过程,体悟生产方式的变革对人类社会发展的革命性意义。

五、推荐阅读

[1] 吴于廑,齐世荣. 世界史[M]. 北京:高等教育出版社,1994.

[2] 陈衡哲. 西洋史[M]. 沈阳:辽宁教育出版社,1998.

[3] 米辰峰. 世界古代史[M]. 北京:中国人民大学出版社,2001.

[4] 斯塔夫里阿诺斯. 全球通史:从史前史到21世纪[M]. 吴象婴,等,译. 北京:北京大学出版社,2006.

[5] 杰克逊·J. 斯皮瓦格尔. 西方文明简史(上册)[M]. 董仲瑜,等,译. 北京:北京大学出版社,2010.

[6] 何顺果. 世界史:以文明演进为线索[M]. 北京:北京大学出版社,2012.

[7] 马克思,恩格斯. 马克思恩格斯选集[M]. 北京:人民出版社,2013.

[8] 杰里·本特利,赫伯特·齐格勒. 新全球史[M]. 魏凤莲,译. 北京:北京大学出版社,2014.

[9] 马克垚. 世界文明史[M]. 北京:北京大学出版社,2016.

[10] 朱寰. 世界古代史(上册)[M]. 北京:高等教育出版社,2016.

[11] 雷海宗. 世界古代史纲要[M]. 天津:天津人民出版社,2016.

第三单元

商业贸易与日常生活

一、课标要求

了解商业贸易的起源和古代的商贸活动与贸易通道;知道货币、信贷、商业契约等在日常生活中的角色;认识世界市场的形成对商业贸易的意义;认识20世纪以来贸易、金融的变化对人类生活的影响。

二、单元解读

本单元的主线是从古至今商业贸易的发展及其带来的影响,侧重阐述对人类文明交流和人们日常生活的影响,从而让学生感悟到商业贸易与我们的生活息息相关。本单元勾勒了商业贸易从古代到现代的发展轨迹,突出了重要的商贸活动和商业通道,探讨了推动商业贸易重大发展的史实,即世界市场的形成和三次科技革命,还探讨了20世纪以来商业贸易对人类生活的重大影响。

商业贸易起源于原始社会后期,随着生产力发展,社会分工、产品过剩及私有制产生,在此基础上因交换的需要逐步发展起商业贸易。在世界古代文明的主要区域如古埃及、古希腊罗马、拜占庭帝国以及中国,商业发展历史悠久,商业贸易活跃。在商业贸易发展的过程中出现的货币、信贷和商业契约既是商业贸易发展的表现,也推动了商业贸易的发展,至今仍在人们的日常生活中扮演着重要角色。

新航路开辟及殖民扩张使商业贸易发生了巨大变革,表现如下:(1)商业贸易中心转移,欧洲贸易中心从地中海转移到大西洋沿岸,推动了大西洋沿岸一批城市的崛起。(2)新型商业经营方式出现,开始出现商品交易所、银行、证券交易所、拍卖市场、百货公司等新型股份制贸易公司,这些公司在世界各地经营垄断贸易,进行殖民掠夺,对西欧资本原始积累起了重要作用,这种新的商业经营形式还被引入了中国。(3)商品流通的数量和品种增多,新的商品、原料、金银等大量流入欧洲等地。(4)国际贸易格局变化,19世纪中期,英国成为"世界工厂"和世界贸易中心。

19世纪末20世纪初,世界贸易形成了多中心的新格局。(5)国际贸易的规模不断扩大,尤其是第二次工业革命后,出现了垄断组织。

20世纪以来,世界经济发展中的重要事件包括资本主义国家1929年经济大危机,二战后一些国家政府将宏观调控与市场调节相结合,实现经济的快速增长;现代科技进步促进新兴产业和传统产业的升级、生产效率的提高;等等。苏联历经新经济政策、高度集中的计划经济体制以及五六十年代的经济改革,最终因社会矛盾激化导致东欧剧变与苏联解体。中国实行改革开放,建立起社会主义市场经济体制,成功开辟出一条中国特色社会主义道路。二战后,一些发展中国家经济高速发展,但发展中国家经济发展道路仍然充满挑战。21世纪以来,经济全球化深入发展,各国相互联系和依存度日益加深。同时,世界经济的不稳定性、不确定性突出。面对挑战,中国坚持对外开放的基本国策,倡议推动"一带一路"国际合作。

二战后在美国主导下,达成《关税与贸易总协定》,促进了国际贸易的发展。1995年世界贸易组织建立。2001年,中国加入世界贸易组织,标志着中国对外开放进入了一个新的阶段。20世纪后期以来贸易形式也在发生许多变化,包括贸易合作方式和交易手段等。

二战后,在美国主导下,布雷顿森林体系建立,一定程度上稳定了国际金融秩序,并促进了战后经济的恢复和发展。20世纪90年代以来,现代国际金融快速发展、日益普及,为人们提供了各种便利,同时也带来了一定风险。

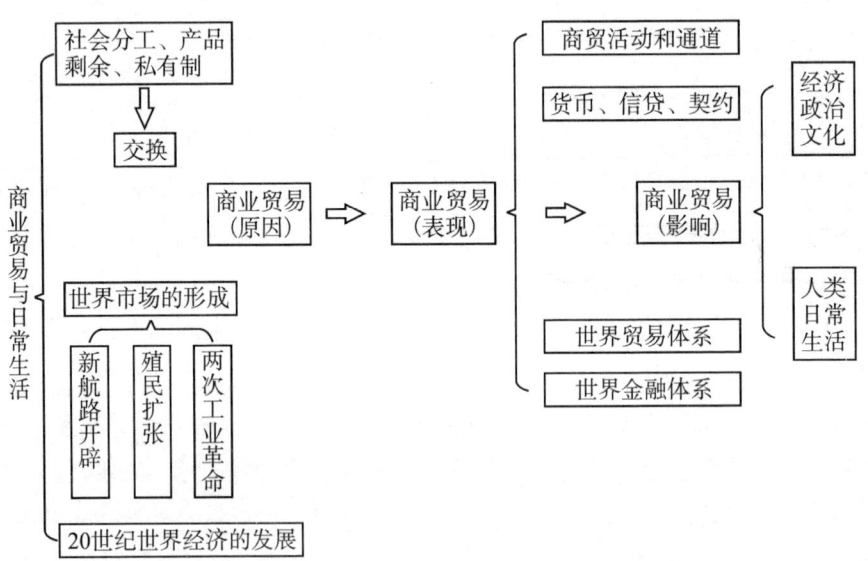

三、重要概念

丝绸之路 古代以中国为始发点,向亚洲中部、西部及非洲、欧洲等地运送丝绸等物的交通道之总称。19世纪德国地理学家李希霍芬最初使用该术语时,只指称从中原地区,经今新疆而抵中亚的陆上通道;后来,所指范围逐步扩大,以至远达亚、欧、非三洲,并包括陆、海两方面的交通路线。在现代学术界,该词不仅用以指称联结整个古代世界的交通道,同时成为古代东、西方之间经济、文化交流的代名词。通常认为,丝绸之路可以分为两类(陆上丝绸之路、海上丝绸之路)、三大干线(草原之路、绿洲之路、海上丝路)。

关贸总协定 是关于关税和贸易准则的多边国际协定和组织。1947年成立,总部在日内瓦,它不是一个正式的国际组织。宗旨是缔约方通过相互削减关税和消除关税壁垒、取消国际贸易的歧视性待遇,以促进自由贸易。后为世界贸易组织所取代。

世界贸易组织 根据关贸总协定"乌拉圭回合"关于建立世界贸易组织的协议而产生的具有国际法主体地位的国际组织。宗旨是规范世界范围贸易、投资和经济合作的全球性组织。1995年1月1日成立,总部在日内瓦。设有部长会议、总理事会和总干事领导下的秘书处。

布雷顿森林体系 1944年7月,美、苏、中、法等44个国家在美国的新罕布什尔州布雷顿森林举行国际货币金融会议,通过了《布雷顿森林协议》。主要内容为美元与黄金直接挂钩,国际货币基金组织会员国的货币与美元挂钩。标志着以美元为中心的资本主义世界货币体系的建立,即布雷顿森林体系的建立。这一体系维护了第二次世界大战后相当长一段时期的国际金融秩序,促进了世界经济的发展。后随着世界经济格局的变化、美国经济实力的衰退,1973年,布雷顿森林体系宣告结束。

四、教学示例

本单元以时间为轴,勾勒了从古代到现代的商业发展概貌,重点阐述了商业贸易发展的原因、表现和影响,尤其是对人们日常生活的影响。

唯物史观:通过梳理商业贸易发展概况,让学生了解人民群众在社会发展中的重要作用;通过分析商业贸易活动的影响,让学生认识到经济的发展会给人们的政治、文化、社会生活等方面带来多重影响。

时空观念:时间上,通过梳理从古代到新航路开辟再到20世纪以来三个阶段的商业贸易史实,明晰商业贸易发展脉络。空间上,商贸活动的范围从地方性扩大到国与国、洲与洲;重要商道开辟;贸易中心转移;贸易和金融体系不断构建和完善。

史料实证和历史解释:通过引用大量的文献史料、图片、考古资料等来证实和解释商业贸易发展的概况、原因和影响。

家国情怀:通过本专题的学习,学生会了解到人们为实现自由贸易孜孜以求,商业贸易促进世界经济的繁荣,推动文明交流,给人们日常生活带来重大影响。通过了解商业贸易对文明交流的巨大推动作用,感受到"一带一路"倡议的伟大和正确。

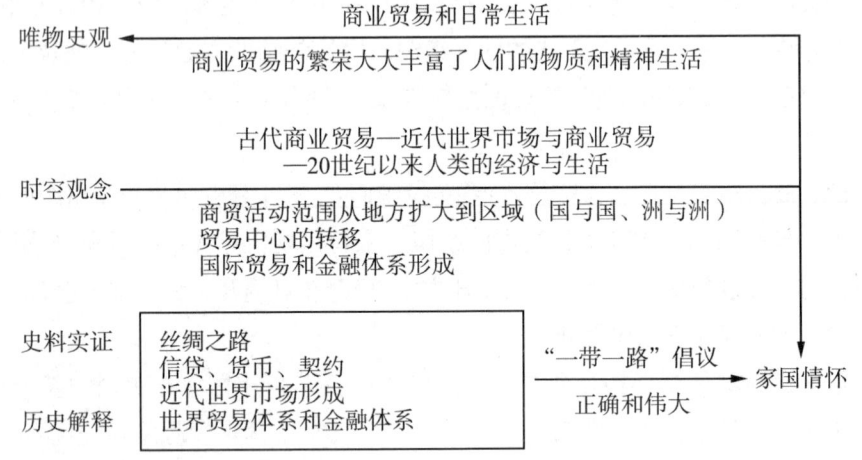

五、推荐阅读

[1] 世界银行编写组. 全球化增长与贫困:建设一个包容性的世界经济[M]. 北京:中国财政经济出版社,2003.

[2] 彭慕兰. 大分流:欧洲、中国及现代世界经济的发展[M]. 史建云,译. 南京:江苏人民出版社,2010.

[3] 龙多·卡梅伦,拉里·尼尔. 世界经济简史:从旧石器时代到20世纪末[M]. 潘宁,等,译. 上海:上海译文出版社,2012.

[4] 马远之. 世界六百年与中国六十年:从重商主义到新结构主义[M]. 广州:广东人民出版社,2015.

[5] 陈雨露,杨栋. 世界是部金融史[M]. 南昌:江西教育出版社,2016.

[6] 艾瑞克·霍布斯鲍姆. 极端的年代:1914—1991[M]. 郑明萱,译. 北京:中信出版集团,2017.

[7] 彭慕兰,史蒂文·托皮克. 贸易打造的世界——1400年至今的社会、文化与世界经济[M]. 黄中宪,吴莉苇,译. 上海:上海人民出版社,2018.

[8] 鲁奇尔·夏尔马. 国家兴衰[M]. 鲍栋,刘寅龙,译. 北京:新世界出版社,2018.

[9] 马克斯·韦伯. 世界经济简史[M]. 李慧泉,译. 上海:立信会计出版社,2018.

[10] 斯坦利·L. 恩格尔曼,罗伯特·E. 高尔曼. 剑桥美国经济史(第三卷)[M]. 蔡挺,等,译. 北京:中国人民大学出版社,2018.

[11] 皮尔·弗里斯. 国家、经济与大分流——17世纪80年代到19世纪50年代的英国和中国[M]. 郭金兴,译. 北京:中信出版集团,2018.

[12] 斯文·贝克特. 棉花帝国[M]. 徐轶杰,杨燕,译. 北京:民主与建设出版社,2019.

[13] 王国斌,罗森塔尔. 大分流之外:中国和欧洲经济变迁的政治[M]. 周琳,译. 南京:江苏人民出版社,2019.

第四单元

村落、城镇与居住环境

一、课标要求

了解人类居住条件的变迁及各地民居的差异及其特征;了解古代的村落、集镇和城市形成的原因及影响;了解近代以来城市化进程中人们居住条件和生活环境的改善及问题。

二、单元解读

人类居住条件的变迁是本单元的主题。人类居住条件的变迁是人类农业、手工业、商业等发展的必然产物。史前时代,人类没有固定的活动地点,人类的居住地是非定居式的。农业出现后,人类开始定居,逐渐形成具有相当数量和规模的居民聚居点——村落。目前发现的最早的古村落出现在两河流域,中国的兴隆洼聚落遗址和伊拉克的耶莫遗址等都是重要的考古发现。村落的居民定期交换物品,逐渐形成集市,集市发展到一定程度,形成集镇。除了由商业发展而来外,还有些集镇因为政治军事因素而形成。集镇便利了居民的物品交换,更进一步促进了农业和手工业生产的发展。随着居住人口的增多,以及防卫和商贸的需要,城市出现,在建筑方面也出现了各种各样的民居。由于地理环境、经济发展水平和文化习俗的不同,不同的地方建立了不同特色的城市和民居。

东西方不同的城市和民居显示了世界文明是多元发展的,不同地域的文明、不同民族的文明,有各自的独特性。近代工业革命以来,工业生产逐渐向城市集中,越来越多的人从乡村走向城市,推动了城市的发展。

伴随着工业化的开展,从英国到欧洲和北美资本主义国家,再到发展中国家,城市化进程加快。从鸦片战争开始,中国近代化性质的工商业城市陆续出现、发展壮大,开启了近代中国城市化的进程。中华人民共和国成立后,城市化进入新阶段。1978年改革开放后,中国的城市化进程加快。随着城市化的进行,如何保护和对待古代民居和村落,如何解决环境污染、交通拥堵、贫富差距拉大等问题,都值得人们去探讨、思考并付诸实践。

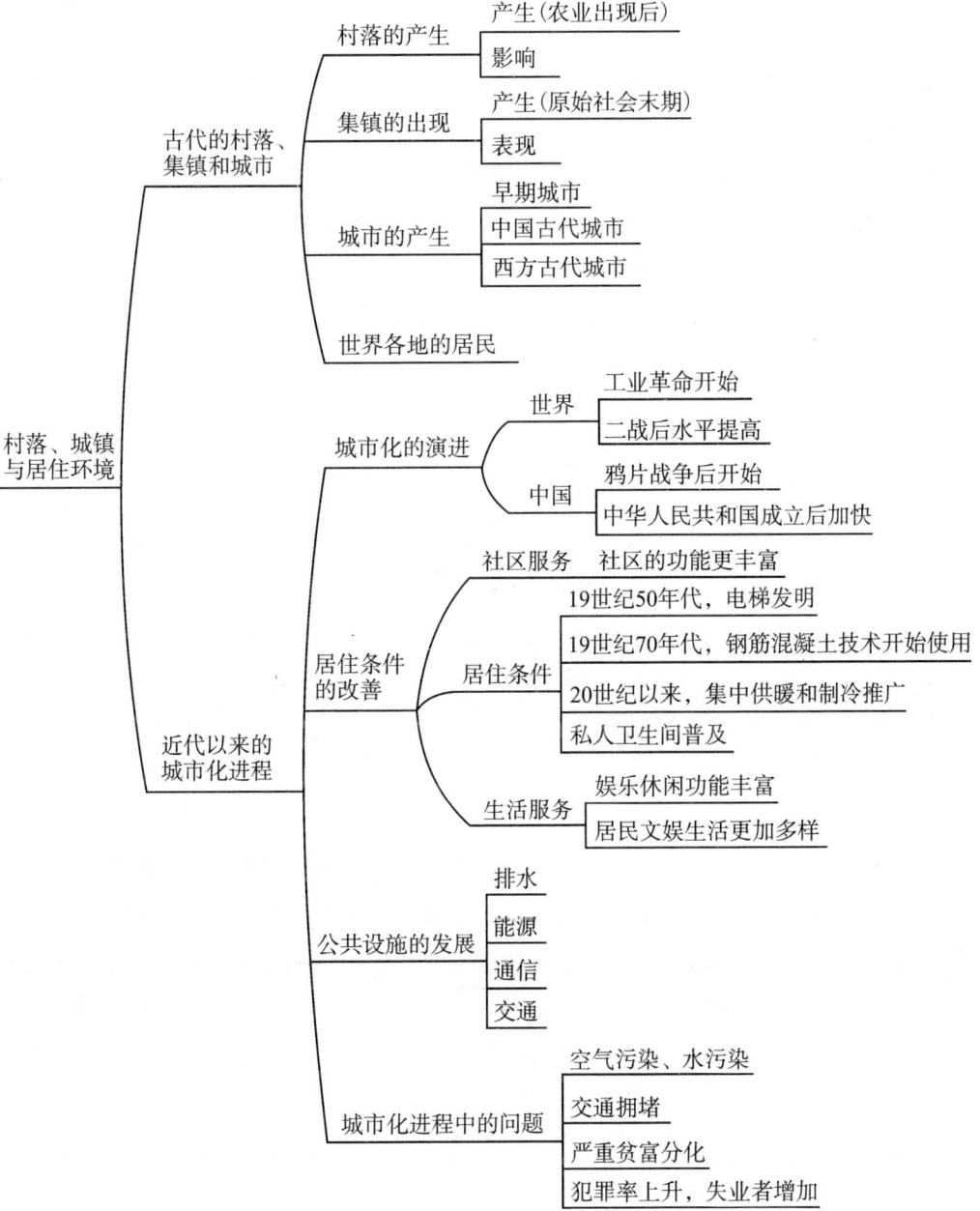

三、重要概念

集镇 由县（区）管辖，多为乡镇行政中心，是当地的农产品集散地和贸易集中区。一般是指建制市镇以外的地方商业中心，既无行政上的含义，也无确定的人口标准。中国历史上集镇的形成和发展多与集市有关，产生于商品交换开始发展的商周两朝，宋代以后集市普遍发展，集镇也随之增多。乡间集市最初往往依托于物资集散的地点，进行定期的商品交换，继而在这些地方渐次建立经常性商业服务设施，逐渐成长为集镇。集镇形成后，大都保留着传统的定期集市，继续成为集镇发展的重要因素。随着经济和集镇的发展，集市对集镇的意义逐渐减弱、消失。

城市 相对于乡村而言，有宽广繁盛的街道，人口集中，为政治、经济、文化的中心。是人类社会空间结构的一种基本形式。具有区别于乡村的若干基本特征：非农业人口集中，一定区域范围的中心（政治、经济、文化），以及多种建筑物组成的物质设施的综合体等。在这些基本特征中，大量的从事工业、金融、商业、文教、交通等非农业生产活动的人口的集中，以及其政治、经济、文化中心的形成，是城市的本质特征，充分显示出其在国家和地区中的重要职能和作用。学术界关于城市的起源有三种说法：一是防御说，即建城郭是为了不受外敌侵犯。二是集市说，认为随着社会生产发展，人们手里有了多余的农产品、畜产品，需要有个集市进行交换。进行交换的地方逐渐固定了，聚集的人多了，就有了市，后来就建起了城。三是社会分工说，认为随着社会生产力不断发展，一部分人专门从事手工业、商业，一部分人专门从事农业。从事手工业、商业的人需要有个地方集中起来，进行生产、交换，城市随之产生。

城市化 也有的学者称之为城镇化、都市化。通常是指随着一个国家或地区社会生产力的发展、科学技术的进步以及产业结构的调整，其社会由以农业为主的传统乡村型社会向以工业（第二产业）和服务业（第三产业）等非农产业为主的现代城市型社会逐渐转变的历史过程。不同的学科从不同的角度对之有不同的解释，就目前来说，国内外学者对城市化的概念分别从人口学、地理学、社会学、经济学等角度予以了阐述。城市化是多维的概念，其内涵包括人口城市化、经济城市化（主要是产业结构的城市化）、地理空间城市化和社会文明城市化（包括生活方式、思想文化和社会组织关系等的城市化）。

基础设施 是指为社会生产和居民生活提供公共服务的物质工程设施，是用于保证国家或地区社会经济活动正常进行的公共服务系统，如铁路、公路、运河、港口、桥梁、机场、电力、邮电、煤气、供水、排水等设施。广义的基础设施还包括教育、科研、卫生等部门。基础设施是社会赖以生存发展的一般物质条件,是国民经济各项事业发展的基础。在现代社会中,经济越发展,对基础设施的要求越高。完善的基础设施对加速社会经济活动,促进其空间分布形态演变起着巨大的推动作用。因为建立完善的基础设施往往需较长时间和巨额投资,一般由政府投资或支持。

四、教学示例

本单元教学的主要立足点是了解村落、集镇和城市的发展以及人们居住环境的变迁。

教师可利用历史遗迹遗址、历史文物照片及文献等史料,引导学生了解古代村落、集镇和城市的功能,认识东西方随着农业、手工业发展引起的居住环境的变化,理解东西方文明的各自独特性,落实史料实证核心素养。

通过史料阅读和分析,引导学生理解村落、集镇和城市形成的原因及对人类生活产生的影响,同时理解中华文明是世界上少数有重大影响的原生性文明之一,理解中华文明的多元状态以及中华民族统一多元的局面,落实唯物史观核心素养,涵养家国情怀。

通过课堂讨论,引导学生正确看待城市化进程中带来的系列问题,并结合自身所在城市的发展给出合理化建议,思考人和环境之间的关系,培养家国情怀。

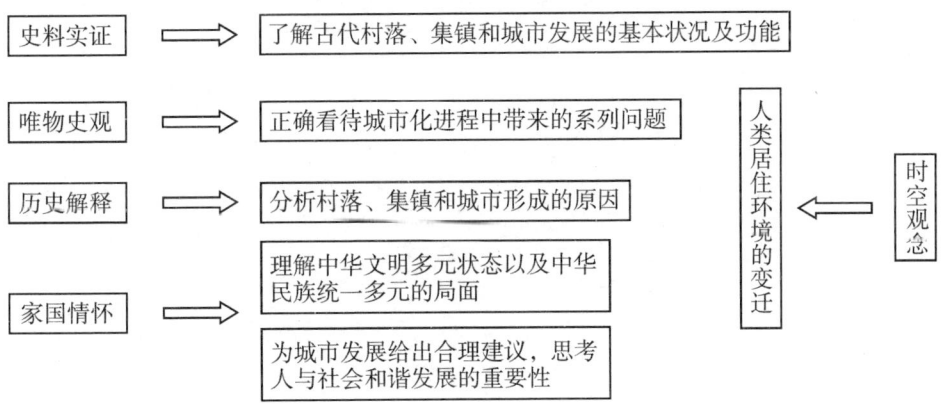

五、推荐阅读

[1] 雷家宏. 中国古代的乡里生活[M]. 北京:商务印书馆,1997.

[2] 马克垚. 世界文明史[M]. 北京:北京大学出版社,2004.

[3] 刘易斯·芒福德. 城市发展史——起源、演变和前景[M]. 宋俊岭,倪文彦,

译.北京:中国建筑工业出版社,2005.

[4] 傅崇兰,白晨曦,曹文明,等.中国城市发展史[M].北京:社会科学文献出版社,2009.

[5] 刘沛林.正在消失的中国古文明:古村落[M].北京:国家行政学院出版社,2012.

[6] 钱穆.中国经济史[M].北京:北京联合出版公司,2013.

[7] 费孝通.乡土中国[M].北京:中华书局,2013.

[8] 郭崇慧.大数据与古村落保护[M].广州:华南理工大学出版社,2017.

[9] 陆林,等.徽州古村落的演化过程及其机理[J].地理研究,2004(5).

[10] 王佳莹,朱晓辉.中国传统村落现状与保护发展研究[J].经济研究导刊,2016(31).

第五单元

交通与社会变迁

一、课标要求

了解古代的水陆交通建设及主要交通工具;认识新航路开辟和工业革命对促进交通进步的作用;认识20世纪交通运输的新变化对民众生活及社会变迁的意义。

二、单元解读

从时空上看,本单元主要讲述了古代世界和中国的交通发展、近代世界和中国的交通发展和现代世界与中国的交通发展,时空线索清晰。

从主题上看,本单元主要从陆路交通、水路交通及航空事业三个维度讲述了古今中外世界交通建设和交通工具的变迁,以及世界交通变迁对社会变迁的影响。

从具体内容上看,由于打猎、捕鱼、采集食物等社会需要,早期人类在天然的道路与河流上,依靠人力和畜力运输物品。随着生产和经济的发展,古代劳动人民发明车船、铺设人工道路(如遍布中国的驰道和直道、驿道等)、开凿人工运河(如中国灵渠、京杭大运河,法国米迪运河,荷兰阿姆斯特丹运河系统等),推动了国家和社会发展。古代人民还在漫长的历史中不断探索海洋(如中国的海上丝绸之路、郑和七次下西洋,腓尼基人横渡地中海等),直到新航路的开辟让全球海路大通,世界主要大洋和大陆之间的环球交通网络逐渐建立。随着工业革命的开展、物质生产的丰富、交流需求的增加和技术的发展,人们改进车、船,发明飞机、高铁,不断拓展陆上、水上和空中的路线,将人员和物资越来越快速、安全地从陆上、水上和空中运输到另一个地方。交通便利了人们的生活,导致了新兴城市的兴起,促进了国家的政治、经济和文化发展。世界逐渐成为关系密切的整体。

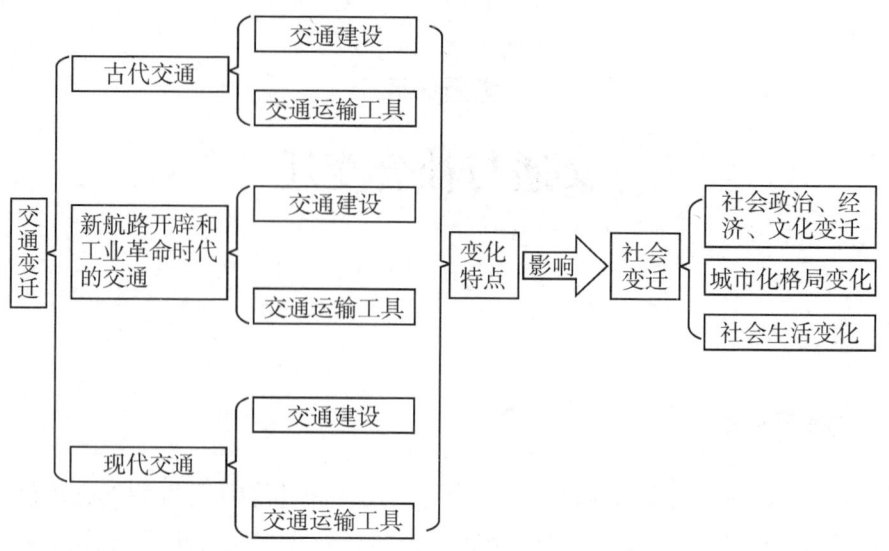

三、重要概念

京杭大运河 中国古代水利工程。北起北京,南至杭州,经北京、天津两市及河北、山东、江苏、浙江四省。全长1747千米。始凿于公元前5世纪(春秋末期吴王夫差开挖的邗沟),后经7世纪(隋)和13世纪(元)两次大规模扩展,利用天然河道加以疏浚修凿连接而成。京杭大运河向为历代漕运要道,对南北经济和文化交流曾起到重大作用。19世纪后,因南北海运兴起,津浦铁路通车,其作用逐渐减弱。黄河迁徙后,山东境内段水源不足,河道淤浅,南北断航。新中国成立后进行整治,拓宽加深,裁弯取直,增建船闸,并建有江都、淮安等水利枢纽工程,使之成为"南水北调"东线工程主要通道之一。1988年底建成了京杭运河和钱塘江沟通工程,将长江、黄河、淮河、海河和钱塘江五大水系连接起来。

苏伊士运河 国际通航运河,亚、非两洲的分界线。位于埃及东北部,贯通苏伊士地峡,连接地中海和红海,沟通大西洋和印度洋。1869年建成通航,是世界使用最频繁的航线之一,是亚洲与非洲、欧洲来往的主要通道。

京张铁路 詹天佑主持修建的铁路,它连接北京丰台区,经八达岭、居庸关、沙城、宣化等地至河北张家口,全长约200千米,1905年9月开工修建,1909年建成。京张铁路是中国首条不使用外国资金及人员,由中国人自行设计,投入营运的铁路。现称为京包铁路,以前的京张段为北京至包头铁路线的首段。

社会变迁 泛指任何社会现象的变更。内容包括社会的一切宏观和微观的变迁,社会纵向的前进和后退,社会横向的分化和整合,社会结构的常态和异态变迁,社会的量变和质变,社会关系、生活方式、行为规范、价值观念的变化等。在社会学中,主要指社会结构的变化。发明和发现、文化的接触和传播、社会冲突、人口变化、地理环境变化等通常被视为社会变迁的重要原因。

四、教学示例

本单元主要从陆路交通、水路交通及航空事业三个维度讲述了古今中外世界交通建设和交通工具的变迁,以及交通变迁对社会变迁的影响。

教学时,可从"时空"入手,分别梳理古代世界和中国的交通发展、近代世界和中国的交通发展、现代世界和中国的交通发展的历程,落实时空观念核心素养。

通过史料阅读和分析,理解古今中外的道路铺设和运河开凿是经济发展到一定阶段的产物,也是古今中外劳动人民智慧的结晶,落实唯物史观、史料实证、家国情怀等核心素养。

通过对"丝绸之路""城市化"等重要概念的解读,并结合相应史料分析交通变化对社会变迁的影响,落实历史解释、史料实证核心素养。

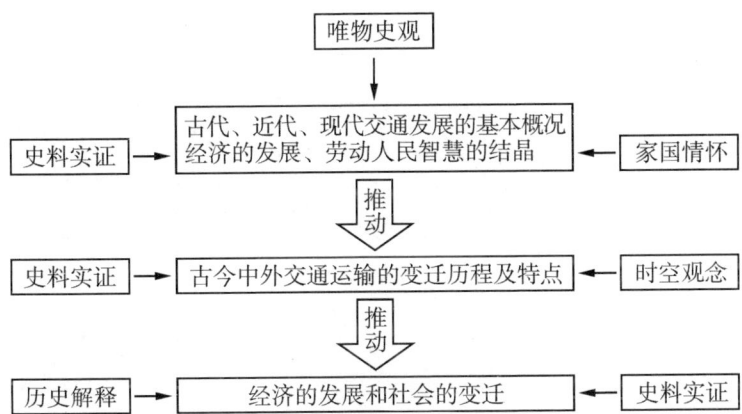

五、推荐阅读

[1] 王崇焕. 中国古代交通[M]. 天津:天津教育出版社,1991.

[2] 赵云旗. 中国古代交通[M]. 北京:新华出版社,1993.

[3] 波斯坦,哈巴库克. 剑桥欧洲经济史(第8卷)[M]. 王春法,等,译. 北京:经济科学出版社,2002.

[4] 斯塔夫里阿诺斯. 全球通史[M]. 吴象婴,等,译. 北京:北京大学出版社,2005.

[5] 白寿彝. 中国交通史[M]. 北京:团结出版社,2007.

［6］孙华.古代车驾杂说[J].四川研究,1986(2).

［7］郭正忠.交通与文明——关于交通经济建设的历史考察[J].中国经济史研究,1988(3).

［8］顾宁.美国铁路与经济现代化[J].世界历史,2003(6).

［9］陆文熙,陆铭.古代中国政府的交通建设与管理[J].西南民族大学学报(人文社科版),2004(10).

［10］何琨,朱军.中国高速公路建设历程与发展战略[J].筑路机械与施工机械化,2004(10).

［11］刘景华.大航海时代的西欧造船和航海术[J].长沙理工大学学报(社会科学版),2005(4).

［12］郭华.中古时期英国的路交通[J].东南文化,2006(6).

［13］徐飞.中国高铁的全球战略价值[J].人民论坛·学术前沿,2016(2).

第六单元

医疗与公共卫生

一、课标要求

知道古代历史上疫病的流行与影响；了解中医药的主要成就和西医在中国的传播、发展过程；了解现代医疗卫生体系的建立、发展及其对社会生活的影响。

二、单元解读

自人类诞生以来，与疾病作斗争一直是人类生存过程中极为重要的一环，因而医学也成为历史最为悠久的学科之一。在与疾病抗争的过程中，人类创造的各种手段、方法是医学的起源，而在治疗过程中利用各种植物、工具则催生了药学。在早期文明中，由于生产力的局限，人们对自然的认知水平较低，医疗往往与原始宗教相联系。随着文明的发展，出现从事医疗工作的专职人员，医疗知识不断积累并形成一定的理论体系。在不同文明应对疾病的历史中逐渐积累产生了各自的医药理论体系，如中医学在"阴阳五行学"的指导下逐渐形成博大精深的理论体系，欧洲则在以希波克拉底为首的医学家的推动下不断发展。近代以来，在文艺复兴和科学革命刺激之下，以化学、生物学、解剖学等科学为基础的近现代医学诞生，并逐渐传入中国。

疾病中的疫病具有强烈的传染性，如天花、鼠疫、霍乱等，对人类的破坏性极大。在与其斗争的过程中，人类逐渐产生公共卫生意识。古罗马在城市建设方面注重下水道、饮水道建设，古埃及注重居住环境卫生和饮食卫生，古代中国则注重城市水道疏通和疫病后的防治等。在与疫病的抗争中，人类对疫病的产生、传播、发展等环节的认知逐渐清晰，产生与之相匹配的医疗卫生体系，包含医疗卫生机构的建立、医疗卫生服务体系的完善、药品供应体系的建立、社会保障制度的建立完善等。现代医疗卫生体系的建立与完善对人类社会产生了重要影响，使得人类的健康状况得到极大改善，人类平均寿命不断延长，与之相伴随的是社会卫生意识的改善和生活方式的改变。

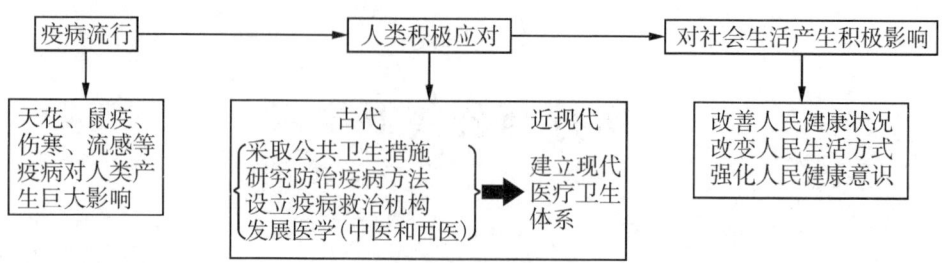

三、重要概念

疫病　"疫病"一词最早出现在《诗·小雅·节南山》"天方荐瘥,丧乱弘多"汉郑玄笺:"天气方今又重以疫病,长幼相乱而死丧甚大多也。"指由细菌、病毒等强烈致病性微生物感染人体而引起的急性传染病。在人类历史上产生重大影响的疫病有天花、鼠疫(也称黑死病)、霍乱、麻风、结核等,给人类的健康带来巨大威胁。

公共卫生　组织社会共同努力,改善环境卫生条件,预防控制传染病和其他疾病流行,培养良好卫生习惯和文明生活方式,提供医疗服务,达到预防疾病,促进人民身体健康的目的。古代人类已经比较注重公共卫生,如修建下水道、及时掩埋尸体等。

中医药学　一般指以中国汉族劳动人民创造的传统医学为主的医学,所以也称汉医,是研究人体生理、病理以及疾病的诊断和防治等的一门学科。中医诞生于原始社会,春秋战国时期中医理论已基本形成,之后历代均有总结发展。中医学以阴阳五行作为理论基础,通过"望闻问切"四诊合参的方法,探求病因、病性、病位,分析病机及人体内五脏六腑、经络关节、气血津液的变化,判断邪正消长,进而得出病名,归纳出证型,以辨证论治原则,制定"汗、吐、下、和、温、清、补、消"等治法,使用中药、针灸、推拿、按摩、拔罐、气功、食疗等多种治疗手段。经典著作主要有《黄帝内经》《伤寒杂病论》《神农本草经》等。中医药学为中华民族的生存繁衍,以及中国邻近国家的人民健康事业,作出了巨大贡献。

西医　现代中国人所说的"西医学",通常是指"现代西方国家的医学体系"。现代西方国家的医学体系起源于近代时期的西方国家,它是近代时期的西方国家的学者在否定并且摒弃了古希腊医学之后,以还原论观点来研究人体的生理现象与病理现象的过程中,所发展出来的一门以解剖生理学、组织胚胎学、生物化学与分子生物学作为基础学科的全新的医学体系。近代和现代西医学在近代时期的中国被称为"新医",与"旧医(中医学)"相对立。

现代医疗卫生体系 是包括医疗、预防、保健、医疗教育和科研工作等功能,由不同层次的医疗卫生机构所组成的有机整体,以防治疾病、保证人类健康和提高人口素质为任务。囊括基本医疗卫生制度、医疗服务制度、药品供应体系与医疗保障制度等内容,对保障人类健康起到关键作用。第二次世界大战后,现代医疗卫生体系的建设取得了巨大进展。中国的现代医疗卫生体系在近代逐渐建立,新中国成立后建立了中国特色现代医疗卫生体系。

四、教学示例

本单元教学的立足点是"疫病",整体围绕什么是疫病、如何应对疫病展开。如何应对疫病则从时间上可以拆解为古代、现代两个时间段,从手段上可拆解为防(公共卫生)和治(医学)两个方法。

在分析疫病概念时,可以提供给学生一定的史料,包括一定的数据和文字史料,帮助学生认识古代历史上疫病的流行与影响,从而培养史料实证和历史解释核心素养;通过表格或时间轴的形式,引导学生理解西医在中国传播发展的过程,培养时空观念核心素养;在学习中医药的成就时,可让学生自行分组搜集相应的材料,包括视频、文字、图片等,通过学生分组分享、展示相应史料,理解"什么是疫病、古代人类如何应对疫病",培养家国情怀、史料实证核心素养。

在学习中医药的成就时,学生可自行分组搜集相应的材料,包括视频、文字、图片等。在教授"现代医疗卫生体系"时,可以概念分解的形式,通过呈现史料,按照教材顺序讲解、分析基本医疗卫生制度、医疗服务制度、药品供应体系与医疗保障制度等内容,培养史料实证、历史解释核心素养;理解中国现代医疗卫生体系的完善对中国社会的巨大影响,培养家国情怀核心素养。

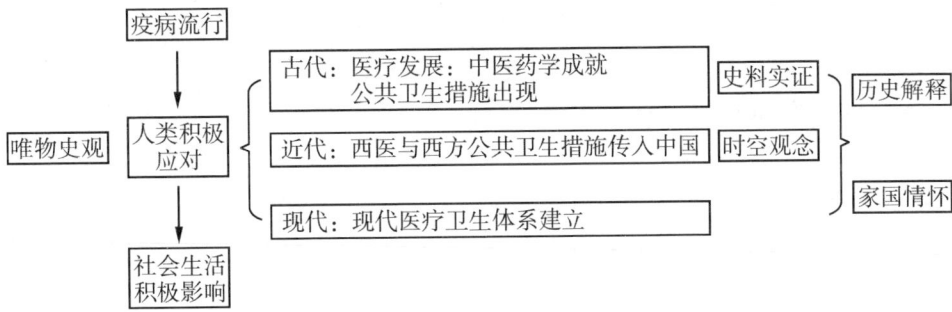

五、推荐阅读

［1］罗伊·波特.剑桥医学史［M］.张大庆,等,译.长春:吉林人民出版社,2000.

［2］周显光.医学史［M］.北京:中国医药科技出版社,2006.

［3］李经纬.中医史［M］.海南:海口出版社,2007.

［4］张大庆.医学史十五讲［M］.北京:北京大学出版社,2007.

［5］余新忠.清以来的疾病、医疗和卫生［M］.北京:生活·读书·新知三联书店,2009.

［6］洛伊斯·N.玛格纳.医学史［M］.刘学礼,等,译.上海:上海人民出版社,2009.

［7］克尔·瓦丁顿.欧洲医疗五百年［M］.李尚仁,译.台北:左岸文化事业有限公司,2014.

［8］贾雷德·戴蒙德.枪炮、病菌和钢铁［M］.谢延光,译.上海:上海译文出版社,2016.

［9］华璋.悬壶济乱世　医疗改革者如何于战乱与疫情中建立起中国现代医疗卫生体系1928—1945［M］.上海:复旦大学出版社,2015.

［10］孟庆跃.转型中的中国卫生体系［M］.世界卫生组织,2015.

［11］Mark Britnell.寻找完美医疗卫生体系［M］.胡琳琳,译.北京:中国协和医科大学出版社,2017.

第二部分 课时设计

第1课

从食物采集到食物生产

一、课标要求

知道人类由食物采集者向食物生产者演进的过程及意义;知道古代不同地区的食物生产及其对社会生活的影响。

二、教材分析

本课共三个子目。"人类早期的生产与生活"一目介绍了史前时期人类的食物生产演进历史。从采集、狩猎转向种植和畜牧,这是人类社会一次革命性的变化,也是人类走向农业文明的重要环节。"不同地区的食物生产与社会生活"一目介绍了古代不同地区的食物生产及其对社会生活的影响。"生产关系的变化"一目主要介绍了农业的产生使人类的生产关系发生了巨大变化,出现了私有制和阶级。本课引领学生从经济生活和社会生活的视角去认识人类社会发展的历史,并在此基础上进一步培养学生的历史学科核心素养。

三、学情分析

从认知结构来看,学生学习完《中外历史纲要》后,对史前史有所了解,但对人类早期的生产与生活认知不一定清晰,且本课内容专业性较强,所以学习起来有一定的难度。从发展需求来看,学生阅读原始史料和概括、理解历史理论的能力有限,对私有制、阶级和生产力发展之间的关联缺乏认知,导致其对经济基础影响上层建筑演进的作用认识不深刻。教师可通过问题引领,让学生自主学习、小组讨论、合作探究,促进对历史的深度思考,落实核心素养。

四、教学目标

1. 分析人类从食物采集到食物生产的过程,认识经济与社会生活是一个逐步发展、不断进步的过程,培养唯物史观、史料实证核心素养。

2. 通过比较,了解不同地区农业生产的面貌和早期农业传播情况,以及对比不同地区的食物生产与社会生活,理解人类文明发展过程具有多样性和交融性,学会尊重多元文明。

3. 多角度论述农业出现的重要意义,理解经济活动与社会生活之间的关系,认识人与自然、人与社会应和谐发展,养成热爱自然、劳动、生活的优良品质。

4. 通过了解中国先民在农业起源和文明发展时期的成就,认识中国对世界农业、文明发展作出了重大贡献,增强对中华文明成就的自豪感,增强承担社会责任的动力与信心。

教学重点:了解人类从食物采集者转变为食物生产者的过程及意义。

教学难点:理解农业产生如何推动生产关系的变革。

五、教学过程

(一)教学主题

在新旧石器时代的文物对比中认识人类从食物采集到食物生产的过程,在文本解读及读图中认识不同地区农牧业生产的面貌,理解人类文明发展过程中的多样性和交融性,并从史料研读中深化认识农业经济的产生对人类社会生活产生的影响。

(二)教学过程

导入

教师活动:出示我国各博物馆收藏的旧石器时代的生产工具图片,引导学生了解旧石器时代的概念及生产工具的用途及特点,并结合教材《远古人类的生活想象图》,设问:在当时的生产力水平下,人们获取食物的主要方式是什么?

材料1 旧石器时代的相关藏品。

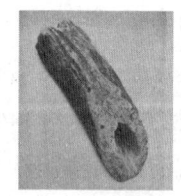

图1 石球(狩猎工具)　　图2 大三棱尖状器(挖掘工具)　　图3 鹿角铲(挖掘工具)

学生活动：读图可知，旧石器时代人们使用的生产工具粗糙、简陋，生产力水平低下。在当时的生产力水平下，人们获取食物的主要方式是采集和狩猎。

设计意图：引导学生观察图片，通过分析、推理、总结等思维方式，形成接近历史的结论，同时激发学生的探索欲。

学习任务1：了解人类从食物采集者转变为食物生产者的过程。

材料2 新石器时代的相关藏品。

 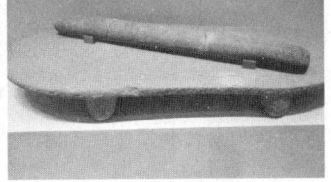 

图4　石"破土器"（开垦荒地）　　图5　石磨盘、石磨棒（加工谷物）　　图6　石镰（收割庄稼）

教师活动：引导学生观察新石器时代的生产工具，并分析这些生产工具与旧石器时代生产工具的不同之处。

学生活动：通过观察图片，可知不同之处主要在于制作工艺。这些工具采用了磨制技术，磨制成平整光滑、刃部锋利的石器，可以多次利用，提高了劳动生产率。

教师活动：在学生回答的基础上，引导学生比较旧石器时代与新石器时代的先民在生产和生活方面的不同，得知原始农耕和畜牧出现，逐渐代替采集和渔猎，成为人类获取食物的主要手段。而当人类成为食物生产者时，一个崭新的世界展现在人类面前，使人类的眼界大为开阔，从此人类告别了旧石器时代，跨入了新石器时代。

设计意图：通过观察对比新旧石器时代生产工具的不同，调动学生参与课堂学习的积极性，发挥学生主体作用，培养学生的自主学习能力和历史解释素养，同时也让学生意识到经济与社会生活是一个逐步发展、不断进步的过程，生产力水平决定社会经济生活，从而习得唯物史观。

学习任务2：了解不同地区农业生产的面貌和早期农业传播情况。

教师活动：由于各地经济发展的差异，农牧业在世界上几个不同的地区出现，彼此并无关联。考古资料显示，世界上主要的早期农耕中心有三个地区，即东亚、西亚和中美洲。中国农业起源早，较早培养了农作物水稻、粟，对世界农业发展作出了重大贡献。

材料3

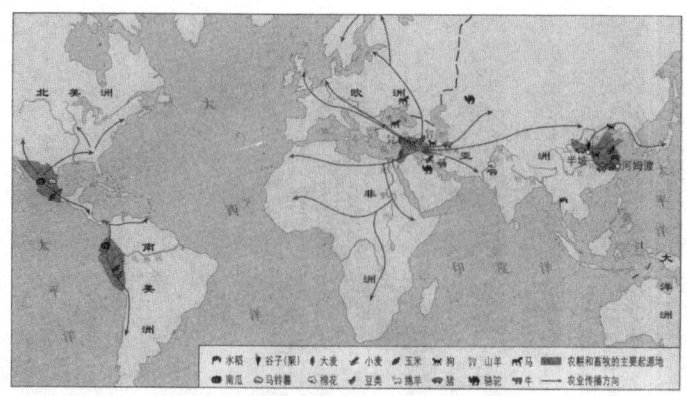

图7　早期农耕和畜牧的起源与传播

学生活动：结合教材及上图，完成以下表格。

地区	驯化的农作物	驯化的动物
东亚、南亚	水稻、粟、白菜、芥菜、香蕉、荔枝、奇异果、葡萄等	猪、狗等
西亚、北非	小麦、大麦、甘蓝、樱桃、石榴等	绵羊、山羊、牛等
中美洲	玉米、甘薯、花生、马铃薯、西红柿等	骆马、羊驼、火鸡等

教师活动：人类从食物采集到食物生产经历了漫长的过程，而古代先民为驯化农作物和动物也付出了艰辛的劳动。据了解全世界有记载的植物约39万种，被人类利用的2500种以上，目前栽培种植的植物约为1500种。在我国常见的农作物有50多种。

材料4　考古发掘出土的新石器时代的稻和粟。

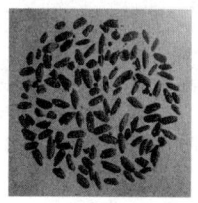 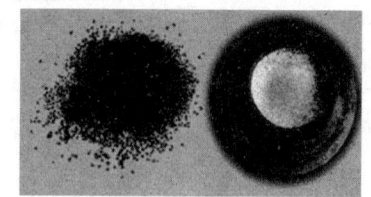

图8　炭化稻谷　　　　　图9　炭化的粟和菜籽

教师活动：我国是世界上最早发展农业和最早种植水稻、粟的国家之一，对世界农业的发展作出了巨大贡献。

设计意图：通过读图及梳理教材文本，培养学生解读文本的能力，涵养唯物史观。同时直观展示考古发掘物，使学生认识古代先民的智慧及对世界农业的贡献，培养学生的家国情怀。

学习任务3：了解不同地区的食物生产和社会生活的特色。

教师活动：从某种意义上可以说，有了农业，才真正开始了人类社会的历史。农业的出现不但为人类提供了比较稳定的食物来源，还改变了人类的生活方式，促进了文明的出现。亚洲、非洲、欧洲和美洲的农业各具特色，孕育出各自不同的古代文明，它们之间的相互交流又促进农业不断发展进步。展示《古代主要文明示意图》，引导学生对比图7《早期农耕和畜牧的起源与传播》，分析文明古国分布的特点和原因。

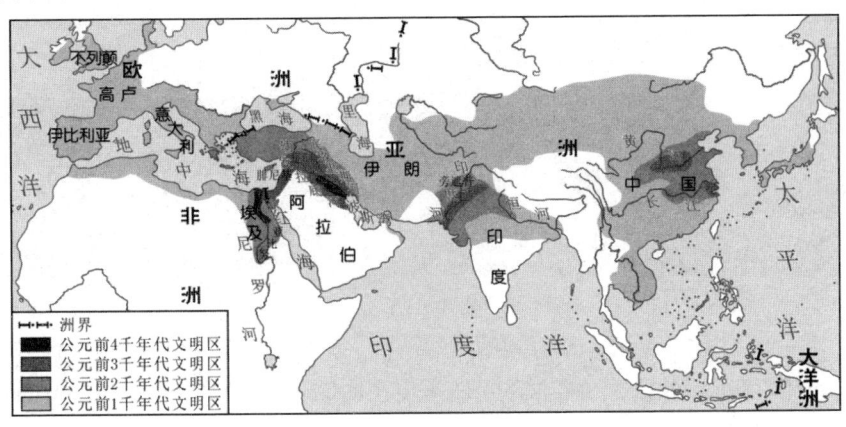

图10　古代主要文明示意图

学生活动：对比图10与图7，得出结论。远古时代人类受自然环境的影响非常明显，古代文明也往往是在某些特定地理条件下形成的，比如出现在适合农业耕作的大河流域。

教师活动：在学生阅读、理解的基础上，通过梳理表格，让学生了解不同文明地区的食物生产与社会生活的具体表现，从而意识到每一种文明都是美的结晶，都彰显着创造之美。

地区	食物生产		社会生活
	种植作物	驯化动物	
古巴比伦	大麦、小麦	山羊、绵羊、牛	土地多为王室、神庙和贵族所有，或出租佃户，或合伙经营
古埃及	大麦、小麦	山羊、绵羊、牛	土地主要由王室和神庙占有；尼罗河为农业发展提供有利条件，成为宗教信仰的核心
古中国	北方粟麦、南方稻作	猪、狗等	商周时期，农夫集体耕作，土地掌握在君主、贵族手中；战国以后，以家庭为基本生产单位，重农抑商

续表

地区	食物生产		社会生活
	种植作物	驯化动物	
古希腊	引进小麦、大麦，种植葡萄、橄榄		谷物和蔬菜轮作，建立果园，发展手工业和商业。城邦公民才能拥有土地，普遍使用奴隶劳动
古代美洲	玉米、甘薯、马铃薯等	骆马、羊驼、火鸡等	贵族私有和村社公有并行

材料5 世界古代以农业为基础的多样文明。

图11 古埃及人在田间耕作　　图12 印第安人的农耕图　　图13 中国东汉牛耕图画像石(拓片)　　图14 古希腊陶瓶(收获橄榄)

学生活动：阅读材料5，感悟农业是人类文明的摇篮，人类文明具有统一性；世界各地区农业各具特色，人类文明呈多样性。

设计意图：充分发挥学生在课堂教学中的主体作用，培养学生解读文本及提取信息和归纳总结的能力。同时理解人类文明发展过程具有多样性和交融性，学会尊重多样文明。

学习任务4：认识农业产生对社会生活的影响。

材料6 同样是1平方英里的土地，种植作物能养活的人口要比采集食物所能养活的人口多得多。因此，当我们看到人类总人口在距今10000年至2000年的8000年中，从532万直线上升到13300万，即足足增加25倍时，也就不会感到惊奇了。

——[美]斯塔夫里阿诺斯《全球通史》

材料7 从物质文化的观点来看，食物生产经济所引起的变化并不十分显著，这当然并不是说明显的变化现象毫不存在。最引人注目的变化乃建筑物的出现，甚至出现了密集的建筑物。只有农耕生活的刺激，才使永久性的村落得以形成……进入食物生产阶段后，人们以黏土、土、矿石等为原料，生产出陶器、绘画颜料、陶器釉彩、金属等。陶器是作为储藏、烹饪用器使用的。

——据史密斯《农业起源与人类历史》整理

材料8 古埃及太阳历是人类历史上最早的历法。埃及人根据尼罗河河水的涨落和作物生长的规律,将一年分为三季:泛滥期、播种期、收获期。

——《普通高中教科书 历史 必修 中外历史纲要 下》

学生活动:阅读材料6、7、8,认识农业的出现对生产力发展的影响。

教师活动:引导学生结合教材并分析材料,得知农业的出现促进人口增长;有利于人类定居生活,逐渐形成村落;推动手工业的发展;推动科学(天文历法)的发展;等等。

材料9 除了自由民和奴隶的差别以外,又出现了富人和穷人的差别——随着新的分工,社会又有了新的阶级划分。各个家庭家长之间的财产差别炸毁了各地迄今一直保存着的旧的共产制家庭公社;同时也炸毁了为这种公社而实行的土地的共同耕作。耕地起初是暂时地后来便永久地分配给各个家庭使用,它向完全的私有财产的过渡,是逐渐进行的……

——恩格斯《家庭、私有制和国家的起源》

学生活动:阅读材料9,认识农业的产生使人类的生产关系发生了巨大变化,出现了私有制、阶级和国家。

学生活动:综合分析材料6、7、8、9,认识农业的产生对社会生活的影响。

设计意图:通过分析农业产生对社会生活的影响,理解经济活动与社会生活之间的关系,认识人与自然、人与社会应和谐发展;同时培养学生阅读分析材料、提取信息的能力,在得出结论的学习过程中涵养历史解释、唯物史观素养。

(三)板书设计

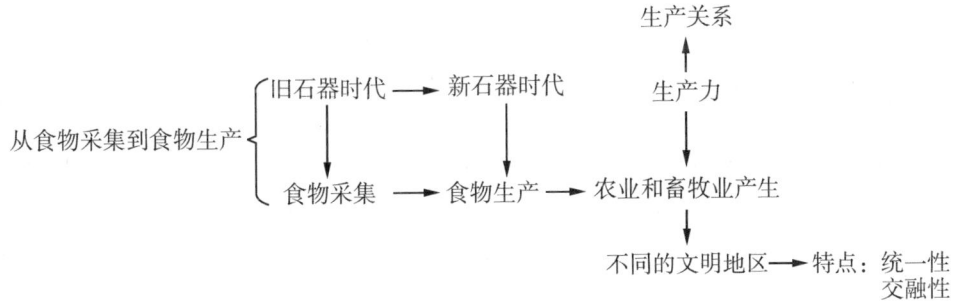

(四)核心素养水平划分

水平1:能够对比新旧石器时代的生产工具,提取有效信息,认识人类从食物采集者转变为食物生产者的过程;能够对比《早期农耕和畜牧的起源与传播》与《古代主要文明示意图》,了解世界不同地区食物生产与社会生活的不同,从而理解人类文明发展过程具有多样性和交融性。

水平2：能够利用出土实物、教材史料及今人研究成果等不同类型的史料,验证"世界文明具有统一性、交融性"这一结论,以形成对该问题更全面、丰富的解释。

水平3：在探讨农业产生对社会生活的影响时,能够恰当运用教材史料及学者对农业起源与人类历史之论的若干史料,论述所探讨的问题。

水平4：能够通过出土实物及文字、图片史料记载,了解中国先民在农业起源和文明发展时期的成就,认识中国对世界农业、文明发展作出了重大贡献,涵养家国情怀。

第2课

新航路开辟后的食物物种交流

一、课标要求

了解新航路开辟后食物物种交流及其历史影响。

二、教材分析

本课主要讲授新航路的开辟有力地促进了世界各地区的联系,使各地区的食物物种得以广泛交流和传播。美洲的物种陆续传播到欧洲、亚洲、非洲等地,与此同时,小麦、水稻等农作物和牛、羊、鸡等畜禽传入美洲。食物物种的世界性交流与传播对人类社会的发展产生了极其重要的影响,如丰富了人们的饮食,改变了人们的饮食习惯,对经贸和环境产生了深刻的影响。

三、学情分析

学生在初中历史教材和《中外历史纲要》(下)的学习中,已经对新航路开辟的基本过程和对世界历史的影响有了相对翔实的认识,但本课立足于食物物种交流这个角度,从学生学习经验来看相对陌生。如何让学生调动所学知识,基于提供的史料,相对全面地探究认识新航路开辟后食物物种交流所带来的多方面影响,对教师来说是一个不小的挑战。

四、教学目标

1. 通过阅读教材,归纳梳理新航路开辟后各洲之间主要食物物种交流的基本史实,培养时空观念核心素养。

2. 通过课外收集、分析材料,了解新航路开辟时期外来食物物种在中国的传播与影响,培养史料实证核心素养。

3. 通过史料阅读及分析,深刻理解和认识食物物种的世界性交流对人类社会带来的全方位影响,培养历史解释核心素养。

教学重点:了解新航路开辟后食物物种交流的表现,理解其历史影响。

教学难点:理解新航路开辟后食物物种交流的历史影响。

五、教学过程

（一）教学主题

梳理新航路开辟后食物物种交流,认识其深刻的历史影响。

（二）教学过程

导入

材料1

图1 欧洲第一幅玉米图(1504年) 　　图2 明代《本草纲目》所附玉米图

教师活动:玉米,是今天生活中我们再熟悉不过的一种食物。但玉米在欧洲和中国并非自古有之,如上图所见,16世纪以来玉米才广泛见于欧洲和中国的书籍中,试分析原因。

学生活动:玉米原产于美洲,在新航路开辟后得以外传到欧洲、亚洲等地区。

教师活动:新航路开辟后,得以在世界范围内传播的食物不止玉米。

设计意图:通过学生熟悉的食物玉米导入本课主题——新航路开辟后的食物物种交流。

学习任务1:了解新航路开辟后各大洲之间主要食物物种交流。

教师活动:引导学生阅读教材,完成表格。

新航路开辟后的食物物种交流概况

路线	主要食物物种
美洲→欧洲、亚洲、非洲等	玉米、马铃薯、甘薯、番茄、辣椒、南瓜等
欧洲、亚洲、非洲等→美洲	小麦、大麦、水稻、苹果、甜橙、柠檬、黄瓜、甜瓜、豌豆、甘蔗、猪、羊、鸡、牛、驴、骡、马等

学生活动：完成表格。

教师活动：根据教材和表格，谈谈新航路开辟后的食物物种交流呈现出哪些特点。

学生活动：食物物种交流的种类繁多，食物物种的交流是双向的，食物物种交流具有全球性。

设计意图：通过表格梳理的方式突破本课重点——新航路开辟后各大洲之间食物物种交流的概况；通过归纳特点这一问题的提出，引导学生进一步思考这一时期物种交流的时代特征。

学习任务2：阐述新航路开辟后某农作物在中国的传播与影响。

教师活动：通过表格，在学生宏观把握各洲之间的物种交流情况的基础上，请各个小组选派代表展示课前任务：阐述新航路开辟后某一农作物在中国的传播及影响。在阐述过程中要尽量做到依托史料，辨析史料，分析史料。

学生活动：展示课前成果。

成果示例1：本组选择辣椒这一农作物。目前中国关于辣椒的记载最早出现在明代杭州学者高濂的《遵生八笺》中，该书出版时间为1591年，由此可以推出至少在1591年之前辣椒就已经在中国种植。辣椒进入中国，通常认为可能经由两条路线：一是经由陆路——古丝绸之路传入甘肃、陕西等地，二是从海路进入广东、广西等地。我们认为应该由海路首先传播到中国的可能性非常大。首先，位于陆路的甘肃、陕西等省份均未有相关记载。其次，在新航路开辟后的16世纪，西班牙人开辟了一条联结墨西哥、菲律宾和中国福建的"大帆船贸易"，这条贸易线路对亚洲和美洲之间的商贸往来、物种交流起到重要作用。另外，中国西南地区还习惯将辣椒称为海椒。这些都让我们更加确定辣椒是通过海路进入中国的。辣椒虽然不属于果腹的粮食作物，但对中国人的口味和社会文化产生了巨大影响。今天我国西南地区还有"糠菜半年粮，海椒当衣裳"的习语留存，中国很多知名菜肴的名称都带有"辣椒"二字。辣椒甚至成为某些地区人们的一种性格象征，一种城市文化。

成果示例2：本组选择甘薯这一农作物。甘薯原产于美洲，新航路开辟后传入中国，但有关其传入的时间和途径众说纷纭。其中流传最广的说法是：明万历二十一年（1593）陈振龙将甘薯从菲律宾成功引种到福州长乐县。据陈世元《金薯传习录》里记载，陈经纶将其父陈振龙经多方努力带回的"薯藤苗种及法则"献给当时的福建巡抚金学曾。金氏恐"土性不合"，故令其觅地试种，待收成之日，再将薯呈验。试种成功后，甘薯在中国的种植普及开来。甘薯对中国社会影响深远，中国自古以来一直有五谷之说，但甘薯的推广改变了中国传统的粮食结构。甘薯对土地的要求较低,一些传统上不适宜耕种的土地也得以利用,扩大了耕地面积。甘薯对于缓解饥荒等灾害起到了重要的作用,保障了人口的持续增长。

设计意图:学生对本课的时代背景已非常熟悉,也很容易找到互相交流的食物物种,通过搜集史料,在整理中加以辨析、判断与分析,并在课堂上展示成果,可加深对这段历史的理解。

学习任务3:认识食物物种的世界性交流给人类社会带来的影响。

材料2 　　　　　　世界人口统计(单位:百万)

年份	1650	1750	1800	1850	1900	1950
非洲	100	95	90	95	120	198
亚洲	327	475	597	741	915	1320
拉丁美洲	12	11	19	33	63	162
北美洲	1	1	6	26	81	168
欧洲	103	144	192	274	423	593
大洋洲	2	2	2	2	6	13
总计	545	728	906	1171	1608	2454

——[美]艾尔弗雷德·W.克罗斯比《哥伦布大交换:1492年以后的生物影响和文化冲击》

材料3 小麦、葡萄、马匹、牛、猪、山羊和家鸡从欧洲来到了美洲,使得食物和营养的供给快速增加。在北美的平原和阿根廷的彭巴斯草原上,小麦长势良好,这些地区太过寒冷和干旱,不适合种植玉米;美洲的牧草把牛群养得膘肥奶足,为人们提供肉食和奶……美洲的作物在非洲、亚洲和欧洲生根发芽……东半球的居民对美洲作物起初只是逐渐的尝试,然而到了18世纪,在亚欧人的饮食中,玉米和马铃薯的比重大大提高。从西欧到中国的土地上,美洲的豆类提供了蛋白质,番茄和辣椒提供了维生素,并使饮食有滋有味。花生和树薯在东南亚及西非的热带土地上疯长,以丰厚的产出,支撑着众多的人口。

——[美]杰里·本特利、赫伯特·齐格勒《新全球史》

教师活动:观察材料2,指出世界人口发展的趋势,并思考材料3与材料2的历史关联。综合上述材料分析新航路开辟后食物物种交流的意义。

学生活动:从材料2中可以看出,世界人口发展的趋势是逐年增加。材料3说明新航路开辟后的食物物种交流,为人们提供了更多的食物选择,同时也增加了粮食供给,为材料2所体现的新航路开辟后全球人口的持续增长提供了支持。综上所述,新航路开辟后食物物种的交流丰富了人们的饮食,改变了人们的饮食习惯,推动了人口的增长。

教师活动:表中数据显示,美洲和非洲人口的增长与其他地区不同,试分析原因。

学生活动:非洲人口的变化同奴隶贸易有关;美洲人口的变化既与屠杀印第安人有关,也和大量移民和奴隶的涌入有关。

材料4 玉米、番薯、马铃薯这几种美洲作物均适应性较强、耐旱耐瘠,使过去并不适合粮食作物生长的砂砾瘠土、高岗山坡、深山老林等地成为宜种土地……玉米、番薯、马铃薯成了进山垦荒的流民首选的粮食作物。但流民的这种垦荒种植是开山砍伐、粗放式经营的,势必对既往相对稳定的生态环境带来毁灭性的影响……玉米、番薯、马铃薯因其高产而增加了粮食的供应量,贫民多以之为食。除供给食用之外,尚可有盈余出售,使玉米、番薯、马铃薯等成为可用来交易的商品,并可将价格比较高的稻谷等粮食节省下来投入市场来用于出售或商品交换,客观上起了平抑粮价的作用,并促进了明清时期粮食商品化的发展。

——郑南《美洲原产作物的传入及其对中国社会影响问题的研究》

教师活动:阅读材料4,概括指出材料从哪些角度探讨了美洲作物的传入对中国社会的影响,结合所学谈一谈对外来物种和外来文化应持的态度。

学生活动:材料4主要是从环境影响和经济贸易的角度探讨。一方面外来食物物种传入扩大了耕地面积,另一方面过度垦荒造田也导致水土流失。在经贸方面,粮食除供给食用外,还有盈余可投入市场出售,促进了商品经济的发展。

设计意图:通过对几则材料的关联解读,提升学生的历史解释核心素养,突破本课重难点。

小结:新航路开辟后,食物物种在全球范围内交流、传播。与早先的物种交流不同,这一阶段的交流涉及很多根本不同的动植物品种。几千年来,东西半球与大洋洲的物种都是独自沿着各自的轨迹演化,而这次前所未有的世界性交流引发了世界物种分布与自然环境的永久性变化。

(三)板书设计

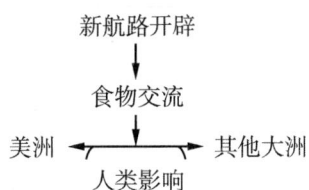

（四）核心素养水平划分

水平1：能够在查找某农作物在中国传播的相关资料时，知道史料分为文献史料、图像史料、实物史料、口述史料等多种类型，并能够在史料中提取所需的信息；能够有条理地指出新航路开辟后不同大洲之间具体食物物种的交流。

水平2：能够以某一农作物为例，梳理其在中国传播的来龙去脉，并且选择、组织和运用相关材料并使用相关学术术语论证自己的观点；能够区分在史料中哪些属于史实，哪些属于解释；在查找资料时，能够对诗歌、地图等相关学科知识加以整合利用；能够通过梳理食物物种交流，提炼出该时期物种交流的特点。

水平3：能够整理和辨析课前搜集到的史料，对某农作物传入中国的时间和途径等问题有不同的观点，作出自己有理有据的判断；能够在阅读食物物种交流影响的史料中，分辨不同的历史解释，并且尝试评析产生不同历史解释的原因；能够深刻理解新航路开辟后食物物种交流的历史影响。

水平4：在论述某一农作物在中国的传播和影响时，能够恰当地运用史料，体会史论结合、实事求是的真义；能够尝试提出自己新的解释，全面客观地看待新航路开辟后食物物种交流的历史意义；能够通过学习食物物种世界性交流，感悟世界从分散走向整体的历史趋势，体会人类命运共同体提出的历史必然性；能够对一个民族的发展持宽容、开放的态度，形成正确的世界观、人生观和价值观。

第3课

现代食物的生产、储备与食品安全

一、课标要求

了解现代农业、渔业发展过程中,人类在食物生产、储备等方面的进步,认识消除饥饿和食品安全在人类历史上的重大意义。

二、教材分析

本课主要讲述了现代食物的生产、储备与食品安全。首先通过讲述工业革命后科学技术进步带来的农业现代化对农业、渔业、牧业的积极影响,增加了粮食产量,保障了食品供应。再由粮食产量的增加关注到食物的储藏,介绍从古到今的食物储藏技术发展。其次介绍了人类为了消除饥饿与保障食品安全所作出的各种举措,说明粮食短缺和食品安全问题仍是我们长时间内需要解决的问题。每一目内容都有中国特色的举措,可以在教学设计中予以突出。

三、学情分析

学生对本课内容极其陌生,对于现代食物生产、储藏和食品安全的知识缺乏基础认知,并且没有太多的社会阅历。不过教材内容难度相对不大,教师可以将内在逻辑梳理清楚,方便学生掌握全课知识。

四、教学目标

1. 阅读教材,梳理、归纳现代食物生产、储藏技术的发展。
2. 阅读、分析史料,厘清中国和世界消除饥饿和保障食品安全的举措。
3. 深刻理解消除饥饿和保障食品安全并非是一个国家或者一个国际组织可以解决的,而是各国政府、全社会的责任。

教学重点:了解农业现代化技术对农、渔、牧业的影响,了解从古到今,尤其是现代化食品储藏技术的发展演变,感悟中国和世界应对消除饥饿和食品安全问题的举措和态度。

教学难点:深刻认识并理解消除饥饿和保障食品安全是各国政府、全社会的责任。

五、教学过程

(一) 教学主题

通过中国和世界两条线索,了解农业现代化技术和粮食储藏、运输技术的发展,理解消除饥饿和保障食品安全是全世界的责任。

(二) 教学过程

导入

"中国人的饭碗任何时候都要牢牢端在自己手里。我们的饭碗应该主要装中国粮。""保障国家粮食安全是一个永恒的课题,任何时候这根弦都不能松。"

——习近平《饭碗要端在自己手里》

教师活动:俗话说,民以食为天。随着生产方式的变化和物种的不断交流,粮食产量在不断提升。中国是一个人口大国,习近平总书记的一番话点出了国家粮食安全问题。世界其他国家是如何看待这个问题的呢?

学生活动:食品需求和供给之间的矛盾日益成为各国关注的重大问题,各国政府都把解决粮食安全和消除饥饿作为首要任务。

设计意图:引入习近平总书记的话,结合课本知识,引出本节课所需要解决的两个问题:消除饥饿和食品安全。同时以中国和世界各国的态度为切入点,引入两条主线——中国和世界各国对于粮食问题的不同应对措施,为接下来的学习作铺垫。

学习任务1:了解农业现代化的具体举措。

材料1 "农业的出路在现代化,农业现代化关键在科技进步。""我们必须比以往任何时候都更加重视和依靠农业科技进步,走内涵式发展道路。""让农业插上科技的翅膀。"

——习近平《饭碗要端在自己手里》

材料2 19至20世纪的美国农业现代化快速发展,主要受益于灵活的土地政策,务实的农业立法,以及推广农业机械化、重视农业科研、建设基础设施、实行域区化生产等措施。……1877年,中央政府颁布《荒芜土地法》,鼓励水利灌溉工程建设。1894年,国会又通过《凯里法》,该法案决定拨给各干旱州100万英亩土地,用于水利灌溉工程的建设,同时允许私人经营灌溉事业。1902年,美国《新垦荒法》颁布,法案宣布增加对西部农业区水利工程的资金供应。

联邦政府向各州提供了总计1300万英亩土地。各州政府拍卖中央无偿提供的土地,将所得资金用来创办培养农艺人才的高等院校。到1916年,美国共建农业高等院校68所。……为了应用农业科研成果,美国政府还设立农业实验站。1875年,康涅狄克州首创第一所农业实验站,其他各州纷纷仿效。

——金二威《19至20世纪美国农业现代化及生态保护》

教师活动:食品需求和供给之间的矛盾最明显的体现就是食品短缺,也就是饥饿问题,现代社会是如何解决这一问题的?

学生活动:通过农业现代化和科技的进步。

问题设计:根据材料,结合课本,梳理美国等西方国家进行农业现代化建设的具体举措。

学生活动:①20世纪初,汽油拖拉机、柴油拖拉机相继实现批量生产,为农业机器的广泛使用创造了条件,用大功率拖拉机牵引的铧式犁、播种机、联合收获机等,大大提高了工作效率。美国农业机械以大型为主,法国以中型为主,日本以小型为主。②人工智能在农业机器中的不断应用,法、美等国研制出的机器人可以使饲料分配完全自动化。③农业科技的发展推动着农作物的播种、收割和加工等从人工化向自动化转变。④20世纪以来,玉米、小麦和水稻等主要粮食作物的杂交育种技术有了新的突破。1930年,美国利用杂交技术培育出玉米新品种,平均亩产由过去的100千克增加到350千克。⑤美国还利用灵活的土地政策、务实的农业立法、注重农业科研等方法推动农业现代化。

材料3 新兴产业带动了传统产业部门的技术改造,推动了农业的变革,为农业提供了先进的电力设施、机械设备、化学肥料、农药,为传统农业向现代农业转化准备了物质技术条件。

——人民版高中历史必修二

问题设计:工业革命后,资本主义的机器生产推动着传统农业向现代农业转变。到20世纪中叶,欧美各国完成了农业现代化,建立起高度集约的现代农业。现代农业具备怎样的特征?

学生活动:①20世纪下半叶以来,一大批优良品种育成推广,优质高效化肥广泛运用。②以高科技为基础的设施农业有了突破性进展,农作物的单位面积产量及禽畜的生产量大幅度增长,保证了农牧产品的供应。③大型农场、养殖业成为现代农业的主要生产经营方式。

教师活动：现代农业不仅包括传统的粮食种植业，还包括渔、牧业等产业。农业现代化对这些产业产生了什么样的影响？

学生活动：养殖场和牧场的各个生产环节，从给料、饮水到产品收集、包装、运输都实现了机械化和自动控制。现代科学技术用于海洋捕捞，渔船、网具等日趋现代化。水产养殖向工厂化、机械化、集约化经营发展，从淡水养殖向海水养殖发展。

问题设计：中国农业现代化包括哪些具体措施？

学生活动：①中国主要是大、中、小型农业机械相结合。②中国已经研发出耕耘、除草、施肥、喷药、蔬菜嫁接、收割、采摘等多种农用机器人。③20世纪60年代以来，中国的杂交水稻制种技术也不断取得突破。

教师活动：农业机械化、集约化、产业化提高了生产效率，保障了食品供应。

设计意图：通过提供线索，引导学生在精读教材的基础上加深对农业现代化的认识；通过学生活动的形式，让学生在厘清世界农业现代化过程中，认识到工业革命对现代农业的影响，并且能够对现代农业这一概念有更加清晰的认知。

学习任务2：了解食品储备技术的进步过程。

材料4 在以传统农业为主的中国古代社会，农业生产水平较低，历朝历代都将粮食问题放在安邦治国的重要地位，宋代也不例外。宋太宗就曾经说过"国家大本，食足为先"。根据宋代当时的社会实际情况，我们大致将宋代的食品安全界定为三个方面：(1)粮食生产安全，即通过粮食生产获得供应上的充足保证；(2)粮食流通安全，即通过跨区域的粮食调运来实现粮食在空间上的供求平衡，并进行粮价的调节；(3)粮食仓储安全，即通过仓储制度来实现粮食在时间上的供求平衡。

——摘编自刘双怡《农业自然灾害与宋代粮食安全》

问题设计：根据材料，结合所学，探究古今中外人类是如何解决食品仓储和流通安全问题的。

学生活动：①在原始农业社会，人们利用地窖和陶器来存储余粮。随着古代农业的发展，粮仓的储备技术不断改进，不仅防盗防鼠、防潮防火，还具有良好的保鲜功能。在古代，人们利用腌制或风干等方法加工保存食物，还利用自然界的冰来延长食品保质期。②20世纪以来，科技的发展极大地推动了粮食储备技术的进步。20世纪50年代，美国已经使用机械通风储粮技术，后来这项技术在全世界得到广泛应用。中国从20世纪70年代开始采用机械制冷低温储粮技术。③21世纪以来，新型制冷设施相继推出。粮仓仓容量不断扩大，由百吨发展到千吨、万吨。低温、低氧等储藏技术广泛应用，粮食储备自动化和智能化水平不断提高。④自20世纪20年代起，速冻加工、冷冻设备、冷冻食品以及冷冻食品包装等领域技术不断进步,家用冰箱和冰柜普及,冷冻食品工业有了突飞猛进的发展,冷链物流产业也发展起来。

材料5 《规划》提出:到2015年,建成一批运转高效、规模化、现代化的跨区域冷链物流配送中心,培育一批具有较强资源整合能力和国际竞争力的核心企业,冷链物流核心技术将得到广泛推广,并初步建成布局合理、设施装备先进、上下游衔接配套、功能完善、运行管理规范、技术标准体系健全的农产品冷链物流服务体系。

为实现上述目标和任务,《规划》提出要实施八大重点工程:一是冷库建设工程,二是低温配送处理中心建设工程,三是冷链运输车辆及制冷设备工程,四是冷链物流企业培育工程,五是冷链物流全程监控与追溯系统工程,六是肉类和水产品冷链物流工程,七是果蔬冷链物流工程,八是冷链物流监管与查验体系工程。

——发改委《农产品冷链物流发展规划》(2010)

问题设计:结合材料,根据所学,分析冷链物流对社会和人们生活的影响。

学生活动:①极大地推动了冷冻技术和物流技术的发展,有利于缓解食品仓储压力。②保证了农民、渔民、牧民等的经济利益,稳定了农业的发展。③人们可以吃到世界各地、一年四季的食物,饮食与生活水平提高。④进一步推动了全国乃至世界范围内的食品流通和合理化分配,保障了国家食品安全,有助于解决世界饥饿问题。

设计意图:梳理食品仓储技术的发展过程,使学生认识技术的进步对粮食仓储的重大作用;激发学生思考冷链物流对于食品仓储、人民生活和国家的影响,从而理解食品仓储技术和冷链物流发展对人类的重要作用。

学习任务3:认识并理解人类如何解决粮食短缺和食品安全问题。

展示材料:教材"历史纵横""20世纪80年代的非洲大饥荒"。

问题设计:为何人类不断发展农业现代化技术、粮食仓储技术和冷链物流,仍然无法解决粮食短缺问题?

学生活动:一方面,粮食短缺是全球性问题,无法靠一个国家来解决;另一方面,与之相关的还有食品安全问题。

问题设计:如何解决粮食短缺这一全球性问题?

学生活动:通过全球性的国际组织——联合国粮食及农业组织。

材料6

图1 联合国粮食及农业组织徽标

材料7 联合国粮食及农业组织在1974年第一次世界粮食首脑会议上通过了《消灭饥饿和营养不良世界宣言》,同时还通过了《世界粮食安全国际协定》。该协定认为保证世界粮食安全是一项国际性责任,并要求有关国家为保证世界随时供应足够的基本粮食,避免严重的粮食短缺。

——刘双怡《农业自然灾害与宋代粮食安全》

问题设计:联合国粮农组织如何解决粮食短缺问题?

学生活动:1945年成立的联合国粮农组织多次召开世界粮食安全首脑会议,制定粮食安全行动计划,为人类共同消除饥饿统筹资源。

材料8 完善粮食安全保障法律法规。加快推进粮食安全保障立法,颁布和修订实施《农业法》《土地管理法》《土壤污染防治法》《水土保持法》《农村土地承包法》《农业技术推广法》《农业机械化促进法》《种子法》《农产品质量安全法》《食品安全法》《进出境动植物检疫法》《农民专业合作社法》《基本农田保护条例》《土地复垦条例》《农药管理条例》《植物检疫条例》《粮食流通管理条例》等法律法规。

——《中国的粮食安全问题》白皮书

问题设计:根据材料,结合所学,说明中国对食品安全问题的态度。

学生活动:1996年,中国发布了《中国的粮食安全问题》白皮书,提出立足国内资源、实现粮食基本自给的方针,此后我国制定了一系列保障食品安全的法律法规。2009年,全国人大常委会通过《中华人民共和国食品安全法》,用法律手段确保食品安全,此后又对食品安全法进行了修订。中国政府还提出用最严谨的标准、最严格的监管、最严厉的惩罚、最严肃的问责,提高食品安全监管水平和能力。

材料9 第三十四条 禁止生产经营下列食品、食品添加剂、食品相关产品:

(一)用非食品原料生产的食品或者添加食品添加剂以外的化学物质和其他可能危害人体健康物质的食品,或者用回收食品作为原料生产的食品;(二)致病性微生物,农药残留、兽药残留、生物毒素、重金属等污染物质以及其他危害人体健康的物质含量超过食品安全标准限量的食品、食品添加剂、食品相关产品……(九)被包装材料、容器、运输工具等污染的食品、食品添加剂;……(十一)无标签的预包装食品、食品添加剂;……

——《中华人民共和国食品安全法》

问题设计:中国为什么要制定这样一部法律?

学生活动:与粮食安全问题相关的是食品安全问题。农业现代化极大地丰富了食品供应,但也产生了一些负面作用。化肥、农药的过度使用导致土壤严重污染,并通过食物链进入农作物和禽畜体内。禽畜饲养中过度使用抗生素,也造成食品污染,危害人体健康。在食品加工过程中,过度使用食品添加剂,甚至违法使用危害健康的化学添加剂,导致食品安全问题频发。

材料10

图2 激素导致孩子性早熟

图3 中国市场频现新西兰"毒奶粉"

问题设计:这些问题是否能靠中国一个国家解决?

学生活动:各国应更加重视食品安全问题,并制定法律法规进行管理。消除饥饿和保障食品安全,是各国政府的重要职责,也是国际组织关注的重点。

材料11 由于政策支持、制度创新和农业科技进步,中国在增加粮食产量、保障粮食安全方面取得巨大成就。1978年中国粮食总产量为30476.5万吨,2020年达到66949万吨。……中国高度重视食品安全……中国政府还提出用最严谨的标准、最严格的监管、最严厉的惩罚、最严肃的问责,提高食品安全监管水平和能力。

——《普通高中教科书　历史　选择性必修2　经济与社会生活》

问题设计:结合本课所学,分享对有关中国在粮食安全问题上所做贡献的认知。

学生活动:中华人民共和国成立后,在中国共产党领导下,用不足世界7%的耕地,养活了世界22%的人口。中国在粮食生产、储备和安全问题上都有属于自己的独特贡献,不仅关注本国利益,而且时刻关注全世界粮食安全,时刻准备为世界贡献自己的力量,不愧是负责任的大国,人类命运共同体的发起者。

设计意图:回顾中国在粮食安全方面的种种贡献,强化学生对于中国是负责任大国的认识,涵养家国情怀。

(三)板书设计

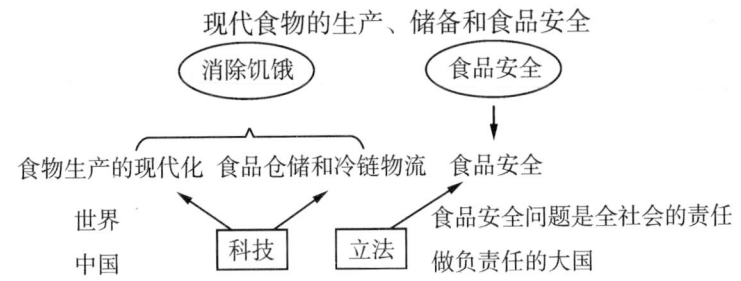

（四）核心素养水平划分

水平1：了解食物生产、储藏和食品安全的相关概念，能够从教材和教师呈现的材料中提取有关信息；能够说出不同时期食物生产、储藏和食品安全的基本状况。

水平2：能够梳理食物生产技术、储藏技术发展的史实，能够初步认识技术的进步对于消除饥饿问题的帮助，能够了解各国为解决这一问题做出的努力。

水平3：能够对食物生产技术、储藏技术的发展有着整体的认知和概括的说明；能够选择、组织和运用相关材料并使用相关历史术语，准确掌握古今中外食物生产技术、储藏技术的相关史实；能够认识到工业革命技术发展对食物生产、储藏和食品安全的影响；能够体会解决食品安全问题是个全球性问题，需要各国努力，掌握中国为食品安全问题所做出的贡献。

水平4：能够体会技术是一把双刃剑，在推动食物生产、储藏技术发展的同时，也带来食品安全问题；能够理解消除饥饿和保护食品安全是各国政府的重要职责，也是国际组织重视的重要问题；能够通过理解解决食物安全问题中中国所做出的贡献，认识到中国是负责任的大国。

第4课

古代的生产工具与劳作

一、课标要求

了解劳动在社会生产中的作用,以及历史上劳动工具和主要劳作方式的变化;理解劳动人民对历史的推动作用,以及生产方式的变革对人类社会发展所具有的革命性意义。

二、教材分析

本课中的部分内容,如中国古代的农业耕作技术与纺织技术的发展,在《中外历史纲要》(上)中有所涉及,欧洲庄园式劳作方式等内容与《中外历史纲要》(下)的教学内容有重合交叉。但是,在《中外历史纲要》的学习中,对生产工具的发展更多的是放在某一历史时段中的经济方面予以关注,本课更侧重于从长时段把握生产工具的演变历程,从而聚焦工具的发展对生产力的推动作用。

本课的主要内容是生产工具的演变过程,包括古代农业工具和古代手工业工具的演变,以及古代农业和手工业的典型劳作方式。教材对生产工具变化所带来的影响阐述较少,在实际教学中应补充相关的材料,引导学生理解劳动人民对历史的推动作用,充分认识生产方式的变革对人类社会发展所具有的革命性意义。

三、学情分析

学生通过《中外历史纲要》的学习,已基本掌握古代农业生产工具的基本演变历程,了解了家庭式劳作、庄园式劳作等方式,为本课的学习奠定了一定的基础。选择性必修模块提出了更高的学习要求,教师应着眼于让学生认识在生产工具发展的进程中劳动人民的推动作用,理解生产工具的发展对生产力和生产关系的影响。

四、教学目标

1. 梳理古代中国农业生产工具的发展历程,从较长的历史时段中把握其发展脉络。

2. 通过梳理古代中国手工业工具发展取得的成果,理解手工业生产工具的改进推动了手工业的发展。

3. 通过分析铁犁牛耕对中国古代社会发展所产生的影响,认识生产工具的发展对劳作方式的影响,理解生产工具的变革对人类社会的革命性意义,感悟劳动人民对历史的推动作用。

4. 通过比较中西官营手工业发展的不同情况,理解劳作方式对人类社会发展所起的历史作用。

教学重点:中国古代劳动工具的变化和主要劳作方式。

教学难点:认识生产方式的变革对人类社会发展所具有的革命性意义。

五、教学过程

(一)教学主题

了解我国古代生产工具的发展,认识我国古代农业、手工业发展的成就,理解生产工具的发展对社会发展的推动作用。

(二)教学过程

导入

教师讲述:在世界古代历史上,农业生产工具和手工业生产工具经历了漫长的演变。今天我们就以这两类工具的发展为例,探讨生产工具的发展对社会发展的作用。

设计意图:直接导入,点明课堂主题和学习任务。

学习任务1:认识中国古代农具发展的基本情况。

教师活动:引导学生根据所学,利用表格形式,从长时段梳理中国古代农具发展的历程。

材料1　　　　中国古代农业生产工具发展历程表(学生完成)

时期	农业生产工具
旧石器时代	打制石器
新石器时代	磨制石器:石斧、石锄、石镰、骨耜,末期出现石犁

续表

时期	农业生产工具
青铜时代	木、石、骨、蚌质农具为主,出现青铜铸造农具,但数量有限
铁器时代	铁器广泛使用,战国时铁犁用于牛耕,西汉犁壁发明、牛耕不断推广,唐代出现曲辕犁;发明翻车、筒车等灌溉工具

材料2

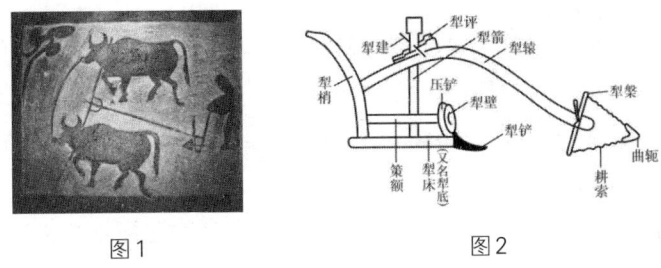

图1　　　　　　　　图2

材料3　同样一把锄头,可用来翻地、开沟、起垄、中耕、收获(如掘收甘薯、花生、芋头等)。同样一把镰刀,可以用来收割各种作物。一部耧车,可用于播种芝麻、粟、小麦、高粱、大豆、玉米等大小不同的种子。南方的耕犁,既可下水田,也可以上山耕梯田。

为解决耕牛不足的困难,北宋政府曾于淳化五年(994)和景德二年(1005)分别在黄淮地区和河北地区两次推广踏犁。

——据陶鼎来《珍视我国农具遗产》等整理

教师活动:引导学生解读已完成的中国古代农业生产工具发展历程表,并结合相关材料,概括中国古代农业生产工具发展的特点,分析影响农业生产工具发展的因素。引导学生从农业生产工具的材料、耕作方式、动力等角度来认识其发展特点,从劳动人民与古代政府两个不同角度分析影响因素。

学生活动:根据表格及材料,分析概括中国古代农业生产工具发展的特点,并分析其影响因素。

材料4　汉代铁犁壁:由犁壁和犁铧构成的弯曲面能将耕起的土垡破碎和翻转过去,再加以反复平摩,可使土壤松软,田面平整。

图3　汉代铁犁壁

教师活动:引导学生认识农业工具的改进对农业生产的影响。

学生活动:根据图片及材料,分析犁壁对农业生产的作用。

材料5 殷墟甲骨文中有"(王)大令众人曰,协田"的卜辞。

今一夫挟五口,治田百亩,岁收亩一石半,为粟百五十石。

——《汉书·食货志》

教师活动:引导学生解读材料5,认识商周时期的集体劳作方式与汉代家庭劳作方式所植根的时代环境。

学生活动:根据材料5,指出其所体现的两种劳作方式,并分析其存在的历史原因。

教师活动:总结生产工具的变化对劳作方式产生的影响,引导学生理解其对社会其他层面所产生的影响推动了社会的转型。

学生活动:根据所学,分析铁犁牛耕技术产生的影响,从多方面概括春秋战国时期社会转型的结果。

设计意图:利用表格的形式,组织学生梳理所学、整理相关资料,为探讨我国古代农业生产发展的特点做铺垫;通过解读材料,让学生能够从较长时段把握农业生产工具发展的特点,理解生产工具的发展对农业生产以及劳作方式的影响,从而认识生产工具的发展是生产力进步的重要标志,推动人类社会进步。

学习任务2:认识手工业生产工具的进步与发展。

教师活动:引导学生根据教材,利用表格形式,梳理中国古代手工业生产工具发展的历程。

材料6 中国古代手工业生产工具发展历程表(学生完成)

类别	时期	生产工具
纺织工具	约3万年前	骨针
	新石器时代晚期	陶纺轮
	汉朝	纺纱用的纺车、提花机
	元朝	纺织机成为农耕家庭不可或缺的生产工具
制瓷工具	新石器时代晚期	坯车制坯(可制圆形坯件,调节坯车转动速度以控制坯件薄厚)
	南朝	匣钵,可防止在烧制过程中气体和有害物质污损坯件
	唐宋	支钉,防止器物在烧制过程中粘连
冶炼工具	商周	土炉、锤、锉、坩埚、范等
	东汉	水排

材料7 在商周早期,礼器和兵器是青铜器的主要应用形式,从其纹饰特点来

看,人们对天和神具有较强的敬畏思想;到了西周中晚期,青铜器大多为礼器,在纹饰方面则开始发展写实的特点;最后,到了东周,青铜器开始在人们的生活中普及应用,纹饰特点更多体现了社会生活的场面。

——摘编自曾曦《从青铜器的纹饰艺术看商周文化的变迁》

教师活动:呈现材料7,引导学生解读商周时期青铜器的变化及其原因。

学生活动:根据所学及材料,指出商周时期青铜器变化的特点并分析其原因。

材料8

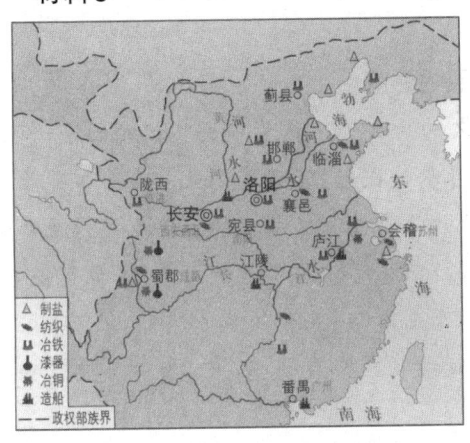

图4　汉代手工业分布图

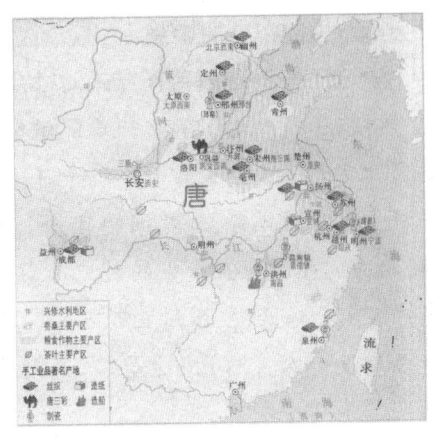

图5　唐代手工业分布图

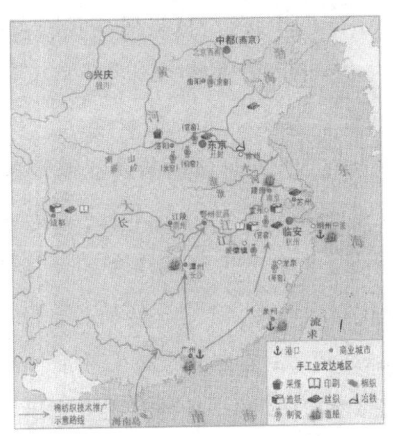

图6　宋代手工业分布图

教师活动:呈现汉代、唐代、宋代手工业分布图,引导学生分析手工业分布的变化及其原因。

学生活动:根据地图和所学,指出手工业分布的变化,并分析其原因。

教师活动:中国历史上发达的手工业区大都分布于农业上精细耕作的地带,如汉代主要分布在黄河中下游流域,到宋代主要分布在长江中下游流域,这是因为精细耕作的农业地带不仅能为手工业的发展提供所需要的手工业原料,而且有条件将农业富余人口转化为手工业人口,使手工业和农业相互促进,共同发展。

设计意图:利用表格的形式,组织学生梳理所学、整理相关资料,为认识我国古代手工业生产发展的成就做铺垫;通过认识生产力的发展,尤其是冶炼工具的进步推动了青铜器的普遍应用,更直观地理解手工业生产工具的改进推动了手工业的发展;通过认识古代手工业的发展及其分布格局与农业经济密不可分,以及中国古代经济中农业经济的基础性地位,更深刻地理解生产力的进步与发展对我国古代社会所产生的多方面影响。

学习任务3:理解劳作方式对社会发展的影响。

材料9 中国的官营手工业有着悠久的历史……作为中央集权的国家,有必要通过官营手工业来控制经济命脉。从春秋战国起,官营手工业就在手工业生产中居于绝对的优势,如楚国的官营手工业就几乎控制了所有的重要生产行业和部门,而民间手工业只是它的补充。西汉时,"三服官作工各数千人,一岁费数钜万。蜀广汉主金银器,岁各用五百万,三工官官费五千万,东西织室亦然"。官营手工业者长期没有人身自由,这是"工商食官"奴隶制残余在封建手工业中长期影响的结果。

——摘编自王素琴《试论中国与英法封建官营手工业的不同地位和影响》

教师活动:呈现材料,引导学生解读材料,概括我国古代官营手工业的特点。
学生活动:根据材料并结合所学,概括中国古代官营手工业的特点。

材料10 英法没有从古代继承下来的官营手工业。古罗马奴隶制官营手工业在蛮族入侵者铁蹄的践踏下,随着封建制的建立而衰落了……作为封建政权基层组织的是庄园。庄园既是一个独立的政治单位,又是一个独立的经济实体。它既生产城市需要的各种食物,也生产供自己消费的生活用品和少量手工业商品。所以,要说英法也有官营手工业的话,它是原始的、萌芽性的。在英法这种官营手工业中,工匠拥有自己的独立经济,这些工匠的生存条件的好坏与封建的经济状况毫不相干……由此而决定了他们的生产目的只能是壮大自己的独立经济,以求摆脱人身依附的境况,从而改善自己的生存条件。英法封建晚期,政府主要通过法规和专制权来控制和影响手工业的发展,但效果不佳。近代以来,英法都将扶植和控制新兴工业视为国策,但总的来说,政府对手工业的控制力度是不强的……致使许多新兴工业在社会经济转型时期逃脱了政府的控制。

——摘编自王素琴《试论中国与英法封建官营手工业的不同地位和影响》

教师活动:呈现材料,引导学生解读材料,比较古代中国与英法封建官营手工业的区别,并分析其原因。

学生活动:结合材料及所学,概括古代中国与英法封建官营手工业的区别,并分析其原因。

教师活动:引导学生理解英法封建官营手工业的发展给英法社会带来的影响。

学生活动:综合材料及所学,分析英法封建官营手工业的发展给英法社会带来的影响。

设计意图:通过比较中西官营手工业,认识影响劳作方式发展的因素,以及劳作方式对社会发展的影响。

小结:历史事实表明,生产工具的进步推动着社会的进步与发展。纵观中国古代生产工具的发展历程,我们看到先民的智慧化成了巨大的生产力,推动着中国古代社会取得了一个个灿烂的成果。同样也能够通过横向比较,认识到古代中国领先于世界的农业生产在19世纪后逐渐落后于西方国家。发展与落后的秘密都植根于技术的革新与停滞,这不仅仅是历史事实,同样也具有现实价值。

(三)板书设计

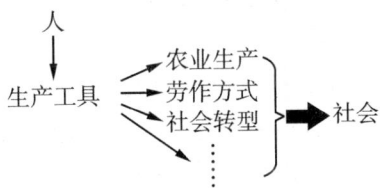

(四)核心素养水平划分

水平1:能够在梳理、叙述中国古代生产工具的发展历程中,尝试从更多种渠道获取与该问题相关的史料,并运用恰当的时间和空间表达方式。

水平2:能够归纳中国古代生产工具发展的基本特点,运用相关术语对影响生产工具的因素提出自己的解释;能够认识不同类型的史料所具有的不同价值,并从中提炼有效信息,认识生产工具的发展对社会发展的推动作用。

水平3:能够从特定的角度比较中西方劳作方式的情况,分析说明生产技术的进步以及劳作方式的区别所产生的历史影响。

水平4:能够将唯物史观运用于历史学习、探究中,认识生产力发展对社会进步的推动作用,理解劳动人民是社会发展的主体,理解生产技术的发展与人、社会的互动关系;能够将本课学习所得与国家、民族的发展结合起来,立志为新时代中国特色社会主义建设、中华民族伟大复兴做出自己的贡献。

第5课

工业革命与工厂制度

一、课标要求

认识大机器生产、工厂制度、人工智能技术等对人类劳作方式及生活方式的影响;理解生产方式的变革对人类社会发展所具有的革命性意义。

二、教材分析

本课主要讲述:工业革命实现了大机器生产,改变了手工工场零碎分散的生产状态,并出现了新的生产组织形式——工厂,从而带来生产组织和管理形式的巨变,大大提高了劳动生产率,推动生产力的迅猛发展。与此同时,工业革命改变了人们的生活方式,变革发生在社会的各个角落。伴随着西方列强武力打开中国国门,工厂制度、教育方式等进入中国并逐渐影响着中国近代的经济文化生活。

三、学情分析

学生通过初中历史和高中必修历史的学习,对工业革命、工厂制度以及由此带来的社会生活的变化等,已经有了较多的了解。学习本课就是要在此基础上,进一步认识工厂制度对工厂生产起到的作用,工业革命改变人们生活方式的具体表现以及西方的生产生活方式对中国近代社会转型所产生的影响。

四、教学目标

1. 阅读教材,认识工厂制度对工业生产的作用。

2. 了解工业革命后生活方式的变化,辩证地看待工业革命对民众生活带来的影响。

3. 通过史料阅读及分析,认识工业革命对中国生产生活方式的影响,并深刻理解和体会生产方式的变革对人类社会发展所具有的革命性意义。

教学重点:认识工厂制度对工业生产的作用,了解工业革命后生活方式的变化。

教学难点:理解和体会生产方式的变革对人类社会发展所具有的革命性意义。

五、教学过程

(一)教学主题

认识工业革命实现了大机器生产,出现了工厂制度并带来生活方式的巨大变化,理解和体会生产方式的变革对人类社会发展所具有的革命性意义。

(二)教学过程

导入

材料1 这是最好的时代,这是最坏的时代;这是智慧的年代,这是愚昧的年代;这是信仰的时期,这是怀疑的时期;这是光明的季节,这是黑暗的季节;这是希望之春,这是失望之冬;人们拥有一切,人们一无所有;人们正在直登天堂,人们正在直下地狱。

——[英]狄更斯《双城记》

教师活动:以《双城记》的经典片段导入全课,并提出问题引发思考:工业革命给我们带来的到底是"最好的时代"还是"最坏的时代"?

设计意图:通过引用文学作品,设置悬念,激发学生学习兴趣,并带着问题进入本课学习。

学习任务1:"最好的时代"之生产力发展和生活方式变化。

材料2 在一个长长的大房间里,竖放着二百台非常坚固的织机;确实,有二百个男子,在操作这些排成一长行的织机。制作传送带的想法……又在装配发动机本身和汽车底盘时,尝试了这一想法……然后做各种试验以确定一条装配线上需安置多少人,每道工序应相隔多远,是否要让上螺栓的人再上螺帽,使原先上螺帽的人有时间将螺帽上紧。终于,为每个汽车底盘上的装配而规定的时间缩短到1小时33分钟……大量生产进入了一个新阶段。

——[美]斯塔夫里阿诺斯《全球通史》

问题设计:阅读材料并结合所学,概括指出"大房间"的所指和特点,并分析其出现对工业生产的作用。

学生活动:阅读材料和教材,指出"大房间"是工厂,工厂具有分工明确、从事机器大生产等特点,并分析出工厂制度有利于科学管理、提高生产效率、挖掘工人的劳动潜质,从而获得更大的经济效益,推动工业生产的迅猛发展。

教师活动:指导学生回答问题,并结合"历史纵横"解释"工业革命"一词从18世纪末到19世纪后期的发展历程。

材料3 工业革命还包括生产组织形式的变化,这同样也提高生产力,并且更深刻地影响着社会变革。

——钱乘旦、许洁明《英国通史》

材料4 像伦敦这样的城市,就是逛上几个钟头也看不到它的尽头,而且也遇不到表明快接近开阔的田野的些许征象,——这样的城市是一个非常特别的东西。这种大规模的集中,250万人这样聚集在一个地方,使这250万人的力量增加了100倍;他们把伦敦变成了全世界的商业首都,建造了巨大的船坞,并聚集了经常布满太(泰)晤士河的成千的船只。

——[德]恩格斯《英国工人阶级状况》

材料5 1600年,在法国和苏格兰,每6个成年人中仅有一个略微识字,在英国每4个人有一个。到了1800年,苏格兰90%以上成年人识字,法国有2/3的成年人识字(在诺曼底则达90%),英国有一半多的人识字。妇女的识字率要低一些。1840年(这一年开始有了统计),新婚男子中有2/3的人识字,而新婚女子只有1/2。到1850年,西方主要资本主义国家中,60%以上的成年人能够读书写字(如果不把妇女包括在内,百分比还要高)。

——摘编自吴于廑、齐世荣《世界史·近代史》下卷

问题设计:阅读上述材料,结合所学,根据"最好的时代"的提示,概述工业革命"影响着社会变革"的表现。

学生活动:阅读材料和教材,梳理并概述工业革命影响社会变革、生活方式的表现有:促进了城市化的发展,也改变了人们的生活空间;交通运输业的迅速发展,便利了人们的出行;促进乡村的改变,农业现代化水平大大提高;生活节奏加快,时间观念加强;初等教育不断推广,人们文化素质逐渐提升。

教师活动:指导学生回答问题,在学生回答的基础上,归纳:工业革命改变了人们的生活方式,变革发生在社会的许多角落。这是"最好的时代",正如《共产党宣言》所说:"过去哪一个世纪料想到在社会劳动里蕴藏有这样的生产力呢?"大机器生产和工厂制提高了生产力发展水平,工业革命创造的生产力比过去创造的全部生产力总和还要多。社会生活发生了翻天覆地的变化,人们的物质条件和精神生活得到了丰富和充实。这个时代是否真的这么美好呢?

设计意图:通过呈现材料,引导学生了解工厂制度的含义、特点及对工业生产

的作用,从而认识工业革命对生产力发展的推动作用,并通过材料过渡,引导学生梳理教材,对"工业革命后生活方式的变化"有整体的认识。

学习任务2:"最坏的时代"之工业革命的消极影响。

材料6 18世纪晚期,工厂制度出现了。钟表、机器和车间的规定创造了新的劳动节奏。产业工人一般每周工作6天,每天工作12至14小时。他们还要面对时时刻刻的严格监督,打个盹或是和同伴说句话都不行。男人、女人和孩子加紧生产,工资却很低,没有完成定额就要受到惩罚,无论是机器还是工序都没有考虑安全因素,因此早期的工人总是要面临发生事故致伤甚至致死的风险。19世纪30年代,有学者一语揭破:"在这里,文明表现了它的奇迹,文明的人几乎变成了野人。"

——据[美]杰里·本特利、赫伯特·齐格勒《新全球史》等整理

问题设计:18世纪后半期至19世纪上半叶,启蒙思想家倡导的社会理想与现实出现了强烈反差。根据材料,概括这一时期欧洲社会"理想与现实"反差的主要表现。结合所学,简述19世纪欧洲工人阶级和社会主义者的抗争与思索。

学生活动:阅读材料,概括主要表现有工人工作时间长、劳动强度高、工资低、风险大等。联系《中外历史纲要》下册的相关知识和本课教材,回答19世纪以欧洲三大工人运动、巴黎公社为代表的社会主义运动风起云涌以及空想社会主义者的思索,《共产党宣言》的发表标志着马克思主义诞生。

教师活动:工业革命也给民众的生活带来了消极影响。工人劳动时间过长,工作与生活环境恶劣,传染病与职业病严重危害工人的健康。此外,环境污染日益严重,狄更斯如此描述19世纪中叶的一座工业城镇:

材料7 这是个到处都是机器和高耸的烟囱的市镇,无穷无尽的长蛇般浓烟,一直不停地从烟囱里冒出来……镇上有一条黑色的水渠,还有一条河,这里面的水被气味难闻的染料冲成深紫色,许多庞大的建筑物上面开满了窗户,里面整天只听到嘎啦嘎啦的颤动声响,蒸汽机上的活塞单调地移上移下,就像一个患了忧郁症的大象的头。

——[英]狄更斯《艰难时世》

设计意图:通过呈现材料和问题设计,提升学生的材料分析和概括能力、迁移知识能力,将必修和选修相关知识联系,推动学生构建完整的知识体系,形成宏观的历史认识,培育时空观念、历史解释等核心素养。

学习任务3:这究竟是一个怎样的时代?

材料8 资产阶级奔走于全球各地……把一切民族甚至最野蛮的民族都卷到文明中来了。它的商品的低廉价格,是它用来摧毁一切万里长城、征服野蛮人最顽

强的仇外心理的重炮……一句话，它按照自己的面貌为自己创造出一个世界。

——[德]马克思、恩格斯《共产党宣言》

问题设计：仔细阅读材料8，结合所学，思考并讨论，对于中国而言，"这究竟是一个怎样的时代"？

学生活动：思考并讨论。

"文明碰撞的时代"：阅读材料，可用教材相关内容为依据指出，19世纪中后期，中国民族工业引进西方的工厂制度，进行大机器生产，"实业救国"思潮兴起；西方交通运输业的发展推动近代中国水陆交通取得了长足的进步；20世纪初，中国开始普及初等教育，还出现了一些工人学校。

"被侵略的时代"：阅读材料，联系《中外历史纲要》上册的相关知识，指出"外国侵略者将不平等条约体系强加在中国身上，中国的独立、主权和领土完整受到了严重侵犯，中国从一个独立的封建社会演变为半殖民地半封建社会"。

教师活动：指导学生充分调动所学知识，鼓励学生理性地进行阐述和讨论。马克思认为："英国的大炮首先破坏了中国皇帝的权威，迫使天朝帝国与地上的世界接触。与外界完全隔绝曾是保存旧中国的首要条件，而当这种隔绝状态在英国的努力之下被暴力所打破的时候，接踵而来的必然是旧制度解体的过程，正如小心保存在密闭棺材里的木乃伊一接触新鲜空气便必然会解体一样。"

设计意图：学习任务3既是基于前两个学习任务的知识深化，又是对选修教材学习立意的落地。教材中提供了大量的史料，在该环节得到充分的运用，并要求学生联系必修的相关知识分析归纳。学生调动多种材料，论从史出，论证自己的观点，并在与同学的讨论中、教师的指导下加以完善，从而培育理性精神，深刻理解和体会生产方式的变革对人类社会发展所具有的革命性意义。

教师活动：再次呈现材料1。作者所处年代各种思潮涌现，人们在社会变革中或惶恐，或惊讶，或喜悦。伴随着工业革命的兴起，英国资本主义经济快速发展，人们生活水平得到极大提高，但由此带来的种种罪恶和劳动人民生活的贫困化，导致下层群众中存在极端的愤懑与不满，英国社会处于爆发一场社会大革命的边缘。作者是那个时代思想界的代表人物，希望通过作品给予当时的英国社会以借鉴及警醒。

设计意图：再次呈现导入材料，首尾呼应，并通过交代作者所处的时代背景和撰写作品的现实目的，深化学生对工业革命的整体认识，指明文学作品在一定程度上能反映社会现状。

小结：工业革命推动了经济的发展和社会的进步，也改变了人们的社会生活。

工业革命实现了大机器生产,大批工人聚集在工厂中,工作制度随即形成。工厂制度带来生产组织和管理形式的巨变,从而获得更大的经济效应。工业革命改变了人们的生活方式,如城市化的发展、出行便利化、生活节奏加快、人们文化素质提升等。与此同时,工业革命给民众的生活带来消极影响,欧洲社会主义运动风起云涌。随着工业革命逐渐影响到亚洲地区,处于近代转型时期的中国的生产生活方式同样发生了巨变:民族工业发展,交通运输业进步,初等教育不断推广等。生产方式的变革对人类社会发展具有革命性的意义。

(三)板书设计

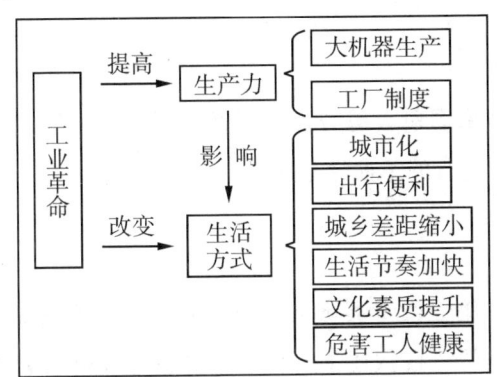

(四)核心素养水平划分

水平1:能够说出工业革命和工厂制度的基本含义;能够辨别手工工场和工厂的区别;能够列举中国近代民族工业的企业代表,如汉阳铁厂、天津永利碱厂等;能够理解"工业革命"的内涵。

水平2:能够通过教材和教师提供的材料概括分析工厂制度出现的历史原因;能够描述工厂制度在生产力高速发展中的作用;能够描述和概括工业革命后生活方式的主要变化,如工业革命对人们生活节奏的改变、人们文化素质的提升等。

水平3:能够通过不同史料就工业革命对生活方式的变化有着整体的认识和概括的说明,特别是能够辩证地看待工业革命带来的积极和消极影响;能够基于唯物史观,认识生产力发展与生产生活方式变化的关系;能够分析西方的生产生活方式对中国近代社会转型所产生的影响,体会工业革命与中国近代民族工业和教育事业的起步与发展的内在联系。

水平4:能够深刻理解和体会生产方式的变革对人类社会发展所具有的革命性意义;能够把握近代工业发展的进步历程,形成正确的世界观和历史观;能够表现出对历史的反思,客观地认识历史和现实社会问题。

第6课

现代科技进步与人类社会发展

一、课标要求

认识人工智能技术等对人类劳作方式及生活方式的影响;理解生产方式的变革对人类社会发展所具有的革命性意义。

二、教材分析

本课主要讲述了第二次世界大战后现代科技的迅猛发展,共分为两个子目。"现代科学技术的发展"一目叙述了二战后计算机、互联网、人工智能、航天、海洋、生物、新材料技术等发展实例。"现代科技进步的革命性意义"一目论述了现代科技的发展使人类的劳作和文化生活发生了巨大变革,对人类劳作方式的影响具体体现在生产力的解放、新的企业管理制度的建立、社会阶层结构与产业结构的变化上,对人类文化生活的影响主要体现在了解社会动态、与外界沟通、进行信息检索、思维等方面的变化上。本课与当下日新月异的科技发展潮流紧密关联,学生可通过多种途径搜集史料,从日常生活中获取有效信息,从而对新科技革命的意义有更明确的感知。

三、学情分析

学生已经学习过第三次科技革命的重大发明给社会生产、生活带来的巨大变化,具有一定的知识基础。本课内容在此基础上有所拓宽,学生掌握本课所涉及具体史实的难度并不大,教师需着重引导学生了解现代科技进步对现代社会发展的影响。

四、教学目标

1. 阅读教材,结合生活实际,了解并归纳现代科技进步在计算机、互联网、人工智能、航天、海洋、生物、新材料技术等方面的具体史实。

2. 阅读与分析史料,理解现代科技对改变人类劳作方式及生活方式的意义。

教学重点:了解并归纳现代科技进步在不同领域的具体史实;理解、探讨现代科技对改变人们劳作方式及生活方式的意义。

教学难点:理解现代科技对改变人类生产方式与社会生活的意义。

五、教学过程

（一）教学主题

了解现代科技,认识其对现代社会发展的影响。

（二）教学过程

导入

新华社新闻(2020年9月20日),国家博物馆近期公布了一批抗击新冠肺炎疫情实物收藏名单。阿里云研发的健康码系统第一行代码、引擎第一行代码,阿里巴巴达摩院研发的新冠肺炎CT影像AI辅助诊断产品第一行代码以及制作人员签名一起被国家博物馆收藏。

教师活动:在这场抗击新冠肺炎疫情的斗争中,值得被收藏的实物非常多。国家博物馆收藏这些代码的理由有哪些?

学生活动:健康码的实施帮助社会有效、精准地构建了疫情防控、管理、人员流动的管控体系,使社会秩序和社会生活得以尽快正常运转。AI辅助诊断产品借助计算机和人工智能技术,更有效地提升诊断的精确性,更准确迅速地作出判断,对中国打赢这场疫情防控战意义重大。

教师活动:计算机与人工智能技术不仅在防疫这样的特殊时期对国家与社会的发展发挥着重要作用,而且已经深入现代社会发展的各个领域,深刻影响和改变着我们的生产方式和生活方式。

设计意图:展示抗击疫情中的科技应用实例,引入本课主题。

学习任务1:了解现代科技发展的一系列成果。

材料1 新科技革命,也指新技术革命,指第二次世界大战以后,特别是70年代以来科学技术新的巨大突破和革命性发展。其表现是一系列新的科学技术,如核能等新能源的发现和利用,微电子技术、激光技术、生物工程、光纤通信、宇航技术、海洋技术、新型材料技术等的发明和应用。

——《辞海》

学生活动:根据教材内容,梳理现代科技发展的一系列成果。

方面	成就	影响
计算机	1946年,第一台电子计算机"埃尼阿克"问世	标志着电子计算机时代的到来
网络技术	1969年,军用网络建立;20世纪90年代,互联网实现商业化	互联网成为世界上信息资源最丰富的计算机公共网络,目前已遍布全球
人工智能技术	20世纪50年代,机器模拟智能被提上日程,目前已涵盖机器人制造、语言及图像识别、自然语言处理等内容;自动化装置;智能制造;智能化创新	人工智能技术广泛地应用到各个领域,极大地改变了人们的生产生活
航天技术	1957年,苏联发射世界上第一颗人造地球卫星;百余种运载火箭;几千个航天器;人类登上月球;细密的地球测控网;等等	对现代国防与经济发展产生了巨大影响
海洋技术	20世纪60年代,美国深潜器在水下数千米处发现了海洋生物群落,并首次潜入世界大洋中最深的马里亚纳海沟	
	1997年,中国自主研发的无缆水下深潜机器人成功潜入水下6000米处;2020年中国"奋斗者号"创造了10909米的中国载人深潜新纪录	中国海洋技术已步入正轨;中国在大深度载人深潜领域达到世界领先水平
生物技术	20世纪初初步掌握为医疗服务的生物技术	
	第二次世界大战后,发现了DNA双螺旋结构	拉开了分子生物学的帷幕
	生物学的分支突飞猛进,生物技术与现代科技相结合	对各个领域尤其是医药卫生领域,产生了巨大推动力
新材料技术	高分子材料、纳米材料、生物环境材料、生物医用材料等	被广泛应用到生产生活中

教师活动:二战后,现代科技发展取得了一系列重要成果,这些成果的取得与计算机和人工智能技术的引领密不可分,有科学家甚至预言未来社会人工智能将取代人脑。未来社会人工智能是否能取代人脑?

学生活动:讨论、回答。

教师活动:人工智能的进一步发展是未来的趋势,人工智能通过模拟人的意识思维来解决人类社会的各种实际问题,在工作、学习、生活领域不同程度地取代了人类。但是,人工智能毕竟是对人脑的模拟,人脑活动的复杂性、创新性、情感性、多样性和个性化等很多方面仍是人工智能无法取代的。不过,我们仍期待未来人工智能的发展能进一步推动人类高质量地生活。

教师活动:在计算机与人工智能技术引领下,中国在尖端科技领域成就斐然。

请结合所学和身边的例子,举例说明中国在尖端技术领域的发展。

学生活动:以"复兴号"为代表的新一代高铁技术,"神舟号"系列载人航天技术,"嫦娥一号"探月工程,中国"天眼",中国移动支付,北斗卫星导航系统,等等。

教师活动:现代科技发展的一系列成果深刻地影响和改变了人类的生产方式和社会生活。

设计意图:通过理解材料和自主活动,学生得以锻炼其从文本中提取信息的能力,在自主了解现代科技发展的一系列成果的同时,落实时空观念、史料实证核心素养。

学习任务2:认识新科技革命的意义。

材料2 工业最典型的生产方式是劳动密集型的机械化大生产。而在以高科技为依托的人类生产活动中,生产方式发生了重大转变,劳动的自由度将有很大程度的提高,人们逐步摆脱那种过于单一、繁重和机械化的体力劳动。

材料3 新科技革命孕育出新产业,改变了经济发展格局。……一直到今天的ICT、互联网、技术体系、产业组织、就业结构、国际分工等,都发生了一次又一次的嬗变。现代信息技术和交通技术直接导致了经济全球化。

材料4 社会的科学技术化,不仅表现为社会生产的科技化,即科学技术成了第一生产力,而且表现在社会生活的科技化方面。"社会生活"是人类为了生存和发展所进行的一系列日常活动,包括衣、食、住、行、劳动、工作、学习、交往、娱乐、休闲、婚姻、恋爱、抚幼、养老等。现代科学技术在向社会生产力诸要素渗透和物化的同时,也以崭新的科学知识和高科技产品广泛地渗透到社会生活的一切方面,使社会生活日益科技化,表现为衣食住行的高科技化,交往、休闲、学习的信息化。

——以上均摘编自殷登祥《科学、技术与社会概论》

教师活动:根据以上三则材料并结合所学,分析现代科技的意义。

学生活动:现代科技带来了生产力的巨大进步,也开拓了新的生产领域;人们的劳作方式发生巨大变革;人类文化生活出现新的模式。

教师活动:分析现代科技对人类劳作方式变化的影响。

学生活动:现代科技极大地提高和解放了劳动生产力,现代企业制度逐步建立;劳动者的社会地位提高,社会阶层结构发生了巨大变化;第一、二产业从业者减少,第三产业从业者大量增加,产业结构也发生变革。

教师活动:了解现代科技对人类生活方式的影响。

学生活动:人类文化生活出现新模式,改变了人类沟通交流和信息检索方式,丰富了人类的娱乐生活,扩展了人们的认知视野。

教师活动:现代科技带来的先进技术对人类的劳作及生活方式产生了革命性的影响。现代科技促进了生产力的发展,大大解放了劳动力,这同时要求企业做出改变以适应新的发展趋势,于是现代企业管理制度逐步建立;劳动者的社会地位提高,社会阶层发生变化;产业结构也发生变革。现代科技还改变了人类的生活方式,人类与外界沟通和交流的方式更多样化、现代化,认知视野不断拓宽。

设计意图:通过文字材料,引导学生结合教材,层层深入地认识现代科技发展对改变生产方式与社会生活的意义,突破教学难点,落实史料实证等核心素养。

学习任务3:多途径了解、叙述现代科技发展的意义。

小组活动:从身边事例、社会新闻、各种媒体中收集、整理信息,小组合作,交流现代科技发展对社会生产和生活的影响。

学生小组1:我们小组交流的主题是"人工智能对我们生活的影响"。有关资料显示,2015年世界智能机器人市场价值约为269亿美元,预计到2025年,世界机器人市场价值将到达6690亿美元。智能机器人的首要应用领域是制作业的自动化工厂,在医疗、物流和家庭等领域的应用也在逐步扩展。人工智能家居为普通消费者提供人性化、管家式的服务系统,设计出符合消费者个性需求的家居,给人们的生活带来了很大的便利……智能个人助理时代大幕正在拉开,最终很可能会成为人们与移动设备、计算机、汽车、可穿戴设备、家用电器或其他要求复杂人机交互技术的主要交互方式。未来智能机器人、智能穿戴、智能家居等人工智能将运用于社会生活的各个方面。

学生小组2:我们小组交流的主题是"移动支付对我们生活的影响"。如今,消费者在实体店可以直接扫描二维码付款,不需携带现金,不需找零,不需刷卡签字,既节约了交易双方的时间,又可以避免诸如假币问题等麻烦。第三方支付平台还经常会在网上开展一些"满减""抢红包"的活动,消费者不仅从中得到实惠,还从中收获不少乐趣。通过移动支付平台,我们可以轻松地缴纳生活费、购买车票、为手机充值等,真正实现足不出户也能办理各种业务。第三方支付机构还具有财富管理和提供教育公益、购物娱乐等服务的功能,可以满足我们不同层次的需求,极大地丰富了我们的生活。对商户来说,移动支付的发展也带来许多好处。首先,移动支付手续费低,扩大了商家的盈利空间;其次,商家可以利用第三方支付平台优惠活动,自行举办"满减""随机优惠"等活动,不仅可以增加营业额,还可以扩大宣传效果,建立口碑。当然,移动支付也对传统的商业银行带来了极大的冲击。

教师活动:作为历史的重要证据,"健康码"的第一行代码等被收藏于国家博物馆中,见证着中国这段不平凡的社会记忆,也见证着计算机与人工智能技术的发展对国家与社会治理的重要影响。健康码利用大数据手段进行精准防控,建立人群健康身份的识别机制,并促成健康身份信息在社区、机构、单位和公司之间的互认互通,在城市治理,人口流动、全民健康状况动态管理等方面起到重要作用。健康码作为城市治理和国家应急保障的一个数字化手段,能极大地节约城市治理的成本,提升国家治理的效率,稳定社会秩序,让人们更有安全感。以互联网为代表的信息技术日新月异,引领了社会生产新变革,创造了人类生活新空间,拓展了国家治理新领域,极大提高了人类认识世界、改造世界的能力。

设计意图:为了更精确地把握现代科技发展的意义,不能单一地只从文本材料中认知,设置小组活动一方面可以调动学生参与学习的积极性,另一方面也可使学生多角度把握难点,从而提升历史解释能力,涵养家国情怀。

(三)板书设计

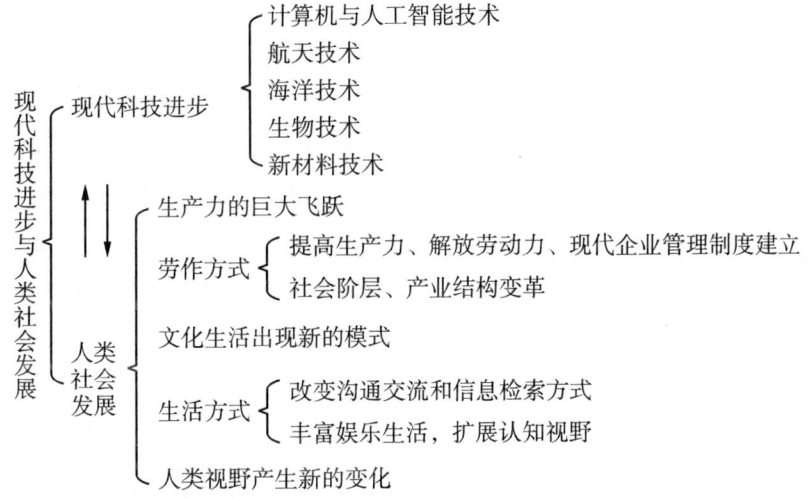

(四)核心素养水平划分

水平1:了解现代科技革命的进步;能够从教材和教师呈现的材料中提取有关信息,梳理现代科技在计算机、互联网、人工智能、航天、海洋、生物、新材料技术等领域的具体表现。

水平2:能够结合图片和教材的"导语""学思之窗""历史纵横""史料阅读"和"探究与拓展"等部分,清晰地把握现代科技的具体细节和全方位的影响。

水平3:能够对现代科技有整体认知;能够结合唯物史观,选择、组织和运用相关材料,把握具体史实,分析现代科技发展对于现代社会发展的意义。

水平4:能够感知现代科技在不同领域带来的变化,感知现代科技文明,感悟时代的发展。

第7课

古代的商业贸易

一、课标要求

了解商业贸易的起源和古代的商贸活动与贸易通道;知道货币、信贷、商业契约等在日常生活中的角色。

二、教材分析

本课阐述了古代商业贸易三个重要又密切相关的问题(原因、表现、影响),勾勒了古代商业贸易发展的概貌。商业贸易因人类交换的需要而产生,其中古埃及、古希腊罗马、拜占庭帝国、古代中国的商贸活动比较频繁又各具特色。随着商贸活动的发展,古代商业贸易从地方性行为扩大到国与国、洲与洲之间的区域性行为,丝绸之路是沟通欧亚的重要商贸通道。地区性商贸活动促进了不同地区、不同国家之间的交流,大大丰富了人们的物质生活和精神生活。随着商业贸易的发展,货币、信贷、商业契约出现,这些又反过来便利了商品交换,扩展了商贸活动的领域,改变了人们的生活方式和观念。

三、学情分析

在以往的学习中,学生对具有专题性质的古代商业贸易涉猎很少,对重农抑商政策、丝绸之路的开辟及其对中西经济文化交流的作用有一定的了解,建立了一定的知识储备。教师教学时不需要事无巨细地叙述,应侧重构建整体知识框架,使学生形成对古代世界商业贸易的整体认知。

四、教学目标

1. 通过阅读文献、壁画等史料,提取古代商贸活动的主要表现,并分析商业贸易的起源等信息。

2. 通过表格梳理和史料阅读,明确古代中国商业发展的时空分布,并阐述丝绸之路对东西方文明交流的重大影响。

3. 通过史料阅读,知道货币、信贷、商业契约在商业贸易中的作用和对人们生活的影响。

4. 通过本课学习,认识到商业贸易与社会经济、文明的发展密切相关,又推动了文明的发展,改变了人类的生活,进而认识到"一带一路"倡议提出的历史依据,感悟"一带一路"倡议的正确和伟大。

教学重点:了解古代商业贸易发展的具体表现。

教学难点:分析古代商业贸易对人们日常生活的影响。

五、教学过程

（一）教学主题

以商人的活动为线索,梳理古代商业贸易的概况,并分析、概括商业贸易对经济文化交流和人们日常生活的影响。

（二）教学过程

导入

教师活动:商业贸易的出现远比我们想象的要早。早在原始社会,商人的贸易活动就有迹可循。尝试寻找古代商贸活动的"痕迹",猜测古代世界贸易的中心。

设计意图:直奔主题,让学生从宏观上去想象古代世界商业贸易的全局图,并引导学生将目光聚焦于特定人群、特定空间、相关史事。

学习任务1:了解商业贸易的起源、古代商业贸易活动和商贸通道。

材料1　两河流域的古巴比伦商业繁荣,国家、神庙、私人都积极参与商业活动。《汉谟拉比法典》中,有许多与商务有关的条文。亚述崛起后,商人们还开辟了海外贸易。新巴比伦时期,手工业和商业曾一度繁荣,巴比伦城内聚集了来自亚非各地的商人。

——《普通高中教科书　历史　选择性必修2　经济与社会生活》

材料2

图1　古埃及哈特谢普苏特女王的船队从蓬特经由红海返航的情景

材料3 在跨越公元前800年至公元200年的1000年中，地中海世界的古文明所取得的经济发展水平直到12或13世纪才被超越，至少在欧洲是如此（古代中国是个例外）。在缺乏显著的技术进步的条件下，这段时期能获得如此大的经济和发展成就，答案应该在于高度发展的贸易和市场网络所促成的广泛的劳动分工。

——[美]龙多·卡梅伦等《世界经济简史：从旧石器时代到20世纪末》

材料4

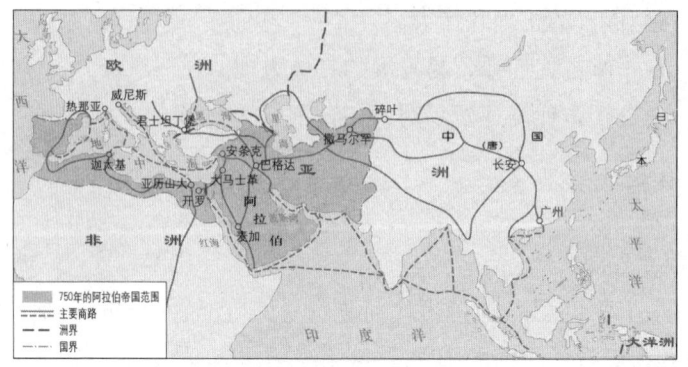

图2 阿拉伯人商业活动示意图

学生活动：阅读以上4则材料，指出古代世界早期贸易出现的区域。

教师活动：启发点拨并回顾所学阿拉伯帝国的相关知识。商业贸易很早就在古代文明比较发达的区域出现，材料3说明地中海世界的古文明的经济发展水平与地中海世界高度发达的贸易密切相关，地中海是古代欧洲、西亚等地区商业贸易的中心。通过材料4可知，阿拉伯帝国通过扩张，在东西方交流中扮演了重要角色，成为东西方文化交流的桥梁。

问题设计1：根据材料4并结合所学，提炼有关商业贸易的信息。

学生活动：提取信息。8世纪中期阿拉伯商人从事着陆上和海上贸易，足迹东到东亚，西到西欧，南至非洲的广大地区。阿拉伯帝国境内有许多城市，都城巴格达是当时世界上最大的城市之一。汉唐时期，丝绸之路是对外贸易的重要通道。商业贸易已经扩大到国与国、洲与洲之间。地中海曾是古代欧洲、西亚等地区商业贸易的中心。

教师活动：补充地中海世界商人的相关史实，丰富学生关于地中海商贸活动的认知。在阿拉伯商人之前，就有以航海为生的腓尼基人，在两个发展中的文明——美索不达米亚文明和埃及文明之间起着媒介作用。他们的传统路径是从波斯湾或红海进入地中海，穿梭于苏美尔和埃及北部。他们长期垄断了埃及的商贸，扮演着法老代理人或承包商的角色。他们的交易品包括铜和传说中黎巴嫩的雪松，还有著名的紫色染料。"腓尼基"一词实际上源于希腊语:紫色的土地。此外,活跃在地中海地区的另一批海洋贸易者是希腊商人。希腊的农业不够发达,但是希腊拥有优良的天然海港,且邻近爱琴海,为了维持生计,希腊人通过海外贸易出口葡萄酒、橄榄油、陶器等物品以换回粮食。无论是8世纪中期的阿拉伯商人还是更早的腓尼基人、希腊人,他们的足迹已超出某一地域的范围。这表明古代商业贸易已经发展到相当高的程度,对古代文明的发展起到了重要作用。

问题设计2:古代商业贸易起源于何时?又是怎样发展的?

学生活动:古代商业贸易起源于原始社会后期,随着社会分工、剩余产品的出现及私有制的产生,出现了交换,在此基础上逐步发展起商业贸易。

问题设计3:阅读以上4则材料并结合所学,概括人类早期商贸活动的主要表现。

教师活动:引导学生继续观察示意图并结合材料信息,提取文本信息。事实上,我们可以看出,阿拉伯商人所到之处也是较早出现活跃商业贸易活动的地区(在《阿拉伯人商业活动示意图》上面圈出古埃及、古希腊罗马、拜占庭帝国、两河流域、古代中国)。根据材料1、2并结合教材可知,起初埃及商业贸易控制在国家手中,希腊城邦海外贸易活跃,罗马帝国海外贸易四通八达,阿拉伯商人活动范围遍及世界各主要文明区域。

学生活动:认真阅读材料,提取人类早期商贸活动的主要表现,即在古埃及、古希腊罗马、古巴比伦、古代中国等都出现了早期商贸活动,历史十分悠久,商业比较繁荣。最初的交换是不同部落之间的交换,后来贸易越来越活跃,交易范围慢慢扩大,遍及世界各主要文明区域。地中海是古代欧洲商业贸易的中心。

教师活动:引导学生仔细观察《阿拉伯人商业活动示意图》,在图中圈出丝绸之路的部分,可发现阿拉伯商人足迹也遍及丝绸之路沿线地区。

问题设计4:根据所学,举例说明丝绸之路作为重复贸易通道的证据。

学生活动:张骞通西域,甘英出使大秦,唐宋以来海上丝绸之路繁荣,等等。

问题设计5:根据材料5,概要描述丝绸之路的空间分布。根据材料6并结合所学,概括丝绸之路在中国的兴衰及其影响。

材料5

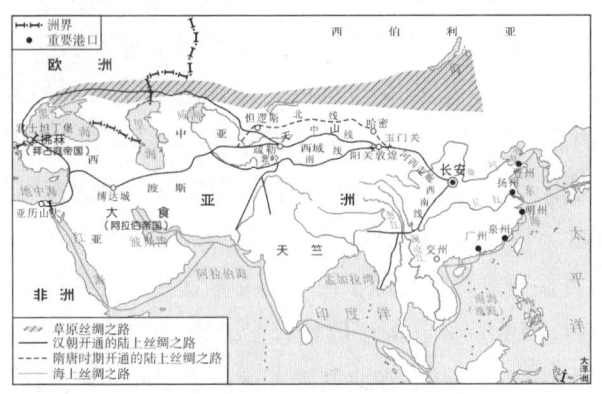

图3 丝绸之路

材料6 对商人和他们的商品来说,丝绸之路就是令人瞩目的高速公路;而另外一些东西,也利用了丝绸之路所提供的安全、可靠地进行长途旅行的机会。商人、传教士和其他一些旅行者,带着他们的信仰和价值观念来到远方:佛教、印度教和基督教都通过丝绸之路吸引了远方的信教者。同时,一些肉眼看不到的旅行者如病菌也穿过丝绸之路,在遇到新的感染人群时引发毁灭性的瘟疫。

——摘编自[美]杰里·本特利等《新全球史》

教师活动:引导学生回顾所学有关丝绸之路的知识。丝绸之路被认为是人类文明交流的杰出范例。作为丝绸之路上的主要商品,丝绸一度成为西方人财富和身份的象征。除了丝绸之外,丝绸之路上还流通着瓷器、茶叶、优良马匹、植物新品种、香料、药材、琉璃和玻璃等物品。

学生活动:从地图中提取丝绸之路的空间信息,回顾所学丝绸之路兴衰的知识,并结合史料论证丝绸之路对文明交往的影响。

空间:古代贯通亚、欧、北非的重要贸易通道,包括陆上和海上丝绸之路。

兴衰:汉代开辟陆上丝绸之路和海上丝绸之路。海上丝绸之路在唐宋时期快速发展,明清时期走向衰落。

作用:丝绸之路不仅促进了商品的交流,还促进了不同地区、不同国家之间的价值观念等交流,大大丰富了人们的物质生活和精神生活。同时,也不可避免地带来一些消极影响,比如瘟疫疾病的流行。

教师活动:引导学生由丝绸之路回溯古代中国整个商业贸易的脉络。《清明上河图》描绘了北宋时期发达的商业。但是古代中国的商业并不是一个线性的发展过程,因为古代中国基本的经济政策是"重农抑商",中国古代商业在重重困难中发展起来,唐宋是一个拐点。

问题设计6:结合教材,梳理古代中国商业贸易发展的主要脉络。

学生活动:根据文本填写表格。

古代中国商业贸易发展

朝代	国内贸易	海外贸易
商、西周	商人、工商食官	
战国	"工商食官"格局被突破	
秦汉	统一货币、车轨、度量衡	先后开辟陆上和海上丝绸之路
隋唐到两宋	经济重心南移,坊市分区制度逐步瓦解,城市发展,纸币出现	海上贸易兴盛,设"市舶司"
元明清	农产品商品化程度加深,金融机构出现,商帮发展	朝贡贸易,设置公行

教师活动:小结。早在原始社会,世界主要文明区域就出现了商业贸易,它源于人们日常生活交换的需要。世界各主要文明区域的商业贸易各具特色,尤其是海洋文明和大河文明的商业贸易有所区别。商业活动无疑促进了经济的交流和各区域文明的交往。

设计意图:利用地图,创设情境,突出古代文明经济发展与商业贸易的关联,使学生通过具体的时空、具体的商人活动来认识商业贸易、丝绸之路等,强化时空观念;通过阅读材料、梳理表格,进一步理解丝绸之路对古代东西方文明交流的重大影响以及"一带一路"倡议的历史依据,明晰中国古代商业贸易发展的主要脉络,培养提取、概括信息的能力。

学习任务2:了解货币、信贷、契约在人们日常生活中的角色和影响。

教师活动:引导学生认识到商业繁荣有更多的表现。商业的繁荣不仅表现在商人足迹遍布各洲、商品种类的增多、商道的发达畅通,随着商业的繁荣,商人在商贸活动中必然会产生新的需求:如何使贸易更加便利,如何让贸易双方建立信用关系……这些需求的解决和满足又推动了商业的繁荣。将下列事物按"货币""信贷""契约"归类:贝壳、五铢钱、当铺、钱铺、飞钱、庄票、汇票、交子、银行、借贷合约、货币信贷。货币、信贷、契约三者既有区别又有联系,它们都试图使商业贸易更加顺畅、便利。中国是世界上最早使用货币的国家之一,早在商代就用贝作为货币。早在公元前22—前21世纪,两河流域就出现了经营借贷的商人,神庙、宫廷也从事放贷业务。公元前2600年左右,两河流域的苏美尔人已经使用地契。在两河流域的经济和社会活动中,订立契约是普遍现象。

材料7 钱之为体,有乾坤之象,内则其方,外则其圆。其积如山,其流如川……亲之如兄,字曰"孔方",失之则贫弱,得之则富昌。无翼而飞,无足而走,解严毅之颜,开难发之口。钱多者处前,钱少者居后。处前者为君长,在后者为臣仆。君长者丰衍而有余,臣仆者穷竭而不足。

——[晋]鲁褒《钱神论》

材料8 (购买人的宣言)

[代理人谢勒夫卡]说道:我从文书简提手中买来这所房屋。我为了它而给了他十个沙图;此项契约在胡夫-阿海特公墓村的议会(贾贾特)的面前,当着简提的许多身为凯米普的祭司团成员的证人的面,由登记办公室盖章确认。

——《普通高中教科书　历史　选择性必修2　经济与社会生活》

问题设计7:根据材料7、8并结合所学,谈谈货币、信贷、商业契约对商业贸易和人们日常生活的影响。

师生活动:师生共同阅读史料,教师补充有关货币、信贷、契约的常识。

货币是在长期交换过程中形成的固定的充当一般等价物的商品。货币的形态和功能也经历了许多变化。货币不仅是交换的媒介,成为衡量其他商品价值的手段,还成为财富的象征。

信贷:借贷、汇兑、提供信用、法律保护等。信贷的形式和功能也是多种多样的。类型有实物借贷、货币信贷、资本性借贷、汇票、交子、庄票、飞钱等。机构如银行(钱铺)等。

契约的应用也是越来越广泛。信贷、契约都在一定程度上用金融手段保障了商业信用,从而保障商业贸易的顺利进行。

影响:便利了交换,扩展了商业领域,改变了人们的生活方式和观念。

设计意图:关于货币的具体知识,必修教材和选择性必修1教材均有所涉及,信贷和契约在当今生活中也比较常见,所以可对其作简单化处理,重点在于引导学生提炼三者对人们日常生活的影响。

小结:商业贸易起源于人类交换的需要,最初的商贸活动大多聚集在古代文明比较发达的地方。商贸活动最初只是地方性行为,后扩大到国与国、洲与洲之间。著名的丝绸之路是连接亚欧之间的商贸通道。地区性商贸活动促进了不同地区、不同国家之间的交流,大大丰富了人们的物质生活和精神生活。伴随着商业贸易的发展,出现了货币、信贷、商业契约,这些又反过来便利了商品交换,扩展了商贸活动的领域,改变了人们的生活方式和观念。商业贸易既是文明的产物,也推动了文明的交流和发展。我国目前倡导的"一带一路"正是这种理念的具体表现。

（三）板书设计

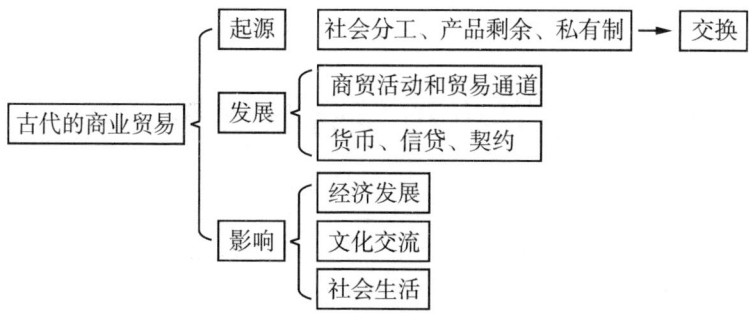

（四）核心素养水平划分

水平1：能够描述古代商业贸易发展阶段和商贸活动的主要空间；能够从各类史料中提取有关商业贸易的信息；能够理解商业贸易推动中西经济文化交流，推动人类文明的发展；能够体会丝绸之路是人类文明交流的杰出范例。

水平2：能够知道历史是人民群众创造的，古代商业繁荣是古代人们劳动的结果，人们的辛勤劳动是古代商业繁荣的基础；能够利用地图对丝绸之路加以描述；能够运用史料论证丝绸之路对东西方文明交流的促进作用；能够联系古代中国和世界经济的历史，解释货币、信贷、商业契约对人类社会生活的影响。

水平3：能够对中国古代不同时期的商业贸易史实加以概括和说明；能够利用多种史料从多个角度解释古代商业贸易对经济、政治、文化和社会生活的影响。

水平4：能够认识中外贸易的交流促进世界经济文化的交流和发展；能够从历史中汲取经验教训，体会"一带一路"倡议的伟大和正确。

第 8 课

世界市场与商业贸易

一、课标要求

认识世界市场的形成对商业贸易的意义。

二、教材分析

本课共两个子目。"世界市场的形成"概述了资本主义世界市场的形成和发展过程。"近代商业贸易的变化"介绍了新航路开辟以来所引发的全球范围经济秩序的变化、世界范围内商业与贸易的变化,以及不同阶段的变化给中国带来的影响。本课重点在于引导学生探究世界市场与商业贸易的关系,进一步认识世界市场的形成对商业贸易的意义。

三、学情分析

从知识储备看,学生在《中外历史纲要》(下)中已学习过世界市场形成过程的内容,初步掌握了相关史实,具备一定的解读历史材料的能力。但学生的知识迁移、运用能力还不足,教师需引导学生将必修所学内容前后贯通,从而形成对世界市场的整体认识。

从发展需求看,学生获取教材信息与解读史料的能力有限,难以清晰梳理近代商业贸易发展的表现,对世界市场的发展与商业贸易关系的认识不深刻。

四、教学目标

1. 通过梳理世界市场形成的基本历程,从长时段认识资本主义世界市场发展所处的历史时空。

2. 通过对地图、史料的解读,概括商业发展的表现,分析世界市场的形成对商业贸易的影响。

3. 运用唯物史观解读三角贸易、商业革命等内容,分析世界市场的形成使全球性的商业贸易成为可能的逻辑关系,从而形成正确的史观。

教学重点:理解世界市场的形成过程、近代商业贸易发展的表现。

教学难点:理解世界市场与商业贸易的关系。

五、教学过程

（一）教学主题

在宏观把握世界市场形成与发展的历程中,了解近代世界商业贸易的变化,理解世界市场与商业贸易的关系。

（二）教学过程

导入

材料1

图1　墨西哥"鹰洋"银元

教师活动:展示图片资料——墨西哥"鹰洋"银元。墨西哥银元,俗称鹰洋,是世界金融史上颇具传奇色彩的货币。

问题设计:仔细观察图1,这枚墨西哥"鹰洋"银元透露出哪些史实?

学生活动:观察银元正反面,结合所学,分析银元信息,指出与其相关的史实。

教师活动:随着世界市场的形成,从19世纪中叶开始,鹰洋逐渐成为我国华东、华南地区使用最广、最受欢迎、流通量最大的货币。

设计意图:通过鉴别古钱币信息,调动学生所学,激发学习兴趣。

学习任务1:了解世界市场形成与发展过程。

材料2　资本主义世界市场经过了几个世纪的发展过程。在世界市场成熟过程中,流通的货物品种发生了变化……西方资本主义掠夺和榨取财富的活动也由一个地区扩大到世界范围。

——摘编自沈汉《论世界市场的形成》

材料3　不断扩大产品销路的需要,驱使资产阶级奔走于全球各地。它必须到处落户,到处创业,到处建立联系。

——[德]马克思、恩格斯《共产党宣言》

问题设计:以表格形式梳理世界市场形成过程,根据材料2并结合所学,分析工业革命如何推动世界市场的进一步发展。

学生活动:阅读教材,利用表格梳理世界市场形成过程,阐述工业革命如何推动世界市场的形成。

教师活动:在学生反馈的基础上,落实"学习聚焦"。展示世界市场形成过程的相关信息,并指出各国工厂的产品要销往世界各地,原料也需要从世界各地获取,工业革命中蒸汽机车和轮船的出现,改变了交通运输条件,使世界各地间的联系更为便捷,加上资产阶级在亚非拉美等地建立殖民地和半殖民地,把更多的地区纳入世界市场中,从而推动了世界市场的形成。

问题设计:结合所学,指出材料2、3中西方资本主义掠夺和榨取财富活动的方式。

学生活动:阅读教材,并能联系运用《中外历史纲要》中已学习的内容归纳西方资本主义掠夺和榨取财富活动的方式。

教师活动:在学生归纳的基础上,指出方式主要有武力扩张、暴力掠夺、殖民侵略;商品输出、掠夺原料;资本输出;等等。

设计意图:通过表格整体把握世界市场形成的过程,并能在解读材料中整合教材知识,提升历史解释核心素养。

学习任务2:认识近代商业贸易的变化。

材料4

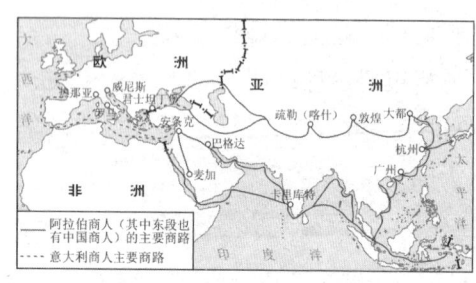

图2 14世纪欧亚主要商路

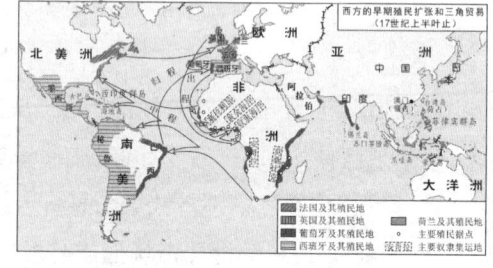

图3 17世纪全球商业贸易图

问题设计:阅读教材,结合图2与图3,指出与丝绸之路下的古代贸易相比,近代商业贸易在发展过程中呈现出哪些变化。

学生活动:阅读教材并解读地图,能从贸易范围、贸易中心、国际贸易格局等角度出发指出近代商业贸易在发展过程中呈现出的变化。

教师活动:在学生归纳的基础上,指出变化主要表现在商业贸易范围扩大,商贸中心转移,新型商业经营方式出现,商品流通的品种增多,国际贸易格局变化等方面。

材料5

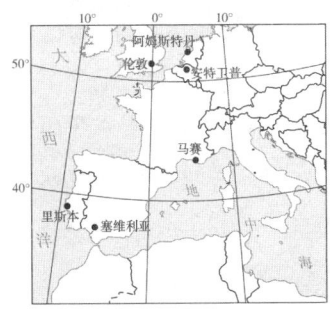

图4　新航路开辟后欧洲主要贸易中心

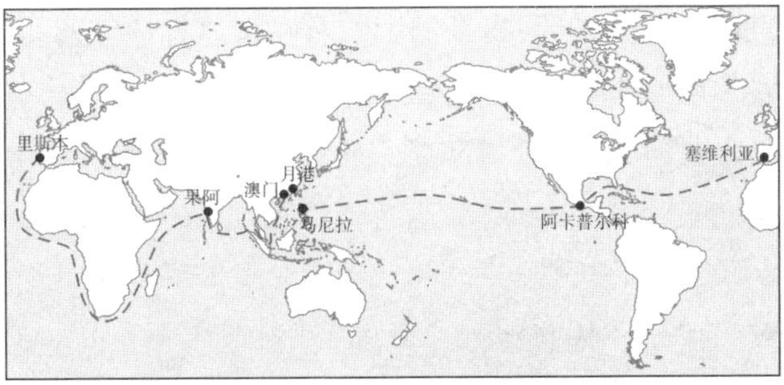

图5　马尼拉大帆船航线

问题设计：根据图4与图5，指出商贸中心发生了怎样的变化。

学生活动：解读地图，商贸中心主要集中分布于大西洋沿岸。

教师活动：欧洲商贸中心从地中海沿岸转移到大西洋沿岸，16—17世纪形成新的欧洲贸易中心。

教师活动：运用表格，梳理欧洲商业经营方式变化的具体表现。呈现材料，引导学生运用知识。

经营方式	内容
交易所	1531年，最早的一家商品交易所在安特威普开业。此后，阿姆斯特丹出现了粮食交易所，伦敦办起了综合交易所
银行	16世纪，威尼斯和热那亚的商人创立了银行。1694年，英格兰银行创立，是最早全面发挥中央银行各项职能的银行
证券交易所	17世纪后，伦敦的证券交易所成为国际证券交易的中心
百货公司	1852年，世界第一家百货公司在法国巴黎开业
股份制贸易公司	英国和荷兰分别成立东印度公司，荷兰和法国分别成立西印度公司

材料6　地理大发现后，国家将一个地区的贸易特权赋予一家公司，需要大型的贸易公司来执行，这种大型的贸易公司不得不采用股份的方法集资，不论是否商人都可以入股，股份公司应运而生。

——高德步、王珏《世界经济史》

问题设计：指出材料6中商业经营方式的公司拥有何特权，结合所学分析其带来的影响。

学生活动：解读出材料中所指的公司为东印度公司，并在阅读教材的基础上分析其成立给欧洲以及被殖民地区所带来的影响。

教师活动:解读教材,指出东印度公司拥有的特权有自行铸币、拥有武器、对外宣战和缔结条约;带来的影响有在世界各地经营垄断贸易,进行殖民掠夺,对西欧资本原始积累发挥了重要作用。

材料7 由于国际贸易的发展,新货物的品种日益增多,从而带来了消费的选择。茶叶、糖、咖啡、烟草和甜酒等新产品深受欧洲人的欢迎。茶叶则是普通欧洲人最重要的饮料,英国人发明了把中国茶与西印度群岛生产的糖混合起来喝的新习惯。……从16世纪末开始,欧洲人从南美引入了救命的食物——马铃薯,欧洲人获得了高产的、富于维生素的廉价食品。

——李世安、孟广林《世界文明史》

问题设计:根据材料7,指出商品交流带来的影响。结合所学,指出当时商品种类增多的表现。

学生活动:能解读材料中关于茶叶、马铃薯等商品交流带来的影响。在阅读教材的基础上了解这时期商品种类增多的具体表现。

教师活动:指出商品交流增加了消费选择,改变了饮食结构,缓解了粮食压力;这一时期商品种类增多主要表现在烟草、咖啡、可可、茶叶等纷纷进入欧洲市场,来自东方的香料大量涌入欧洲等地,奴隶也成为贸易商品,鸦片贸易等方面。

材料8

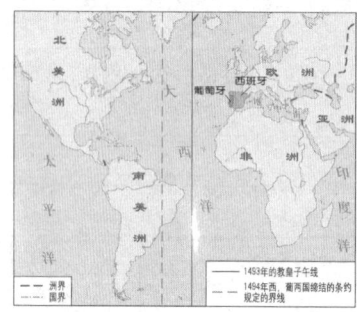

图6 教皇子午线

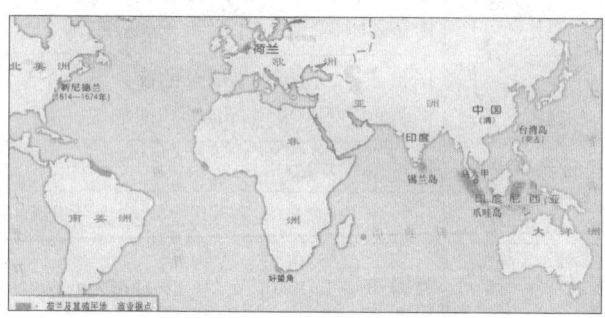

图7 17世纪荷兰殖民活动

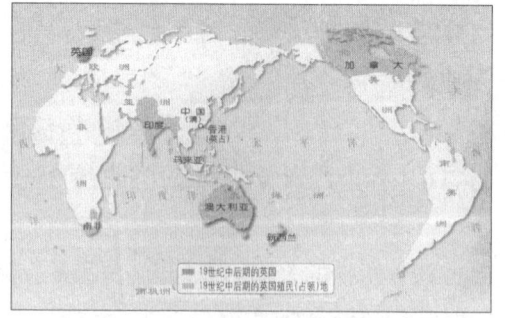

图8 "日不落帝国"

问题设计:指出15—19世纪中期国际贸易格局发生的转变,结合所学分析英国成为"世界工厂"和世界贸易中心的原因。

学生活动:阅读教材,解读三幅地图反映的15—19世纪中期呈现出的国际贸易格局变化,运用所学,从政治、经济等角度分析英国成为"世界工厂"和世界贸易中心的原因。

教师活动:根据地图,指出国际贸易格局由西班牙、葡萄牙到荷兰再到英国;英国开展工业革命,生产力大大提高,加上17世纪英国通过各种手段打击荷兰,并夺取了荷兰的北美殖民地,逐渐控制海上贸易,且国内完成资产阶级革命,建立君主立宪制,最终成为"世界工厂"和世界贸易中心。

材料9　　　　1870年、1913年主要资本主义国家在世界贸易中的占比

年份	国家				
	英国	美国	德国	法国	俄国
1870年	22%	8%	13%(1872年数据)	10%	
1913年	15%	11%	13%	8%	4%

——据[德]库钦斯基《资本主义世界经济史研究》编制

问题设计:表中数据反映了什么问题?

学生活动:解读表格数据,找出1870年、1913年英、美、德三国在世界贸易中占比的变化。

教师活动:引导学生解读表格数据,指出19世纪末20世纪初,美、德等新兴工业国家兴起,英国的贸易垄断地位被打破,世界贸易形成了多中心的新格局。

材料10　1845年,英国丽如银行在香港和广州同时开设了分行,这是中国最早出现的外国银行,此后外国银行逐渐增多,并多集中在上海。1897年,清政府在上海成立中国通商银行。中国通商银行是仿效西方银行成立的有限股份制银行,也是中国银行业第一家以"银行"命名的银行。

——摘编自邵娜、李婧《资本帝国主义的侵略对中国近代经济发展的影响》

材料11　固守古老文明的中国在列强军事打击、商品倾销的巨大冲击下……清朝统治集团中的洋务派开展了一场旨在"自强""求富"的洋务运动,兴办了一批军用和民用企业。这场运动虽以失败而告终,但在洋务运动的直接刺激和诱导下,中国的民族工业开始起步。

——岳麓书社历史必修二教材

问题设计:阅读材料并结合所学,分析世界商业贸易的发展变化给近代中国带

来的影响。

学生活动:阅读材料,结合材料中"英国丽如银行在香港和广州同时开设了分行,这是中国最早出现的外国银行""清朝统治集团中的洋务派开展了一场旨在'自强''求富'的洋务运动"等关键信息,运用所学分析世界商业贸易的变化给近代中国带来的影响。

教师活动:指出世界商业贸易的发展变化给近代中国带来的影响首先表现在经营方式的变化,出现了近代银行、近代股份制企业、证券机构、百货公司;其次资本输出成为列强入侵的主要方式,加重了近代中国半殖民地半封建社会的程度。

设计意图:整体把握新航路开辟以后世界商业贸易变化的主要表现,具体了解变化的内容、原因、影响,为突破难点做知识储备;以中国为例分析世界商业贸易变化带来的影响,提升学生解读材料、整合教材知识的能力。

学习任务3:认识世界市场形成对商业贸易的意义。

材料12 大工业建立了由美洲的发现所准备好的世界市场。世界市场使商业、航海业和陆路交通得到了巨大的发展。这种发展又反过来促进了工业的扩展,同时,随着工业、商业、航海业和铁路的扩展,资产阶级也在同一程度上发展起来,增加自己的资本,把中世纪遗留下来的一切阶级排挤到后面去。……资产阶级,由于开拓了世界市场,使一切国家的生产和消费都成为世界性的了。……新的工业的建立已经成为一切文明民族的生命攸关的问题;这些工业所加工的,已经不是本地的原料,而是来自极其遥远的地区的原料;它们的产品不仅供本国消费,而且同时供世界各地消费。

——[德]马克思、恩格斯《共产党宣言》

问题设计:试分析世界市场与商业贸易的关系。

学生活动:阅读材料,根据所学从宏观上分析世界市场与商业贸易的关系。

教师活动:指出世界市场使全球性的商业贸易得到发展,商业贸易的发展也使得世界各地都被卷入资本主义世界体系中,促进了资本主义的发展。

设计意图:利用教材思考题,回归教材,突破难点。

小结:新航路开辟后,世界逐渐融为一个整体。第二次工业革命后,随着世界基本被瓜分完毕,以欧美资本主义国家为主导的世界市场最终形成。在这个过程中,不断发展的商业贸易是推动世界市场形成发展的重要途径,二者相互影响,推动了资本主义的发展。

（三）板书设计

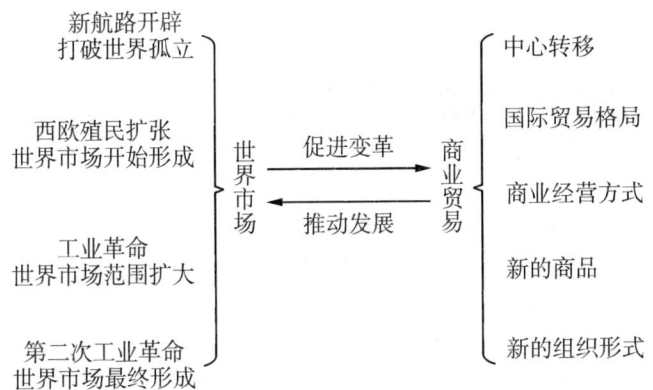

（四）核心素养水平划分

水平1：能够知道世界市场形成发展的基本历程，认识新航路开辟、殖民扩张、工业革命在不同程度上推动了世界市场的发展；能够从地图、文字、表格等不同形式的史料中获取有效信息，说出新航路开辟后世界贸易的变化表现。

水平2：能够阐明工业革命与世界市场形成之间的关系，知道世界市场发展的内在动力；能够利用历史地图描述商业贸易格局以及贸易中心的转移；能够客观评价世界贸易的发展对欧洲以及殖民地的影响；能够认识世界市场形成与商业贸易发展的关系。

水平3：能够运用学科术语，归纳、概括世界市场形成的整个过程；能够运用文字、图片等不同类型的史料，阐释说明商业中心转移、国际贸易格局变化、新的经营方式等；能够概括商业贸易影响下近代中国经济变化的主要表现。

水平4：能够根据需要并运用相关材料和正确方法，以表格形式呈现世界市场形成过程以及对应阶段列强侵略的主要方式；能够选择和运用史料作为论据，分析世界市场与商业贸易的相互关系。

第9课

20世纪以来人类的经济与生活

一、课标要求

认识20世纪以来贸易、金融的变化及其对人类生活的影响。

二、教材分析

本课涉及"1929年经济危机""罗斯福新政""苏俄新经济政策""改革开放"及"战后资本主义国家"等基本史实,是在"经济与社会生活"专题下对20世纪以来的经济与生活内容的重组和提升。本课共三个子目。"世界经济的发展"一目介绍了20世纪以来世界经济发展的阶段特征。"国际贸易与人类生活"一目介绍了二战后国际贸易规模不断扩大,贸易形式不断变化,改变了人们的生活。"国际金融与人类生活"一目介绍了二战后建立了以美国为主导的布雷顿森林体系,稳定了金融秩序,非银行金融机构得到了迅速发展。

三、学情分析

通过以往的学习,学生对本课涉及的基本史实有一定的认识,因此教师在授课过程中不能把本课知识点当作新知讲解,而需要引导学生在全球史观下看待世界经济与生活的关系,从20世纪世界经济发展的纵向发展与横向联系以及对人类生活的影响的角度来认识基本史实。

四、教学目标

1. 通过自主构建20世纪以来人类经济发展的时间轴,同时对比分析苏联新经济政策和罗斯福新政,从纵向发展与横向联系中理解20世纪以来经济发展的历程,培养时空观念。

2. 通过对比二战前后国际贸易与金融发展状况图表,分析二战后国际金融贸易体系重建的原因、过程、意义,理解战后国际经济体制走向全球化、体系化的趋势。

3. 依托史料,以问题链的形式引导学生理解战后建立的世界经济体系的演变,感知国际金融与贸易变化对人类生活的双重影响,培养学生解读不同类型史料和分析问题的能力。

4. 重新审视百年历史,找寻应对危机与变局的钥匙,涵养家国情怀,进一步培育世界视野,增强构建人类命运共同体的价值认同。

教学重点:厘清20世纪以来经济发展的历程。

教学难点:理解国际贸易与国际金融的变化对人类生活的影响。

五、教学过程

(一)教学主题

纵向梳理20世纪以来经济发展的历程,从国际贸易与金融的变化中分析战争与危机后世界经济的重建与嬗变,感知经济发展对人类生活的影响。

(二)教学过程

导入

材料1 国际货币基金组织(IMF)预计2020年全球经济将萎缩4.9%,而4月份时的预测为萎缩3.0%。2021年的复苏也将更加疲弱,预计2021年全球经济增长5.4%,而4月份的预测为增长5.8%。

——IMF《世界经济展望》报告

问题设计:为什么国际货币基金组织对世界经济形势的预测如此不乐观?

学生活动:联系时事新闻,感知新冠肺炎疫情对世界经济产生的重大影响。

教师活动:当今世界正经历新一轮大发展、大变革、大调整,大国战略博弈全面加剧,国际体系和国际秩序深度调整,人类文明发展面临的新机遇、新挑战层出不穷。突如其来的新冠肺炎疫情导致世界经济增长乏力,疫情负面冲击显著。然而危机对于世界经济来说却是常态,特别是20世纪以来的世界经济更是危机四伏。当前中国正处于"百年未有之大变局",如何认清世界大势,把握经济脉动,明确未来方向,解答时代命题?答案就在近百年的经济史中。

设计意图:以当下时事热点新冠肺炎疫情作为切入点,引导学生回顾思考20世纪以来世界经济发展的历程,从而导入本课。

学习任务1:从纵向发展与横向联系中理解20世纪以来经济发展的历程。

材料2 极端的年代,即霍布斯鲍姆所定义的"短20世纪",仿佛一张三联画,或者说,像一个历史的三明治。从1914年第一次世界大战爆发起,到二次大战结束,是大灾难的时期。紧接着,是一段经济成长异常繁荣、社会发生重大变迁的25至30年期;这短短数十年光阴对人类社会造成的改变,恐怕远胜任何长度相当的历史时期。如今回溯起来,它确可以视为某种黄金年代。而20世纪的最后一部分,则是一个解体分散、彷徨不定、危机重重的年代——其实对世界的极大部分来说,如非洲、苏联,以及欧洲前社会主义地区,根本就是又一灾难时期。

——摘编自[英]艾瑞克·霍布斯鲍姆《极端的年代:1914—1991》

学生活动:自主构建20世纪以来人类经济发展的时间轴,梳理20世纪以来经济纵向发展历程,将20世纪以来的经济按时序分成三个阶段,概括其中的阶段性特征,理解20世纪以来经济发展是曲折的,不断面临战争与危机,不断重建经济,是一个变化剧烈的时代。

时间轴:20世纪以来世界经济发展

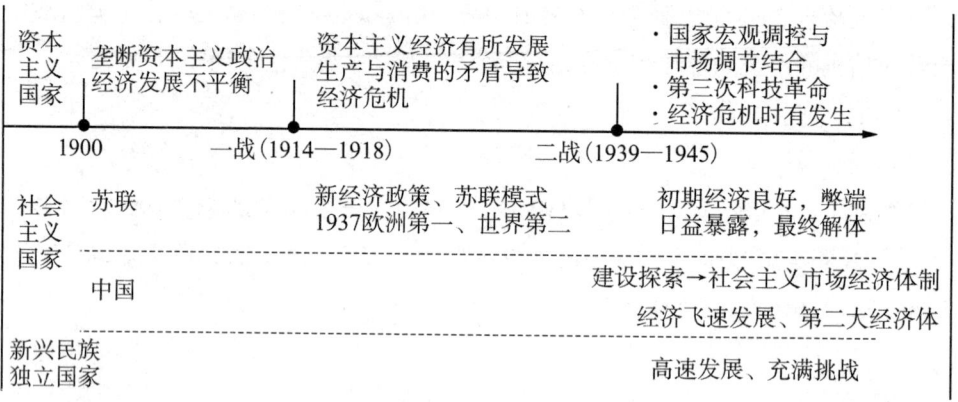

材料3 外部世界的封锁包围和军事压力,国内的粮食危机和政治叛乱,促使苏维埃政权采用新的方式来发展经济。……为此,列宁对党内的同志说:"我们在夺取政权后就知道,不存在将资本主义制度具体改造成社会主义制度的现成方法。我不知道哪位社会主义者处理过这些问题。我们必须根据实验做出判断。"

——纪录片《大国崛起》

问题设计:根据材料3,思考列宁在1921年"根据实验做出判断"具体指什么经济政策,该经济政策的实质是什么。

学生活动:1921年列宁"根据实验做出判断",制定了新经济政策。新经济政策的实质是,在资本主义经济不发达的社会主义国家要过渡到社会主义社会,无产阶级国家必须利用资本主义提高社会生产力,同时利用国家资本主义,控制国家经济命脉,保证社会主义的性质。

材料4 新政在管制方面的首创性产生了大量稳定微观经济的公共政策。……新的联邦机构被赋予极大的权力以约束竞争、控制垄断,并可以直接干预管理决策制定的细节行为。……在后来大约30年的时间里,这些管制体制所涉及的市场的增长和发展占到国民生产总值的1/4。1938—1968年这一时期是伴随着低通货膨胀率和低利率、强劲的经济增长的繁荣时期。

——[美]斯坦利·L.恩格尔曼等《剑桥美国经济史(第三卷下册)》

问题设计:根据材料4并结合所学,思考罗斯福为解决危机采取了什么样的经济政策,该政策的实质是什么。

学生活动:罗斯福为解决危机采取了国家干预经济的新政。新政的实质是在维护资本主义制度的前提下对资本主义生产关系进行局部调整。

问题设计:结合材料3、4并联系所学,分析罗斯福新政与苏联新经济政策的异同。

学生活动:罗斯福新政与苏联新经济政策共同点在于政府宏观调控与市场调节相结合。不同点在于,苏联新经济政策是在计划经济体制下运行,采用市场手段,开辟了社会主义经济的新道路。罗斯福新政属于应对经济危机的政策,其国家干预经济的表现,一定程度上缓和了资本主义基本矛盾,但并没有改变资本主义市场经济的形式,也不能解决资本主义基本矛盾。

教师活动:20世纪资本主义国家与社会主义国家都在不断发展,为应对危机各国走上了不同的道路。资本主义世界普遍爆发严重的经济危机时,苏联完成第一个五年计划。苏联的工业化成果影响了美国的经济干预政策,推动市场调节和政府宏观调控在竞争中走向融合,成为推动20世纪世界经济发展的主要手段之一。美国通过罗斯福新政扭转了危机,一定程度上遏制了美国的法西斯势力,而德、意、日面对严重的经济危机走上了法西斯道路,引发了第二次世界大战。

设计意图:引导学生提取课本有效信息,自主构建时间轴,理解20世纪以来世界经济是在曲折中发展的,同时分析各个阶段经济发展特征,锻炼学生提取有效信息的能力,培养学生的时空观念;通过解读史料,培养学生的历史解释核心素养,一方面理解20世纪以来实现经济发展增速的手段,另一方面通过新经济政策与罗斯福新政的对比,认识到世界经济发展存在着横向互鉴,提升学生把握历史趋势的能力。

学习任务2：从国际贸易与金融的变化中分析战争与危机后世界经济的重建与嬗变。

材料5

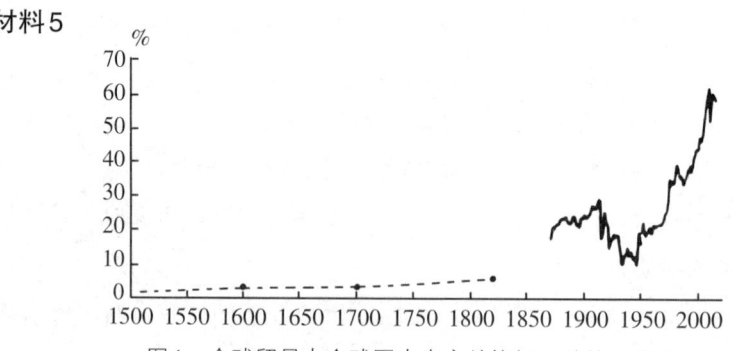

图1　全球贸易占全球国内生产总值(GDP)的百分比

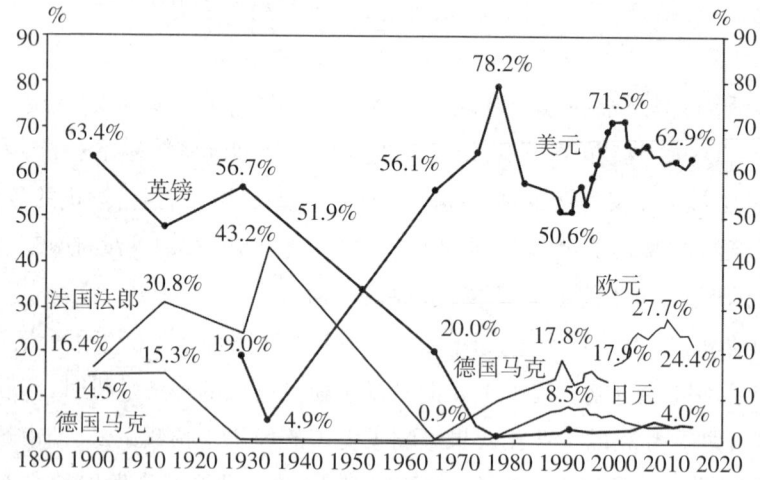

图2　全球货币储备比重分布

问题设计：根据图1、图2，思考二战结束后国际贸易和国际金融发生了什么变化，原因是什么，关贸总协定、国际货币基金组织、世界银行的出现对世界经济体系产生了怎样的影响。

学生活动：分析图表，结合课本内容思考二战结束前后国际贸易与金融发展状况的差异。认识到战后国际贸易因关贸总协定的建立而极速增长，国际金融因布雷顿森林体系、国际货币基金组织、世界银行的建立而形成了以美元为中心的国际货币体系。因战争与危机的冲击变得分崩离析、无序的国际贸易体系与国际货币体系开始走向体系化、全球化。

教师活动：引导学生从图表材料中获取有效信息，补充讲解关贸总协定、布雷顿森林体系、国际货币基金组织、世界银行的出现对世界经济体系的影响。

材料6 1949—1990年,世界贸易量的增长是有史以来最快的……让我们想一想还有多少领域没有放开。农业根本没有进入关贸总协定的谈判日程……保险、银行业等根本就不在开放之列……多种纤维协定是一套限制发展中国家出口的制度。关贸总协定的强制执行权之弱成了笑柄……

——摘编自世界银行编写组《全球化、增长与贫困》

材料7 简单地说,哈里·怀特错了。美国不可能同时实现以下两个条件:既向世界供应充足的美元,又使其黄金储备维持在满足黄金可兑换承诺所要求的水平上。事实上,任何一个国家的货币都无法担当这一重任。

——[美]本·斯泰尔《布雷顿森林货币战》

问题设计:根据材料6,思考世界贸易组织出现的原因。

学生活动:随着贸易自由化的发展,关贸总协定存在着诸多领域受限、法律约束力薄弱等问题,现存的贸易机制需要变革,由此诞生了世贸组织。

问题设计:根据材料7并结合所学,思考布雷顿森林体系最终崩塌的原因。

学生活动:布雷顿森林体系存在致命的缺陷,最后在20世纪70年代走向解体,各国货币对美元的固定汇率变成浮动汇率。

设计意图:通过观察图表,对比二战前后国际贸易与金融的发展状况,分析变化原因以及国际金融体系与贸易体系构建的意义,培养学生解读不同类型史料的能力;通过选用恰当的史料,以问题链的形式引导学生理解战后建立的世界经济体系在日后发展中不断演变的原因、过程、结果,培养史料实证和历史解释的能力。

学习任务3:从国际贸易与金融的变化中感知其对人类生活的影响。

材料8 随着社会经济的不断发展和科技水平的不断进步以及金融管制的不断放松,我国社会已经进入了全面信息时代。在金融行业,由于互联网技术的不断普及,电子商务逐渐兴起,越来越多的金融企业开始在电子商务领域大显身手,人民群众的日常生活也因为信息时代的到来而发生了翻天覆地的变化。无论是在工作中,还是在娱乐中,互联网已经成为现代人的必需品,而在现在这样一个凡事求高效、求便捷的时代潮流下,互联网金融便应运而生了。

——张皓《互联网金融的创新与发展》

问题设计:根据材料8并结合所学,分析伴随着科技水平不断进步,20世纪以来国际金融与贸易出现的新变化。

学生活动:提取课本与材料的有效信息,归纳20世纪以来对人类生活产生影响的国际金融与贸易的变化有服务贸易增长迅速,电子商务兴起,金融全球化、电子化等。

材料9

图3 2021年某网络平台双十一成交额

图4 2008年雷曼兄弟公司宣布破产后，一名抗议者在示威

问题设计：根据图3，思考某网络平台一天成交额能达到5403亿元的原因，这说明了什么？对比图4，思考国际金融与贸易的发展还带来什么影响。

学生活动：联系生活，理解国际金融与贸易的发展极大地便利了人们的生活，改变了人们的生活方式、消费观念等。通过分析雷曼兄弟公司破产演变成世界性金融风暴，理解国际金融与贸易的发展也伴随着风险与危机。

设计意图：通过解读教材与史料，厘清20世纪以来对人类生活产生影响的国际金融与贸易的变化，感知国际金融与贸易变化对人类生活的影响，提升史料实证素养，突破难点。

学习任务4：寻找中国应对"新变局"的措施。

材料10 中国的全球治理观不是要输出中国模式或让中国取代西方，而是秉持共商共建共享原则，以构建人类命运共同体、实现共赢共享为目标。它强调全球治理在认可价值多元和价值平等的基础上，坚持多元共生、包容共进，与世界各国共同推动国际政治经济秩序朝着更加公正合理的方向发展，建设相互尊重、公平正义、合作共赢的新型国际关系。

——摘编自蔡亮《试析国际秩序的转型与中国全球治理观的树立》

学生活动：阅读材料10并结合课本，寻找中国应对"新变局"的措施：加快完善社会主义市场经济体制、建立亚洲基础设施投资银行、推动贸易强国建设、构建"一带一路"国际金融新体制、提出全球治理中的中国方案、构建人类命运共同体等。理解中国为应对"新变局"已经做好充分的准备。

设计意图：通过筛选信息，理解中国为应对"新变局"已经做好充分准备，以及在全球经济治理体系中发挥的重要作用，升华家国情怀，进一步培育世界视野，增强构建人类命运共同体的价值认同。

小结：全球经济就是一片喧闹的丛林，崛起、陨落和对抗，时有发生。回顾20世纪以来世界经济的发展，可以发现，危机与冲突本就是世界经济的常态。全球经济发展进程中一直存在着各种冲突，新冠肺炎疫情作为全球性非传统安全冲击，进一步放大了全球治理中的各种问题。危机就是机遇,习近平总书记指出,"我们前所未有地靠近世界舞台中心,前所未有地接近实现中华民族伟大复兴的目标,前所未有地具有实现这个目标的能力和信心"。"三个前所未有"清晰地描绘了中国面对百年未有之大变局时的历史定位和时代基点。

(三)板书设计

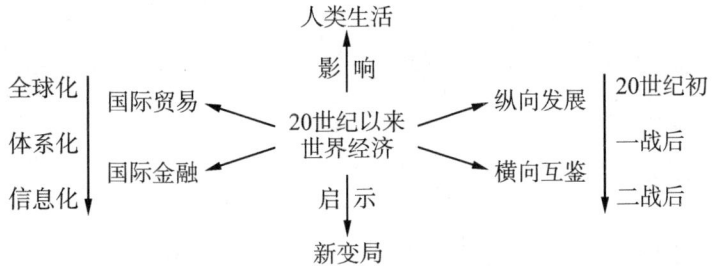

(四)核心素养水平划分

水平1:能够区分不同类型的史料,通过对比二战前后国际贸易与金融发展状况图表并结合教材内容,提取有关信息,分析二战前后发生变化的原因以及国际金融体系与贸易体系构建的意义,理解国际经济走向全球化、体系化。

水平2:能够利用时间轴的方式,描述20世纪以来人类经济发展的历程;能够认识百年经济发展的来龙去脉,理解20世纪以来经济发展是曲折的;能够依托史料,理解从关贸总协定走向世贸组织的必然性以及以美元为中心的国际货币体系终结的必然性;能够归纳20世纪以来对人类生活产生影响的国际金融与贸易的变化。

水平3:能够对20世纪以来世界经济发展进行时间、空间联系,概括世界经济发展的阶段性特征;能够对苏联新经济政策和罗斯福新政等史料进行整理和辨析,证明20世纪以来世界经济发展存在着横向互鉴;能够论述中国在国际贸易与国际金融变化中所发挥的积极主动的作用,提升中国是负责任大国的自豪感。

水平4:能够恰当运用史料,独立探究如何应对"新变局"这一现实问题;能够从20世纪以来世界经济发展中汲取经验教训,找寻应对危机与变局的钥匙,涵养家国情怀,进一步培育世界视野,增强构建人类命运共同体的价值认同。

第10课

古代的村落、集镇和城市

一、课标要求

了解人类居住条件的变迁及各地民居的差异及其特征；了解古代的村落、集镇和城市形成的原因及影响。

二、教材分析

本课共四个子目。"村落的产生"一目介绍了随着农业的出现，形成村落，古代人类村落遗址分布的概况。"村落的产生"是"集镇的出现"和"城市的产生"的基础，三目之间有层层递进的逻辑关系。"集镇的出现"介绍集镇出现的原因、过程和影响。"城市的产生"通过学习中国古代著名城市及古代雅典和古罗马城市，了解城市产生的原因，古代中国和西方城市规划的特点及城市发展的趋势。"世界各地的民居"介绍两河流域、古埃及、北美印第安人及中国的民居建筑差异及特征。

三、学情分析

高二的学生对于本课的知识有一定的了解，如生活在江浙一带的学生就会对江浙本地的古民居特点有直观的认识。通过旅游，学生可能了解其他地区的民居，如北京四合院、北方窑洞等，能够部分了解地域与民居的关系。理解人类的居住形式与自然环境、人口、经济因素关系，对学生来说尚有一定的难度。

四、教学目标

1. 通过了解古代村落、集镇和城市形成的原因及影响，归纳村落的特点，从而厘清村落、集镇和城市的概念。

2. 通过解读文字材料以及图片等相关材料，比较东西方城市的发展、职能和格局的变化，认识商业发展与城市繁荣之间的密切关系。

3. 分析世界各地的民居特点，进一步了解世界文明，认识世界文明的多样性及借鉴性。

4. 感悟古代经济发展对人类社会生活的巨大影响，思考城市化过程中古村落和民居的传承与保护。

教学重点：古代村落、集镇和城市形成的原因及影响。

教学难点：东西方城市的特点以及各地民居不同的原因。

五、教学过程

（一）教学主题

掌握村落、集镇和城市的基本概念，理解它们形成的原因。了解东西方城市和民居的不同特点，理解各种文明产生的独特因素，体会世界文明的多元存在。

（二）教学过程

导入

教师活动：同学们在以往的旅行中有游览过古村落吗？（可以适当提及教师自己去过的古村落，比如有800多年历史的宏村）我国现存的古村落数量较少，更值得珍惜和保护。内蒙古赤峰市敖汉旗兴隆洼遗址是距今已有8000余年的原始村落，被誉为"中华第一村"。

设计意图：原始村落距离学生生活太远，从日常的旅行地点，如宏村、西递等古村落出发，容易引起学生共鸣，激发学习兴趣。

学习任务1：认识村落产生的原因、特点及意义。

材料1　上古穴居而野处。后世圣人，易之以宫室。上栋下宇，以待风雨。

——《周易·系辞下》

问题设计：材料1叙述了原始人在哪一生活领域发生的重大变化？

学生活动：居住条件。

材料2　采集和渔猎时期，人类居住在山地、丘陵的洞穴中或树上；"刀耕火种"时期，人类年年迁移，但始终不能远离山林地区。进入"锄耕"和"犁耕"时期以后，人类生产活动逐渐转向平原地区，开始时在田野附近临时搭建的野营窝棚就逐渐演变为长期居住的建筑。

——翟虎渠《农业概论》

问题：结合所学，分析人们从到处迁徙到建造房屋定居的原因。

材料3

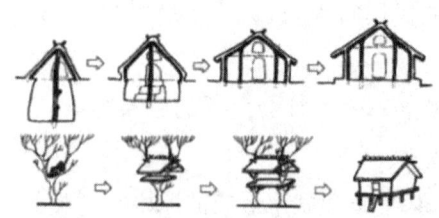

图1

问题设计:观察这些图片,说明人类居住形式发生了怎样的变化。

学生活动:人类居住形式经历了穴居、巢居、半穴居到地面筑屋居住的变化。

教师活动:墨子曾说:"古之民,未知为宫室时,就陵阜而居,穴而处。下润湿伤民,故圣王作为宫室。"居住形式与气候条件密切相关。北方寒冷、干燥,从穴居、半穴居发展到版筑或土坯房;南方温暖潮湿,从巢居发展成干栏式房屋。

问题设计:人类开始定居后,村落是如何出现的?

学生活动:村落是具有相当数量和规模的居民聚居点,为人类提供了比较稳定、安全的生活环境。农业出现后,人类开始了定居生活,先后出现了不同规模和功能的聚居区。最先出现的是村落。农业的出现和发展是村落出现的主要原因。

材料4　兴隆洼遗址:距今8000多年,被称为"中华第一村"。遗址有半地穴房址170余座,窖穴400余座,排列有序,屋内有圆形灶坑。石制工具多是打制的,石器种类包括有肩锄、斧、锛、磨盘、磨棒等。墓葬30余座,及大量陶器、石器、骨器、蚌器及动植物遗骸资料。环绕聚落有一条防御用的沟壕。

耶莫遗址:有21座房子,每座房子有好几个房间,房间里有炉灶和地窖。遗址中发现大量石制、骨制工具,装饰品和塑像。遗址人口为五百人左右。

图2　兴隆洼遗址

图3　耶莫遗址

问题设计:观察兴隆洼遗址和耶莫遗址,结合材料3,指出村落的构成要素。

学生活动:村落建有住宅、仓廪、地窖和公共活动场所、壕沟等。

材料5　德国费德尔湖畔的艾希比尔村落是新石器时代的遗址。该村落由24户住家组成。住家面向湖泊排列,全部是悬山式屋顶。村子中央是公共广场。面对广场的房间,可能是个集会场所,里面配备有炉子和面包窑。

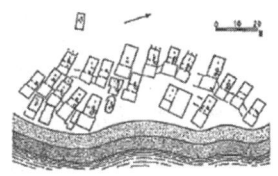

图4 艾希比尔村落复原图,从左至右分别为配置图、外观图、俯瞰图

问题设计:结合材料5,查阅相关资料,探究古代村落的选址特点,并分析村落产生对人类生活的影响。

学生活动:古代村落的选址特点包括接近水源、水运交通便利、地形平坦、土壤肥沃等。村落的产生为人们的定居、繁衍和防卫提供了条件和保障,也为人们进行集体活动提供了便利,扩大了活动空间,改善了生存环境,提高了生活质量,有利于农业生产的发展。

设计意图:通过文字、图片材料,培养学生从材料中提取信息得出结论的能力,同时了解村落形成的原因、特点及影响。

学习任务2:理解集镇的出现与发展。

教师活动:什么是集镇?集镇是以非农业人口为主、比城市小的居民区。中国古代有四大名镇:广东的佛山镇,江西的景德镇,湖北的汉口镇,河南的朱仙镇。村落和集镇有什么联系?集镇有什么特点?

学生活动:村落是集镇形成的基础。集镇是指人口比村落多但比城市少的居民区,是介于乡村与城市之间的过渡型居民点,多为商业、手工业中心。也就是说,过渡性,多为商业、手工业中心是其特点。

材料6 朱仙镇:早在新石器时代早期就孕育了早期人类文明。春秋时镇东南筑有启封城,这时的朱仙镇已经形成了小型居民聚居点。北宋末期,首次出现了见诸史料记载的"朱仙镇"称号。明清时期,朱仙镇因贾鲁河的开通而走向鼎盛,成为"南船北车"的转运处和货物集散地,经济发达,商业繁荣,跻身"中国四大名镇"之列。

问题设计:为何会形成集镇?集镇是如何发展的?以河南朱仙镇为例,结合教材分析与集镇发展有关的因素。

学生活动:生产力发展。

教师活动:生产力发展使农业和手工业分离,之后,产生商业。村落里的居民定期交换物品,形成了古代集镇的雏形。中国历史上集镇的形成和发展多与集市有关,宋代以后集市普遍发展,集镇也随之增多,到明清时还有了专业分工。西方也是如此,随着贸易的发展出现集镇,如7世纪的英国。另外,也有一些集镇是由于政治和军事的原因而产生的。如河北保定,地处华北平原,位于河北省中部,古有"北控三关,南通九省"之说,素有"军事要塞""燕地天府""京师门户"之誉。至元十四年(1278)改顺天路为保定路,保定有"保卫大都,安定天下"之意。集镇部分衰落,部分随着农业和手工业、商业的发展而继续发展,部分因应商贸和防卫的需要而发展为城市。

设计意图:以朱仙镇为例,提供材料,解释集镇形成发展的原因,培养学生的历史解释能力。

学习任务3:了解城市的产生,比较东西方城市的不同特点。

教师活动:城市是一定区域内政治权力、军事防御、经济活动、宗教祭祀的中心场所。"城"是指为了防卫,并且用城墙等围起来的地区;"市"是指商品交换的场所。世界上首批城市一般都诞生在那些具有较为有利的灌溉条件、农业生产发达、农产品丰富、交通便利的地区,如两河流域的美索不达米亚平原、尼罗河流域中下游的古埃及、印度河流域的古印度以及黄河流域的中国等地区。

材料7 匠人营国,方九里,旁三门。国中九经九纬,经涂九轨。左祖右社,前朝后市,市朝一夫。

——《周礼·考工记》

材料8 雅典背山面海,城市布局不规则,无轴线关系。城市的中心是卫城,最早的居民点形成于卫城山脚下。广场是群众集聚的中心,有司法、行政、商业、工业、宗教、文娱交往等社会功能。

问题设计:上述材料反映古代东西方城市布局有何特点?

教师活动:周代的城市布局中正对称,反映的规划思想是礼制精神。雅典城市布局不规则,反映的规划思想是开放精神。

材料9

图5 唐朝长安城示意图

图6 北宋东京城示意图

问题设计:观察图5、图6,分析唐朝长安城和北宋东京城布局的异同。

学生活动:相同之处在于,都依水而建,满足人们生活需要;布局都体现了皇权政治在城市中居于核心地位。不同之处在于,长安城市布局恢宏大气,整齐划一,反映了强大的人力规划。北宋东京城市也有规划,但坊市界限被打破,市场沿河而兴,商业区不规则,是商品经济发展的自然结果。

教师活动:中国古代城市强调政治功能,是国家威权集中之地,因此城市建设中强调尊卑,突出王权,并按照统治者的身份等级规定城市的大小。城墙以及城墙的高度,城内道路数量及路幅宽度等都有严格的规定。

材料10

图7　雅典城市示意图　　　　　图8　古罗马的地下排水道

问题设计:观察图7、图8,分析雅典、古罗马城市建筑的特点。

学生活动:古希腊的城市建筑布局不规则,无轴线关系,呈现出开放的特点。古罗马城市的独特特点是有完善的基础设施——道路系统和供水排水系统,成为后来西方城市建设的标准。

教师活动:不管西方还是东方,根据自己的政治经济文化风俗会形成不同风格特点的城市,同样在漫长的人类发展进程中,不同地方形成了特色迥异的民居。

设计意图:通过对比中国不同时期城市和世界不同城市的布局,培养学生从史料中提取历史信息,并形成历史认识的能力。

学习任务4:了解世界各地的民居。

材料11

图9　　　　　　　　图10　　　　　　　　图11

图12

图13

问题设计:结合自己的旅游经验、生活经验,分别讲解以上图片所示民居的特色,并判断是哪个区域的民居。

学生活动1:图9所示为徽派民居,青瓦、白墙是徽派建筑的突出印象。徽派民居的特点之一是高墙深院,一方面是防御盗贼,另一方面是饱受颠沛流离之苦的迁徙家族获得心理安全的需要。

学生活动2:图10所示为凤凰吊脚楼,属于干栏式建筑,多依山靠河就势而建。依山的吊脚楼,在平地上用木柱撑起分上、下两层,节约土地,造价较廉;上层通风、干燥、防潮,是居室;下层是猪牛栏圈或用来堆放杂物。

学生活动3:图11所示为客家土楼。客家人的祖先是1900多年前从黄河中下游地区迁移到南方的汉族人。因为客家人大多居住在偏僻、边远的山区,先民为了防范盗匪骚扰,保护家族的安全,就创造了这种庞大的民居——土楼。一座土楼里可以住下整个家族的几十户人家、几百口人。土楼有圆形的,也有方形的,其中,最有特色的是圆形土楼。

学生活动4:图12所示为北方窑洞,它是黄土高原地区较为普遍的民居形式。我国西北地区气候干燥少雨,冬季寒冷,木材较少。当地人民因地制宜挖洞而居,简单易修,省材省料,坚固耐用,冬暖夏凉。

学生活动5:图13所示为四合院。其格局为一个院子四面建有房屋,从四面将庭院合围在中间,故名四合院。四合院民居也体现出尊卑秩序:家长居于朝南的正房,长子居于东厢房,仆人住外院,尊卑有序,内外有别。

教师活动:展示一些温州的民居,如洞头的石头房。作为全国著名的海岛县,由于地理位置的关系,洞头长年受台风影响。为了抵御台风等自然灾害的侵袭,当地渔民挑选花岗岩为石材,利用石头的坚固性和稳重性搭建了各种各样的石头房,形成了本土传统的民居建筑。

材料12

图14

图15

学生活动:阅读教材,了解世界各地民居的特点,思考形成这些差异的原因。

地区	古代两河流域	古埃及	古代中国	古希腊罗马	北美
建筑材质	黏土、木材与芦苇混合制砖	泥和木材	砖木结构	木石砖、混凝土	木材、动物皮
布局	低于地面、四合院式	注重主次等级,对外封闭、对内开敞的院落	对称、主次分明、院落有序;类型多样	对等级制度的体现相对较少	圆锥形、防寒性较差、便于迁徙
形成差异的原因	自然环境、经济发展水平、文化习俗等不同				

教师活动:在前城市化时代,世界各地的民居各具特色。在城市化加速的今天,世界各地民居的存在受到了很大的影响。如何保护古村落、古镇、古城,是全人类都要努力思考的问题。

设计意图:通过直观对比,了解中国各地以及世界各地民居,学生形成保护我国的民居文化、欣赏世界各类民居文化多元特色的文化认同。

(三)板书设计

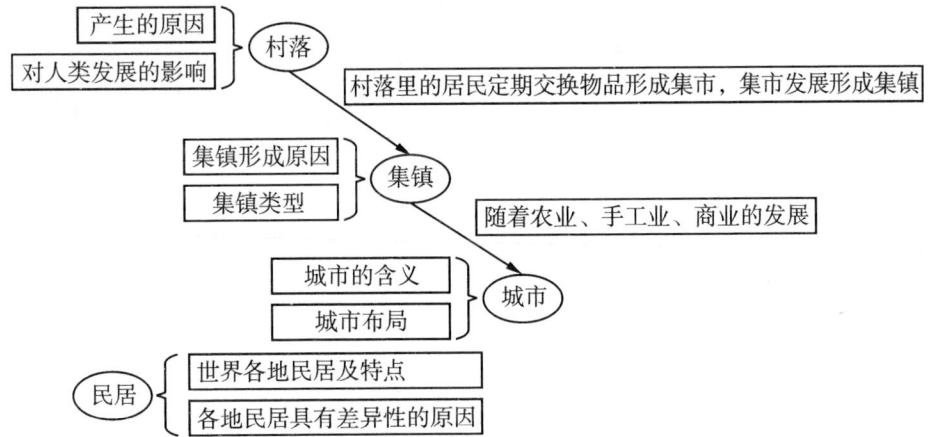

（四）核心素养水平划分

水平1：能够从教材以及教师提供的文字史料中提取有效信息，初步了解村落、集镇和城市的概况。

水平2：能够利用考古遗迹发现和地图、文字信息等不同类型的史料，比较分析，了解东西方集镇尤其是东西方城市的不同特点。

水平3：能够在对比世界各种民居特点的过程中体会世界的多元化面貌，感悟不同文明的共处和交融、交流和碰撞，学会尊重各种文明的特性。

水平4：能够通过对传统古民居和村落的了解，树立维持开发与保护良好平衡的可持续发展的观念；能够通过古今中外村落、集镇和城市的对比，感悟中华文明的伟大，欣赏世界文明的多元特色，认识社会历史发展的总体趋势。

第11课

近代以来的城市化进程

一、课标要求

了解近代以来城市化进程中人们居住条件和生活环境的改善及问题。

二、教材分析

本课共四个子目,讲述近代以来城市化进程、成果及出现的问题。近代城市化进程伴随着工业革命展开,工业化成为人类城市化进程的重要助推器。在城市化进程中,人们的居住条件和生活环境不断改善,生活质量得到了明显提升。与此同时,环境污染、交通拥堵等问题也随着城市化进程不断加剧和恶化。本课主线清晰,与现实生活联系密切,可结合学生的实际体验展开教学。在叙述世界城市化进程之外,本课还有一条副线,即中国的城市化进程。中国的城市化进程起步相对较晚,但在新中国成立后尤其是改革开放后发展迅速。

三、学情分析

学生在初中阶段已经学过工业革命和世界人口增长的基本史实,了解了工业革命的影响、工厂的形成及不同发展程度的国家所面临的不同的人口问题等具体内容,这为学习本课内容打下一定基础。但初中生获取史料信息能力相对欠缺,对于基于史料获取有效信息,了解城市化进程中人们居住条件和生活环境的改善会有困难;而以唯物史观为指导,恰当运用所学和史料,认识人在城市化进程中的作用对于学生来说也有很大挑战性。

四、教学目标

1. 运用时间轴,了解近代城市化进程及其背景,认识工业化是人类城市化进程的重要助推器。

2.通过史料分析,了解城市化进程中人们居住条件和生活环境的改善,认识城市化是历史的进步。

3.通过史料分析和课堂讨论,分析城市化进程中出现的问题,认识城市化进程实质上是人与城市和谐发展的过程,学生能够客观认识历史和社会现实问题,树立可持续发展的正确观念,涵养人文关怀和社会责任意识。

教学重点:了解近代以来的城市化进程。

教学难点:认识城市化进程中人与城市的关系。

五、教学过程

(一)教学主题

以工业化进程中的曼彻斯特为例,了解城市化进程中人们居住条件和生活环境的改善,认识城市化进程中人与城市的关系。

(二)过程展示

导入

材料1 焦煤镇最丑恶的现实就是该镇本身。你以为它总有够得上美一点的地方的话,那你就错了。这个地方看不到一丝一毫美和有点想象力的地方。镇中建筑物都是一色的红砖,可是由于烟熏、灰渍,又都变成了黑色。镇上到处都是工厂、大机器及高大的烟囱。由于蒸汽机成了焦煤镇的主宰,所以这里的空气中总是充满着烟雾,永不消散。镇上有一条黑色的运河和一条红色的河流——那些织布厂把河流都给染成红色的了。

——[英]狄更斯《艰难时世》

设计意图:通过名著片段呈现工业化初期城市状况,创造与学生对城市化已有认知的冲突,激发学生探究兴趣。

学习任务1:了解城市化进程——城市化之路。

教师活动:城市的历史可以追溯到5000多年前。前工业化社会的城市不过是以土地财产和农业为基础的城市,工业革命以来,旧的城市功能开始转变,新兴工业城市不断涌现,城市逐渐成为国家经济的中心。城市化是人口集中到城市或城市地区的过程,它有两个方面的含义,一是农村人口不断向城市人口转化的过程,二是一个国家或地区城市人口超过农村人口在总人口当中所占比重,并且日益提高的过程。

材料2 大工业企业需要许多工人在一个建筑物里面共同劳动,这些工人必须住在近处,甚至在不大的工厂近旁,他们也会形成一个完整的村镇。他们都有一定的需要,为了满足这些需要,还须有其他的人,于是裁缝、鞋匠、面包师等都搬到这里来了。这种村镇里的居民,特别是年轻的一代,逐渐习惯于工厂工作,逐渐熟悉这种工作;当第一个工厂很自然地已经不能保证一切希望工作的人都有工作的时候,工资就下降,结果就是新的厂主搬到这个地方来。于是村镇就变成小城市,而小城市又变成大城市。城市愈大,搬到里面来就愈有利,因为这里有铁路,有运河,有公路;可以挑选的熟练工人愈来愈多;……在这种一切都方便的地方开办新的企业……花费比较少的钱就行了;这里有顾客云集的市场和交易所,这里跟原料市场和成品销售市场有直接的联系。这就决定了大工厂城市惊人迅速地成长。

——[德]恩格斯《英国工人阶级状况》

问题设计:根据材料2,分析工业化对城市兴起的促进作用。

学生活动:工业化促进工人的聚集并吸引大量人口进入城市就业,城市基础设施的改进和劳动力、原料市场以及商品市场的优势推动更多工业企业的兴办,使城市规模进一步扩大。

材料3 大约在1800年,大不列颠只有一个城市——伦敦。伦敦仅有100万人口,但却是世界最大的城市之一。1850年伦敦人口增加到236.3万,大不列颠还有其他9个城市人口在10万以上,18个城市的人口分别在5万到10万之间,28个城市的人口总计570万人,大约为大不列颠全部人口的1/5。1851年人口普查表明,英国的城市人口已占全国人口的52%。同期法国和美国的城市人口比例为25%和13%,俄国是7%。1870年,英国城市人口比例上升到65.2%,1890年又上升到74.5%,1910年达78.9%。从20世纪20年代到60年代初,英国的城市化率一直在70%—80%之间徘徊。1980年世界城市化率达42.2%,发达国家平均城市化率为70%,英国高达86.4%。

——高德步、王珏《世界经济史》

问题设计:根据材料3,概括英国城市化的特点。

学生活动:工业革命后英国城市化进程发展迅速,城市化水平世界领先。

教师活动:英国是第一个进行工业革命的国家,也是城市化最早起步和首先完成的国家。在英国之后,欧洲和北美其他主要资本主义国家也开始了城市化进程。

问题设计:阅读教材,结合材料3,制作近代以来城市化进程的时间轴。

学生活动:工业革命期间,英国首先开始城市化进程,之后主要资本主义国家陆续开始并相继完成。二战后,发达国家城市化水平进一步提高,发展中国家城市化速度加快。21世纪初,城市化在世界范围内基本实现。

教师活动:马克思、恩格斯认为城市化是资本主义大工业发展的产物。曼彻斯特是英国工业的发源地和英国工业的中心,它是近代城市的典型,可以作为研究城市化的案例。

材料4 英国一些发展较快城市人口数量增长和年均增长率(单位:1000人)

城市	城市人口数量 1750年	城市人口数量 1801年	城市人口数量 1841年	年均增长率% 1750—1801年	年均增长率% 1801—1841年
伦敦	675	900	1948	0.65	2.91
曼彻斯特	18	95	311	8.38	5.68
利物浦	22	83	286	5.44	6.11
格拉斯哥		77	261		5.97
伯明翰	24	74	183	4.08	3.68
爱丁堡		81	164		2.56
利兹	16	53	152	4.53	4.67
设菲尔德	12	46	111	5.56	3.53

——赵煦《英国早期城市化研究——从18世纪后期到19世纪中叶》

材料5 工业革命以前,曼彻斯特是个富庶的村落。17世纪出现棉纺织业,人口开始增加。……但是迪福在1727年还称它为"英格兰的最大村落之一"。棉纺织工业兴起以后,曼彻斯特开始它的加速发展过程。……随着蒸汽机代替水力发动机,工厂越来越多地建在曼彻斯特。据一个同时代的人说,1786年人们仅看到一个烟囱,即阿克莱特纱厂的烟囱,15年后,曼彻斯特有50个纱厂,大多数都拥有蒸汽机。1820年,曼彻斯特占英国棉纺织生产量的四分之一。工厂和工人数目的增加,使空地减少,不得不建造4层至8层楼高的工厂。1790年曼彻斯特有5万居民,1801年有7.5万,1831年增长到18.2万,1871年达35.1万。

——高德步、王珏《世界经济史》

学生活动:根据材料4和材料5,概括曼彻斯特城市化的原因和特点。工业化推动了曼彻斯特的城市化进程。工业革命时期,曼彻斯特的城市化主要表现在城市人口的迅速增加。

教师活动:这些城市大部分是北方工业城市,人口高速增长集中在城市制造业,尤其是棉纺织业中。工业化推动城市化加速发展。

设计意图:通过制作时间轴了解近代城市化进程,结合相关史实认识城市化的历史动因,将历史现象放在历史背景下加以考察。

学习任务2：了解城市化的成果——城市化之光。

材料6 当机械化终于出现的时候,人们就看到那紧接在机械化之前的人口增加正以明显的速度加快着。与此同时,(曼彻斯特)城市的面貌也改变了。大工厂,特别是从蒸汽机开始代替水力发动机的时候起,越来越多地开设在那里。……那些赶忙建筑起来的、太小而不够人口居住的工人棚屋绵延在纱厂的周围,几乎把旧城围绕起来。在它们又黑又湿的小巷里流行着地方性的热病。相反地,设有商店的中心区域已经美化了,那里开辟了宽阔的街道,两边有很高的砖砌的房屋。最后,在城市的最外面东南方,不久也建筑起一些四周围有花园的漂亮别墅,那里住着新的贵族,棉业豪富。

——[法]保尔·芒图《十八世纪产业革命——英国近代大工业初期的概况》

材料7 在这些工厂和仓库等工业建筑中,资本和劳动力实现了集中,这些建筑所在地构成了单独的工业用地。对于工作在其间的大量工人和工厂主而言,他们必须另在他处构建居住场所,居住与工作地点发生了分离,尽管两者间往往相距很近。在工厂制带来家庭生产功能衰落的同时,家庭的观念也发生了变化,家庭被视作纯粹的私人生活空间,且是"所有私人场所中最隐秘的场所"。18世纪以来,城市中新建的住房开始单纯以居住为目的,内部结构也发生变化,"一层是不直接连通街道的客厅;二层包括隔开的餐厅和休息室;卧室变得越加注重隐私,通常带有盥洗室;厨房则建在地下室"。这样一来,不仅城市中家庭的生产活动被工厂取代,其商业活动也被转移到单独的商业建筑中。

——梁远《近代英国城市规划与城市病治理研究》

问题设计:根据材料6,概括曼彻斯特城市化过程中带来的积极变化。

学生活动:城市化带来居住条件的改善,出现砖砌的房屋、漂亮的别墅等。城市化还促进城市公共设施的完备,开辟了宽阔的街道,设有商店的中心区域已经美化。

教师活动:由材料7可见,城市化带来居住条件的改善还表现在建筑功能的专业化,住房的居住功能变得更加突出,机构日趋合理与完善。可见,城市化提高了人们的生活质量。

设计意图:以曼彻斯特为例,更为具体、直观地展现城市化带来的人们生活的变化。

学习任务3：分析城市化进程中出现的问题——城市化之殇。

教师活动:汤因比曾断言,"产业革命的烟雾所带来的破坏要多于创造"。因为,"工业革命时期城市中的条件是令人吃惊的,其污秽拥挤成为通病而非个别例外。19世纪中叶,城市卫生协会对英国主要城市当时状况的报告中是这样概括的:'博尔顿市——实在糟;布里斯托尔市——糟极了,死亡率很高;赫尔市——有些部门坏得不堪设想,许多地区非常污秽,镇上和沿海排水系统都极坏;严重拥挤和普遍缺乏通风设施'。"

材料8 1832年3月,霍乱遍及英国;1848—1849年,霍乱在英国再次兴起。当时,霍乱的可怕不仅在于其吓人的病症和惊人的死亡率,而且在于多种疗法在它面前都收效甚微。人们虽已意识到霍乱是一种传染病,但关于它发生的原因和传播的方式,尚处于研究之中。1849年,麻醉医师约翰·斯诺发表《论霍乱的传染方式》一文,认为霍乱并非通过呼吸道传染,而是经过食道传染。1854年8月,霍乱再一次袭击伦敦。斯诺博士得知,在霍乱爆发的地区,即布罗德大街和剑桥大街的拐角处,有一处受污染的压水泵,周围几百户人家都靠它来获取饮用水。斯诺发现几乎所有死者都曾居住在布罗德大街压水泵的附近,而这一水泵恰好处于暴发霍乱的中心地带。斯诺还发现,就在一箭之遥的布罗德大街的酿酒厂中,没有一人死于霍乱。他调查发现那里的工人不是以啤酒当饮料喝,就是从厂中的井里取水。有了这些有力的证据后,斯诺立即说服市政府官员,从布罗德街角的压水泵取下压杆,禁止居民从这里汲水。从此,这一带的霍乱死亡率不断减少。

——梅雪芹《19世纪英国城市的环境问题初探》

问题设计:阅读材料8,指出霍乱发生的根源,认识工业革命的影响。

学生活动:斯诺的理论和实验使人们初步了解了产生霍乱的根源——水的污染。工业革命以来,随着工业的发展和城市人口的剧增,每天排出的大量工业废水和生活污水污染了许多河流,导致传染病流行等问题。

教师活动:19世纪英国城市环境中的另一严重问题是空气污染。工业化之后,伦敦的工厂如雨后春笋,高大的烟囱林立,加上无数传统的壁炉,处处浓烟滚滚。19世纪的英国,"滚滚浓烟"决非伦敦所独有,而是很多城市的共同景致。正如恩格斯所说:"凡是可以用来形容伦敦的,也可以用来形容曼彻斯特、伯明翰和利兹,形容所有的大城市。"至1830年,曼彻斯特的一半房屋都还没有排水系统和清洁设备。有人认为,狄更斯是用"焦煤镇"比附曼彻斯特。"焦煤镇"到处是机器和高耸的烟囱,以至那些时常想呼吸点新鲜空气的人们,不得不乘火车走上几里,"然后下车在田野中溜达溜达,或者闲散一下"。

材料9 有人对19世纪中叶工业城市住房状况进行统计,结果表明:在曼彻斯特,3个人睡一张床的地下室有1500个,4个人睡一张床的地下室有738个。曼彻斯特的约翰街4号住房的地下室里住着4个老寡妇;8号住房的地下室里住着7口之家,一对夫妇和5个孩子,年龄从2个月到15岁不等。某个学校的30个孩子挤在一间地下室里睡觉。据1832年一个医生的报告,曼彻斯特的6591所廉租公寓中,960所破败不堪,需要修缮,1435所阴暗潮湿,2221所缺少厕所。

——整理自汪蒙《19世纪英国城市工人阶级住房问题及对策分析》

学生活动:根据材料9,指出曼彻斯特城市化进程中的问题及其具体表现。城市化过程中,大量人口涌入城市,这既为城市提供了劳动力,也给城市带来了住房压力。曼彻斯特的住房问题具体表现在贫富两极分化,工人住房数量不够、设施落后、卫生状况差。

教师活动:第一个进行工业革命的英国,在首先感受到大工业无比威力的同时,也第一个尝到了伴它而生的苦果。19世纪英国城市已呈现病态,英国工业化和城市化的先行性与开拓性,使英国的问题显得特别严重。于是在19世纪后期和20世纪初,英国政府先后推行了一系列有关的社会立法,如1860—1875年间颁布一系列关于食品饮料标准、环境卫生、健康和居住条件的法令;1890年颁布关于解决工人住房问题的法律;1909年颁布《住房与城市规划法》;等等。可以说,世界上第一个实现工业化与城市化的英国,所走的是一条先污染、后治理的被动之路。因此,"当我们惊异于英国工业城市文明在历史上的辉煌时,切莫忘了那时的城市人所为之付出的代价"。"人"与"城"的关系成为一个时代命题。

设计意图:以曼彻斯特为例,通过翔实的案例和具体数据引导学生认识城市化进程中的问题,思考"人"与"城"的关系。

学习任务4:了解中国城市化历程与成就——城市化进程中的中国。

学生活动:阅读教材,梳理近代以来中国城市化进程的时间轴。

教师活动:鸦片战争后,中国近代城市化进程开启。新中国成立后,城市化进入新阶段。改革开放以来,城市化进程加快,到2011年,中国城镇人口超过全国总人口的一半。

材料10 胡焕庸等在《中国人口地理》一书中写道,1843—1893年,中国城镇人口由2072万增加到2351万,城市人口比重由5.1%上升到6%。在这个50年内,城市人口年平均递增率仅为2.53%。1949年,我国城市人口总数达到5765万,比1893年增长1.45倍,年平均递增率为16.1%,城镇人口的比重由6%上升到10.6%。城镇密度以东南沿海地区、长江中下游区和黄河下游区为最大。近代中国工业发展总体落后,许多大城市的工业部门(包括交通部门)等制造业就业人口比例低……年龄结构上,移民主要是青壮年人口,城市性别比例失调导致低出生率。人口的国别构成上,近代中国城市特别是沿海通商城市的外国人数量占了很大比重,而且掌控城市经济命脉,反映了近代中国城市化浓厚的半殖民地特征。从1843年至1949年的一百多年间,上海外国人口从26人一直到达最多时的15万余人。

——马先标《百余年近代中国城市化历史回顾与探讨》

学生活动:根据材料10,概括中国近代城市化进程的特点。城市化速度极其缓慢,城市化在区域空间上的不平衡性显著,城市人口构成畸形化,城市化具有半殖民地特征。

材料11 二战以后,以伦敦为代表的大城市,人口数量停止增长,甚至开始减少,各类资源逐步向大城市周围的中小城镇和农村流动。这种现象不仅存在于英国,在美国、法国、德国、日本等发达国家也相继出现。针对这一现象,1976年美国学者布莱恩·贝里提出了"逆城市化"的概念,即大城市的人口和经济活动部分地由城市中心向城市外围迁移和扩散,使郊区无限蔓延,并导致城市中心和中心城市衰退的一种现象。

——岳欣《中国特色的"逆城市化"发展研究》

材料12 截至2015年底,我国城镇化率达到56.1%,比世界平均水平高出约1.2个百分点。在全国城镇化如火如荼开展之时,北京、上海、广州等城市却出现了逆城市化现象,主要表现为人口由中心城区向外迁移,行政中心迁移现象频现,企业逐步撤离中心城市。逆城市化现象既推动了城镇化发展,也带来了诸多问题:比如政策执行中出现偏差,导致"鬼城""睡城"的出现,实力不足难以扭转城乡差别,社会认同仍未达成,基础设施有待提升等。"十三五"规划提出了新型城镇化发展新思路,即坚持以人的城镇化为核心,以城市群为主体形态,以城市综合承载能力为支撑,以体制机制创新为保障,加快新型城镇化步伐,提高社会主义新农村建设水平,努力缩小城乡发展差距,推动城乡一体化。

——摘编自岳欣《中国特色的"逆城市化"发展研究》

学生活动:根据材料11,概括"逆城市化"的主要表现。根据材料12,指出现阶段中国城市化进程中出现的新问题及应对策略。

教师活动:"逆城市化"被视为城市化四阶段中的第三阶段。在西方,"逆城市化"是二战后城市化水平整体普遍较高的情况下出现的现象。但在中国,各区域的城市化水平很不平衡,由此出现的"逆城市化"也带有明显的中国特征。无论近代或现代,中国或西方,城市化进程归根结底因"人"而起,为"人"服务,因而城市化进程实质上是"人"与"城"相互促进、不断磨合、和谐共生的过程。我国"十三五"规划提出的新型城镇化发展新思路提出"以人的城镇化为核心",这为后期城市化尤其是发展中国家的城市化提供了一种"中国智慧"。

设计意图:通过时间轴了解中国城市化进程概况和现阶段城市化的新特点,进一步认识"人"与"城"的关系,涵养社会责任意识和家国情怀。

(三)板书设计

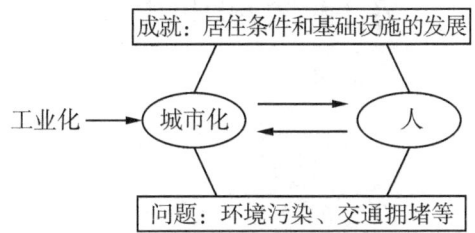

(四)核心素养水平划分

水平1:能够知道生产力发展是历史发展的决定因素,工业化推动人类城市化进程;能够识别"近代城市化进程时间轴"的相关信息,概述城市化的基本进程;能够从文字、数据表格等不同形式的史料中获取有效信息,说出城市化带来的生活质量的提高,了解城市化进程中的问题。

水平2:能够知道生产力发展是历史发展的决定因素,工业化推动人类城市化进程;能够利用"近代城市化进程时间轴"描述近代城市化进程;能够尝试运用教材材料分析城市化带来的居住条件和生活环境的改善,认识城市化进程中的问题,了解中国城市化的重大成就。

水平3:能够知道工业革命推动人口的流动和聚集进而促进城市化进程;能够利用"近代城市化进程时间轴"梳理城市化进程的阶段特征;能够选择和运用不同形式的材料,分析城市化带来的居住条件和生活环境的改善,客观认识城市化进程中的问题和中国城市化进程的重大成就。

水平4:能够知道工业革命推动人口的流动和聚集进而促进城市化进程;能够制作"近代城市化进程时间轴",梳理城市化进程的阶段特征;能够选择和运用不同形式的材料,分析城市化带来的居住条件和生活环境的改善;能够从人与城市的关系角度认识城市化进程中的问题,联系史实和实际就如何解决城市化进程中的问题提出自己的观点。

第12课

水陆交通的变迁

一、课标要求

了解古代的水陆交通建设及主要交通工具;认识新航路开辟和工业革命对促进交通进步的作用。

二、教材分析

本课共四个子目,讲述了古代的陆路交通与水路交通的发展概况,叙述人类对海洋的探索与全球航路的建立、工业革命与交通发展的关系,以及交通发展对社会变迁的影响。一方面体现交通的发展既是人类经济发展到一定阶段的产物,也是人类经验积累和技术改进的结果,尤其是人类对海洋的探索,使全球航路得以建立,两次工业革命催生了现代交通工具。另一方面,交通的改进促进了政治、经济和文化发展,带动了城市格局和社会生活的变化,两者相互影响、相互促进。

三、学情分析

学生对交通发展变迁的基本史实相对比较熟悉,但对于交通发展与社会变迁之间相互关系的理解相对会有所欠缺,亦未能形成系统辩证的认识。本课涉及内容时间跨度长,知识容量大,从古代到近代,从中国到世界,这对学生学习来说存在一定的难度。

四、教学目标

1. 运用表格,梳理古代陆路交通、水路交通变迁的主要史实,了解古代交通发展变迁的概况,理解古代道路的铺设和运河开凿是经济发展到一定阶段的产物,落实唯物史观素养。

2. 通过地图解读和史料分析,了解人类对海洋的探索与全球航路的建立,了解工业革命中发明的众多新式交通工具,认识新航路开辟和工业革命对交通进步的促进作用,提升时空观念和史料实证素养。

3. 运用史料作为论据,分析交通发展与社会变迁之间的辩证关系,论述交通发展既是社会发展的产物,又对社会发展产生重大影响,提升史料实证和历史解释素养。

教学重点:了解交通发展的基本概况。

教学难点:认识交通发展与社会变迁的关系。

五、教学过程

(一) 教学主题

以"交通与社会"为核心,通过交通发展基本概况的梳理,了解人类交通发展的基本概况,认识交通的发展是社会发展到一定阶段的产物,论述交通发展对社会变迁的影响,进一步认识交通与社会的关系,理解交通发展对人类社会的意义。

(二) 教学过程

导入

材料1 人类的历史始终是不得不和产业史与交通史关联着而被研究、被整理。交通发展与社会的整体变迁是密切联系在一起的,一定地域在一定时期内交通发展的状况必定是这个地方当时社会生产和生活的表征。一个民族本身的整个内部结构都取决于它的生产以及内部和外部的交往的发展程度。

——[德]马克思、恩格斯

教师活动:交通,是人类历史的横向活动,是人类交流、交往的先导,与社会历史活动变迁有着密切的联系。交通发展是社会生产发展的必要条件,是保证社会、经济、文化活动得以正常进行和不断发展的前提条件。交通革新,不断促进人类交流,物质共享,进而推动社会生产力和社会形态的不断发展和更迭。

学习任务1:认识区域交通网络的形成。

教师活动:人类社会的交通起源与发展,是伴随着社会生产力的发展而逐步形成和发展起来的。它经历了一个由简单到复杂、由低级到高级不断发展的过程。原始人在自然界中打猎、捕鱼、采集食物,其习惯性的足迹就形成了"路"。人类转向定居生活以后,以住地为中心的交通进一步发展,但是运输物品依赖的仍是天然的道路与河流。生产力的发展推动了人工道路的铺设和人工运河的开凿,促成了区域范围内交通网络的形成。

学生活动:结合教材,列表梳理古代著名的人工道路和人工运河(系统)。

古代著名的人工道路和人工运河(系统)

时间	概况
罗马帝国	把罗马和各行省连接起来,形成"条条大路通罗马"的盛况
秦朝	修筑的驰道、直道和五尺道等,构成了以咸阳为中心的全国性道路网;灵渠,连接湘水和漓水,沟通了长江和珠江两大水系
汉代	丝绸之路贯通后,成为连接亚、欧、北非的大通道
隋朝	以洛阳为中心的大运河,沟通了中国南方和北方
唐朝	驿道有近2.5万千米,以长安为中心向各方辐射
元朝	扩展了汉唐的交通网,在全国遍设驿站,构成了以大都为中心通向全国乃至境外的驿路交通网;京杭大运河,全长近1800千米,为世界之最
17世纪法国	米迪运河开辟了避开直布罗陀海峡、连接地中海和大西洋的新通道,是欧洲历史最悠久且目前仍在通航的运河之一
17世纪荷兰	荷兰阿姆斯特丹建立的运河系统,是荷兰经济和文化繁荣的重要体现

问题设计:阅读表格,概括古代著名人工道路构建的交通网的共同特征。

学生活动:基本都是以国都为中心,形成全国性的道路网。

教师活动:社会经济的发展带动了人工道路的修建和人工运河的开凿,由此也形成了以国家为单位的区域性交通网络。以国家为单位的区域性交通网络的形成,对社会的发展又产生了重要影响。

材料2 秦朝道路示意图(见教材,略)。

问题设计:结合地图,简要叙述秦朝道路修建的基本情况,并从政治、经济角度简析秦朝道路建设的作用。

学生活动:以咸阳为中心,驰道东抵会稽郡,北达广阳郡,南到南海郡,西连陇西郡,咸阳直道直抵九原郡,在西南夷地区专门修建了五尺道。秦朝的道路建设,提高了国家的行政效率,加强了中央集权,促进不同地区的经济往来,具有深远的影响。

材料3 (秦)为驰道于天下,东穷燕齐,南极吴楚,江湖之上,濒海之观毕至。道广五十步,三丈而树,厚筑其外,隐以金椎,树以青松。

——《汉书·贾山传》

问题设计:阅读材料3,指出秦朝驰道修建的基本特点。结合所学,概括秦朝修筑驰道的主要原因。

学生活动:驰道修建极广,触及秦朝版图的主要区域;道路齐整,形成一定规模;投入大量人力物力,耗费较大。秦朝出于军事和国家管理的需要修建驰道;秦朝相对强盛的国力是驰道能够修建的经济基础。

教师活动:秦朝经济、政治的发展和军事的需要,促使秦朝道路建设快速形成以咸阳为中心的全国性道路网。全国性道路网的形成又进一步提升了政治管理,促进了经济的交往与发展。

设计意图:借助表格梳理,了解古代交通发展的基本概况,在此基础上,以秦朝道路为例,理解古代的道路铺设和运河开凿是经济发展到一定阶段的产物,落实唯物史观素养。

学习任务2:认识环球交通网络的形成。

材料4 南宋海上贸易路线示意图(见教材,略)。

问题设计:结合地图,简要叙述中国在海洋探索方面形成的东、南两条航线。结合所学,简析宋元时期海上贸易发达的技术条件。

学生活动:东线通向朝鲜半岛和日本,南线通向印度洋。宋元时期,造船工艺和航海技术有了重大进步,海船载重量、抗沉性能明显提高,磁罗盘、实用航海图和天文定位技术广泛应用,使中国海船能够持续航行。

教师活动:宋元时期形成的海上丝绸之路不仅联通了中国与东亚、南亚、西亚、非洲等地的往来,还带动了宋元时期社会经济的发展,海外贸易税成为宋元时期国家税收的重要来源。至明代,更有著名的郑和七下西洋,其规模史上罕见。

教师活动:除了中国之外,波利尼西亚人很早就在太平洋诸岛活动。腓尼基人首次横渡地中海。维京人在北大西洋和北海地区探险。阿拉伯人在印度洋开展繁忙的海上贸易。15—16世纪,新航路的开辟更是让人们对海洋的探索从区域扩展到全球,环球交通网络逐渐形成。

材料5 航海时代大事记

时间	重大事件
1488年	迪亚士发现非洲好望角,到达非洲东海岸
1492年	哥伦布发现美洲大陆;同年,德国人马丁·倍海谟设计出第一台地球仪
1498年	达·伽马到达印度卡里库特,开辟了印度航路
1501年	亚美利哥·维斯普奇对南美洲东北部沿岸作了详细考查,确认这是一块新的大陆,但不是印度,后以他的名字命名这块大陆为"亚美利加"

续表

时间	重大事件
1520年	麦哲伦穿过美洲南段与火地岛之间的海峡,进入太平洋。后人将这个海峡命名为"麦哲伦海峡",后麦哲伦的船队回到圣卢卡港,完成了人类历史上第一次全球航行
1569年	墨卡托首创用圆柱投影法编绘世界地图
1595年	荷兰人范·林斯霍特编著了最早的航海志,记述了大西洋的风系和海流
17世纪初	荷兰眼镜商人帕理席发明望远镜
1642年	荷属东印度公司的航海家塔斯曼发现了今澳大利亚东南的一个大岛,后命名为塔斯曼尼亚岛
1730年	英国人西森发明经纬仪。美国人歌德弗莱和英国人哈德利首创用六分仪在海上进行天文定位测量
1732年	俄皇彼得一世派白令考察俄国东端海域,发现"白令海峡"
1768—1779年	英国的詹姆斯·库克船长进行了3次南太平洋考察,将新西兰和澳大利亚纳入英国版图,并且发现了夏威夷。库克还发现了用橙汁和卷心泡菜来防治坏血病的方法,拯救了大量水手的生命

问题设计:(1)根据表格,指出达·伽马、哥伦布、麦哲伦等人在海洋探索中的主要贡献。(2)简述新航路的开辟对人类交通发展的影响。(3)以新航路开辟为例,概括人类在对海洋的探索中所需具备的关键要素,并说明理由。

学生活动1:达·伽马发现从欧洲绕过非洲到达东方的航线;哥伦布到达美洲,发现美洲大陆;麦哲伦船队穿越大西洋、太平洋和印度洋,完成环球航行。

学生活动2:新航路的开辟让全球海路大通,世界主要的大洋和大陆之间通过海上航线建立了直接联系,环球交通网络逐渐形成。

学生活动3:航海技术和经验。第一台地球仪,圆柱投影法编绘世界地图,望远镜的发明,海上天文定位测量等技术的创新与经验的积累,使人类不断推进对海洋的探索。保障经验如航海日志的记录和借鉴,坏血病防治方法的发现等。哥伦布发现美洲大陆的过程充分体现了他的坚持和信念。

教师活动:人类在探索未知海洋的过程中,不断积累着经验,创新着技术。技术和经验的累积,人类的坚持和信念,不断推进着探索,从区域走向全球,最终逐渐形成环球交通网。

设计意图:通过《南宋海上贸易路线示意图》和"航海时代大事记",既让学生了解人类对海洋的探索不断由区域走向全球,促进环球交通网的形成,又让学生感受到人类在探索过程中的坚持与信念,提升学生史料实证和历史解释素养。

学习任务3:理解工业革命对现代交通形成的作用。

教师活动:新航路的开辟,促成了环球交通网的逐渐形成,极大地缩短了人类交往的距离,加强了各区域之间的联系,进一步带动了各区域之间政治、经济、文化等方面的交流与发展,可以说,真正意义上的世界史得以呈现。工业革命则催生了轮船、火车、汽车等现代交通工具,促成了现代意义上的交通网络体系的形成。

材料6 1800年前,英国的矿山已经使用"铁路"(铁轨)、马拉的货车,将煤运到运河或者海边。1814年,英国斯蒂芬森改进了蒸汽机车。1829年,利用蒸汽机做动力的火车在新建成的铁路上行驶,达到令人印象深刻的时速16英里。19世纪下半叶,欧洲的铁路修建达到高潮。人们通过铁路把大量的炭等原材料运往城市,还能把城市的手工制品输送到其他地方。铁路运输首次实现大规模、低成本、高速度的陆上货物配送,深入偏远的内地。19世纪晚期,铁路衔接上以蒸汽为动力的海运路线,跨洲的大宗货运走陆路和海路从此一样容易,贸易的流动不再受大自然左右。

——据[美]诺曼·里奇《现代欧洲史》等整理

问题设计:根据材料6,结合所学,概括欧洲的铁路建设对市场形成的重要意义。

学生活动:大幅度提高商贸数量和流通速度;有助于生产、流通和消费的密切联系;拓宽市场;助推世界一体化进程。

教师活动:铁路的建设不仅推动市场的形成,更让各区域之间的交往和联系更为紧密,也改变着人们的生活方式和思维方式,人类步入了铁路时代。

教师活动:1881年,唐山至胥各庄的铁路建成,中国人在自己国土上修建了第一条实用铁路。提到近代铁路修建,我们势必要提到中国铁路之父詹天佑。

材料7 尽管中国没有经历产业革命,但不能抹杀封建政权内部所发动的近代企业的运动中为争取中国现代化而献身的人的动人事迹。中国人自制轮船的试探,在福州船政局开办不及十载的1875年便已开始发动。从20世纪开始,中国大地上的追赶先进和推动现代大机器工业发展进行的奋勇拼搏展现出新的场面。詹天佑和他所设计的"与他国无关"的京张铁路就是这种精神的代表。詹氏早就自豪地说:"中国已渐觉醒。"他认为:"莽莽神州,岂长贫弱?日富、日强,首赖工学。"

——摘编自《詹天佑文选》、汪敬虞《论近代中国的产业革命精神》等

问题设计:根据材料7,结合所学,指出詹天佑所设计的京张铁路的竣工时间,简述京张铁路修建的价值,并用一句话提炼概括詹天佑的报国思想。

学生活动:京张铁路于1909年竣工,它是中国人自行设计和施工的第一条铁路干线。詹天佑所设计的"人"字形路轨,解决了铁路的陡坡问题。"首赖工学"说明了詹天佑技术报国的思想。

教师活动:轮船的出现比第一条实用铁路在中国国土上出现的更早,19世纪60年代中期,中国人建造的蒸汽动力轮船"黄鹄号"试航成功,揭开了中国近代造船工业的序幕。轮船招商局的成立,更是成为中国近代航运史上的里程碑。

材料8 轮船招商局在上海创立以后,怀着"天下招商,五洲通航"的理想,锐意进取,迅速以上海为中心,开辟了从上海到汕头的中国商轮第一条沿海商业航线、从上海到汉口的中国商轮第一条长江航线和从上海到日本神户的中国商轮第一条远洋商业航线。在短短十年时间内,不仅成功地夺回了国内的航海市场,而且使得飘扬着双鱼龙旗的中国商船出现在了南亚、东亚、太平洋、大西洋等海域,打破了列强对中国航运业的垄断,使之成为能与外国航运公司抗衡的中坚力量,改变了中国江海航运业的面貌,大长中国人志气。除开辟航线外,招商局还在上海浦东、虹口等自置了码头、栈房,这些都对上海早期航运业的发展起到了积极的推动作用。

——摘编自胡政《招商局与上海》

问题设计:如何理解轮船招商局在中国近代航运史上的意义?

学生活动:第一条沿海商业航线,第一条长江航线,第一条远洋商业航线均由轮船招商局开辟。轮船招商局成功夺回了国内的航海市场,打破了列强对中国航运业的垄断,改变了中国江海航运业的面貌,对中国早期航运业的发展起到了积极的推动作用。

教师活动:轮船招商局的成立,成为中国近代航运史上的里程碑。

设计意图:以"铁路交通的发展与影响"为例,了解工业革命对交通发展的促进作用,认识现代意义上的交通网络体系的形成;以"中国铁路之父詹天佑"为例,让学生了解近代中国交通的发展变化,更让学生充分感受詹天佑等近代国人所作的努力和贡献;以"轮船招商局"为例,让学生充分认识近代中国交通发展的意义,涵养家国情怀。

学习任务4:论述交通与社会变迁的相互关系。

材料9 交通发展与社会的整体变迁是密切联系在一起的,一定地域在一定时期内交通发展的状况必定是这个地方当时社会生产和生活的表征。交通发展是社会生产发展的必要条件,是保证社会、经济、文化活动得以正常进行和不断发展的前提条件。

——[德]马克思、恩格斯

小组讨论:联系生活实际,结合所学,用相关史事谈谈你对马克思、恩格斯这段话的理解。

教师活动:交通运输业本身就是一个重要的物质生产部门,被马克思称为除采掘业、农业、加工业以外的第四个物质生产部门。交通运输业生产的不是产品,而是场所的变动,在它的生产过程中,消费也伴随进行。交通革新使得生产流通时间大大缩短,生产成本大大降低,从而实现生产方式的变革,这对推进社会生产力的发展、促进生产资料的流动都具有极其重要的作用。正如马克思和恩格斯所指出的:"一个民族本身的整个内部结构都取决于它的生产以及内部和外部的交往的发展程度。"

设计意图:通过小组讨论,让学生充分理解并阐述交通发展与社会变迁的相互促进关系,提高认识问题的思维能力和历史解释素养。

(三) 板书设计

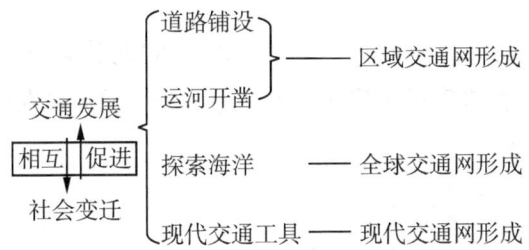

(四) 核心素养水平划分

水平1:能够知道生产力发展是历史发展的决定因素,经济发展到一定程度带动了道路的铺设和运河的开凿;能够从地图、文字、数据表格等不同形式的史料中获取有效信息,说出区域交通网、全球交通网、现代交通网等形成发展的概况。

水平2:能够利用历史地图与历史年表描述古代交通发展的基本概况;能够尝试运用相关史料,解释新航路开辟和工业革命对交通进步的促进作用;能够从詹天佑等事例中认识社会主义核心价值观的历史依据,涵养家国情怀。

水平3:能够运用特定的时间术语,对交通发展的整体概况加以概括和说明;能够运用文字、图片、年表等不同类型的史料,阐释古代交通的发展、新航路开辟和工业革命对交通进步的促进作用等问题。

水平4:能够根据需要并运用相关材料和正确方法,独立绘制古代交通发展的图表,并加以说明;能够运用恰当的史料,论述新航路开辟和工业革命对交通进步的促进作用;能够选择和运用史料作为论据,理解交通发展与社会变迁之间的相互促进关系,全面、客观地论述交通发展与社会变迁之间的辩证关系。

第13课

现代交通运输的新变化

一、课标要求

认识20世纪交通运输的新变化对民众生活及社会变迁的意义。

二、教材分析

本课内容由"陆海交通的发展""航空的发展"和"现代交通与社会生活"三目组成，围绕陆、海、空三个维度讲述现代世界和中国的交通运输发展情况及对民众生活和社会变迁的意义。

三、学情分析

本课线索清晰，主要内容与现实生活息息相关，学生学习会相对轻松。教师需要引导学生从宏观上把握20世纪交通运输的总体变化及其对民众生活及社会变迁的意义。

四、教学目标

1. 搜集20世纪交通运输新变化的相关史料，制作"现代交通运输新变化"的展示板，了解20世纪世界和中国交通建设、交通工具的发展历程，认识20世纪交通运输新变化对民众生活及社会变迁的意义。

2. 通过分析大事年表等材料，提升学生提取、分析、处理史料关键信息的能力，落实时空观念、历史解释、史料实证核心素养。

3. 通过分析中国高铁发展，理解"在政府大力支持下，中国高速铁路取得了突飞猛进的发展"，涵养家国情怀。

教学重点：了解现代世界和中国交通的发展概况。

教学难点：认识现代交通运输的新变化及变化带来的影响。

五、教学过程

（一）教学主题

围绕现代世界和中国交通的发展概况，理解现代交通运输的新变化，包括交通建设、交通工具自身的新变化，给民众生活和社会发展带来的新变化。

（二）教学过程

课前布置学生活动：利用课余时间，上图书馆阅读相关图书、上网搜集20世纪以来有关"世界和中国交通运输发展"的相关史料。在此基础上，各组分工合作，主要围绕陆、海、空三个维度制作20世纪以来世界和中国交通运输发展的展板（注意图文并茂），并在课中用演示文稿的形式展示成果。

导入

今天上午，杭温铁路项目控制性工程建设推进动员大会在温州岩坦镇举行，工程开工将助推杭温铁路项目加快推进，助力温州全面融入全省"1小时交通圈"。

——2018年12月23日搜狐新闻

设计意图：从"杭温铁路"正式开工的时政新闻导入，引起学生对本课知识的共鸣。

学习任务1：展示"现代交通运输"展板。

项目	主要交通工具	主要交通建设
现代陆上交通的新变化	·1908年，美国福特T型汽车由汽车流水线装配而成，这是世界上第一款真正意义上的量产车。汽车逐步成为现代社会广泛使用的交通工具。 ·新中国成立后，中国汽车工业开始发展起来。到2016年，中国汽车年产量超过2800万辆。2017年上半年，中国汽车保有量达到2.05亿辆，占全球的20%。 ·1903年，德国三相交流电力机车创造了210.2km/h的速度，成为世界上第一辆时速超过200km/h的高速列车。 ·2010年，具有自主知识产权的CRH380AL高速列车创造了486.1km/h的世界高速铁路最高运营试验速度，标志着我国高速列车技术已跻身世界高速列车技术先进行列。	·1932年，德国建成世界上第一条高速公路；二战后高速公路在各国广泛发展。 ·1988年，中国大陆建成第一条高速公路，到2017年底，中国高速公路里程达到13万多千米，居世界第一。 ·1964年，日本"东海道新干线"通车运营，这是世界上第一条商业运营的高铁。 ·2002年，中国建成秦皇岛至沈阳客运专线，这是中国第一条高铁；到2017年底，中国高铁运营里程占世界总量的66.3%。

1908年生产的福特T型汽车

1964年日本"东海道新干线"

中国时速605千米的新型"和谐号"列车

项目	水上交通工具发展概况	航运技术和水上交通设施建设
现代水上交通的新变化	·20世纪以来,船舶制造出现了大型化、专业化、高速化、自动化何内燃化等多种趋势,最大游轮可搭载乘客和船员约9000人。 ·1960年,中国自行设计、建造的第一艘万吨级远洋货轮"东风号"在上海江南造船厂下水。 ·1982年,中国首次按国际标准建造并交付了出口船舶,中国造船企业进入世界造船市场。 ·2009年,中国承接新造船舶订单在全球市场占比超过60%。	·20世纪初,航运技术进一步提高,突出表现在航海雷达的使用和海事卫星通信系统的发展。 ·1994年,英法海底隧道开通,是世界上最长的海底隧道和第二长的铁路隧道。 ·2018年,中国港珠澳大桥开通,是世界上最长的跨海大桥,其沉管隧道也是世界上最长的公路沉管隧道。

远洋航海雷达

"东风号"远洋货轮

港珠澳大桥

项目	主要交通工具	主要航线建设
现代空中交通的新变化	·1903年,美国莱特兄弟设计的"飞行者1号"成功升空,飞机时代开始。 ·20世纪上半期,飞机的材料由布质或木质转变成金属,活塞式螺旋桨飞机为喷气式飞机所代替。 ·20世纪70年代开始,能搭载数百人的宽体客机成为空中运输的主流。	·1994年,美国开通旧金山到洛杉矶的航线,是世界上第一条中航线。 ·1919年,定期的国际航班和国际航线在欧洲开通。 ·1950年,中国成立第一家航空公司——中苏民用航空股份公司,开通中苏国际航线3条、国内航线2条,这是中国最早的航线。 ·2017年,中国民用定期航线达到4418条,全年旅客吞吐量达11.48亿人次,货邮吞吐量达1617.73万吨。

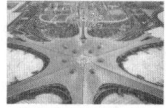
1903年,"飞行者1号"成空升空

1919年德国生产的全金属民航客机

北京大兴国际机场

设计意图:通过自主制作展板,了解现代世界和中国交通运输的发展概况,提高运用材料进行历史论证的能力,落实时空观念、史料实证核心素养。

学习任务2:全面认识现代交通运输的新变化。

材料1　　　　　　　　　世界交通运输概况

时代	主要交通运输建设	主要交通运输工具	交通运输动力
古代(远古—15世纪末16世纪初)	陆运(马路、桥梁等) 水运(运河、海运)	轿子、车马、帆船等传统交通工具	人力、畜力、自然风力
近代(15世纪末16世纪初—20世纪初)	陆运(公路、桥梁、铁路等) 水运(运河、海运) 空运(机场、航线较少)	传统交通工具; 火车、汽车、轮船、飞机(数量不多)等近代交通工具	人力、畜力、自然风力; 机械动力(蒸汽机、内燃机)
现代(20世纪初以来)			

学生活动:结合教材,完成材料1表格中有关现代交通的相关内容。

问题设计:根据材料1并结合所学,概括指出较古代和近代,现代交通运输的新变化。

学生活动：与古代和近代交通运输相比，现代交通运输出现许多新的工具，如高速公路、高速铁路等；航空发展迅猛，包括机场建设、飞机数量和空运航线迅速增加；机械动力大量使用，还出现了一些新能源动力系统，如太阳能、核能等。

设计意图：借助梳理、分析"世界交通运输概况"大事年表，使学生明确与古代和近代交通运输相比，现代交通运输出现的新的交通建设和新的交通工具，落实时空观念、史料实证核心素养。

学习任务3：全面认识现代交通运输发展对社会生活带来的新变化。

材料2 商朝的驿使48天可走600千米，清代的快马递送公文一昼夜可行400千米，刚开始的火车时速只有24千米。如今，高铁、飞机的速度已分别超过每小时350千米和每小时900千米。

——人教版新课标教材选修二

材料3 工业革命的发展，要求改变传统的运河和公路运输，改进运输工具，蒸汽机车和铁路应运而生。铁路以廉价快速的优势迅速支配了长途运输。蒸汽轮船还被应用于水上运输，随着蒸汽效率的提高和内燃机的使用，轮船逐渐取代了帆船。……交通运输的迅速发展，加强了世界各地的联系，推动了工业革命向全球扩展。

——[美]斯塔夫里阿诺斯《全球通史》

问题设计：根据材料2、3并结合所学，从民众生活和社会发展两个角度探讨20世纪交通发展带来的新变化。

学生活动：对民众生活而言，20世纪交通的变迁给人们生活带来的首要便利是人流和物流时间的缩短；生活节奏加快，人们时间观念发生变化，对时间的精准度要求提高，"准时"和"时间就是金钱"等成为普遍观念；生活节奏加快，人们对生活品质的要求提高，如随着交通成本的降低和收入增加，大众旅游的潮流出现；交通的变革和通信技术的发展，加强了人与人之间的互动和往来；等等。对社会发展而言，交通工具的改进和运输网络的改善，提高了交通运输能力，密切了世界各地的联系，世界成为"地球村"；整合了交通、仓储、通信、包装等行业的物流业，更快捷和精准地运送物资，促进世界经济快速发展；等等。

设计意图：通过对两则补充史料的分析和课堂探究，让学生理解现代交通运输的发展除了给自身带来新变化外，还对民众生活和社会发展带来许多新的变化，落实史料实证、历史解释核心素养。

学习任务4:厘清中国铁路建设的发展过程,分析中国高铁发展的现状及其意义。

材料4 19世纪中后期,铁路被外国人引进中国。1876年,英国人以"方便上海港进出口货物的运输"为由,购买了上海至吴淞间筑路所需土地,修建了中国境内第一条铁路——淞沪铁路,一年后,清政府购买了这条铁路,并全部拆毁。到清末民初,铁路的巨大作用得到了社会的普遍认可,中国掀起了修造铁路的热潮。但中华人民共和国成立前的中国,民穷财尽,政府无力投资兴建铁路,因此铁路发展相对缓慢。1949年1月,中国人民革命军事委员会铁道部(简称军委铁道部)成立,系统领导中国铁路建设。中华人民共和国成立后,政府大力发展交通运输,铁路取得突飞猛进的发展。近年来,高速铁路经历了质变,已经成为中国的一张闪亮名片。

——刘汝明、赵文龙《历史课标解析与史料研习》

问题设计:根据材料4,概括指出中国铁路建设经历了一个怎样的过程。

学生活动:中国铁路建设经历了一个从反对修建到主动修建、从艰难落地到迅速发展、从"引进来"到"走出去"的过程。

材料5

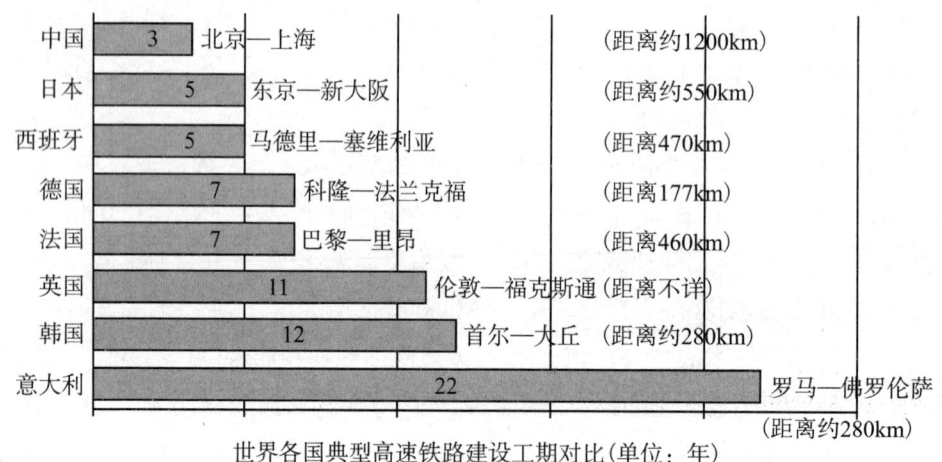

世界各国典型高速铁路建设工期对比(单位:年)

——徐飞《中国高铁的全球战略价值》

教师活动:展示材料5,并投影央视纪录片《中国高铁》片段。

问题设计:根据材料5和纪录片片段,分析中国高铁发展的现状及其意义。

学生活动:中国高铁具有规模大、技术先进、安全可靠、建设周期短、节能环保、性价比高等优势,推动了中国产业转型,优化了中国的出口贸易结构,对提升中国产业的全球竞争力起了重要作用。在政府大力支持下,中国高速铁路取得了突飞猛进的发展,已经由"中国制造"走向"中国智造",并成为中国迈向世界性大国的一张闪亮的名片。

设计意图:根据补充材料和央视纪录片,让学生了解中国铁路建设的发展历程、中国高铁的现状及重要意义,落实史料实证、家国情怀核心素养。

(三)板书设计

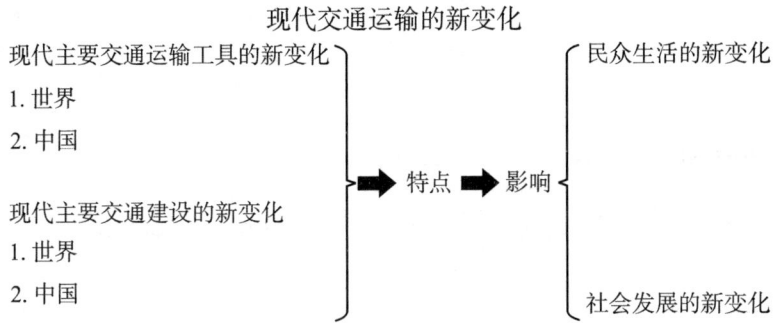

(四)核心素养水平划分

水平1:能够区分不同类型的史料,如文字史料、图片史料等;在搜集有关现代世界交通运输新变化的史料时,能够尝试从多种渠道获取相关史料。

水平2:能够认识不同类型的史料具有的不同价值;能够尝试运用史料作为论据,论述自己对现代交通运输新变化的观点。

水平3:在探究现代交通运输新变化这一问题时,能够对史料进行整理和辨析;能够利用不同类型史料互证,形成对现代交通运输新变化全面、丰富的解释。

水平4:能够恰当地运用史料,独立探究、论述现代交通运输新变化。

第14课

历史上的疫病与医学成就

一、课标要求

知道古代历史上疫病的流行与影响;了解中医药的主要成就和西医在中国的传播、发展过程。

二、教材分析

本课分为三个子目:"历史上的疫病""中医药的成就""西医在中国的传播"。其逻辑关系是:疫病自古以来多源发生,并快速传播,甚至呈全球化扩散趋势,给人类带来痛苦和灾难,为此全世界一直致力于疫病的防治探索,推动了全球医疗卫生事业的进步。一方面,在征服各类疾病的过程中,由于不同地区的差异性,各自建立起本国(地区)独特的医学体系,如中国的中医药学。另一方面,全球化趋势的发展使世界各地相互交流,不同的医学文化冲突、融合,如西医在中国的传播、发展过程。从具体内容上看,本课侧重的还是中国因防治疫病而取得的医学成就与发生的改变,意在让学生了解中医药的贡献和中国医疗卫生发展的历程,提高对中国传统文化和社会发展的认识与认同。

三、学情分析

通过《中外历史纲要》(上)的学习,学生对古代的医药学成就已有一定的了解,对传染病、中医、西医等概念也有一些模糊的认知,但是相对零散,不成体系;对于本课相关背景史实,学生已有一定程度的知识储备,但是不能很好地将本课与已学知识相联系,对于疫病带来的影响理解不够深刻,在挖掘医疗卫生发展背后蕴含的人类历史的多元特点与全球化趋势上存在难度,历史解释能力尚待提高。

四、教学目标

1. 运用时空定位,梳理分析古代疫病的流行情况和影响,认识疫病的流行在带来危机的同时也推动了医疗与公共卫生的进步。

2. 通过史料分析,了解中医药成就及特点,理解西医在中国的传播、发展客观上促进了中国社会的进步。

3. 通过比较中西医,深入认识中西医药的特点及其成因,增强对中华文明成就的认同感和自豪感,增强承担社会责任的动力与信心。

教学重点:了解中医药的主要成就。

教学难点:正确看待中西医学的碰撞与融合。

五、教学过程

（一）教学主题

以青蒿素的发现为线索,认识疫病与医学的关系,了解中西医药的成就,进而增强对中西医学碰撞与融合的认识,提高对中华传统文化的认同。

（二）教学过程

导入

教师活动:展示屠呦呦获诺贝尔奖的新闻和照片,提问,屠呦呦为什么能获此殊荣?

学生活动:了解屠呦呦的突出贡献在于创制新型抗疟药青蒿素。疟疾属于传染病的一种,这类由细菌、病毒等强烈致病性微生物感染人体而引起的急性传染病统称为疫病。

设计意图:结合时事,设置悬念,引出本课线索和主题。

学习任务1:从疫病流行的史实认识其特点和影响。

材料1

时间	事件
古埃及时期	天花席卷尼罗河沿岸,法老拉美西斯五世罹患天花
公元前5世纪	伯罗奔尼撒战争前期,雅典突发严重鼠疫,死亡军民人数在一半以上,伯里克利也未能幸免,雅典政治的走向发生明显转变
公元前323年	亚历山大在巴比伦身染疫病而亡,亚历山大帝国随之土崩瓦解
6世纪	地中海沿岸爆发鼠疫,人口大量死亡,拜占庭帝国人口锐减一半

续表

时间	事件
14世纪	欧洲鼠疫大流行,由于患者身上出现众多黑斑,故称为黑死病。黑死病猖獗了3个世纪,欧洲人口死亡过半,导致劳动力短缺,生产停滞,欧洲许多地区出现了严重饥荒
17世纪	明末鼠疫横行,明军、大顺军以及大量民众染病,大批患者死亡
18世纪	欧洲天花肆虐,彼得二世、路易十五等多位君主死于天花

教师活动:展示据教材整理的表格,引导学生分析。

学生活动:解读材料信息。了解古代典型疫病主要有天花和黑死病。归纳概括,从时间上看,疫病流行历史悠久;从地域空间上看,世界各地都有疫病的流行,多源发生;从社会空间上看,从统治者到平民百姓都曾感染过疫病,患者范围广。在经济方面,疫病的流行使得劳动力短缺,生产停滞,经济衰退;在政治方面,疫病的流行导致社会秩序混乱,政局动荡,国家衰落;在思想方面,面临疫病带来的死亡与黑暗,人们会受到精神的冲击,遭遇信仰危机,从而引发新思想的酝酿与传播,如黑死病与文艺复兴的关联;在医学方面,为了战胜疫病,人类致力于医疗与公共卫生事业的研究与发展。

设计意图:从年表中提取疫病流行的有效信息,从时空、影响角度深化对疫病的认识,培养史料实证和时空观念核心素养。

学习任务2:从青蒿素的发现认识中医药的成就。

材料2 中国医药学是一个伟大宝库,应当努力发掘,加以提高。青蒿素正是从这一宝库中发掘出来的。……中医药从神农尝百草开始,在几千年的发展中积累了大量临床经验,对于自然资源的药用价值已经有所整理归纳。通过继承发扬、发掘提高,一定会有所发现、有所创新,从而造福人类。

——摘编自屠呦呦《青蒿素——中医药给世界的一份礼物》

教师活动:展示材料,引导学生认识人类在征服各类疫病的过程中,由于不同地区的差异性,各自建立起本国(地区)独特的医学体系,中医药学就是我国文化的瑰宝。青蒿素的发现与中医药成就密切相关。青蒿治病中国早有记载,葛洪《肘后备急方》中"青蒿一握,以水二升渍,绞取汁,尽服之"的描述使屠呦呦联想到提取青蒿素的过程可能需要避免高温,由此改用低沸点溶剂的提取方法。

学生活动:梳理教材。整理教材中关于中医药成就表述如下:

时间	人物	成就	意义/地位
战国	扁鹊	"望闻问切"四诊法	
战国至西汉		《黄帝内经》	中医基础理论著作
东汉晚期	华佗	创制"麻沸散""五禽戏"	
	张仲景	《伤寒杂病论》	奠定中医临床学的基础
唐代	孙思邈	《千金方》	临床百科全书
		《唐本草》	世界上第一部由政府颁布的药典
明代	李时珍	《本草纲目》	"东方药学巨典"
		针灸学	治疗适应证广泛,效果显著,简便经济

教师活动:引导学生观察表格,概括中医药成就主要体现在临床诊断治疗、中医理论、中药性能功用、治疗手段方面。

学生活动:梳理教材,补充归纳,在医疗方面,国人还采取了隔离、建立救治机构的方式,积累了防治狂犬病、人痘接种等治疗方法。在公共卫生方面,政府组织人力清理污水、疏通井渠河道,大灾后及时掩埋尸体,采取各种方法预防疫病。

设计意图:分析材料,归纳教材,提高阅读能力,培养历史解释素养,提高对中医药的认同感,培养家国情怀。

学习任务3:从青蒿素的发现认识西医在中国的传播与发展。

材料3　中药研究所团队于1969年开始抗疟中药研究。经过大量的反复筛选工作后,1971年起工作重点集中于中药青蒿。又经过很多次失败后,1971年9月,重新设计了提取方法,改用低温提取,用乙醚回流或冷浸,而后用碱溶液除掉酸性部位的方法制备样品。……

1972年8至10月,我们开展了青蒿乙醚中性提取物的临床研究……同年11月,从该部位中成功分离得到抗疟有效单体化合物的结晶,后命名为"青蒿素"。

1972年12月开始对青蒿素的化学结构进行探索,通过元素分析、光谱测定、质谱及旋光分析等技术手段,确定化合物分子式为$C_{15}H_{22}O_5$,分子量282。明确了青蒿素为不含氮的倍半萜类化合物。

——屠呦呦《青蒿素——中医药给世界的一份礼物》

问题设计:指出西医对青蒿素的发现有何作用,并结合教材,概括西医传入中国的过程及其产生的影响。

教师活动:展示材料,引导分析。

学生活动:从材料中认识青蒿素的发现借助了西医的先进手段,比如提取、回流、元素分析、光谱测定、质谱及旋光分析等。西医技术手段在中国的传播可以追溯到明末清初,西方传教士把西方近代医学带到中国。鸦片战争之后,随着列强入侵,一批教会医生与军医来到中国,西医开始日益广泛深入地在中国传播开来,近百年来,在我国形成了中医、西医并存的局面。客观来说,西医传入中国,对我国近代医疗卫生事业的发展具有积极的影响。在医疗方面,西医建立教会医院,传入牛痘接种法、麻醉术、放射技术等医疗技术。同时西医院校的落成,把教学、科研与临床结合在一起,培养了大批西医人才。在公共卫生方面,西医凭借消毒、化验等手段,采取措施预防传染病、隔离传染源、治疗感染者、普及公共卫生知识,对人们的健康起到了积极作用。大城市的公共卫生逐渐发展起来,科学处理垃圾与粪便,推广自来水,监督食品卫生,成为政府的公共职能。

设计意图:通过解读材料信息,分析西医对中国所带来的影响,全面、客观地评价西医的作用,从而培养历史解释素养。

学习任务4:从中西医的比较认识中西医药的特点。

材料4 头痛医头,脚痛医脚,生理解剖,取样分析,这是西医的方法。辨证施治,阴阳五行,上病治下,左病治右,这是中医的方法。西医将人体视为一个可以分解为许多部件的机器,每个部件都可以拆开、修理、更换。中医将人体视为一个彼此联系、互相影响的整体,表里一体,虚实相通。西医最得西方古典科学重具体、讲实证的精神,中医最得中国传统文化重整体、讲联系的神韵。

——牛秋实《近代文化视野下中医与西医的比较研究》

教师活动:中西医之争自西医传入中国后时有发生,自屠呦呦获诺贝尔奖以来,有关青蒿素是中药还是西药也是争论不断。引导学生结合材料和所学谈谈对中西医药的看法,并对学生的认识进行互动评价。

学生活动:结合教材和材料理解中西医药的特点,并阐述其不同特点的成因。中医强调整体观,比如《黄帝内经》就以阴阳五行学说解释人体的生理现象和病理变化,阐明人与自然的有机联系;同时讲究辨证施治,比如《伤寒杂病论》指出以阴阳、表里、虚实、寒热"八纲"进行辨证施治。但是中医讲究把脉,通常依靠经验去揣测,且对错高下当时极难看出,要用药后方可知,比较抽象。中医在用药上以草药为主,药食同源,注重养生,故对人体的副作用小。而西医强调局部定位,继承希腊、罗马的医学传统,尚解剖,在治疗时以实验科学为依托,借助精密仪器及数据分析,医术精密,见效快,这也是西医传入后能在中国风靡开来的主要原因。西药多为科学化验的结果,所以在用法用量上明显优于中医,缺点是多用矿物质,对人体副作用较大。中西医的不同,很大程度上和东西文化有关。中国传统文化中就有整体和辩证观念,如阴阳五行学说,儒家的天人合一、天人感应学说,道家的对立统一学说等。中国文化以农耕文明为主,所以医药以草药为主。而西方文化追求科学,有重具体、讲实证的精神,在医学上就更重器械应用和数据分析。

材料5 中国医药学是一个伟大宝库,应当努力发掘,加以提高。青蒿素正是从这一宝库中发掘出来的。通过抗疟药青蒿素的研究经历,深感中西医药各有所长,二者有机结合,优势互补,当具有更大的开发潜力和良好的发展前景。大自然给我们提供了大量的植物资源,医药学研究者可以从中开发新药。中医药从神农尝百草开始,在几千年的发展中积累了大量临床经验,对于自然资源的药用价值已经有所整理归纳。通过继承发扬、发掘提高,一定会有所发现、有所创新,从而造福人类。

——屠呦呦《青蒿素——中医药给世界的一份礼物》

教师活动:展示材料,引导学生将中西医学的发展置于历史长河中,认识新航路开辟以来逐渐发展的全球化趋势使世界文明相互交流,医学文化也从原来的多元、独立走向冲突与交融,医疗手段不断进步。对于中西医孰优孰劣的问题探讨其实并无实际意义,二者都非尽善尽美,但都各有所长。尤其对中医来说,尽管从现代科学观点来看,它存在许多缺点乃至错误,但在理论、用药、疗法等方面仍具参考价值,如中草药和针灸疗法,这些精华绝不能一笔抹杀。从青蒿素的发现来看,我们除了要继承和发扬传统中医药外,还应该将中西医有机结合,优势互补,实现医学疗效的最大化,为人类医疗社会发展做出更大贡献。

设计意图:分析和理解史料,运用史料和所学阐述自己的观点,培养历史解释和史料实证核心素养;强调对中医药的继承发扬,提高对传统文化的认同,培养家国情怀。

(三) 板书设计

历史上的疫病与医学成就

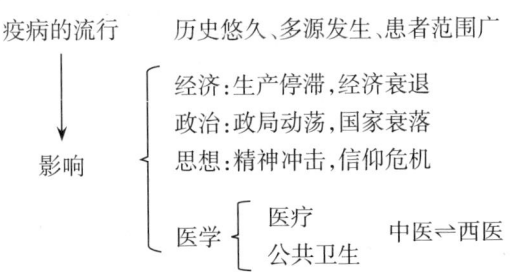

（四）核心素养水平划分

水平1：能够辨别教学中对古代疫病和医学成就的历史解释，比如，人类饱受疫病折磨，中医药学是中华文化的瑰宝，西医传入中国促进中国社会进步等；能够将这些历史解释与自己的课前认识相比较；能够分析疫病的流行和影响。

水平2：能够选择、组织和运用相关材料并使用相关历史术语，对疫病流行的特点和影响、中西医的差别等问题提出自己的解释，并能够在叙述中将史实陈述与历史解释结合起来。

水平3：能够分辨对中西医的不同历史解释；能够尝试多方面说明导致这些不同解释的原因并加以评析，比如，中西医的不同很大程度上和东西文化有关。

水平4：在独立探究问题时，能够在尽可能占有史料的基础上，阐述以往的观点或提出新的解释。比如，从中医药成就能建立自己对中国传统文化重整体、讲联系特点的叙述；从中西医的冲突与交融能作出自己对历史发展特点的叙述，如历史的多元特点与全球化趋势，历史的发展与进步。

第15课

现代医疗卫生体系与社会生活

一、课标要求

了解现代医疗卫生体系的建立、发展及其对社会生活的影响。

二、教材分析

本课主要围绕现代医疗卫生体系这一概念讲述。第一子目讲述现代医疗卫生的建立，对现代医疗卫生体系进行概念解析之后，从概念出发对体系的组成进行分块讲解，简要概述中外基本医疗卫生制度、医疗服务制度、药品供应体系与医疗保险制度的出现、建立、改善。第二子目讲述医疗卫生事业的发展对社会生活的影响，包括医疗卫生技术的发展、生活方式的改变、全民卫生意识的提高。

三、学情分析

本单元的内容主要为医疗卫生，属于专门史。虽然学生在生活中对医疗卫生并不陌生且有相当多的体验，但是真正深入了解这方面的历史还是非常生疏的。教师面临的挑战在于，如何将本课比较晦涩的知识转化为学生可以共鸣的话题。

四、教学目标

1. 通过阅读、分析史料和梳理教材，简述现代医疗体系的建立过程，阐释现代医疗体系的基本概念。

2. 通过自主探究和教材梳理，分析医疗卫生事业的发展对社会生活的影响。

教学重点：认识现代医疗卫生体系的建立过程；理解医疗卫生发展的影响。

教学难点：整体把握医疗卫生体系建立与发展的过程。

五、教学过程

（一）教学主题

以新冠肺炎疫情为主线，学习现代医疗卫生体系。

（二）教学过程

导入

材料1 截至2020年5月31日24时，31个省、自治区、直辖市和新疆生产建设兵团累计报告确诊病例83017例，累计治愈出院病例78307例，累计死亡病例4634例，治愈率94.3%，病亡率5.6%。

——国务院《抗击新冠肺炎疫情的中国行动》白皮书

材料2 中方行动速度之快、规模之大，世所罕见，展现出中国速度、中国规模、中国效率。

——世界卫生组织总干事谭德塞

教师活动：2020年，新冠肺炎疫情在全球的蔓延成为人类共同面临的巨大挑战。中国在这场疫情中的表现如何？

学生活动：众志成城抗击疫情，取得了巨大的成果，有效遏制了疫情。

设计意图：导入新冠肺炎疫情这一时事热点，引起学生的兴趣与共鸣，同时以新冠肺炎为线索，贯穿本课。

学习任务1：认识中国基本医疗制度。

教师活动：中国在新冠肺炎疫情中创造了中国奇迹，在最短的时间内遏制了疫情，不仅是中国特色社会主义制度的优势，也体现出中国的医疗卫生体系经受住了考验，取得了国际认可。很多国家在疫情暴发之初基本都经历了医疗系统崩溃的局面，中国最初短时间内也遇到了医疗资源挤兑现象，但中国的医疗系统很快经受住冲击，这和中国的基本医疗卫生制度密切相关。

材料3 到全面抗战开始时，设立卫生院或县立医院的全国共162县，广西有12个区设立了卫生所；其覆盖面未及当时总县（区）数的十分之一。

——张德元《中国农村医疗卫生事业发展历程》

材料4 据1952年底的统计，全国90%以上的地区建立了县级卫生机构，县级卫生院达2123所。2018年，全国县级以上公立医院达到7880家，医师数量达到2000万人以上。

——中国国家卫生健康委员会

材料5 从全国调集4万名建设者和几千台机械设备,仅用10天建成有1000张病床的火神山医院,仅用12天建成有1600张病床的雷神山医院。短短10多天建成16座方舱医院,共有1.4万余张床位。……湖北省检测周期从2天缩短到4—6小时,日检测量由疫情初期的300人份提升到4月中旬的5万人份以上,缩短了患者确诊时间,降低了传播风险。……依法将新冠肺炎纳入《中华人民共和国传染病防治法》规定的乙类传染病并采取甲类传染病的预防、控制措施,纳入《中华人民共和国国境卫生检疫法》规定的检疫传染病管理,同时做好国际国内法律衔接。一些地方人大常委会紧急立法,在国家法律和法规框架下授权地方政府在医疗卫生、防疫管理等方面,规定临时性应急行政管理措施。

——国务院《抗击新冠肺炎疫情的中国行动》白皮书

问题设计:中国的医疗机构发生了什么变化? 为什么中国在抗疫期间能做到"应收尽收、应检尽检"?

学生活动:医疗机构数量增长,覆盖面不断增大,同时增加医疗机构数量,扩大检测范围,及时进行比较完善的配套立法工作。

设计意图:通过史料分析、对比,理解中国基本医疗制度。

学习任务2:认识我国医疗服务体系。

教师活动:经历了半个多世纪的发展,中国的各层级医疗机构不断建立,覆盖整个中国,同时不断重视公共卫生的防控,因此中国的医疗卫生系统承受住了疫情的冲击,在短时间内做到从"人等床位"到"床位等人"。同时,在本次疫情中中国的医疗服务得到了广大人民群众的认可。医疗服务也是现代医疗卫生体系中的重要组成部分,有很长的发展过程。

材料6 1965年,中国有140多万卫生技术人员,高级医务人员80%在城市,其中70%在大城市,20%在县城,只有10%在农村,医疗经费的使用农村只占25%,城市则占去了75%。

——北京日报采编组《历史的背影》

材料7 2009年国家确立了9大类21项基本公共卫生服务项目。2014年,国家基本公共卫生服务扩大了受益人群范围,服务项目也由最初的9大类21项扩展到11大类43项。除了继续实施结核病、艾滋病等重大疾病防控和国家免疫规划、农村妇女住院分娩等重大公共卫生项目外,2009年政府增加了国家重大卫生服务项目共6项,惠及亿万家庭。

——国家卫生与计划生育委员会

材料8 居民看病就医更加方便,可及性显著提高。15分钟内可到达医疗机构住户比例,由2003年的80.7%提高到2011年的83.3%,其中农村地区为80.8%。2011年,基本药物制度实现基层全覆盖,所有政府办基层医疗卫生机构全部配备使用基本药物。基层医疗卫生机构基本药物销售价格比改革前平均下降了30%。基本药物全部纳入基本医疗保障药品报销目录。

——国务院新闻办公室2012年《中国的医疗卫生事业》白皮书

问题设计:中国的医疗服务在哪些方面得到了怎样的提升?

学生活动:城市和农村之间的差距变小,卫生服务的范围变大,药物供给得到保障,就医成本降低。

设计意图:通过史料研读,分析中国医疗服务的提升。

学习任务3:认识我国医疗保障制度。

教师活动:正因为中国的医疗服务体系在几十年的发展过程中不断完善,服务范围和内容不断扩大,药品供应体系建立完善,中国在面对新冠肺炎疫情这一突发公共卫生事件时,医疗服务系统能应对大量的患者,并且做到对每个患者的生命负责。疫情期间"先救治,后结算",国家承担了患者的全额治疗费用,中国的医疗保障制度赢得了认可。

材料9

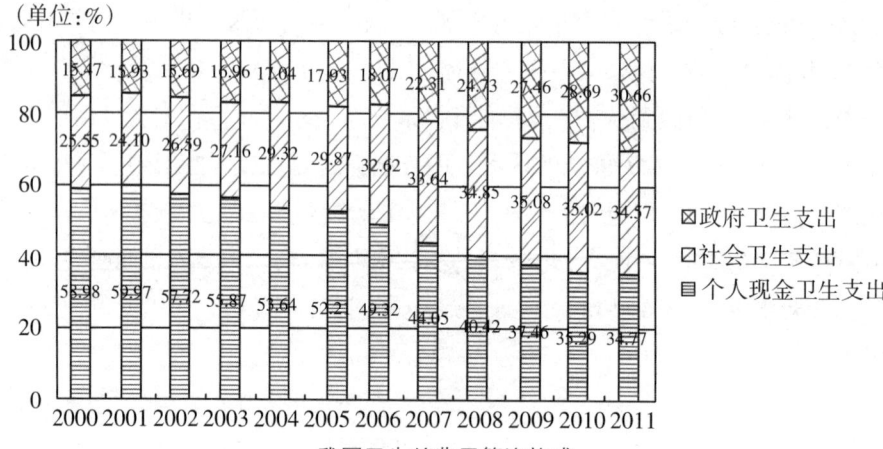

我国卫生总费用筹资构成

——国务院新闻办公室2012年《中国的医疗卫生事业》白皮书

材料10 2010年,我国社会医保支出占政府卫生支出的比重达到64.2%,我国已基本实现基本医疗保险制度全覆盖。到2012年底,基本医保参保人数超过13.4亿,织起全球最大的一张基本医疗保障网。2013年,各级财政对城镇居民基本医保和新农合的人均补助标准提高到280元,新农合政策范围内的住院费用报销比例约为75%,城镇居民基本医保为70%,城乡居民看病负担逐步减轻,卫生筹资公平性、合理性改善。

——徐敢《公立医院补偿机制系统建模与仿真研究》

问题设计：中国的医疗保障制度给人民群众带来怎样的影响？中国建立起庞大医疗保障系统的基础是什么？

学生活动：就医成本越来越低，更多人享受到优质医疗服务。中国能够建立起庞大的医疗保障系统，基础在于经济的不断发展。

设计意图：通过分析史料，认识中国医疗保障的不断完善，并且理解中国医疗保障体系的背后是巨大的经济实力的支撑，生产力是社会发展的根本动力。

学习任务4：理解我国现代医疗卫生体系建设所带来的影响。

教师活动：中国医疗卫生体系在基本卫生制度、医疗服务体系、药品供应体系以及医疗保障体系各个方面的建设都取得了较好的成果，能及时并很好地应对新冠肺炎疫情这样的重大突发性公共医疗事件，中国创造了全球卫生的奇迹。中国万众一心战胜疫情的过程，体现了几十年来中国现代医疗卫生体系建设对人民的社会生活产生的重大影响。

材料11

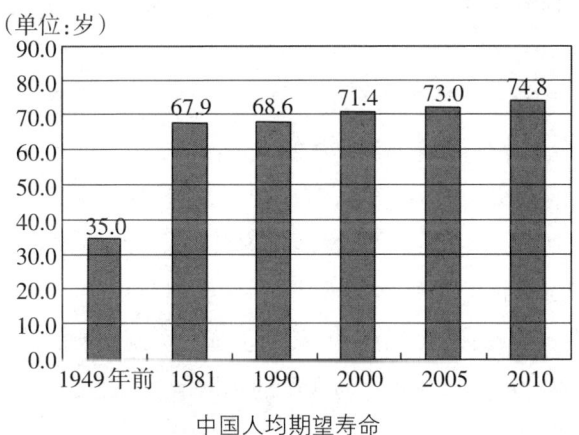

中国人均期望寿命

——国务院新闻办公室2012年《中国的医疗卫生事业》白皮书

材料12　疫情暴发正值春节假期，国家一声令下，全民响应，一致行动，整个社会紧急停下脚步。人们取消了春节期间的走亲访友和各种聚会，克服困难就地隔离，外出自觉佩戴口罩、测量体温、保持社交距离。保护自己就是保护别人、就是为国家作贡献成为社会共识和每个人的自觉行动。

——国务院《抗击新冠肺炎疫情的中国行动》白皮书

问题设计：根据材料，分析中国医疗卫生体系的建立对人民的社会生活产生的影响。

学生活动：中国人均期望寿命不断增加，健康状况改善；全民卫生意识提高，生活方式改变。

教师活动：中国现代医疗卫生体系的建立与完善经历了长时间的奋斗与努力，医疗卫生的建设几乎是从无到有，发展到如今才有了如此健全的医疗卫生体系，展现出中国力量，创造出中国奇迹。

（三）板书设计

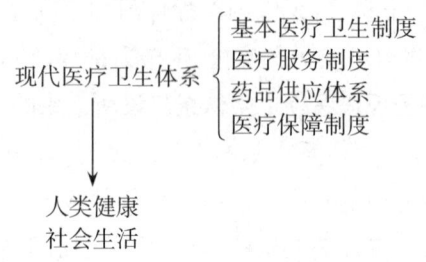

（四）核心素养水平划分

水平1：能够知道现代医疗卫生体系的组成部分；能够从史料中提取有效信息，分析感知现代医疗卫生体系的建立发展；能够理解现代医疗体系对人类生活的影响。

水平2：能够认识现代医疗卫生体系组成部分建立发展的过程；能够根据教材和史料对现代医疗卫生体系产生整体认知。

水平3：能够准确提取有效信息，对比史料，分析医疗卫生体系各部分的发展过程；能够对现代医疗卫生体系建立发展过程有整体系统完整的认知。

水平4：能够在唯物史观的指导下，学会依据论从史出、史论结合的原则论述历史问题，理解中国的现代医疗卫生体系建立在生产力发展的基础上；能够感悟中国医疗卫生体系建立背后中国政府与人民的不懈努力，树立正确的价值观。

活动课

技术进步与社会生活的变化

一、教材分析

本课是一节活动课,要求学生通过提出问题、明确任务和探究活动等方式,整合关于生产方式变革的知识点,以生产方式变革的角度思考其与人类社会进步的关系;从身边的衣、食、住、行等物质文化遗迹以及各种精神文化遗迹入手,确定某一领域具体的历史现象作为研究对象,分析这些历史现象的成因及其所体现的生产方式的变革与人类社会进步的关系。

二、学情分析

学习本课前,学生已经掌握了自古以来生产工具和劳作方式演变的基本史实,了解了人类衣、食、住、行等领域在历史进程中的变化,为探究生产方式的变革给人类社会所带来的影响奠定了基础。本课要求学生以身边的具体领域的生产方式变革现象为切入点,分析其成因,并探究其对人类进步的意义,形成自己的历史解释。教师需引导学生查找大量的史料或者实地调查,运用时空观念,完整地把握具体的历史现象,以顺利进行探究活动。

三、教学目标

1. 梳理生产方式变革在日常生活中的具体表现,运用唯物史观、时空观念等核心素养,清晰地把握生产方式变革的时代脉络。

2. 通过查阅史料、实地调查、分析论证、小组交流等活动方式,基于对基本史实的掌握,分析生产方式变革在人类社会生活中所发挥的作用;运用史料实证基本素养,形成自己的历史解释。

教学重点:了解生产方式变革的具体表现,理解并分析其与社会进步的关系。

教学难点:分析生产方式变革对社会进步的影响,并积极地运用先进的生产方式促进社会进步。

四、教学过程

(一)教学主题

在当今时代生产力与生产关系飞速发展的情况下,利用先进生产方式促进社会进步,创造中国奇迹。

(二)教学过程

材料 生产方式即人们进行生产活动的方式。生产方式包括两个方面:生产力和生产关系。生产力是具有一定生产经验和劳动技能的劳动者,运用生产工具加工劳动对象,进行生产时所形成的物质力量。生产力包括两个因素,即劳动者和生产工作。单独的个人是无法进行生产的。人们从事生产活动总是要相互结成一定的关系,即生产关系。人们只有相互结合起来和相互交换其活动,才能进行生产,才能有力量改造和征服自然界。政治经济学所研究的生产关系,就是人们以某种生产资料所有制为基础,在生产过程中形成的生产、分配、交换和消费关系。在人类社会历史上,社会形态不同,生产方式也有差异。

——宋涛《政治经济学教程》

学习任务1:课前准备。

学生活动:阅读课前材料,以小组探究的方式,回顾选择性必修2的学习内容和身边具体的历史现象,并查找相关资料,思考问题:(1)了解具体含义:现代生产力与生产关系飞速发展的典型例证——人工智能技术。(2)人工智能技术在生产生活中的具体表现有哪些?(3)梳理当代人工智能技术的发展脉络。(4)身边的人工智能技术给我们带来了哪些便利?

设计意图:通过查找资料,结合日常生活中人工智能技术的具体表现,了解什么是人工智能技术及其具体生活实例,探寻其发展脉络和给我们日常生活所带来的便利,使学生对人工智能技术有初步的理解,并能快速地确定研究主题,为后续的分析工作做好准备。

学习任务2:设置主题,分组探究——现代人工智能技术的发展。

◎第一组

探究主题:世界人工智能技术的发展概述。

学生活动:

(1)查找资料,明确人工智能技术的概念与基础。

(2)查找资料,简要概述世界人工智能技术的发展历史。

◎第二组

探究主题:中国人工智能技术的发展概述。

学生活动:

(1) 查找资料,实地调查,了解中国人工智能技术的具体运用。

(2) 查找资料,划分中国人工智能技术的发展阶段。

(3) 查找资料,分析中国人工智能技术在世界上的发展程度。

◎第三组

探究主题:人工智能对生产、生活方式的影响。

学生活动:

(1) 人工智能技术对生产、生活领域影响的表现有哪些?

(2) 人工智能技术是通过怎样的方式对生产、生活领域构成影响的?

(3) 如何科学地把握人工智能技术的发展,给未来生活带来更多的惊喜,创造中国奇迹?

设计意图:通过分组探究的形式,将目标任务具体化,相互协作以降低学生探究人工智能发展历史的难度;通过设置不同的探究主题,使学生把握人工智能技术发展的具体脉络,了解世界、中国人工智能技术发展的具体情况,从而能更清晰地分析人工智能对生产、生活方式的影响,形成对未来智能生活的美好期待。

学习任务3:小组研讨——整理分析资料,形成研究报告。

学生活动:

(1) 小组集体研讨,确定一个小组长,根据研究主题,确定本组研究计划、组员具体分工及本组研究成果的呈现方式。

(2) 各组员分头搜集资料,小组讨论,形成基本思路。

(3) 根据已经取得的研究成果,小组长整理总结。

(4) 小组各成员根据研究结果,形成书面研究报告。

(5) 各组齐心协力分别制作一个PPT,以历史课堂的形式展示研究成果。

设计意图:小组分工协作,可降低探究活动的难度,引导学生通过搜集资料或者实地调查,宏观上把握与日常生活密切相关的人工智能技术这一生产方式变革;通过了解人工智能技术的发展历史,使学生认识到这一现代的生产方式变革在当代或在未来给人类生产、生活所带来的变化;通过努力学习、探索,科学地把握这一先进技术,为未来的生活创造更多的便利。

学习任务4：展示专题研究成果。

学生活动：

（1）各组派一名代表扮演历史小教师的角色，以每组15分钟的小课堂形式为全班同学讲述本组研究情况。在小课堂中，要充分发挥史料的作用，做到论从史出，积极与同学互动，使全班同学尽可能地参与每个问题的探究。

（2）对于各组历史小课堂在展示过程中出现的意见分歧，教师要充分扮演好引导者的角色，促使各组补充和完善书面研究报告。

（3）各小组长对各组的研究成果进行总结性发言。

（4）形成世界人工智能技术发展概述的总结报告。

设计意图：通过组织班级各小组的交流、探讨，不断地完善各组的研究成果，使全班学生对课堂探究主题有更全面的把握，掌握人工智能技术的发展及其对生产生活的影响，作用于现在和未来的生活实践中。

学习任务5：活动拓展。

课后活动：将本班的研究成果放在学校网页上进行展览，开放网络评论。

设计意图：将研究成果放在学校网页上展览，学生能够通过不同的网络评论，更换不同的思考角度，集思广益，完善研究成果，能够形成对研究主题的深度认知，全面提升历史学科核心素养，丰富校园文化。

（三）核心素养水平划分

水平1：能够把握生产方式变革的含义，从所获得的材料中提出有关信息，形成对生产方式变革与社会进步的基本认识。

水平2：能够认识生产方式变革的历程；在小组探究中，能够用史料论证自己的观点，运用史料实证这一基本素养，形成自己的历史解释。

水平3：能够运用时空观念，将具体的生产方式变革放置于特定的时代背景下，探索其对社会进步的影响。

水平4：能够在整个探究活动中运用唯物史观，科学地处理好史料和结论之间的关系，认识生产方式的变革对社会发展的作用，学会在社会生产、生活中科学地运用先进的生产方式，贯穿家国情怀，为中国社会的发展贡献自己的力量。

选择性必修3

文化交流与传播

第一部分 单元设计

第一单元

源远流长的中华文化

一、课标要求

了解中华优秀传统文化的内涵;从人类文明发展和世界文化交流的角度,认识中华优秀传统文化的特点和价值,认识中华文化的世界意义。

二、单元解读

本单元分两课时,重点是从人类文明发展和世界文化交流的角度,认识中华文化的世界意义;难点是认识中华优秀传统文化的特点和价值。

5000多年的历史长河中,勤劳智慧的中华民族创造了博大精深的优秀传统文化,其中蕴含着丰厚的哲学思想、人文精神、教化和道德理念,承载着中华民族的精神追求,是中华民族不断前行最深层、最持久的力量。中华传统文化有着丰富的内涵,教材从核心思想理念出发,特别强调以人为本、民本思想、天人合一、道法自然;在中华传统美德中特别强调天下为公、崇德尚贤;在中华人文精神中特别强调和而不同。

中华文化有着自身独特的特点。第一,本土性,即中华文化的起源与发展,根植于本土,有着自身的道路和独特的风格;第二,多样性,即中华文化博大精深,多彩多姿,领域广阔,体现了各民族文化的多样性;第三,包容性,即中华文化有着博采众长、海纳百川的文化胸怀,具有很强的包容性;第四,凝聚性,即中华文化体现出中华民族共同的文化特质,有着巨大的凝聚力和向心力;第五,连续性,即中华文化源远流长,绵延不绝,承上启下,不断发展,有顽强的生命力。

中华文化具有历史与现实的价值。中华文明形成并延续发展几千年而从未中断,对形成和维护中国团结统一的政治局面,对形成和巩固中国多民族和合一体的大家庭,对形成和丰富中华民族精神,对激励中华儿女维护民族独立、反抗外来侵略,对推动中国社会发展进步,都发挥了十分重要的作用。同时,中华优秀传统文化丰富的哲学思想、人文精神、教化思想、道德理念等,可以为人们认识和改造世界提供有益的启迪,也可以为治国理政和道德建设提供有益启发。

中华文化的世界意义,可以从人类文明发展和当今世界发展这两个角度来加以认识。在推动人类文明的进程中,中华文化曾起着重要的作用,产生了巨大的影响,如中国古代的哲学思想、文学创作、科技发明等,都在历史上对世界文明的发展有着重要的影响。在当今世界发展的进程中,我们应向世界展现中华文化的魅力,把中华文化中跨越时空、超越国度、富有永恒魅力、具有当代价值的文化精神传播到世界上,讲好中国故事,为世界提供中国智慧。

三、重要概念

文明　从词源学上追溯,正如唐人孔颖达疏解《尚书·舜典》"睿智文明"时所说:"经天纬地曰文,照临四方曰明。""文明"是从人类的物质创造(尤其是对火的利用)扩展到精神的光明普照大地。简言之,"文明"兼容物质创造和精神创造的双重意义,接近于今天人们通常理解的广义文化。

文化　广义指人类在社会实践过程中所获得的物质、精神的生产能力和创造的物质、精神财富的总和。狭义指精神生产能力和精神产品,包括一切社会意识形式:自然科学、技术科学、社会意识形态。有时又专指教育、科学、文学、艺术、卫生、体育等方面的知识与设施。作为一种历史现象,文化的发展有历史的继承性;在阶级社会中,又具有阶级性,同时也具有民族性、地域性。不同民族、不同地域的文化又形成了人类文化的多样性。作为社会意识形态的文化,是一定社会的政治和经济的反映,同时又给予一定社会的政治和经济以巨大的影响。

中华优秀传统文化　中华优秀传统文化是中华民族在漫长历史长河中淘洗出来的智慧结晶,既呈现为浩如烟海、灿烂辉煌的文化成果,更集中体现为贯穿其中的思想理念、传统美德、人文精神。

《几何原本》　是古希腊数学家欧几里得所著的一部数学著作。又称《原本》,它是欧洲数学的基础,总结了平面几何五大公式,被认为是西方历史上最成功的教科书。

《泰西水法》　一部介绍西方水利科学的重要著作。徐光启与传教士熊三拔合译,成书于明万历四十年(1612),共6卷。《四库全书总目》对其作了较为详细的介绍,称"是书皆记取水蓄水之法"。

四、教学示例

本单元教学的主要立足点是,从人类文明发展和世界文化交流的角度,认识中华优秀传统文化的特点和价值,认识中华文化的世界意义。

以年表或时间轴的形式梳理中华文化的发展历程,凸显时空观念。概括中华优秀传统文化的特点,解析史料,加深对中华优秀传统文化内涵的理解,落实史料实证核心素养。

通过阅读教材提供的史料,学生自主梳理佛教与西学的传入历程,理解其丰富和发展了中华传统文化。

可利用我国抗击新冠肺炎疫情的生动实践,引导学生在学习过程中认识中华优秀传统文化的价值,认识中华文化的世界意义,增强文化自信,渗透家国情怀核心素养。

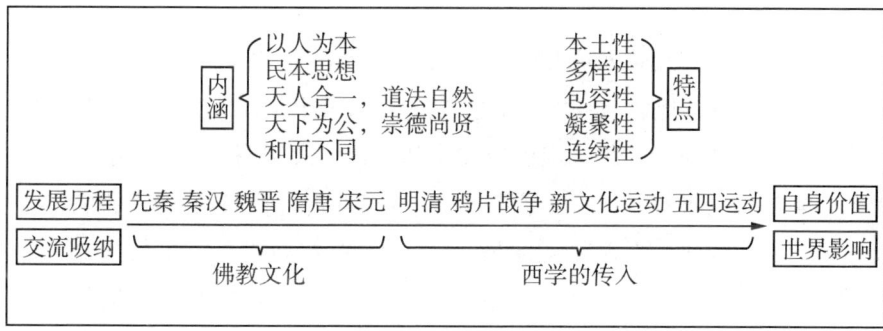

五、推荐阅读

[1] 张岱年,方立克.中国文化概论[M].北京:北京师范大学出版社,1995.

[2] 汪澍白.二十世纪中国文化史论[M].北京:中国青年出版社,1999.

[3] 王瑞成,宋清秀.中国文化简史[M].上海:上海文艺出版社,2001.

[4] 汤玲.中华优秀传统文化、革命文化和社会主义先进文化的关系[J].红旗文稿,2019(10).

第二单元

丰富多样的世界文化

一、课标要求

通过了解世界各主要区域文化,理解世界文化的多样性;认识世界各国、各地区、各民族对人类文化发展所作出的贡献。

二、单元解读

在中华民族传统文化形成和发展的同时,世界各地也形成和发展起丰富多样的地域文化。世界各地区、各民族人民所创造的文化共同推动了人类文化的发展。

古代西亚和北非孕育的两河流域文明和古代埃及文明,深刻影响了地中海周边地区。阿拉伯人继承了西亚、北非、希腊、罗马的传统,创造出自己独特的文化,阿拉伯帝国成为沟通东西方文化的桥梁。古希腊和罗马的文化打下了欧洲文化的底色,西欧基督教文明在此基础上形成。拜占庭帝国和俄罗斯的文化深受东正教的影响。南亚的古代印度文化颇具特色,对东南亚产生了重要影响。东亚的朝鲜和日本的文化及东南亚文化既有本土文化的底蕴,也受到中华文化等外来文化的影响,发展出了独具特色的民族文化。因大洋阻隔而与欧亚大陆缺乏交流的美洲独立发展起特色鲜明的印第安文化。印第安人的农业水平达到相当高的程度,他们培育的农作物为人类社会作出了重要贡献。

通过本单元学习,了解丰富多样的世界文化,知道文化交流与传播的主要方式、途径和载体,认识中外历史上重要文化产品和文化成就交流传播的过程,以及对不同文化发展变化所产生的重要影响。尊重世界文明多样性,认识文明交流超越文明隔阂、文明互鉴超越文明冲突、文明共存超越文明优越。

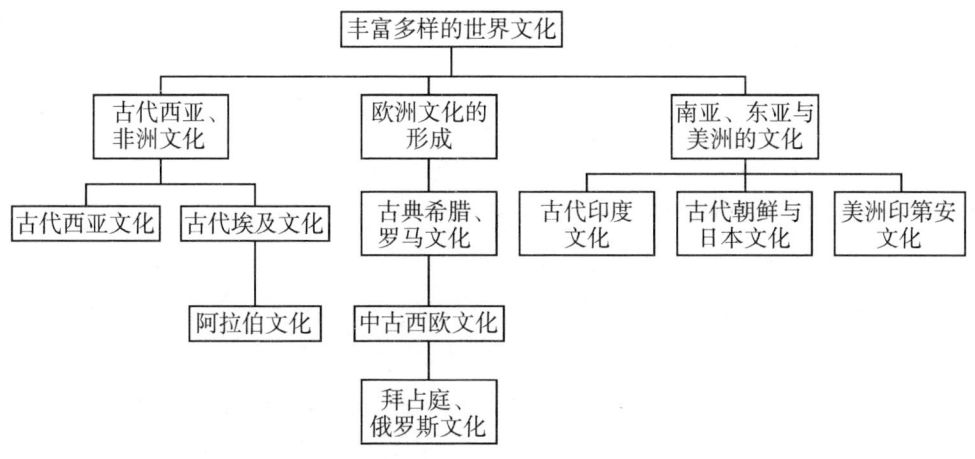

三、重要概念

《汉谟拉比法典》 古巴比伦王国第六代国王汉谟拉比即位后,为了适应新的政治经济形势,在各城邦原有法律的基础上重新制定了一部成文法,即《汉谟拉比法典》,它是世界历史上第一部较为完备的成文法典。为了显示新法典的权威,汉谟拉比下令用楔形文字将法典的全文镌刻在黑色玄武岩石柱上,因此法典又有《石柱法》之称。《汉谟拉比法典》分引言、正文、结语三部分,正文共282条,内容包括诉讼手续,财产权,损害赔偿,租佃关系,债权债务,婚姻关系,继承以及买卖奴隶等内容。

象形文字 名称源于希腊文,意为"神圣"或"雕刻有神圣铭文的",故最初的书写字体被称为圣书体。由于这些文字主要刻在神庙的墙壁、坟墓、石碑及祭礼器物上,因此也被称为碑铭体。这种文字图画性强,讲究美观,排列匀称整齐,但行文格式并不统一。公元前4世纪末起,埃及相继受到了强势的希腊—罗马文化和阿拉伯文化的冲击,象形文字逐渐被人们忘却。

《天方夜谭》 阿拉伯民间故事集,又名《一千零一夜》。其故事背景为古代东方某国,国王山鲁亚尔残暴成性,因王后与人私通,便把王后与其情人等人一并处死。从此以后,山鲁亚尔每天娶一少女,次日早晨即将其杀害。宰相之女山鲁佐德为拯救无辜少女,自愿嫁给山鲁亚尔。成婚后山鲁佐德每晚都给山鲁亚尔讲故事,每个故事总在早晨时分讲到最动人处,急于上朝的山鲁亚尔为知晓故事的最后结局,便破例不再加害山鲁佐德,让她晚上继续讲故事。这样一直持续了1001夜,山鲁亚尔终于被感化,放弃了之前的残酷计划。山鲁佐德讲述的故事,内容包罗万象,既有传说、寓言和童话,也有冒险传奇、宫廷趣闻和历史故事等。由于我国明代以后称阿拉伯国家为"天方国",而阿拉伯人又喜欢夜间聚会,吟唱诗歌,讲述故事,《天方夜谭》的译名由此而来。

《荷马史诗》 相传由公元前9世纪的盲诗人荷马所作,因而得名。实际上它是民间艺人吟唱的口头文学作品,在长期的流传过程中,经过不断的补充和修改,最后由荷马整理加工而定型。公元前6世纪中叶,第一次被写成了文字。包括《伊利亚特》和《奥德赛》两部分,穿插了许多希腊神话和传说的内容,同时也反映出公元前11世纪至公元前9世纪之间古代希腊的社会状况,还涉及迈锡尼时代的一些社会风尚。

基督教 大约产生于公元1世纪二三十年代的巴勒斯坦犹太人中间,相传为拿撒勒人耶稣所创立。基督教信仰上帝,崇奉耶稣为"救世主"。"救世主"在希伯来语里一般称"弥赛亚",希腊语称"基督",基督教由此得名。基督教形成初期,即分为东、西两派,前者分布于罗马帝国东部希腊语地区,后者分布于帝国西部拉丁语地区。395年,罗马帝国分裂为东、西两部分,东罗马帝国以君士坦丁堡为首都,西罗马帝国以罗马为首都。其后,君士坦丁堡教会逐渐成为东派教会的中心,与罗马教会日益分离。476年,西罗马帝国倾覆,但罗马教会仍为西派教会的中心。9世纪中叶以后,东、西派教会关系日趋紧张,最终导致1054年的决裂。从此以后,以君士坦丁堡为中心的东派教会自称希腊正教,又称正教或东正教,以希腊语为宗教用语,中世纪时为拜占庭帝国国教;以罗马为中心的西派教会自称罗马公教,又称公教或加特力教,以拉丁语为宗教用语,传入中国后通称天主教。

武士道 日本武士遵守的封建道德准则,始于镰仓时代。要求武士有忠勇、节义、廉耻、守信、坚忍等品质。目的在于培养封建统治者的忠实仆从。武士腰间佩刀,象征其勇武。明治维新后,武士等级在法律上被废除,但在教育中仍长期宣扬和灌输"武士道精神"。

玛雅文字 公元初年起玛雅人创制的独特的象形文字体系,由繁复的图形构成,现在已知的大约有850个字符,包括意符和音符,书写顺序从左至右。玛雅人将文字视为神的创造物,需要经过长期训练才能掌握,因而祭司垄断了使用文字的权利。他们以头发制成的毛笔为书写工具,以无花果树皮或鹿皮为书写材料,也有刻于建筑物上。16世纪,西班牙殖民者到来后,许多珍贵的玛雅文字被焚毁,仅有部分作品幸免于难。

四、教学示例

本单元教学的立足点是世界文化的多样性,主要内容有:地理环境和生产方式与区域文化的关系,世界各主要区域的传统文化,人类文化的多样性、共通性和差异性,多样性的区域文化对人类文化的贡献。

多样的历史和文化传统,使得人类形成了多样的思维方式和表达方式,形成了多样的信仰和思想体系,形成了多样的文化艺术成就。人类文化的多样性成就了人类生活的丰富性,成就了当今世界的多彩和灿烂。

文化多样性是人类社会的基本特征,也是人类文明进步的重要动力。文化多样性不仅体现在人类文化遗产通过丰富多彩的文化表现形式来表达、弘扬和传承上,也体现在借助各种方式和技术进行的艺术创造、生产和传播上。文化多样性是人类文化发展、繁荣的基础,是人类的共同遗产。

在本单元的学习中,学生通过学习各地区的宗教、文字、建筑、文学作品、科学技术等了解人类文化交流与传播的基本方式、途径,感受丰富多彩的世界文化,认识到世界各国、各地区、各民族都为创造人类文化作出了贡献,不同文化要相互尊重、平等相待,加强交流互鉴,促进共同发展。

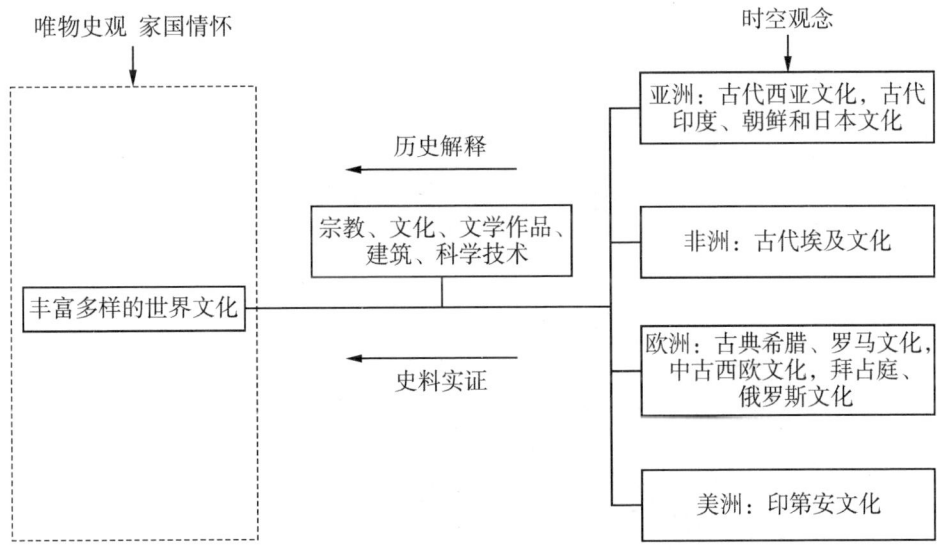

五、推荐阅读

[1] 纳忠.传承与交融:阿拉伯文化[M].杭州:浙江人民出版社,1993.

[2] 吴于廑,齐世荣.世界史[M].北京:高等教育出版社,1994.

[3] 李雅书.古代罗马史[M].北京:北京师范大学出版社,1994.

[4] 沐涛,倪华强.失落的文明:埃及[M].上海:华东师范大学出版社,1999.

[5] 林承节.印度古代史纲[M].北京:光明日报出版社,2000.

［6］王斯德.世界通史：前工业文明与地域性历史［M］.上海：华东师范大学出版社，2001.

［7］孙道天.古希腊历史遗产：欧洲文明源远流长［M］.上海：上海辞书出版社，2004.

［8］斯塔夫里阿诺斯.全球通史：从史前史到21世纪［M］.吴象婴，等，译.北京：北京大学出版社，2006.

［9］林被甸,董经胜.拉丁美洲史［M］.北京：人民出版社，2010.

［10］庄锡昌,鲍怀崇.世界文化史［M］.北京：对外经济贸易大学出版社，2012.

［11］杰里·本特利,赫伯特·齐格勒.新全球史［M］.魏凤莲，等，译.北京：北京大学出版社，2014.

［12］马克垚.世界文明史［M］.北京：北京大学出版社，2016.

第三单元

人口迁徙、文化交融与认同

一、课标要求

通过了解历史上跨洲、跨国家、跨地区不同规模的人口迁徙,以及移民所面临的机遇与挑战,认识在迁徙与融入当地社会过程中出现的文化认同。

二、单元解读

本单元的主题为"人口迁徙"和"文化认同",时空涵盖古代、近代、现代。古代游牧民族的几次大迁徙对欧亚大陆各主要区域文化的形成和转型产生了重大影响。印欧人的迁徙推动了亚欧大陆中西部几个重要文化区域的形成,从公元前2千纪初起,以印欧人为主体的游牧部落进入印度、巴尔干半岛、西欧和北欧等地区,逐步演变为"雅利安人""赫梯人""波斯人""希腊人"等。公元后的亚欧游牧民族大迁徙主要分成两个时期:公元前后大月氏人和日耳曼人的迁徙,公元3—6世纪游牧部落新一轮的大迁徙促使亚欧地区建立了新的不同的国家,改变了亚欧大陆的政治地图。在游牧民族与农耕民族的交流和交融过程中,不同国家和地区不仅促成了本民族文化的发展,也促成了新文化形式的发展和传播。

1492年哥伦布发现新大陆后,西班牙、葡萄牙、荷兰、英国、法国等欧洲国家开始在世界各地进行殖民扩张和掠夺,改变了美洲、非洲、大洋洲等地的人口结构。尤其是对美洲地区的种族屠杀,使美洲地区丧失了大量的人口,也造成了劳动力的缺失。16世纪以后,为了弥补劳动力的不足,殖民者从非洲贩卖黑人奴隶到美洲,改变了非洲的人口结构;在此期间,很多欧洲人远涉重洋来到美洲,印第安人锐减,欧洲人和非洲黑人数量激增,也改变了美洲的人口结构,形成了新的族群。在殖民扩张时期,大洋洲的土著居民因英国的殖民活动而人口数量减少,越来越多的英国人和欧洲其他国家的人来到大洋洲,白人逐渐成为当地的主要居民。随着奴隶贸易的结束,大量华工被运往美洲和大洋洲,带来19世纪中叶后大规模的人口流动。

现代社会的人口流动一方面得益于经济全球化的发展，不同国家和地区经济发展的程度和速度影响着世界各地劳动力的流动，同时随着产业结构的升级，也带来了劳动力市场结构性的变化。20世纪50—70年代，大多数移民从事的是制造业部门的体力劳动和公共服务行业的脏活累活。20世纪80年代开始，全球劳动力的流动呈现出"精英迁移"的新趋势。另一方面，难民成为现代社会人口流动的一个独特群体，战争、灾难、贫困等因素导致难民问题，国际社会诸如联合国为解决难民问题作出了相应的努力。

人口迁徙不仅带来人口结构的变化，还促进了文化的交流和交融。古代的人口流动促使游牧文明和农耕文明交融，提升了农业地区的军事能力和生产能力，对游牧民族文化的吸收也促进了农耕民族文化的发展。近代的人口流动加速了资本主义在世界范围的发展，加速了美洲、大洋洲地区原有文明的更替。现代社会的人口流动建立在文化认可同时又充满文化冲突和调适的基础之上，文化的发展呈现多元特性。

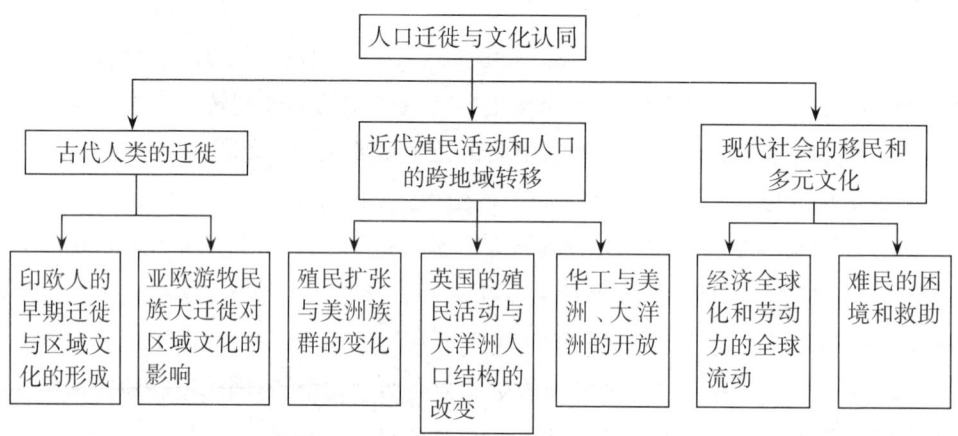

三、重要概念

人口迁徙　指人口在两个地区之间的地理流动或者空间流动，这种流动通常会涉及永久性居住地由迁出地到迁入地的变化。这种迁徙被称为永久性迁徙，它不同于其他形式的、不涉及永久居住地变化的人口移动。

古印欧人　大约6000年以前，生活在今乌克兰东部和俄罗斯南部的乌克兰平原（或称东欧平原）上的原始民族，是今天欧洲人和印度人的共同祖先。他们依靠两条大河——伏尔加河和顿河生存。适宜的气候，以及丰富的水源和平坦的地势，是他们迁徙的主要条件。现分布于欧洲、亚洲、非洲、大洋洲的广阔地域，印度语、伊朗语、斯拉夫语、波罗的语、日耳曼语、希腊语、意大利语、凯尔特语、亚美尼亚语、阿尔巴尼亚语、喜特语、吐火罗语等语族皆由此而分化出来。

贵霜帝国 约公元1世纪上半叶兴起于中亚细亚的古国。创立者为大夏贵霜部落翕侯丘就却。经阎膏珍至迦腻色伽（2世纪上半期），建成一北起花剌子模、南达文迪亚山，包括中亚、阿富汗和印度半岛西北部的大国。贵霜帝国在迦腻色伽一世和其继承者统治之下达至鼎盛，拥有人口500万左右，士兵20多万，被认为是当时欧亚四大强国之一，与汉朝、罗马、安息并列。境内的犍陀罗雕刻艺术最为著名。3世纪后帝国分裂。5世纪遭嚈哒人入侵，灭亡。

华工 自17世纪起到20世纪初因生活所迫或因被诱骗从中国东南各省沿海口岸流落到东南亚和美洲各地的劳动人民。也指第一次世界大战期间被当时的中国政府派出支援协约国的中国劳工。

经济全球化 世界各国在经济上联系日益加强，从而经济活动的全球性日益加深的过程。各国实行开放型的发展战略和经济体制是经济全球化的基础，运输、通信和信息技术的迅速进步有力地促进了经济全球化的发展。在经济全球化进程中，商品、服务和各种生产要素跨国界流动地障碍日益减少，管理国际经济活动和交易网络的组织结构不断出现，跨国公司迅速发展，各国经济的相互依存和相互影响日益加深。

四、教学示例

时空观念：时空是本单元的基本线索，从古代公元前2千纪起印欧人的迁徙、公元前后亚欧游牧民族的迁徙到近代15世纪新航路开辟后殖民扩张时期人口从亚欧到美洲、大洋洲的迁徙，再到20世纪后经济全球化和战争等多种因素带来的人口在全球范围内的迁徙和流动。教师需引导学生明确不同阶段人口迁移在时间和空间上的定位。

历史解释和史料实证：通过呈现文字材料和图片材料，对不同时期人口迁徙的背景和过程进行历史解释，在历史解释中理解推动人口迁徙的根本因素在于经济的变化和发展，体现唯物史观。

家国情怀：人口迁徙带来文化的交流和交融，同时也促进了文化的发展。

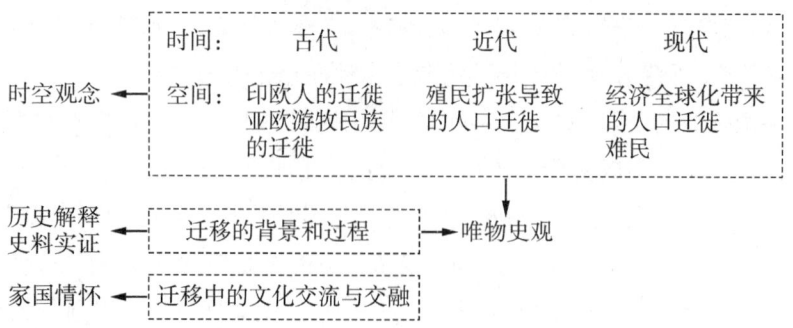

五、推荐阅读

[1] 周一良,吴于廑.世界通史资料选辑[M].北京:商务印书馆,1963.

[2] 袁闾琨.万恶的黑奴贸易[M].郑州:河南人民出版社,1982.

[3] 斯塔夫里阿诺斯.全球通史:从史前史到21世纪[M].吴象婴,等,译.北京:北京大学出版社,2006.

[4] 张国硕.先秦人口流动民族迁徙与民族认同研究[M].郑州:大象出版社,2011.

[5] 张丽.经济全球化的历史视角[M].杭州:浙江大学出版社,2012.

[6] 维姆·布洛克曼,彼得·霍彭布劳沃.中世纪欧洲史[M].乔修峰,卢伟,译.广州:花城出版社,2012.

[7] 道格·桑德斯.落脚城市:最终的人口迁徙与世界未来[M].陈信宏,译.上海:上海译文出版社,2012.

[8] 亨德里克·威廉·房龙.人类简史[M].逸凡,译.南昌:江西人民出版社,2017.

[9] 王斯德.世界通史第三版第一编 古代文明与地域性历史:1500年以前的世界[M].上海:华东师范大学出版社,2018.

[10] 易强.蒙古帝国[M].北京:民主与建设出版社,2019.

[11] 马克·恩格尔哈特.难民革命:新的人口迁徙如何改变世界的[M].孙梦,译.北京:文化发展出版社,2019.

[12] I.E.S.爱德华兹,等.剑桥古代史第一卷第一分册 导论与史前史[M].汪连兴,等,译.北京:中国社会科学出版社,2020.

第四单元

商路、贸易与文化交流

一、课标要求

了解不同时代、不同类型商路的开辟;通过了解商品所体现的特色文化,理解贸易活动在文化交流中所扮演的重要角色。

二、单元解读

贸易是一种文化交流的重要方式。各个时代各个地域的商品,凝集着其独特的生产方式、风俗习惯、宗教礼仪、技术水平等多方面信息。随着贸易活动的发生,不同地域之间的文化通过商人与商品的流动相遇、碰撞、冲突、交流、交融、发展。

15世纪以前的世界贸易主要在各洲内部与亚欧内陆之间进行。东西方的几个文明之间,存在着断续、零星的民间交往。汉武帝时期,张骞出使西域,开辟丝绸之路,为各文明形态的呈现、传播与交流提供了一个巨大的舞台,东西方之间的往来第一次持续、成规模地进行。汉朝以来,在中国的西北、西南方向,多条商路陆续被开辟,规模不断扩大,东西方之间的陆上贸易盛极一时。但唐朝以后,受割据、战乱等因素的影响,中国失去了对陆上贸易之路的管控,致使陆上丝绸之路一度中断并衰落,与此同时,海上丝绸之路取代陆路成为东西贸易的主通道,于宋元时期达到鼎盛。明代郑和下西洋以后,受明清政策以及海防形势的影响,中国的商船不再活跃于海上丝绸之路。新航路开辟以后,伴随着殖民扩张,联结各洲的贸易网络铺开,以欧洲为中心的世界市场逐渐形成,出现了全球性的经济关系。两次工业革命推动生产力迅猛发展,大大加深国际合作的深度和广度。国际经济交流准则的确立及贸易组织的成立使得世界贸易更加有序化、规范化。世界成为一个密不可分的、有机联系的整体。

各地区的文化差异性与互补性是促使文化交流经久不衰的原因之一。商品作为文化的载体,在潜移默化中进行着连绵不断的文化传播。在传统丝路中,中国凭借强大的实力、先进的手工业水平,成为古代丝绸之路上的主导者,在沿线掀起"中国热"。与此同时,各具特色的外来文化汇成色彩纷呈的文化回流,从不同地域、沿着不同路线涌回中国,这对中国从生产技术到社会生活的各方面都产生了深刻而广泛的影响。世界市场逐渐形成以来,世界各地的物种乘着殖民者的大船流进世界市场,开阔着人们的眼界,文化交流的范围也更为广阔。20世纪以来在经济全球化的趋势下,贸易活动以前所未有的规模和速度持续进行,文化迥异的生产者、消费者通过商品的流通紧密联系在一起,在经济全球化的浪潮中共同发展。

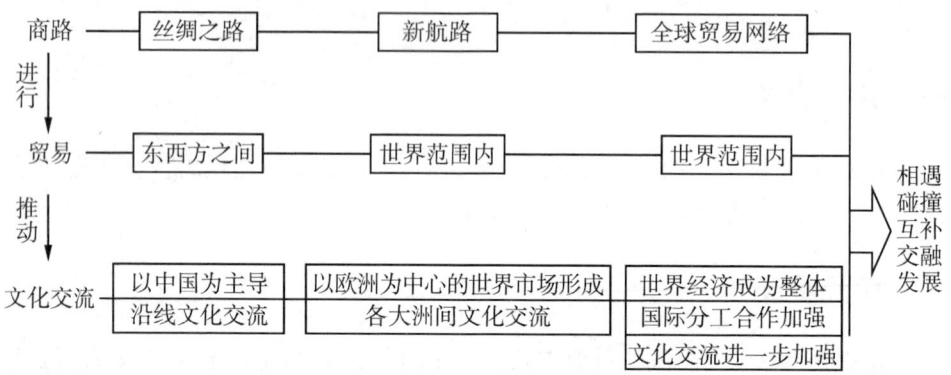

三、重要概念

丝绸之路 古代以中国为始发点,向亚洲中部、西部及非洲、欧洲等地运送丝绸等物的交通道之总称。19世纪德国地理学家李希霍芬最初使用该术语时,只指称从中原地区,经今新疆而抵中亚的陆上通道;后来,所指范围逐步扩大,以至远达亚、欧、非三洲,并包括陆、海两方面的交通路线。在现代学术界,该词不仅用以指称联结整个古代世界的交通道,同时成为古代东、西方之间经济、文化交流的代名词。通常认为,丝绸之路可以分为两类(陆上丝绸之路、海上丝绸之路)、三大干线(草原之路、绿洲之路、海上丝路)。

海上丝绸之路 最早提出"海上丝绸之路"的是法国汉学家沙畹,又称"海上瓷器之路""海上香料之路"。公元2世纪以前,中国的物产就已经开始由海上贸易路线向外传播,并从海上引进国外丰富的物产。其贸易路线萌芽于先秦时期,形成于秦汉,发展于魏晋,繁盛于隋唐,鼎盛于宋元,明清时期由盛转衰。从空间上来看,海上丝绸之路南线从中国经中南半岛和南海诸国,穿过印度洋,进入红海,抵达东非和欧洲,途经100多个国家和地区,成为中国与外国贸易往来和文化交流的海上大通道,并推动了沿线各国的共同发展。东线直通辽东半岛、朝鲜半岛、日本列岛直至东南亚的黄金通道。

世界市场 广义指世界范围内商品交换关系的总和。狭义指国际间商品交易的场所或领域。在奴隶社会和封建社会,不同国家和地区间的贸易开始萌芽和发展。15、16世纪地理大发现和东西方航道的开辟为世界市场的形成准备了地理条件。18、19世纪产业革命为之提供了物质基础和交通工具,世界市场最终形成。欧洲国家以殖民扩张为手段,是世界市场形成的推动者与主导者。伴随着欧洲殖民扩张,世界各地逐渐被纳入国际分工体系中。世界市场的形成,一方面便利了经济和文化的交流,传播了先进技术和生产方式,冲击和瓦解着传统社会结构,推动了人类现代化的进程;加强了各国社会经济的相互联系,使世界成为不可分割的整体,加速了经济全球化的进程。另一方面,残酷的殖民掠夺和对落后国家的奴役,给殖民地半殖民地国家带来了深重的灾难。

四、教学示例

本单元的教学主旨是了解商路、贸易在文化交流中的重要作用;掌握人类社会从古至今主要的贸易路线与发展特点,了解人类各大文明通过贸易的方式由孤立、分散走向整体的发展趋势;深刻认识文化在不断交流、借鉴中向前发展。

展示地图,定位从古至今主要贸易线路的空间位置,掌握各个时期商路发展的脉络,分析其发展特点,理解人类的交往从区域逐渐走向世界的发展趋势。以各个贸易阶段典型的物品作为切入点,认识到贸易活动在传输商品的同时,各地区风俗习惯、宗教礼仪、技术水平、审美风尚等信息也随之传播,进而理解商贸活动中的主导地位,决定着文化传播的主导方向。通过考古研究、史料记载、文学描绘等历史信息,分析理解商路、贸易与文化交流之间的关系,深刻体会人类文明在交流中碰撞、互补、共同进步。

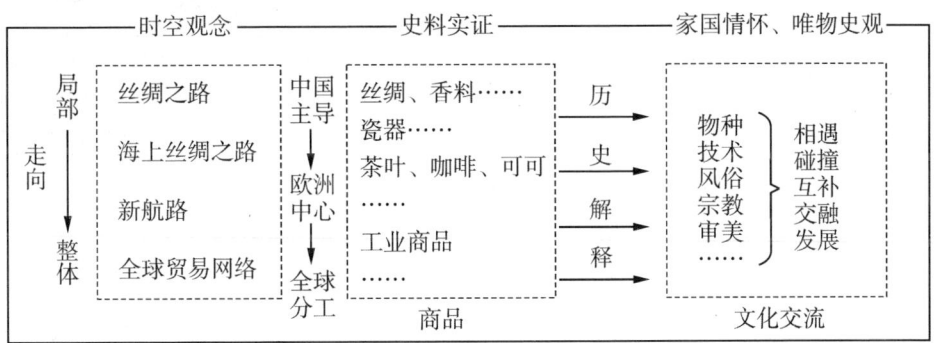

五、推荐阅读

[1] 斯塔夫里阿诺斯. 全球通史[M]. 吴象婴,等,译. 北京:北京大学出版社,2006.

[2] 裔昭印,徐善伟,赵鸣歧. 世界文化史[M]. 北京:北京大学出版社,2010.

[3] 彼得·弗兰科潘. 丝绸之路:一部全新的世界史[M]. 邵旭东,孙芳,译. 杭州:浙江大学出版社,2016.

[4] 薛爱华. 撒马尔罕的金桃:唐代舶来品研究[M]. 吴玉贵,译. 北京:社会科学文献出版社,2016.

[5] 李伯重. 火枪与账簿[M]. 上海:生活·读书·新知三联书店,2017.

[6] 彭慕兰,史蒂文·托皮克. 贸易打造世界:1400年至今的社会、文化与世界经济[M]. 黄中宪,吴莉苇,译. 上海:上海人民出版社,2017.

[7] 加里·保罗·纳卜汗. 香料漂流记:孜然、骆驼、旅行商队的全球化之旅(从香料发展史看全球化进程)[M]. 吕奕欣,译. 北京:天地出版社,2019.

第五单元

战争与文化交锋

一、课标要求

通过了解历史上的著名战争，理解战争对人类文化的破坏，以及造成的文化断裂；认识战争在客观上又为不同文化的碰撞提供了契机。

二、单元解读

人类文明走了多远，战争就存在了多久。本专题从古代、近代和现代三个不同阶段讲述人类历史上的著名战争。战争使人类不同区域、不同类型的文化发生激烈的碰撞，相互之间交流、交汇并相融，从而推动整个人类文化的交融与完善。

古代阶段主要叙述了马其顿王国的亚历山大远征和蒙古汗国的成吉思汗西征，这两次欧亚间著名的战争，是古代东西方文化碰撞的典型。亚历山大远征促进了希腊文化与埃及、西亚、波斯文化的融合，成吉思汗西征则促进了古代世界东西方的文化交融。近代阶段主要叙述了近代资本主义发展过程中，伴随资本主义的崛起和对外的殖民扩张，相继发生的美国独立战争、拿破仑战争及鸦片战争等战争。近代的战争伴随着文化的侵略与扩张，冲击了原有地区的文明，对近代人类不同区域文化产生了进一步影响。现代阶段，20世纪人类经历了两次世界大战，两次世界大战不仅给人类带来空前的灾难，同时冲击了原有的资本主义殖民体系，并加速其瓦解，促进广大亚非拉地区民族意识觉醒和新兴民族国家的文化复兴。

战争对于人类文化发展所产生的冲击与碰撞，梳理如下所示：

古代：亚历山大远征→希腊文化＋埃及文化＋西亚文化＋波斯文化→希腊化文化
　　　蒙古西征→东方（亚洲）文化＋西方（欧洲）文化
近代：美国独立战争→战后的美国文化＋拉丁美洲文化
　　　拿破仑战争→欧洲文化的重构
　　　欧洲对外殖民扩张→文化侵略→殖民地传统文化＋西方文化→文化多样性

现代：第一次世界大战→民族民主意识的觉醒
　　　第二次世界大战→殖民体系的瓦解→新兴民族国家的文化复兴

总之，人类的战争使得文明与野蛮同在，流血与辉煌相随。不同文化伴随着战争，在相互碰撞中交流、交汇、传播，人们在认知外来文化和反思本土文化的精神阵痛中，或被动或主动地对文化进行选择与重构，促进了人类文化的交融与发展。

三、重要概念

希腊化时代　亦称"希腊主义""希腊主义时代"。通常指公元前334年马其顿国王亚历山大开始远征，到公元前30年罗马灭亡埃及之间东地中海国家的一个历史时代。主要国家有托勒密、塞琉西亚、马其顿和拍加马等。在政治、经济、文化上，希腊和东方之间互相交流和影响。政体上，各国多采用以国王为中心的君主专制；经济上，农业、手工业和商业均有发展；文化上，科学和艺术有很大成就。后各国均被罗马征服。

世界殖民体系　是指被资本主义列强压迫、奴役的所有殖民地、半殖民地和附庸国的总称。它是资本主义经济开放性和扩张性的结果。具体表现为两个方面：一是资本主义商品经济的发展，要求向世界各地倾销商品、掠夺原料，必然导致世界各地联系的加强；二是进入帝国主义阶段后，列强不仅要求扩大各自控制的商品市场、原料产地，还要求向海外输出剩余资本，掀起了瓜分世界的狂潮。十月革命的胜利引起了世界殖民体系的深刻危机。二战后，中国人民革命的胜利和亚洲、非洲、拉丁美洲地区民族解放运动后的普遍高涨，一系列殖民地、半殖民地国家经过长期斗争，先后取得了政治上的独立，世界殖民体系瓦解。

民族民主革命　殖民地、半殖民地国家的人民反对帝国主义和封建主义、争取国家独立和民族解放的革命。有资产阶级领导的和无产阶级领导的两种，都属于资产阶级民主革命的性质。1917年俄国十月革命后，任何殖民地、半殖民地国家的民族民主革命，由于其矛头是针对帝国主义的，是对帝国主义的打击和削弱，因而都是无产阶级社会主义世界革命的一部分。民族民主革命只有在无产阶级领导下，才能取得彻底的胜利。

四、教学示例

本单元教学的主要立足点是了解人类历史上从古代到近代再到现代三大阶段里发生的著名战争。通过了解战争过程，理解战争给人类带来的灾难及对人类文化的破坏和断裂，认识战争客观上为不同文化的碰撞提供了契机，人类被动或主动地对文化进行选择与重构。

以战争本身还是一种经常的交往形式为切入点,了解古代世界东西方两次大决战,即亚历山大远征和蒙古西征,认识这两次欧亚间的战争是东西方文化的碰撞,客观上促进了东西方文明的交流与发展。

通过美国《独立宣言》、联邦宪法及拿破仑时期的《民法典》等的解读分析,认识美国文化和欧洲文化的多样性,理解为何近代以来民主、独立、自由和法治成为欧美国家的普遍诉求。通过解读《海国图志》《孔子改制考》等文献,认识文化侵略伴随着西方国家对外侵略扩展,被侵略者在不同程度接受外来文化的同时,也会努力保护自己的传统文化,使文化呈现新的多样性。

通过分析两次世界大战给人类社会带来的影响,认识两次世界大战激发了民族民主意识的觉醒,推动民族民主运动的发展,冲击了资本主义世界殖民体系并使之走向瓦解。新兴民族国家在走向现代化的过程中,形成了本土文化与西方文化相结合的新文化,民族文化得以复兴。

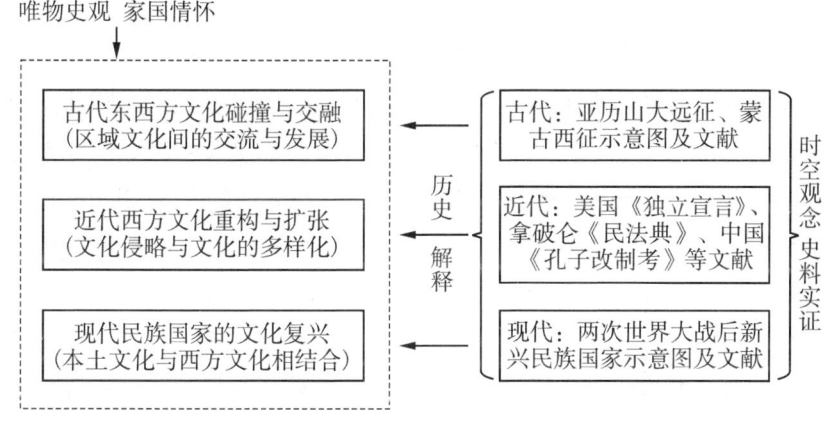

五、推荐阅读

[1] 丹尼尔·J. 布尔斯廷. 美国人[M]. 上海:上海译文出版社,1988.

[2] 袁行霈,等. 中华文明史 第三卷[M]. 北京:北京大学出版社,2006.

[3] 斯塔夫里阿诺斯. 全球通史[M]. 吴象婴,等,译. 北京:北京大学出版社,2006.

[4] R. R. 帕尔默,乔·科尔顿. 两次世界大战[M]. 陈少衡,等,译. 上海:世界图书出版公司,2011.

[5] 陈恒. 希腊化时代研究的历史与现状[J]. 史学理论研究,2002(03):110—121.

第六单元

文化的传承与保护

一、课标要求

了解历史上学校教育、留学、书刊出版、翻译事业以及图书馆、博物馆在文化传承与传播中的作用;通过万里长城、故宫、京剧等,认识文化遗产保护对传承民族文化、维护文化多样性和创造性的重要意义。

二、单元解读

"不忘本来才能开辟未来,善于继承才能更好创新。"这句话深刻地揭示了应该怎样去传承与保护传统文化。文化的传承与保护是一项人类的实践活动,它基于人类对于自身文明成果的珍视和文化的自觉,其本身也是人类文明的重要方面。其中,文化保护是文化传承的前提,文化的传承是实现文化多样性、创造性的手段,文化的多样性、创造性又是文化保护的基石。

文化的传承与保护,初期以口头传说和史诗的形式出现。后来,学校、书籍、图书馆、博物馆等逐渐成为文化传承与保护的主要载体。学校教育在传承文化、培养人才等环节发挥了重要作用。书籍是文化传承的主要载体,其生产有赖于造纸行业的发展,印刷书的诞生是文化传承方面具有革命性的转变。图书馆、博物馆的作用不仅限于保存古籍和文化遗产,还逐渐发展出服务于公众的职能。以上形式与途径成为文化传承的多种载体,是历史上各文明成长与发展的印记,对维护世界文化多样性和创造性具有重要意义。

但是,频繁的自然灾害,极具破坏力的战争,极速推进的工业化与现代化,使得文化遗产不断遭受破坏,对文化遗产——这一全人类财富的保护迫在眉睫。为此,世界各国日益关注文化遗产的传承与保护工作。1972年通过的《世界遗产公约》旨在集各国之力,对日益遭到损毁的文化遗产和自然遗产实施有效保护。

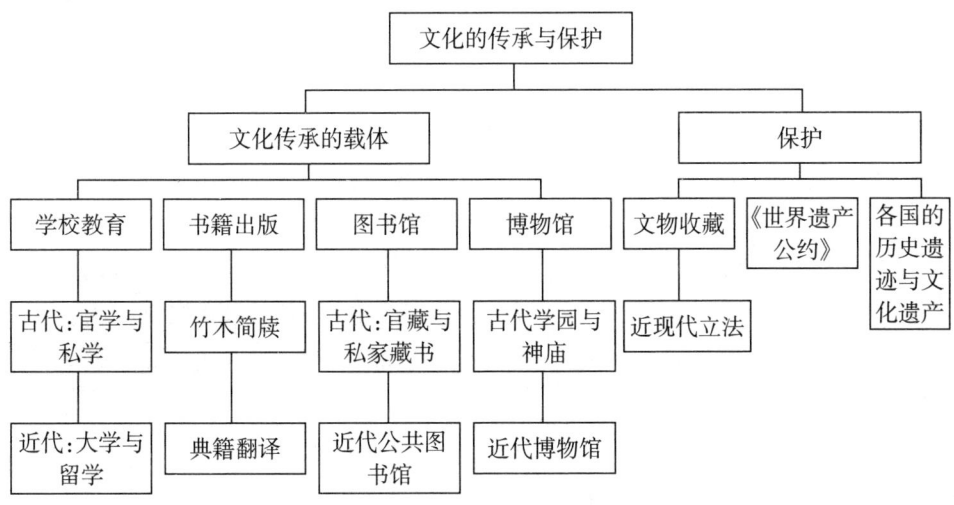

三、重要概念

国子监 中国晋代以后的最高学府和教育管理机构。晋武帝咸宁二年(276)始设,与太学并立。南北朝时,或设国子学,或设太学,或两者同设。北齐改名国子寺。隋文帝时以国子寺总辖国子、太学、四门等学。元代设国子学、蒙古国子学、回回国子学,亦分别设监领学。明清仅设国子监,为教育管理机关,兼具国子学性质。1905年设学部后废除。现遗址位于北京市东城区成贤街。现存辟雍、彝伦堂、典籍厅、绳愆厅、博士厅、钟房等建筑,整体为南北向长方形,保存了原国子监建筑全貌。监内东西六堂安放有清乾隆五十六年(1791)所刻的"十三经"。

遗产真实性 列选世界文化遗产的原则性评审标准之一。是理解遗产价值的基础,也是对遗产进行科学研究、保护、规划及利用的基础。主要内容包括:形态与设计原真性;材质原真性;使用及用途原真性;传统、技术以及管理系统原真性;使用及用途原真性;传统、技术以及管理系统原真性;位置及环境原真性;语言及其他非物质遗产原真性;精神与感受原真性以及其他内部及外部因素的原真性。

世界文化遗产 经联合国教科文组织世界遗产委员会确认,从历史、艺术或科学角度看,在世界范围内公认的、具有突出的普遍价值的建筑群、人类工程和考古遗址等。1972年,联合国教科文组织巴黎会议通过《保护世界文化和自然遗产公约》,决定在全世界实施遗产保护工程。公布世界文化遗产名录的目的是保护人类共同的文化财产。1976年,世界遗产委员会正式成立,建立《世界遗产名录》,从而将世界遗产的申报和遴选工作规划化、机构化和常态化,并明确界定了世界文化遗产的列选标准。

四、教学示例

本单元教学的核心点是文化的传承与保护，可从学校教育、书刊出版、翻译事业以及图书馆、博物馆入手，分析其在文化传承与传播中的作用；通过故宫等，认识文化遗产保护对传承民族文化、保护文化多样性和创造性的重要意义。

以古代白鹿洞书院到近代清华大学的创办和发展，了解古今不同学校的不同职能，理解学校教育在传承文化、发扬科学、培育人才等方面发挥的特殊作用。

通过从竹简到活字印刷的变迁，理解书籍促进文化交流，扩大文化影响力，体会其重大作用和深远影响。

通过比较分析亚历山大图书馆与中国国家图书馆，了解图书馆的大致变迁史，认识图书馆对于保存古籍和文化遗产、服务公众的重大意义。

以故宫为例，分析文化遗产突出的普遍价值；基于历史上导致故宫损害的因素，探讨现今以真实性、完整性为前提的保护原则。

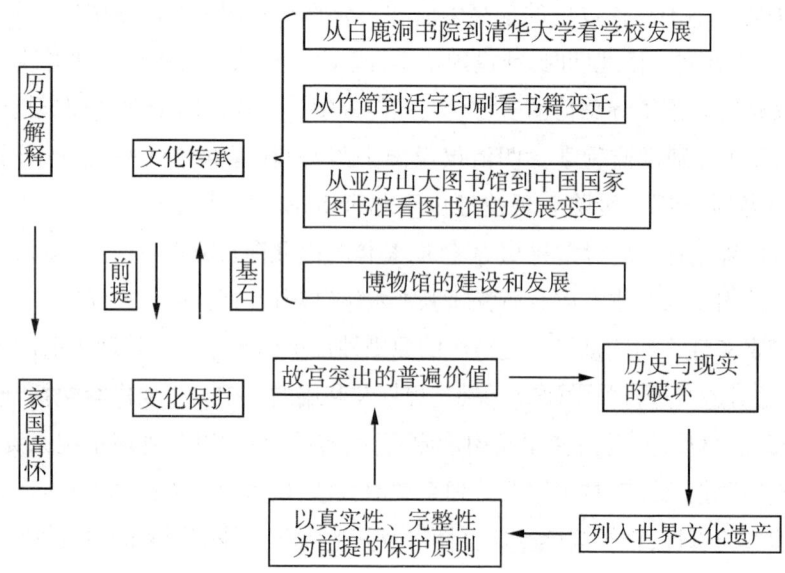

五、推荐阅读

[1] 苏秉琦. 文明起源新探[M]. 北京：生活·读书·新知三联书店，1999.

[2] 王巍. 中国考古学大辞典[M]. 上海：上海辞书出版社，2014.

[3] 史晨暄. 世界遗产四十年：文化遗产"突出普遍价值"评价标准的演变[M]. 北京：科学出版社，2015.

［4］单士元. 从紫禁城到故宫——营建、艺术、史事［M］. 北京：北京出版集团公司，2017.

［5］魏俊玲，朱明霞. 论中国传统文化的传承与保护［J］. 历史与文化，2013（7）.

［6］白先勇. 青春版《牡丹亭》的演出历程和历史经验［J］. 民族艺术研究，2017（5）.

［7］焦哲. 浅析商业化视角下昆曲的传承与发展［J］. 文化资源，2018（10）.

［8］丁彦匀. 中国传统文化的保护、传承与发展［J］. 美育与文化，2020（10）.

第二部分 课时设计

第1课

中华优秀传统文化的内涵与特点

一、课标要求

了解中华优秀传统文化的内涵;从人类文明发展和世界文化交流的角度,认识中华优秀传统文化的特点和价值,认识中华文化的世界意义。

二、教材分析

5000多年的历史长河中,勤劳智慧的中华民族创造了博大精深的优秀传统文化,其中蕴含着丰厚的哲学思想、人文精神、教化和道德理念,承载着中华民族的精神追求,是中华民族不断前行最深层、最持久的力量。本课共三个子目,从发展历程到内涵、特点到价值介绍了中华传统文化。主要观点包括:(1)文化是民族的血脉,中华优秀传统文化是中华民族5000多年的智慧结晶;(2)中华优秀传统文化博大精深,重视以人为本,提倡民本思想,崇尚天人合一,推崇天下为公,主张和而不同等思想理念;(3)中华文化在历史发展进程中形成了自身的特质,对当代中国发展具有重要意义。

三、学情分析

学生经过以往的学习,对中国各朝代的更替已有所了解,对各朝代的政治、经济与文化概况已有所掌握,具备一定的历史学习能力和历史学科素养。本课抽象概念较多,理解其内涵较为困难,教师需通过精巧的设计,引导学生提炼中华优秀传统文化的特点和价值。

四、教学目标

1. 运用唯物史观,通过对比分析,了解文化和中华优秀传统文化两个重要概念。
2. 通过史料实证,了解中华优秀传统文化的内涵。
3. 以年表形式梳理中华文化的发展历程,认识中华优秀传统文化的特点,增强对中华优秀传统文化的价值认同。

教学重点:了解中华优秀传统文化的内涵。

教学难点:了解中华优秀传统文化的特点和价值。

五、教学过程

(一)教学主题

围绕"中华优秀传统文化"这一核心概念,通过"在对比中厘清概念""在实证中界定内涵""在年表中分析特点""在践行中认同价值"四个主要环节的层层推进,引导学生认识中华优秀传统文化的内涵、特点,增强对中华优秀传统文化的价值认同。

(二)教学过程

导入

教师活动:文化的交流与传播是随着人类产生而产生,随着社会发展而发展的。文化的交流与传播是与人类文明从分散走向整体的历史进程共振起伏、互动互进、休戚相关的。文化的交流与传播是一个跨越时空的继承、交流、融汇、发展、完善的历史现象。世界文化是多元的,首先我们来认识源远流长的中华文化。

学习任务1:在对比中厘清概念——文化和中华优秀传统文化。

材料1

图1　社稷坛　　　　　　图2　四羊方尊

材料2 中国有着悠久灿烂的农业文明,中华文化植根于农业土壤中。早在西周时期,统治者为了祈求五谷丰登、国泰民安,每年到郊外祭祀土地神和谷物神,即祭祀社稷。

大约从夏朝开始,中国进入青铜时代。到商朝,青铜制造工艺相当成熟,大量精美的青铜礼器、武器与工具出土。西周遗址中出土的青铜礼器反映出中国古代社会礼制的成熟。在青铜时代,国家建立,农业和手工业发展,作为文明形态的汉字发展成熟。到战国时期,随着铁器推广,青铜制造业逐渐衰落。

——摘编自《普通高中教科书　历史　选择性必修3　文化交流与传播》

问题设计:结合材料1、2,谈谈什么是文化,什么是文明。"社稷坛"和"四羊方尊"各自对应哪个概念?

学生活动:第一组"文化文明"组学生展示搜集的有关文化、文明的论述。"社稷坛"对应文化范畴,"四羊方尊"对应文明范畴。

教师活动:赞同学生观点。补充强调,文明与文化联系紧密,但也有一些区别。文化与文明的关系是相对的,也是互相包容的。一般来说,文明指人类一定发展阶段所形成的历史形态,包括了文化的基本构成。文化是一定文明的具体存在模式,是文明形态的实践方式。可以说,文化是具体的、感性的实践行为和意识形态,文明是概括的、总体的、历史的形态。当然,这只是相对的区分。二者之间相互联系与相互重合的部分,要远多于它们所表现出来的差异。

文化与文明相通,但含义和用法有一定的区别。康德指出,文明是外在的,文化是内在的;文明是看得见的,或者说是做出来给人看的,文化是精神深处的。

材料3 在5000多年文明发展中孕育的中华优秀传统文化,在党和人民伟大斗争中孕育的革命文化和社会主义先进文化,积淀着中华民族最深层的精神追求,代表着中华民族独特的精神标识。

——习近平《在庆祝中国共产党成立95周年大会上的讲话》(2016年7月1日)

问题设计:阅读材料3,说说对应于革命文化和社会主义先进文化,何为中华优秀传统文化。

学生活动:由第二组"中华优秀传统文化"组学生代表发言。

教师活动:小结学生发言。

材料4 革命文化是近代以来特别是五四新文化运动以来,在党和人民的伟大斗争中培育和创造的思想理论、价值追求、精神品格,如红船精神、井冈山精神、长征精神、延安精神、沂蒙精神、西柏坡精神等。

社会主义先进文化是在党领导人民推进中国特色社会主义伟大实践中,在马克思主义指导下形成的面向现代化、面向世界、面向未来的，民族的科学的大众的社会主义文化，代表着时代进步潮流和发展要求。……中国特色社会主义共同理想和共产主义远大理想、马克思主义中国化的制度和理论成果、社会主义核心价值观、以爱国主义为核心的民族精神和以改革创新为核心的时代精神等，共同熔铸了社会主义先进文化。

中华优秀传统文化是中华民族在漫长历史长河中淘洗出来的智慧结晶，既呈现为浩如烟海、灿烂辉煌的文化成果，更集中体现为贯穿其中的思想理念、传统美德、人文精神。

——汤玲《中华优秀传统文化、革命文化和社会主义先进文化的关系》

设计意图：补充教材内容，通过对比文化与文明、中华优秀传统文化与革命文化和社会主义先进文化，使学生聚焦本课核心概念：中华优秀传统文化。

学习任务2：在实证中界定内涵——了解中华优秀传统文化的内涵。

材料5 核心思想理念。中华民族和中国人民在修齐治平、尊时守位、知常达变、开物成务、建功立业过程中培育和形成的基本思想理念，如革故鼎新、与时俱进的思想，脚踏实地、实事求是的思想，惠民利民、安民富民的思想，道法自然、天人合一的思想等，可以为人们认识和改造世界提供有益启迪，可以为治国理政提供有益借鉴。传承发展中华优秀传统文化，就要大力弘扬讲仁爱、重民本、守诚信、崇正义、尚和合、求大同等核心思想理念。

中华传统美德。中华优秀传统文化蕴含着丰富的道德理念和规范，如天下兴亡、匹夫有责的担当意识，精忠报国、振兴中华的爱国情怀，崇德向善、见贤思齐的社会风尚，孝悌忠信、礼义廉耻的荣辱观念，体现着评判是非曲直的价值标准，潜移默化地影响着中国人的行为方式。传承发展中华优秀传统文化，就要大力弘扬自强不息、敬业乐群、扶危济困、见义勇为、孝老爱亲等中华传统美德。

中华人文精神。中华优秀传统文化积淀着多样、珍贵的精神财富，如求同存异、和而不同的处世方法，文以载道、以文化人的教化思想，形神兼备、情景交融的美学追求，俭约自守、中和泰和的生活理念等，是中国人民思想观念、风俗习惯、生活方式、情感样式的集中表达，滋养了独特丰富的文学艺术、科学技术、人文学术，至今仍然具有深刻影响。传承发展中华优秀传统文化，就要大力弘扬有利于促进社会和谐、鼓励人们向上向善的思想文化内容。

——《关于实施中华优秀传统文化传承发展工程的意见》（2017年1月25日）

问题设计：阅读上述材料，选取其中一点，谈谈其蕴含的深刻思想内涵。

学生活动：由第二组"内涵"组同学代表发言。

教师活动:肯定学生的发言。中华优秀传统文化有着丰富的内涵,教材在核心思想理念中,特别强调以人为本、民本思想、天人合一、道法自然;在中华传统美德中,特别强调天下为公、崇德尚贤;在中华人文精神中,特别强调和而不同。

材料6 孔子曾言,"夏道尊命","殷人尊神"。

——《礼记·表记》

樊迟问知。子曰:"务民之义,敬鬼神而远之,可谓知矣。"

——《论语·雍也》

惟天地万物之母,惟人万物之灵。

——《尚书·泰誓上》

材料7 政之所兴,在顺民心;政之所废,在逆民心。民恶忧劳,我佚乐之;民恶贫贱,我富贵之;民恶危坠,我存安之;民恶灭绝,我生育之。

——《管子·牧民》

唐太宗:"为君之道,必先存百姓,若损百姓以奉其身,犹割股啖腹,腹饱而身毙。"

——吴兢《贞观政要·君道》

问题设计:材料6、7分别体现了中华优秀传统文化的哪一内涵?

学生活动:材料6论述了从神本走向人本的变化,体现了以人为本的传统文化内涵。材料7论述了人本思想,体现在政治伦理上就是民本思想。

教师活动:阅读教材,找出体现"天人合一、道法自然;天下为公、崇德尚贤;和而不同"内涵的表述。

学生活动:"天人合一,道法自然"——"人法地,地法天,天法道,道法自然"(老子),"天行有常,不为尧存,不为桀亡""制天命而用之"(荀子)。

"天下为公,崇德尚贤"——"为政以德""道之以德""见贤思齐焉,见不贤而内自省也"(孔子);"夫尚贤者,政之本也",主张"贤者举而上之,富而贵之,以为官长"(墨子);"尊贤使能,俊杰在位"(孟子)。

"和而不同"——"和则生物,同则不继"(太史伯),"和为贵""君子和而不同,小人同而不和"(孔子),"天时不如地利,地利不如人和"(孟子)。

材料8 "天地君亲师"是中国古代对主要祭祀和尊奉对象的概括。这种提法始于战国时期的荀子。《荀子·礼论》中说:"礼有三本:天地者,生之本也;先祖者,类之本也;君师者,治之本也。……故礼上事天,下事地,尊先祖而隆君师,是礼之三本也。"

问题设计:阅读材料8,结合所学,指出"天地君亲师"所体现的中华优秀传统文化的内涵。

学生活动:尊奉天、地,反映了中国古代思想中强调道法自然的精神;尊奉君主、亲人、师长,反映了中国古代思想中的人本主义精神。

设计意图:中华优秀传统文化的内涵非常抽象,本环节充分利用教材中的史料加以论述,落实史料实证核心素养。

学习任务3:在年表中分析特点——认识中华优秀传统文化的特点。

问题设计:阅读教材,完成学案,梳理中华文化的发展历程,并概括中华优秀传统文化的特点。

学生活动:由第三组"历程特点"组学生代表发言。

	阶段	时间	概况
古代	起源	远古	多元一体中华文化形成
	奠基	先秦	春秋战国时期,初步形成血缘认同、文化认同;出现"百家争鸣"局面
	发展	秦汉	以儒家思想为核心的统一多民族的文化格局形成
		魏晋至隋唐	儒佛道融通,中华传统文化辉煌灿烂
		宋	理学形成,丰富了中华文化的理论思维,但它所宣扬的封建礼教严重束缚了人们的精神世界
		宋元	科技、史学、文学、艺术高度繁荣
	传承与转折	明中后期	心学,人的主体意识觉醒
		明清之际	个性解放,经世致用
		清康雍乾	君主专制,文字狱,禁锢文化
近代	冲击	1840年鸦片战争后	向西方学习成为潮流
		20世纪早期,新文化运动	抨击封建思想,追求科学民主
	走向复兴	1919年五四运动后	马克思主义逐渐成为主流

教师活动:中华文化历经起源、奠基、发展、传承与转折、冲击、走向复兴几个阶段,形成了自身的特质,即本土性、多样性、包容性、凝聚性、连续性,体现出强大的生命力。

设计意图:这部分内容由学生自主梳理,以时间为序了解中华文化的发展历程,落实时空观念核心素养。同时通过辩论,加深对中华优秀传统文化内涵与特点的理解。

学习任务4:在践行中认同价值——认识中华优秀传统文化的价值。

材料9 《周易》云:"天行健,君子以自强不息;地势坤,君子以厚德载物。"自强不息,激励古往今来的人们奋勇前进;厚德载物,要求人们以深厚的仁德之心承载万事万物。

材料10 中国优秀传统文化的丰富哲学思想、人文精神、教化思想、道德理念等,可以为人们认识和改造世界提供有益启迪,可以为治国理政提供有益启示,也可以为道德建设提供有益启发。

——习近平《在纪念孔子诞辰2565周年国际学术研讨会暨国际儒学联合会第五届会员大会开幕会上的讲话》(2014年9月24日)

问题设计:阅读材料9、10,结合所学,谈谈对中华优秀传统文化价值的认识。

学生活动:学生发言。

教师活动:中华优秀传统文化是中华民族发展的内在思想源泉和精神动力;推动社会进步,为治国理政和道德建设提供有益借鉴;中华优秀文化从未间断,维护着统一多民族大家庭。

材料11 "武汉街道空无一人,但是每个窗户后面都有配合应对疫情的市民。中国展现了惊人的集体行动力与合作精神。"这是世界卫生组织总干事高级顾问布鲁斯·艾尔沃德2月下旬在结束对中国的实地考察后发出的感慨。在这位国际公共卫生专家眼中,支撑中国在短时间内取得疫情防控重大胜利的力量,来自中国最高领导人习近平指挥这场战役中以人为本理念的精准部署。而以人为本的理念,正是植根于深厚的中华传统文化土壤之中。

——《国际锐评》(2020年4月29日)

问题设计:阅读材料11关于中国抗击新冠肺炎疫情伟大斗争的表述,结合所学,谈谈对中华优秀传统文化价值的认识。

学生活动:学生发言。

教师活动:习近平总书记深刻指出,在这场同严重疫情的殊死较量中,中国人民和中华民族以敢于斗争、敢于胜利的大无畏气概,铸就了生命至上、举国同心、舍生忘死、尊重科学、命运与共的伟大抗疫精神。伟大抗疫精神,同中华民族长期形成的特质禀赋和文化基因一脉相承,是爱国主义、集体主义、社会主义精神的传承和发展,是中国精神的生动诠释,丰富了民族精神和时代精神的内涵。

（三）板书设计

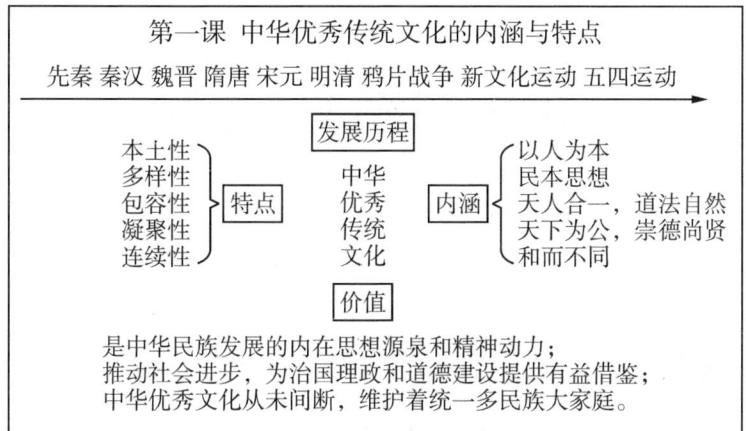

（四）核心素养水平划分

水平1：能够说出中华文化的发展历程；在叙述中华文化的发展历程时，能够运用恰当的时间和空间表达方式；能够说出中华优秀传统文化的内涵、特点和价值。

水平2：能够辩证理解中华文化；能够把握相关史事的时间、空间联系，并用特定的时间和空间术语对较长时段的史事加以描述和概括，比如先秦时期是中华传统文化的奠基阶段；能够判明中华优秀传统文化的内涵、特点和价值，增强对中国特色社会主义的文化自信。

水平3：能够从生产力与生产关系、经济基础与上层建筑的辩证关系来理解中华优秀传统文化的源远流长；能够利用不同类型史料，对所探究的问题进行互证，形成对该问题更全面、丰富的解释；能够引用材料实证中华优秀传统文化的内涵，比如以人为本、民本思想、天人合一、道法自然等。

水平4：能够从生产力与生产关系、经济基础与上层建筑的辩证关系来理解中华优秀传统文化的源远流长；能够把握相关史事的时间、空间联系，并用特定的时间和空间术语对较长时段的史事加以描述和概括，如各个历史时期中华文化发展的阶段特征；能够辨别对中华优秀传统文化特点的历史解释；能够在学习过程中表现出对中华优秀传统文化价值的认同。

第2课

中华文化的世界意义

一、课标要求

了解中华优秀传统文化的内涵;从人类文明发展和世界文化交流的角度,认识中华优秀传统文化的特点和价值,认识中华文化的世界意义。

二、教材分析

本课共两个子目,从人类文明发展和世界文化交流两个角度来认识中华文化对世界的影响。

从人类文明发展角度看,5000多年的历史长河中,勤劳智慧的中华民族创造了博大精深的优秀传统文化,其中蕴含着丰厚的哲学思想、人文精神、教化与道德理念,承载着中华民族的精神追求,是中华民族不断前行最深层、最持久的力量。同时,在历史上对世界文明的发展有着重要的影响。

从世界文化交流角度看,在漫长的发展过程中,中华文化曾吸纳了不少来源于异国他邦的文化,在与外来文化交流中不断发展、升华。同时,中华文化也源源不断地向外进行着辐射和传播,促进了世界文明的发展,也展示出中华文化的世界意义。与此同时,在现今世界发展的进程中,我们应向世界展现中华文化的魅力,把中华文化中跨越时空、富有永恒魅力、具有当代价值的文化精神传播到世界上,讲好中国故事,为世界提供中国智慧。

三、学情分析

对于大部分选考学生而言,通过以往的学习,对于中华优秀传统文化的内涵及其特点已经有了深入的认识和理解,但关于文化的交流交融、中华文化的辐射和传播,几乎没有知识储备,有的也只是零星知识点,并未形成一个完整的时空体系。本课所涉史事多,时间跨度大,空间范围广,对学生而言是一个巨大的挑战。教师需引导学生通过史料研读、合作交流等方法，从人类文明发展角度和世界文化交流两个角度梳理知识点，形成知识体系。

四、教学目标

1. 以唯物史观为指导，通过历史解释，重申中华优秀传统文化的内涵。
2. 运用时空定位，了解中华文化在交流中发展及中华文化的辐射和传播两方面的史实。
3. 通过史料分析，引导学生从人类文明发展和世界文化交流两个角度认识中外文化的交流与交融及中华文化的辐射和传播对世界的影响。
4. 认识中华传统文化的形成和发展也是多元文明影响的结果，理解和尊重世界各国优秀文化传统，增强对中华优秀传统文化的认同感，涵养家国情怀。

教学重点：从人类文明发展和世界文化交流两个角度认识中华文化对世界的影响。

教学难点：通过归纳中外文化交流交融的途径及中华文化对外传播的渠道，进一步理解中华文化的世界意义。

五、教学过程

（一）教学主题

以梁启超关于中华文化的相关理解为线索贯穿本课始终，使学生能从中外文化的交流与交融及中华文化的辐射和传播两个角度认识中华文化对世界的影响。

（二）教学过程

导入

教师活动：梁启超曾说："文化者，人类心能所开积出来之有价值的共业也。"介绍梁启超生平，展示梁启超的文章《什么是文化》，引导学生得出文化的定义。

学生活动：互动交流。

教师活动：评价学生得出的文化的定义。重申中华优秀传统文化的内涵，并指出中华优秀传统文化是中华民族不断前行最深层、最持久的力量。

设计意图：结合梁启超对中华文化的解释，重申中华文化的内涵，并引导学生理解中华文化在漫长的发展过程中，曾吸纳了不少来源于异国他邦的文化，并且在与外来文化交流中不断发展、升华。

学习任务1:从佛教传入这一角度,了解中华文化在与外来文化交流中不断发展、升华。

材料1 中国知识线与外国知识线相接触,晋、唐间的佛学为第一次,明末的历算学便是第二次。

——梁启超《中国近三百年学术史》

问题设计:梁启超所说的"第一次"指的是哪一次接触?

学生活动:佛教的传入。

问题设计:快速浏览教材,梳理佛教传入和发展的过程,完成表格。

交融	时期	发展概况
佛教的传入	两汉时期	佛教传入中国
	魏晋南北朝	日趋兴盛,同儒道文化相融合
	隋唐时期	禅宗成为主流,完成中国化
	宋明时期	由盛转衰,以儒家学说为核心,兼容佛、道教理论的宋明理学形成

教师活动:引导学生填写表格。

学生活动:解读文本,填写表格。

材料2 佛家所说的叫做"法",倘若有人问我法是什么,我便一点不迟疑答道:"就是心理学。"

——梁启超《佛教心理学浅测》

材料3 我自己的人生观,可以说是从佛经及儒书中领略得来。

——梁启超《东南大学课毕告别辞》

材料4 我国近代之纯文学——若小说、若歌曲,皆与佛典之翻译文学有密切关系。

——梁启超《翻译文学与佛典》

问题设计:根据以上材料并结合教材内容,概括佛教的传入对中华文化产生的影响。

教师活动:引导分析,解读文本。

学生活动:观察分析,解读文本,得出佛教的传入对中国人的宗教信仰、哲学观念、逻辑思维、语言词汇、文学艺术、礼仪习俗等方面都产生了深刻影响。

设计意图:解读材料,梳理表格,使学生深化对佛教传入的认识,落实时空观念,重点培养文本解读和史料实证的能力。

学习任务2：从西学传入这一角度，了解中华文化在与外来文化交流中不断发展、升华。

问题设计1：回顾材料1，指出梁启超所说的"第二次"指的是哪一次接触。

学生活动：西学的传入。

问题设计2：快速浏览教材，梳理西学传入和发展的过程，完成表格。

交融	时期	发展概况
西学的传入	明末时期	来华耶稣会士带来天文、历算、地理等方面的知识
	17世纪清朝	采用太阳历，任命传教士主持钦天监工作，招揽天文、光学、医学等方面的人才
	19世纪中叶	国门被迫打开，西学进一步传入，西学传播渠道大大增加
	20世纪早期	民主与科学、马克思主义

问题设计：根据表格及教材内容，归纳西学传播的渠道及其主力军。

教师活动：引导学生根据教材内容填写表格，并归纳西学传播的渠道和主力军。

学生活动：解读文本，填写表格，并分析得知传播的渠道有：传教士传播；派遣留学生；开设翻译学校；设翻译机构，翻译西书；洋务运动、新文化运动、五四运动等一系列运动。传播的主力军有传教士、留学生、政府、洋务派、知识分子等。

问题设计：结合表格，分析中国近代学习西方的特征和阶段。

学生活动：结合表格，小组讨论，分析得出中国近代学习西方的特征和阶段。

教师活动：结合学生的结论，补充总结中国近代学习西方的特征和阶段，即学习内容，由学习科技、器物层面到学习西方社会政治学说、制度层面，再到学习思想文化层面；学习主体，从地主阶级到资产阶级；学习背景，伴随着民族危机的加深、经济结构的变化而不断深入；学习目的，救亡图存、强国御侮。经历了四个阶段：从鸦片战争到甲午中日战争，地主阶级向西方学习，主要学习西方先进的"器物"；从戊戌变法至20世纪初，维新派主张君主立宪，革命派主张民主共和；从1915年至1919年，资产阶级激进派主张学习西方的思想文化；从五四运动至中华人民共和国成立，中国共产党从"走俄国的路"到"走自己的路"。

问题设计：结合以上分析，谈谈国人对于西学传入的态度经历了哪几个阶段。

教师活动：引导学生结合以上分析进行归纳总结。

学生活动：分析归纳，得知国人对于西学传入的态度经历了从主动接受到被动接受到主动效法再到自主选择的阶段。

材料5 大抵一社会之进化,必与他社会相接触,吸收其文明而与已之固有文明相调和,于是新文明乃出焉。

——梁启超《初归国演说辞》

问题设计:结合教材,归纳西学传入对中华文化的影响。

学生活动:互动交流。

教师活动:对学生的认识进行互动评价,并概括得出西学的传入使中华文化受到了前所未有的冲击,并在交流中不断发展、升华,保持了旺盛的生命力。

设计意图:解读材料,梳理表格,引导学生了解西方文化的迅速传入对中华传统文化的冲击,西学传播渠道,国人对待西学传入态度的变化,思考文明交融的意义,培养学生的文本解读和归纳概括能力。

学习任务3:从中华文化对外辐射和传播这一角度,理解中华文化的世界意义。

材料6 一个人不是把自己的国家弄到富强便了,却是要叫自己国家有功于人类全体。不然,那国家便算白设了。明白这道理,自然知道我们的国家,有个绝大责任横在前途。什么责任呢?是拿西洋的文明来扩充我的文明,又拿我的文明去补助西洋的文明,叫他化合起来成一种新文明。

——梁启超《欧游心影录》

问题设计:结合教材,简述中华文化如何践行这一面向世界的文化使命。

	时间	地域	概况
辐射与传播	公元前3—7世纪	朝鲜、日本、东南亚	汉字、儒学、佛教、社会制度、律令、立法、建筑、绘画、音乐、饮食、服饰、节日、习俗等方面
	8—13世纪	中亚、西亚、欧洲	造纸术、火药、指南针、印刷术
	14—15世纪	琉球、东南亚	先进的生产技术和思想文化、中华文化
	16—18世纪	欧洲	孔子的思想、儒家经典、历史、地理、科技、技术、文学、茶、丝绸、瓷器、中国式园林及建筑

问题设计:梳理表格,分析中华文化辐射与传播途径的阶段性特征。

学生活动:小组探讨,得出结论。如单向文化辐射力(宗教、留学生的派遣、使节互访等)、战争、移民迁徙和经贸往来、双向的交流等。

教师活动:引导学生归纳,评价学生的认识。

材料7 我可爱的青年啊,立正,开步走!大海对岸那边有好几万万人,愁着物质文明破产,哀哀欲绝的喊救命,等着你来超拔他哩。我们在天的祖宗三大圣和许多前辈,眼巴巴盼望你完成他的事业,正在拿他的精神来加佑你哩。

——梁启超《欧游心影录》

设计意图:解读文本,引发学生思考梁启超的内在思想动机,感受文化的辐射与传播要突破单纯为了民族国家"寻富求强"的目标,而要上升到面向世界的、承担着人类共同未来的交互文化使命;通过时空定位、自制表格,梳理中华文化的辐射与传播历程,培养学生的概括归纳、历史解释能力;通过从教材中挖掘有效信息,引发学生思考中华文化辐射与传播途径的阶段性特征,提高史料实证能力;通过本课学习,增强对中华优秀传统文化的认同感,同时认识中华传统文化的形成和发展也是多元文明影响的结果,理解和尊重世界各国优秀文化传统,涵养家国情怀。

（三）板书设计

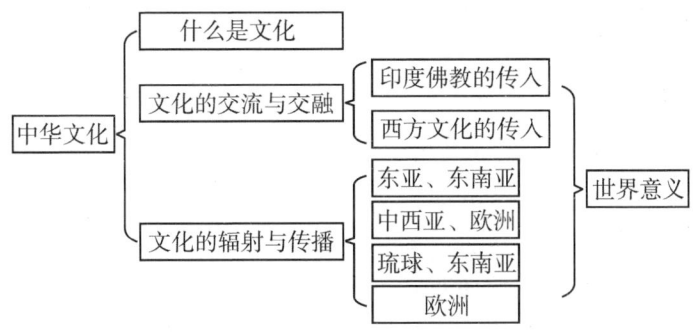

（四）核心素养水平划分

水平1:能够辨别教学中对文化的历史解释,并能与自己的课前认识相比较,得出中华文化的内涵。

水平2:能够通过时空定位,了解中华文化在交流中发展及中华文化辐射与传播两方面的史实;能够选择、组织和运用相关史料,从人类文明发展和世界文化交流两个角度认识中外文化的交流与交融及中华文化的辐射与传播对世界的影响。

水平3:能够依据史料,尝试从多种渠道获取有效信息,归纳文化交流与传播的方式和途径,进一步理解中华文化对世界的影响,提高史料实证和文本解读的能力。

水平4:能够通过本课学习,增强对中华优秀传统文化的认同感,同时认识中华传统文化的形成和发展也是多元文明影响的结果,理解和尊重世界各国优秀文化传统,涵养家国情怀。

第3课

古代西亚、非洲文化

一、课标要求

通过了解世界各主要区域文化,理解世界文化的多样性;认识世界各国、各地区、各民族对人类文化发展所作出的贡献。

二、教材分析

本课共三个子目,主要叙述西亚、非洲地区的文化特色、文化传播和交流。古代西亚、北非孕育的两河流域文化和古代埃及文化,深刻影响了地中海周边区域。阿拉伯人继承了西亚、北非、希腊、罗马文化的传统,创造出自己独特的文化,阿拉伯帝国成为沟通东西方文化的桥梁。

三、学情分析

经过以往的学习,学生对古代西亚文化、古代埃及文化和阿拉伯文化已有一定的了解。但是,本课时间跨度长,从公元前3000年至公元8世纪以后;空间范围广,从西亚、非洲到地跨欧亚非三洲的大帝国,需要学生调动所学知识进行补充,比较不同地区、民族的文化。教师需要整合教材内容,补充史料,建构情境,引导学生积极参与。

四、教学目标

1. 运用地图和时间轴,了解古代西亚、非洲地区文明的演变顺序。
2. 通过表格并结合所学梳理教材,归纳整理文化传播的方式和表现。
3. 以小组分工合作、分享交流的形式,借助史料研读,理解文化保存、传播的方式。

教学重点:认识古代西亚、埃及文化、阿拉伯文化的传承和交流。

教学难点:理解阿拉伯文化融合了东西方的文化遗产,阿拉伯帝国成为东西文化交流的桥梁。

五、教学过程

（一）教学主题

围绕"传承"和"交流",以从苏美尔、古代埃及到阿拉伯帝国的多元文化传统的传承为纵向线索,以通过文字、宗教、文本作品、建筑雕刻、科学技术进行的文化交流为横向线索,认识各区域早期文化的特点和文化交流与传播在文明进步中的重要作用,理解文明交流超越文明隔阂、文明互鉴超越文明冲突、文明共存超越文明优越。

（二）教学过程

导入

伊拉克巴格达街头雕塑。

图1　山鲁亚尔和山鲁佐德

图2　阿里巴巴与四十大盗

教师活动:从西亚历史文化名城巴格达的街头雕塑切入,简介《天方夜谭》,同时介绍其三大来源:一是波斯故事集《赫佐尔·艾夫萨乃》;二是以巴格达为中心地区的阿拔斯朝流行的故事,也称为"巴格达故事";三是埃及麦马立克王朝流行的故事。引出问题:为何来源于这么多地区？

设计意图:通过介绍街头雕塑和《天方夜谭》,拉近学生与所学的距离,迅速切入本课主题。

学习任务1:知道古代西亚、非洲的文明演变。

教师活动:出示地图《7—9世纪的阿拉伯帝国》,标出《天方夜谭》中提及的境内属地:亚历山大里亚、开罗、大马士革、麦加、巴格达、巴士拉、虎拉萨(呼罗珊)、撒马尔干第(撒马尔罕)等,引导学生分析。

学生活动:观察地图,回忆必修内容。

7—9世纪,中亚、北非地区经历了苏美尔、古代埃及、古巴比伦、亚述帝国、波斯帝国、阿拉伯帝国等文明。

设计意图:联系所学,进行时空定位,知道该地区文明演变的顺序。

学习任务2:认识古代西亚文化、古代埃及文化。

教师活动:分析文化交流与传播的形式。

学生活动:阅读教材,归纳古代西亚、埃及的文化交流与传播形式,有文字、宗教、文本、建筑雕刻、科学技术等。

教师活动:归纳古代西亚文化、古代埃及文化的具体表现。

学生活动:阅读教材,填写表格。

文化区域	文字	宗教	文本作品	建筑雕刻	科学技术
古代西亚	楔形文字	多神教	《吉尔伽美什》《汉谟拉比法典》	泥偶雕像石雕、壁画	60进位制
古代埃及	象形文字	尊奉法老	神话、诗歌、故事	陵墓、神庙	太阳历、数学、医学

教师活动:出示《楔形文字的变化》图和教材"学习之窗"中《汉谟拉比法典》的内容。

图3 楔形文字的变化

材料1 《汉谟拉比法典》前言中说:安努与恩利尔为人类福祉计,命令我,荣耀而畏神的君主,汉穆拉比,发扬正义于世,灭除不法邪恶之人,使强不凌弱,使我有如沙马什,昭临黔首,光耀大地。

——周一良、吴于廑《世界通史资料选辑·上古部分》

教师活动:文字除了可以保存古代西亚、埃及文化,还可以反映哪些信息?

学生活动:观察、阅读材料,回答问题。图3体现了苏美尔的楔形文字及其变化。从内容上看体现了其生产状况,以麦子为主要农作物等,农业有一定的发展。材料1中,汉谟拉比宣称自己根据神意立法,体现了君权神授。

教师活动:出示那尔迈调色盘和卡尔纳克神庙公羊大道图片。

图4　那尔迈调色盘　　　图5　卡尔纳克神庙公羊大道

教师活动:图4的正面是头戴王冠的那尔迈王,他一手持权标,一手抓住被打败的敌人酋长的头发,表明那尔迈王征服了三角洲,使那里的居民成为俘虏。那尔迈的名字放在正上方两个牛头人面像之间的长方形框里,是鱼形和凿子的结合。其他人的名字或头衔放在他们头的上方,用小的象形文字书写。那尔迈调色盘除了证明埃及的象形文字发展以外,还体现了强大的王权。图5所示是卡尔纳克神庙的公羊大道。进入卡尔纳克神庙,要通过一个两边排列着狮身羊头的长长的神道。古埃及人认为,公羊是太阳神阿蒙的化身。每只狮身公羊头像下都站立着一个小小的法老,接受着神的庇佑。

问题设计:那尔迈调色盘和卡尔纳克神庙能反映哪些状况?

学生活动:那尔迈调色盘体现出王权强大,卡尔纳克神庙深受宗教影响。这说明文字不仅能够保存文化,还能够反映当时的经济、政治状况。

设计意图:梳理教材相关内容,回忆必修所学,知道文化传播的基本方式。从史料中提取有关信息,分析文字、宗教、文本作品、建筑雕刻、科学技术所反映的政治、经济等社会状况,认识古代西亚文化、古代埃及文化。理解思想文化是一定经济和政治的反映,又能够影响经济和政治的发展。

学习任务3:认识阿拉伯文化的成就及作用。

教师活动:引导学生回顾古代西亚、埃及文化,分析阿拉伯文化的成就。

学生活动:梳理阿拉伯帝国时期相关文化传播方式的具体体现。

文化区域	文字	宗教	文本作品	建筑雕刻	科学技术
古代西亚	楔形文字	多神教	《吉尔伽美什》《汉谟拉比法典》	泥偶雕像、石雕、壁画	60进位制
古代埃及	象形文字	尊奉法老	神话、诗歌、故事	陵墓、神庙	太阳历、数学、医学
阿拉伯帝国	阿拉伯文字	伊斯兰教	悬诗、《天方夜谭》	清真寺	数学、天文学、医学

教师活动：给学生分组，任选一个方面说明该成就。

学生活动：小组合作，讨论后派代表说明。

举例1：文本作品。

悬诗：乌姆鲁·盖斯的悬诗是阿拉伯古诗的典范。他开创了阿拉伯格律诗的纪元，在诗歌的形式、诗韵、主题安排及艺术手法上，为阿拉伯诗歌奠定了基础。乌姆鲁·盖斯的悬诗体现了沙漠风光和游牧生活。

《天方夜谭》：讲述了僧人、基督教商人、犹太医生等不同阶层的故事，体现了阿拉伯帝国多元的文化和繁荣的商业生活。

举例2：科学技术。

阿拉伯人受亚历山大希腊化传统、中国和印度炼丹术的影响，发展了炼金术，在化学方面，还有天平、明矾、王水、硼砂、碳酸钠等和一些化学方法的贡献。阿拉伯人提出了"代数"的概念，建立了真正意义上的代数学。阿拉伯人最先引进印度的数字和十进位制，并通过西班牙将印度数字传入欧洲，逐渐取代了罗马数字，对近代数学的发展起了重要的推进作用。此外，阿拉伯人还翻译并命名了欧几里得的《几何原本》，修正了计算太阳和部分行星轨道的方法，证明了发生日环食的可能性。第一部医学百科全书《医典》传入欧洲并被翻译成拉丁语，长期是医学的标准教科书。

材料2 在阿拉伯世界中，肋骨状拱顶、圆顶的出现也早于欧洲。虽然关于它如何最后演变成哥特式建筑，目前尚无法探明，但基督教的尖塔和钟楼，确实受到了清真寺尖塔的影响。

——摘编自庄锡昌《世界文化史通论》

中文	英文	阿拉伯语发音
柠檬	lemon	lymwn
糖	sugar	skr
杂志	magazine	mjlī
零	zero	ṣfr

材料3 阿拉伯文化被视为"第三文化"或"第三相文化",其中介桥梁作用使东西方文化不仅通过阿拉伯地区得以广泛交流,而且阿拉伯文化本身也同中国、印度、非洲、欧洲各地互相交流,在这一过程中形成所谓的"三相交流"。

——高福进《地球与人类文化编年:文明通史》

教师活动:出示材料2、3,说明阿拉伯文化对西方文化的影响是多方面的。建筑方面,肋骨状拱顶、圆顶的出现早于欧洲。语言方面,阿拉伯语与英语是世界历史上承先启后的文明成果,从食物、酒、药品、甲胄、纹章、艺术精神与风味、工商业项目与技术,以至各项自然和社会科学成就等,繁多而巨大,几乎难以尽数。在欧洲的语言中,我们可以看到明显的阿拉伯文化的影响,如橘子(orange)、柠檬(lemon)、糖(sugar)、糖浆(syrup)、杂志(magazine)、零(zero)等,均有阿拉伯语的"痕迹"。结合材料,分析阿拉伯文化在文化交流与传播中的作用。

学生活动:回顾所学,结合材料,思考问题。阿拉伯文化融合了东西方的文化遗产,阿拉伯帝国成为东西方文化交流的桥梁。

教师活动:阿拉伯文化融合了东西方的文化遗产,推动了世界历史的进步。不同文化的交流,让文明更加精彩。

设计意图:阅读教材,梳理内容,比较古代西亚、古代埃及、阿拉伯帝国相关文化传播方式的体现,理解阿拉伯文化继承了本地区和其他地区的文化,并在此基础上进行融合创新。分析历史结论,运用本课所学知识,把握历史发展的联系,感受文明交流、互鉴是推动人类文明进步的重要动力。

(三)板书设计

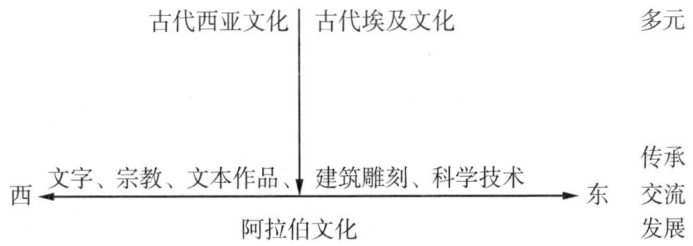

(四)核心素养水平划分

水平1:能够描述中亚、非洲地区相关文明的演进顺序和大致的位置分布;能够从教材中提取有关信息,归纳古代西亚、埃及文化的传承形式和具体表现;能够理解运用"学习聚焦"中的相关结论。

水平2:能够理解空间和环境因素对阿拉伯文化发展的影响;能够尝试运用史料说明阿拉伯帝国时期的文化和成就;能够选择、组织和运用材料并使用术语,对古代西亚、古代埃及的文化现象提出自己的解释;能够知道文化反映政治、经济状况,又会受到政治、经济因素的影响;能够知道世界优秀文化成果的内容。

水平3:能够把握中亚、非洲地区文明发展的联系;能够利用文献史料、图像史料、口述史料、实物史料等,对古代西亚、古代埃及、阿拉伯帝国文化进行互证,形成更加全面的认识;能够史论结合、实事求是地论证历史问题;能够尊重世界文明多样性。

水平4:能够在探究古代西亚、古代埃及和阿拉伯文化成果的过程中,将其置于具体的时空框架下,探究阿拉伯文化对东西方文化的影响;能够把握世界历史发展的进步历程,通过探究文明之间的传承与发展,理解文明交流互鉴的可贵。

第4课

欧洲文化的形成

一、课标要求

通过了解世界各主要区域文化,理解世界文化的多样性;认识世界各国、各地区、各民族对人类文化发展所作出的贡献。

二、教材分析

本课共三个子目,主要讲述内容为:古希腊、古罗马文化打下了欧洲文化的底色;中古时期,西欧地区形成了以基督教文明为特征的地域文化;在欧洲东部形成了东正教文明区域。本课中的部分知识内容与《中外历史纲要(下)》第一单元《古代文明的产生与发展》、第二单元《中古时期的世界》有重合交叉。本课更多地侧重于追溯欧洲文化形成的源头及其传承与发展,体会世界文化的多元传统。

三、学情分析

学生通过以往的学习,已对古代文明的多元发展格局、中古时期西欧封建社会的基本特征、拜占庭帝国以及俄罗斯的发展有了初步的认识与了解,为本课的学习奠定了基础。本课教学中,教师应更加关注创设情境,让学生能够联系所学,在新情境中更深入地认识与理解欧洲文化在形成过程中对不同文化的传承与吸收、碰撞与融合,并由此感受世界文化的多元传统,认识世界各国、各地区、各民族的人民共同推动人类文化的发展。

四、教学目标

1. 通过解读图拉真时期罗马帝国版图和相关材料,认识古罗马与古希腊的关系,理解古罗马对古希腊文化的继承与发展。
2. 通过学习中古时期西欧地区基督教信仰这一文化符号与古希腊、古罗马文化的联系,理解中古西欧文化对古代希腊、罗马文化的继承与发展,认识古希腊、古罗马文化为欧洲文化打下了底色。

3. 通过解读圣索菲亚大教堂的建筑风格及其文化含义、"双头鹰"的演变历史,认识拜占庭帝国的文化特征及其与俄罗斯文化之间的关系,理解欧洲东部文化的特征。

4. 通过学习欧洲文化的源头以及东西欧文化的不同特征,认识世界文化在交流中融合并发展,但又在融合中呈现多元、个性的特点。

教学重点:理解中古时期欧洲文化对古代希腊、罗马文化的继承与发展。

教学难点:认识不同文化在传承、交流的过程中既有吸收与融合,也有自己的特性,由此造就了世界文化的多元传统,推动了人类文化的发展。

五、教学过程

(一)教学主题

通过了解中古时期欧洲文化对古代希腊、罗马文化的继承与发展,认识欧洲文化的"源"与"流",体会世界文化的多元性。

(二)教学过程

导入

材料1

图1 《希腊的遗产》《罗马的遗产》两本书封面

教师活动:这两本书分别出版于1981年和1992年,主要讨论了古希腊与古罗马文化与现代西方文化之间的源流关系。

学生活动:根据所学,推测这两本书中可能写了哪些内容。

设计意图:通过两本书的书影,从"遗产"二字说开去,引入课题,激发学生学习兴趣,引导学生在本课的学习中能够联系所学建立新的历史认识。

学习任务1:古希腊文化的成就与价值。

材料2 我们都是希腊人。我们的法律、文学、宗教、艺术……全都可以在希腊人那里找到它们的根。

——英国诗人雪莱

问题设计:雪莱说"我们都是希腊人",你如何理解这句话?

教师活动:引导学生阅读教材,概括古希腊文化在不同领域所取得的成就。

学生活动:阅读教材,概括古希腊文化所取得的成就。结合材料与所学,说说古希腊文化对欧洲文化的影响与贡献。

设计意图:引导学生结合所学及教材,梳理古希腊的文化成就,比较完整地认识古希腊在众多领域所取得的成就,理解其对欧洲文化产生的重要影响。

学习任务2:古罗马文化对古希腊文化的继承与发展。

教师活动:古罗马继承并发展了古希腊文化,在众多领域也留下了众多的"遗产"。古罗马对古希腊文化的继承、吸收与发展经历了一个过程。

材料3

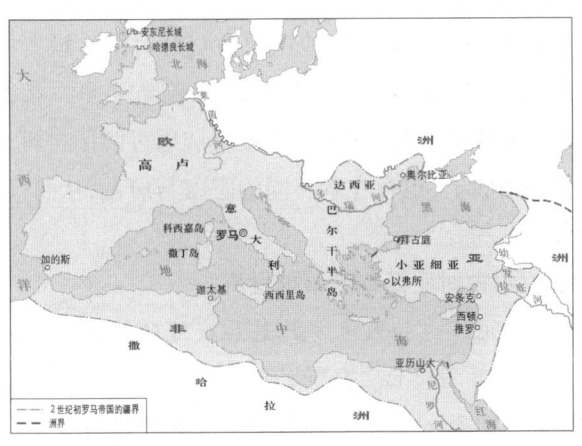

图2 公元2世纪罗马帝国疆域图

材料4 被征服的希腊人,把他们的艺术带到了土气的拉丁姆(罗马),用这种方式征服了他们野蛮的征服者。

——古罗马奥古斯都时期"诗坛三杰"之一贺拉斯

教师活动:引导学生观察地图,认识古罗马征服古希腊的时空范围,并解读贺拉斯的话,认识古罗马对古希腊文化的吸收与继承。

学生活动:举例说明古希腊在文化上征服古罗马,谈谈对希腊人"用这种方式征服了他们野蛮的征服者"的理解。

问题设计:古罗马人完全被征服了吗?在征服之后,古罗马人是否有属于自己的"遗产"?

学生活动:概述古罗马所取得的文化成就。

材料5 罗马人对希腊文化的兴趣始于公元前3世纪中叶。他们从希腊进口商品并引进生产工艺,稍后,罗马文学家开始以希腊模式创作……而后,在公元前2世纪早期,学习希腊演说术的念头吸引着罗马人,因为演说术在具有协商性质的公民大会与法庭所主导的社会中有着明显的用途。这就意味着需要按照希腊的模式创建学校……当罗马人决议学习修辞学时,他们为希腊文化的涌入敞开了大门,这也即是老加图激烈呼吁从罗马驱逐希腊教师的缘故,但为时已晚。

——摘编自[英]芬利《希腊的遗产》

教师活动:引导学生解读材料,更全面地认识、理解古罗马对古希腊文化的吸收。

学生活动:根据材料及所学,分析古罗马人对待古希腊文化的态度,谈谈对这一态度的理解。

设计意图:通过解读地图,使学生认识古罗马征服古希腊、吸收古希腊文化的时空范围,并联系所学和教材,更全面地认识古罗马对古希腊文化的继承与发展,从而把握古罗马、古希腊之间的历史联系,认识古希腊、古罗马都留下了宝贵的"遗产",共同形成了欧洲文化的底色,强化历史理解。通过解读材料,使学生知晓古罗马在对古希腊文化的吸收上,也存在着不同的态度与声音,从而认识文化的吸收与交流面相是复杂和丰富的。

学习任务3:认识中古时期西欧的精神世界。

材料6 正当蛮族用战火销毁古罗马最后残迹的时候,基督教却扮演了一个不同的角色——它在西罗马灭亡之后的西欧大混乱中充当了秩序的代表,在无政府状态中行使了政府的职能……此外,教权的存在也使得西欧中世纪的王权无法发展到专制的极限,因而避免了重蹈罗马帝国的覆辙,同时又制止了领地的进一步分割,在一定限度内以一种较为合理的渐进方式扶植了代表秩序与安定的世俗政权。

——林中泽《论基督教的崛起对西欧社会的影响》

教师活动:引导学生结合材料与所学,认识中古西欧的社会特点,理解基督教对中世纪欧洲的影响,认识中世纪欧洲文明的基本特点。

学生活动:根据所学,梳理教权"以一种较为合理的渐进方式扶植了代表秩序与安定的世俗政权"的基本史实,并提炼中古西欧社会的特点,分析基督教能够成为中世纪早期欧洲文明重建重要力量的原因。

材料7 在中世纪早期,与世隔绝的修道院成为在蒙昧野蛮的海洋里保留残存知识的"诺亚方舟"。这些远离凡尘的修道院是虔诚的修道士们与上帝进行灵性交流的场所,但是战火纷飞的动荡年代里它们也无意中成为保留古典文化遗产的一片净土。修道院往往都拥有一个小规模的图书馆,里面除了拉丁文本的《圣经》和早期教父的神学手稿之外,还藏有拉丁古典作家西塞罗、维吉尔、奥维德、塔西陀等人的著作抄本。

——赵林《基督教对欧洲中世纪文化复兴的重要影响》

材料8 无论是修道院学校,还是大教堂学校,所开设的课程基本上是在"七艺"的范围之内。"七艺"是古希腊、古罗马的传统课程,到6世纪左右,西欧卡西奥多隐修院的修士们已将古代罗马学校设立的课程文法、修辞和逻辑"三艺"与算数、几何、音乐、天文这"四艺"合并为"七种自由艺术",并加以保存和应用,使之成为中世纪世俗和宗教教育的基础。

——毛丽娅《论基督教对中世纪早期西欧文化的影响》

教师活动:引导学生根据所学与材料,认识在欧洲教会既是宗教团体,也是文化传承的重要组织,在当时对欧洲文化的延续与发展有着不可或缺的作用。理解基督教承担着继承古希腊、古罗马文化的文化功能,同时也是西欧文明的重要载体以及古希腊、古罗马文化的传承者、传播者。

学生活动:根据材料,指出基督教会在中古欧洲所扮演的角色,并分析其在文化传承方面所起到的作用。

设计意图:引导学生梳理史实,对已有知识进行再建构,获得对中世纪欧洲教权与世俗政权间关系的动态认识,理解基督教会成为中世纪欧洲文明重建重要力量的历史原因,从而认识中世纪西欧地区形成以基督教文明为特征的地域文化的时代背景。紧扣基督教对西欧文化形成的影响这一关键问题,通过梳理教权与世俗政权的关系,使学生能够概括、说明较长时段的史事,理解教会在中世纪西欧的角色及其对欧洲文化发展的作用。

学习任务4:拜占庭文化的特征及其影响。

材料9

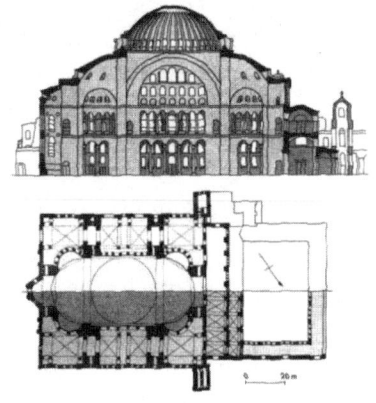

图3 圣索菲亚大教堂及其平面图

教师活动：引导学生认识圣索菲亚大教堂的建筑背景和建筑风格，认识拜占庭文化融汇古代希腊、罗马文化，基督教文化和东方文化的特点。

学生活动：根据所学及材料，指出圣索菲亚大教堂建于拜占庭帝国何阶段，分析圣索菲亚大教堂的建筑目的，解读教堂建筑体现了哪些元素。

教师活动：基督教提倡克己服从，强调统治者是按照上帝之命管理人间秩序和凡俗事务的，为拜占庭皇权专制提供了有利的精神支柱。各地的教堂成为表现统治阶级意志的主要场所，建筑造型艺术成为"神学的附庸"。统治者大兴土木，修建豪华宏大的教堂。基督教文化构成了拜占庭文化的一个主要特征。此外，5世纪后拜占庭的建筑师汲取了古罗马穹窿和东方建筑技术的优良传统，解决了方形房架上安设圆顶的技术。圣索菲亚大教堂的圆顶利用窗洞将光线与圆顶结合，使大穹顶竖得轻巧凌空，使人体会到圆顶在宗教建筑中的强大心理功能，也融合了古代东方和西方的建筑风格。

教师活动：引导学生从分析建筑风格深入到分析拜占庭的文化特征，认识拜占庭文化的融汇性。

学生活动：分析拜占庭文化的特征，并简要分析这一特征产生的原因。

教师活动：拜占庭帝国位于原古希腊的文化中心，其文化遗留仍渗透在帝国的各个角落；拜占庭帝国政教合一的体制使基督教文化取代了古典异教文化的地位，成为帝国占主导地位的强势文化。此外，拜占庭帝国位于欧亚大陆的交界处，频繁往来于东西方之间的商人、传教士将古老的东方文明植根于拜占庭文明中，在东方文化和基督教文化的相互碰撞、融合下，拜占庭文明孕育而生了。

材料10 皇帝（君士坦丁十一世）的目光再度停在了微风中飘动的帝国旗帜上，那上面有帝国的双头鹰标志……雄鹰高昂着头，眼睛炯炯有神地目视左右方向……为了更加突出帝国的无上权威，让两只鹰爪抓握了带有十字架的球体和利剑……曾几何时这里一度辉煌昌盛，如今败落不堪令人心酸，不忍目睹。一个声音在他心头缭绕："上帝啊，你能告诉我吗，我的帝国怎么了？"

——陈志强《鹰旗飘落：拜占庭帝国的末日》

材料11 俄罗斯国徽（如右图所示）。

教师活动：引导学生解读"双头鹰"标志及俄罗斯国徽的寓意，认识拜占庭文化的融汇性特征，建立俄罗斯与拜占庭帝国之间的文化联系。

学生活动：根据所学及材料，解读拜占庭帝国以"双头鹰"作为标志的寓意，并结合材料10、11，比较俄罗斯国徽图案与

图4 俄罗斯国徽

拜占庭帝国"双头鹰"标志的相似之处,分析俄罗斯与拜占庭帝国之间的关系。

设计意图:通过分析所学及材料,使学生认识拜占庭文化的特征,认识历史是多种合力的结果,感受拜占庭文化的特殊性,感悟文化的多元性。通过解读与比较"双头鹰"标志,使学生形成对拜占庭文化特征及影响的认识,从而对欧洲东部地区的文化特征有整体的把握。

小结:回看欧洲历史,我们看到灿烂的古希腊、古罗马文化为欧洲打造了文化的底色,而在欧洲长期的发展历程中,又因为历史文化传统、自然地理条件等不同因素的合力,西欧、东欧发展出基督教文明与东正教文明,共同成为世界多元文化中的重要组成部分,推动了人类文明的进步。

(三)板书设计

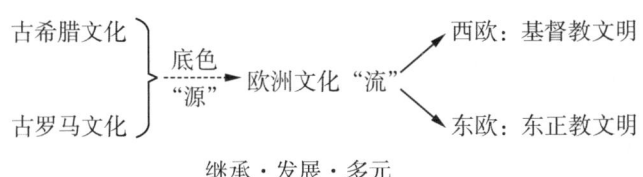

继承·发展·多元

(四)核心素养水平划分

水平1:能够辨识古希腊、古罗马、基督教文明、东正教文明、拜占庭帝国等概念所处的时空范围;能够从提供的材料中提取相关信息。

水平2:能够通过解读历史材料与地图,认识古罗马对古希腊文化的继承、中世纪教会的文化功能;能够认识拜占庭帝国在欧洲文化传承与发展过程中所起的作用。

水平3:能够分辨古罗马对古希腊文化吸收的不同态度,感悟文化发展历程的曲折;能够选择、组织和运用相关材料并使用相关历史术语,在比较中把握时空联系,从而对拜占庭文化的特征做出自己的解释。

水平4:能够认识欧洲文化发展的"源"与"流",感悟不同文明的交流与碰撞;能够史论结合、实事求是地论述历史与现实问题,学会尊重不同文明的特性,认识人类文明的多元面貌。

第5课

南亚、东亚与美洲的文化

一、课标要求

通过了解世界各主要区域文化,理解世界文化的多样性;认识世界各国、各地区、各民族对人类文化发展所作出的贡献。

二、教材分析

世界各个地域的早期人类社会,形成了不同地域、各具特色的文化传统,是人类多元文明的源头。文明交流和融汇中的各种选择,强化了世界文化的多元传统。本课主要讲述了古印度印度教等宗教文化及其辐射的南亚地区文化,深受中国文化影响的古代朝鲜与日本文化,独立发展但别具特色的玛雅、阿兹特克、印加等美洲文化,展示了不同文化的不同特质,探究其发展及共性需求。

三、学情分析

通过以往的学习,学生已对古代世界的政治、经济、文化发展情况有了初步的认识,但缺乏对于整体的文化发展史和文化特征的认知,需要在教学过程中予以关注和提升。

四、教学目标

1. 通过阅读教材,归纳梳理南亚、东亚、美洲文化发展的基本史实。
2. 能够厘清各地区文化在文字、艺术、宗教等方面的特色。
3. 通过阅读及分析史料,深刻理解文化相互交流对本区域的影响,进一步感受世界文化的多样性。

教学重点:了解古代印度的宗教与文化及其对东南亚的影响;了解古代朝鲜、日本文化对中国文化的继承与发展;了解美洲印第安文化的发展与特色。

教学难点:感受世界文化的多样性。

五、教学过程

（一）教学主题

以时间为核心线索,以空间为隐含脉络,感受时空变化中不同的文化交流和冲突,各种文化不一样的发展方向和结果,感受文化的多样性。

（二）教学过程

导入

教师活动:展示概念——文化与文明。

材料1 文化的定义:文化是相对于经济、政治而言的人类全部精神活动及其产品。文化包括文明,即文化所包含的概念要比文明更加广泛。文明是在文字出现、城市形成和社会分工之后形成的。尤其在历史学和考古学界,普遍认为文明是较高的文化发展阶段。

有些学者认为,文明是物质文化,文化是精神文化和社会文化。从形态上来看,文化偏重于精神和规范,而文明偏重于物质和技术。

——[美]菲利普·巴格比《文明比较研究导论》

问题设计:当一种文化与其他文化相遇时,会发生怎样的变化?

学生活动:自由讨论。

教师活动:展示文化发展的大时间轴,进入第一个时间区域。

问题设计:在南亚次大陆区域,公元前1500年逐步建立起了一系列国家,其逐步形成的文化具有什么特色?

学生活动:婆罗门教和种姓制度。

教师活动:介绍种姓制度,并通过图示加深印象。

材料2 种姓制度规定:各等级职业世袭,父子世代相传;各等级实行内部同一等级通婚,严格禁止低等级之男与高等级之女通婚;首陀罗没有参加宗教生活的权利。

以僧侣贵族为主的第一等级婆罗门拥有解释宗教经典和祭神的特权。

以军事贵族和行政贵族为主的第二等级刹帝利拥有征收各种赋税的特权。

雅利安人自由平民是第三等级吠舍,从事农、牧、渔、猎等,必须以布施和纳税的形式来供养前两个等级。

被征服的土著居民是第四等级首陀罗,只能从事农、牧、渔、猎等以及其他低贱的职业。

——杨必仪《印度教的特点及其对印度文化的影响》

材料3 图示种姓制度(如右图所示)。

设计意图：解释清楚概念，避免学生产生认知错误；以问题引发学生对于文化交流影响的思考，激发学习兴趣；通过分析教材及材料，了解印度教背景下的种姓制度并思考其弊端。

婆罗门(神职人员)

刹帝利(公务员)

吠舍(平民)

首陀罗(奴隶)

图1 种姓制度漫画

学习任务1：了解佛教产生后印度文化的变化。

材料4 刹帝利、吠舍、首陀罗都对婆罗门的傲慢和不劳而获强烈不满，反对婆罗门维护等级森严的种姓制度。佛教便在这样的情况下，应运而生。佛祖释迦牟尼反对婆罗门的种姓制度，强调苦身修行，主张四姓平等，要求取消种姓制度。佛教由此兴盛起来。特别是在孔雀王朝阿育王的倡导下，佛教发展到了极盛时期。

——吴永平《印度文化的特点及其精神支柱》

问题设计：面对新兴的佛教，基于古婆罗门教产生的印度文化会发生怎样的变化？

教师活动：提供材料，帮助学生讨论。

材料5 由于佛教的兴盛与发展，随之而来的是受佛教影响的文化繁荣起来。无论是在政治、哲学、文学、艺术、雕刻、音乐、舞蹈和科学技术的发展中，都留下了佛教的烙印。

——吴永平《印度文化的特点及其精神支柱》

学生活动：公元前6世纪，佛教诞生了。史诗《摩诃婆罗多》《罗摩衍那》集中反映了古代印度文明的生活和文化成就。古代印度的艺术许多都与宗教有关，佛塔、石柱和石窟是佛教艺术的代表。

材料6 宗教文化交流冲突中的选择：即便是卷土重来的印度教(亦称作新婆罗门教)，它也或多或少地继承了佛教的宗旨。虽然它恢复了婆罗门教的种姓制度，但是，佛教文化所形成的特点，它已无法改变，只能保持现状或任其发展下去。印度教吸收了佛教的仁爱牺牲精神、因果关系、超脱苦修、乐于施舍。佛教不能截然割断婆罗门的宗教因素，另一方面又创造出一些新的宗教内容，而这些新的内容又被印度教加以包容。

——摘编自杨必仪《印度教的特点及其对印度文化的影响》

教师活动:得出结论——古代印度的文化颇具特色(包容)。

问题设计:根据材料,结合所学,思考印度教对印度周边地区产生了怎样的影响。

材料7

图2　阿拉伯数字

图3　吴哥窟

学生活动:公元前后,印度文化开始传播到东南亚。5世纪时,印度的语言、文字、艺术、思想、宗教以及风俗习惯等各个方面在东南亚产生了广泛的影响,佛教文化更是渗入东南亚社会的各个方面。

教师补充:印度古代文化丰富多彩,对东南亚产生了重要的影响(辐射)。

设计意图:通过展示从印度教的种姓制度到佛教的"众生平等"观念,让学生感受到印度发展出了颇具特色的具有包容性的文化;再通过阿拉伯数字和吴哥窟等建筑形式的展开,体现了印度古代文化对东南亚地区文化的辐射影响。

学习任务2:了解独立发展的美洲文化的特色。

教师活动:时间轴走到第二个区域——3世纪到15世纪。

材料8　在白人踏上美洲几个世纪前,危地马拉、墨西哥和安第斯高地的印第安人已经拥有几乎具有一切文明特征的较高的文化。假如不是被征服的话,他们完全可以会为发展中南美自己的文化打下一个基础,这一文化可以同任何其他洲的文化相媲美。

——[美]伯恩斯、拉尔夫《世界文明史》第3卷

问题设计:美洲印第安文化有哪些组成部分?

学生活动:玛雅文化、阿兹特克文化和印加文化是最具代表性的印第安文化。

教师活动:3—10世纪,玛雅文化达到高度繁荣。

材料9　考古学家们破译了玛雅人的天文历。玛雅文化中有着十分优秀的天文知识,其历法非常精确。他们知道地球年是365.242129天(今天准确的计算为365.242198天),与现代相比仅差0.000069天。

至少在公元前4—3世纪,玛雅人已应用了"0"这个数学概念,比阿拉伯商队横

越中东的沙漠把这个概念从印度带到欧洲的时间早一千年。玛雅人能够发明一种仅使用三个符号——一点、一横、一个代表零的贝形符号——来表示任何数字的计算法。

现存的玛雅象形文字总量相当多,单在科潘遗址一座金字塔的台阶上,就有2500多个,这就是世界巨型铭刻的杰作之一"象形文字梯道",8米宽、共90级的石头台阶布满了古怪而精美的象形文字。

——林被甸《探访印加——古代世界文明交流与互动透视》

教师活动:12世纪以后,阿兹特克人和印加人的文化也走向繁荣。

材料10

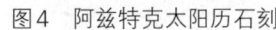
图4 阿兹特克太阳历石刻

图5 印加太阳神庙

材料11 古代美洲的印第安人创造了灿烂的文明,独立培育出很多其他大陆没有的农作物,包括马铃薯、玉米、番茄和花生等。

——《普通高中教科书 历史 必修 中外历史纲要 下》

问题设计:印第安文化与之前所学的其他文化的产生方式有何不同?

学生活动:印第安人独立发展出了特色鲜明的古代文化。

问题设计:15世纪后,随着新航路的开辟,面对文明交流的印第安文化又作出了怎样的选择?

学生活动:被动接受文明交流的印第安人,在16世纪以后,由于西班牙殖民者的入侵,遭到大肆屠杀,独立发展的印第安文化几乎毁灭殆尽。

设计意图:一方面通过展示各式各样的文化成果,让学生了解到印第安文化的特色;另一方面,在对比中让学生了解印第安人独立发展出特色鲜明的文化、各种文化具备不同特色,同时感受到,文化的交流不一定都是和平的,有时也会带来冲突和毁灭。

学习任务3:认识中国文化对古代朝鲜、日本文化的影响。

教师活动:进入时间轴第三个区域——7世纪到10世纪。

材料12 大约在四五千年前,朝鲜半岛已经进入新石器时代。公元前5世纪末,朝鲜出现青铜器,稍后有了铁器。7世纪末,朝鲜半岛初步实现统一。此后,朝鲜半岛又经历了高丽王朝和朝鲜王朝的统治。

——李春虎《朝鲜半岛国家历史新探》

10世纪初,新罗人王建建立高丽王朝。高丽王朝仿效中国唐朝制度,在中央设三省六部,将地方划分为十道,推行土地国有,引入科举考试选拔官员,中国的儒家经典和辞章之学广为传播。

——《普通高中教科书 历史 必修 中外历史纲要 下》

问题设计:根据材料并结合所学,思考古代朝鲜文化与中国文化的关系。

学生活动:朝鲜和中国隔江相望,自古以来交往频繁。佛教、道教和儒学都从中国传入朝鲜,朝鲜的典章制度、文字、学术思想和风俗习惯都受到中国的影响。汉字长期在朝鲜半岛使用,许多朝鲜学者具有很深的汉文造诣。在学习汉字的基础上,朝鲜人创制了本民族文字。朝鲜半岛的古代文化也传入了中国中原地区,南北朝时期的中国宫廷中已经有了朝鲜半岛的乐舞。

材料13 成书于712年的《古事记·应神天皇卷》中有记载,说应神天皇时期,一个名叫和迩吉师(即王仁)的人从百济到日本,带来了汉文《论语》十卷和《千字文》一卷。这是关于日本人系统地学习汉字的最早记载。从汉字传入日本,到日本文字假名的最后形成,大约经过了六百年左右的时间。在这期间,日本通过汉文、汉字吸收了大量的中国文化,促进了日本社会的迅速发展,汉字为日本民族文化的发展立下了汗马功劳。

——王秀文《古代中日交往与日本文字的形成》

材料14 关于儒学传入日本的具体时间尚无定论。一般认为王仁携书到日是儒学思想传入日本的开始。7世纪后,儒学才得到广泛传播,其影响力也不断扩大。在奈良时期,儒学受统治者的推崇得到很快发展,尤其是在圣德太子和大化改新时期,统治阶级利用儒学进行改革以强化和巩固统治,其地位也得到肯定。

——李国梅《古代日本对中华文化的吸收融合述论》

学生活动:日本古代文化也深受中国文化影响。

问题设计:日本文化对中国文化是全盘吸收吗?为什么?

学生活动:在吸收中国文化的基础上,日本本土文化得到发展。12世纪以后,随着武士阶层的崛起,神道融合了佛教等外来思想,逐渐形成武士道,武士道在日本历史上产生了重要影响。日本人先是直接使用汉字,后来根据日本语言的发音,借用汉字的楷体笔画和草体,分别创制了字母片假名和平假名。古代日本在文学(《万叶集》《源氏物语》)、艺术(大和绘、浮世绘)、建筑(法隆寺)等方面都有独特成就。来自中国的制度、儒学、佛教等深刻影响了日本的发展。

材料15

图6 浮世绘　　　　图7 大和绘

问题设计:古代朝鲜和日本文化在文化交流中又做出了怎样的选择？

学生活动:古代朝鲜和日本在吸收中国文化的基础上发展出了独具特色的民族文化。

材料16　人类学家博厄斯认为:"人类的历史证明,一个群体,其文化的进步往往取决于它是否有机会吸取邻近社会群体的经验。一个社会群体所获得的种种发现可以传给其他社会群体；彼此之间的交流愈多样化,相互学习的机会也就愈多。大体上,文化最原始的部落也就是那些长期与世隔绝的部落,因而,它们不能从邻近部落所取得的文化成就中获得好处。"

——［美］斯塔夫里阿诺斯《全球通史》

问题设计:古代南亚、东亚和美洲文化的发展与变化,体现了文化在交流中的不同选择,这给了我们什么启示？

学生活动:世界各个地域的早期人类社会形成了不同地域、各具特色的文化传统,是人类多样文化的源头。在文明交流和融汇中的各种选择,世界文化的多元传统得以强化。世界各国、各地区、各民族的人民共同推动了人类文化的发展。

设计意图:通过展示朝鲜、日本文化与中国文化的联系和特性,让学生感受到其在中国文化基础上的发展；让学生在对比中感受到文化多样性的同时,了解文明交流与融汇中的各种选择使得世界文化的多样性更加突出,突出的多样性文化又进一步推动了文化的发展。

小结:古代的南亚、东亚和美洲,产生了各式各样的文化。古代印度以婆罗门教为基础包容佛教发展起来的印度教文化颇具特色,也向外辐射到东南亚。古代朝鲜和日本在吸收中国文化的基础上发展出了独具特色的民族文化。美洲地区印第安人独立发展出了特色鲜明的古代文化,比如玛雅文化、印加文化和阿兹特克文化。总而言之,世界各个地域的早期人类社会形成了不同地域、各具特色的文化传统,世界文化是多姿多彩的。

（三）板书设计

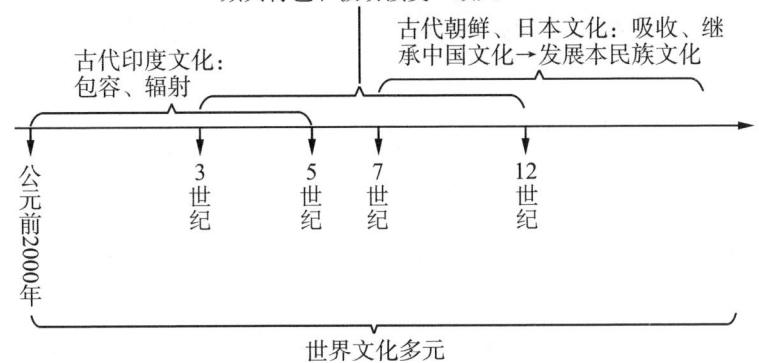

（四）核心素养水平划分

水平1：能够了解古代历史分期，从教材和教师呈现的材料中提取信息；能够说出古印度文化、古代朝鲜和日本文化、美洲印第安文化的基本状况。

水平2：能够通过观察历史地图，简单描述古印度文化、古代朝鲜和日本文化、印第安文化的发展状况；能够归纳整理出古印度文化对周边地区的辐射作用；能够理解古代朝鲜、日本文化与中国文化的关系；能够认识美洲文化的独立发展轨迹。

水平3：能够对古代南亚、东亚、美洲各文化发展有着整体的认知和概括的说明；能够选择、组织和运用相关材料并使用相关历史术语，结合时空观念核心素养，准确掌握并表述古代文化传播、发展的相关史实；能够从文化的发展轨迹中得知"一定的文化由一定时期的经济所决定"的唯物史观观点；能够通过地图了解不同文化对应的时期和地域；能够运用地图史料和文字史料获取相关信息；能够认识古代南亚、东亚、美洲文化的发展轨迹，感受人类文化发展的多样性和整体进程。

水平4：能够从文化的发展轨迹中得知"一定的文化由一定时期的经济所决定"的唯物史观观点；能够在世界地图中清晰感知各古老文明在不同特定时空内不同的发展状况以及文化交流的情况，感知其时空定位；能够区分地图史料和文字史料的不同优势，学会在后续学习中运用不同史料；能够掌握文明与文化、文字、绘画、建筑等相关专业术语，通过教材和教师提供史料，得出基于史料的历史解释；能够体会古代南亚、美洲、东亚文化发展轨迹所蕴含的意义，感悟不同文明的交流与碰撞；能够史论结合、实事求是地论述历史与现实的问题，学会尊重不同文明的特性，认识人类文明的多元面貌。

第6课

古代人类的迁徙和区域文化的形成

一、课标要求

通过了解历史上跨洲、跨国家、跨地区不同规模的人口迁徙,以及移民所面临的机遇与挑战,认识在迁徙与融入当地社会过程中出现的文化认同。

二、教材分析

本课分为两个子目:"印欧人的迁徙及其对早期区域文化的影响""亚欧游牧民族大迁徙对区域文化发展的影响"。古代游牧民族的几次大迁徙对欧亚大陆各主要区域文化的形成和转型产生了重大影响。印欧人的迁徙推动了亚欧大陆中西部几个重要文化区域的形成,从公元前2千纪初起,以印欧人为主体的游牧部落进入印度、巴尔干半岛、西欧和北欧等地区,逐步演变为"雅利安人""赫梯人""波斯人""希腊人"等。公元后的亚欧游牧民族大迁徙主要分成两个时期,公元前后大月氏人和日耳曼人的迁徙;3—6世纪,游牧部落新一轮的大迁徙改变了亚欧大陆的政治格局。在游牧民族与农耕民族的交流和交融过程中,不同国家和地区不仅促成了本民族文化的发展,也促成了新文化形式的发展和传播。

三、学情分析

本课内容在时间、空间上跨度较大,出现的如"雅利安人""赫梯人"等专有名词较多,学生在初中历史和高中历史必修模块中接触的与之相关联的内容较少。教师需引导学生对人口迁徙形成一个整体的认识,在此基础上理解人口迁徙带来的文化交融。

四、教学目标

1. 了解古代世界不同时期不同地点不同类型的大规模人口迁徙。

2. 认识人口迁徙过程中不同民族间的文化交融。

3. 认识在迁徙与融入当地社会过程中出现的文化认同以及由此形成新的区域文明。

教学重点：了解印欧人的迁徙推动亚欧大陆中西部几个重要文化区域的形成，以及3—6世纪的游牧部落大迁徙改变了亚欧大陆的政治地图。

教学难点：理解民族迁徙带来的文化交融及其影响。

五、教学过程

（一）教学主题

围绕公元前2千纪的印欧人大迁徙和公元3世纪到6世纪的亚欧游牧民族大迁徙，理解如下问题：哪类人需要迁徙？游牧民族为什么要迁徙？游牧民族迁徙带来什么影响？

（二）教学过程

导入

材料1 亚欧大陆游牧世界和农耕世界的矛盾，爆发为暴力的形式，自古代起，直到公元13、14世纪，可以总括为游牧部族向农耕世界三次冲击的浪潮。

——吴于廑《世界历史上的游牧世界和农耕世界》

教师活动：快速浏览教材，找出人类历史上游牧世界对农耕世界发起的两次冲击。

学生活动：绘制时间轴，找出游牧世界对农耕世界两次冲击的时间点。

设计意图：培养学生快速阅读教材和提取信息的能力，对教材内容进行时空定位并有初步认识。

学习任务1：古代哪一类人需要迁徙？

材料2 古印欧人，是大约6000年以前，生活在今乌克兰东部和俄罗斯南部的乌克兰平原（或称东欧平原）上的原始民族，是今天欧洲人和印度人的共同祖先。他们是游牧民，驯养了马匹。游牧和迁徙成为古印欧人最显著的特征。

——麟剑《人类源流史》

设计意图：通过对古印欧人概念的理解，了解印欧人生活的时间和空间，并了解古印欧人的显著特征，辅助理解印欧人的迁徙。

学习任务2:游牧民族为什么要迁徙?

材料3 古印欧人没有掌握古埃及文明、印度河文明和华夏古文明那样的农业种植技术,只能靠捕猎为生,寻找食物成为古印欧人的第一生存目标,食物的匮乏和来源的不固定使得他们几乎无法在一个地方长久定居,游牧和迁徙成为古印欧人最显著的特征。

——麟剑《人类源流史》

材料4 由于秦汉王朝不断地向西扩张,不断地主动攻击匈奴,匈奴掉头逃窜,结果引起整个亚欧大草原上游牧民族大迁徙的"多米诺骨牌效应"。

——摘编自赵林《文明冲突与文化演进》

教师活动:阅读材料3、4,思考古代游牧民族迁徙的原因。

学生活动:经济因素:粮食匮乏且不固定;政治因素:统治者的扩张。

设计意图:通过阅读和解读材料,思考促成游牧民族迁徙的原因和条件,理解促成游牧民族迁徙的根本动力在于经济,培养学生经济基础决定上层建筑的唯物史观核心素养和解读材料获取信息的能力。

材料5 《赫梯法典》有关马的规定:

第六十一条:

假如任何人获得良种的马而消除它的烙印,它的主人发现了它,则消除烙印的人应交付七匹马……同时用自己的房屋担保。

第六十四条:假如任何人盗窃拉车的马,则其案件也如此(即赔付十匹马,并用自己的房屋担保)。

——周一良、吴于廑、林志纯《世界通史资料选辑·上古部分》

教师活动:从材料中能获取什么信息?

学生活动:马对游牧民族的迁徙极其重要,为游牧民族远距离迁徙提供了技术保障。

设计意图:体会马对游牧民族远距离迁徙的重要意义,为后文理解游牧民族迁徙对农耕文明产生的影响做铺垫。

学习任务3：游牧民族迁徙产生了哪些影响？

材料6

印欧人早期迁徙示意图

教师活动：古印欧人大约在公元前2000年到达欧洲北部，与当地民族融合形成日耳曼人；大约公元前2200年达到巴尔干半岛，形成希腊人，希腊人思考人类与自然、个人与社会的关系等问题，在哲学、科学、文学、建筑和艺术等多个领域取得成就，形成希腊文明，成为西方文明的源头；公元前1900年到达小亚细亚，与当地文明交融形成赫梯人，赫梯人在公元前17世纪建立了赫梯帝国，公元前14世纪赫梯帝国达到鼎盛，公元前13世纪末赫梯帝国逐渐衰弱。公元前2000年左右，一支印欧人到达伊朗高原，成为波斯人，并建立了历史上第一个地跨亚非欧三洲的大帝国，西亚和北非文明区首次被统一起来；公元前1500年，一支古印欧人达到印度恒河流域，逐渐形成雅利安人，雅利安人从印度河流域推进到恒河流域，把马和铁等带到印度，逐渐形成的种姓制度和佛教成为雅利安文明的重要符号，并对周边地区产生了重大的影响。尝试总结印欧人从西欧到南欧到西亚到南亚的迁徙产生了哪些重要影响。

学生活动：(1)在不同地区产生了新的人群，如赫梯人、波斯人、希腊人等；(2)农业社会的居民学会使用马匹，马拉战车改变了传统的作战方式；(3)提高了生产力，冶铁技术传播开来；(4)促进了新的文化区域的形成。

教师活动：亚欧游牧民族大迁徙主要分为两个阶段，公元前2世纪到公元2世纪是第一阶段，公元3—6世纪是第二阶段，请以表格的形式加以梳理。

学生活动：

公元前2世纪—公元2世纪亚欧游牧民族大迁徙

区域	概况
中国	北方匈奴势力强大，不断扩张
	大月氏人西迁，建立贵霜帝国，势力一度到达印度北部
欧洲	日耳曼人不断南迁

公元3—6世纪亚欧游牧民族新一轮大迁徙

区域	概况
中国	①匈奴人逐步内迁，转向定居生活，并在中原地区建立政权 ②鲜卑人、氐人和羯人等也逐渐迁徙到中原，形成北方的民族大交融 ③部分北方人民因战乱南迁，带去了先进的生产工具和技术，促进了江南地区的开发
欧洲	日耳曼人各支利用罗马帝国衰落的机会，陆续进入罗马帝国并建立国家，灭亡了西罗马帝国
西亚	①7世纪，阿拉伯人开始扩张，征服西亚和北非广大地区 ②8世纪中期，阿拉伯人建立起地跨亚非欧三洲的帝国

材料7 4世纪中后期，遭到匈奴进攻的西哥特人进入罗马帝国境内，并于410年攻占罗马城。奥罗修斯记载了西哥特人首领阿图尔夫说过的一段话。阿图尔夫这样说道：最初，我强烈要求消除罗马这一名字，使罗马的全部土地成为哥特帝国的领土；我希望用哥特的替代罗马的；我阿图尔夫应成为凯撒奥古斯都。不过，众多的经验告诉我：桀骜不驯的哥特人从不遵守法律，而没有法律的国家将国不成国。因此，我选择了较为安全的道路，希望通过哥特的力量来恢复、增强罗马之荣光。在无法改变帝国形式的情况下，我希望能作为复兴罗马的发起者传诸后世。

——摘译自《反异教徒历史七书》

教师活动：根据材料7，思考阿图尔夫最初对罗马帝国的态度及后来转变的原因。

学生活动：最初阿图尔夫并未意识到农耕文明或罗马文明的力量，强烈要求消除罗马，毁灭罗马文化，用哥特的替代罗马的。后来他的态度发生转变，希望通过哥特的力量恢复罗马之荣光，复兴罗马文化并传诸后世。原因在于，罗马的制度、法律和文化有利于巩固哥特人的统治；哥特人从不遵守法律，必将导致国不成国；罗马法对人的行为作出详细的法律规范，有利于缓和社会矛盾，稳定社会秩序，从而维护统治阶级的利益。

教师活动：总结亚欧游牧民族大迁徙产生的影响。

学生活动：亚欧游牧民族大迁徙，改变了亚欧大陆的政治格局，一批新的国家先后崛起；各个区域的文化在碰撞、交往和交融中发生了不同程度的变化；各民族在吸收其他民族文化的基础上促进了本民族文化的发展。

设计意图:通过地图,直观感受亚欧游牧民族迁徙过程及其与当地文化交融带来的文明发展,感受此过程中农耕文明与游牧文明的相互作用;通过对比阿图尔夫态度的转变及其原因的思考,培养学生的史料实证和唯物史观核心素养,并从中体会和总结亚欧游牧民族大迁徙产生的影响。

(三)板书设计

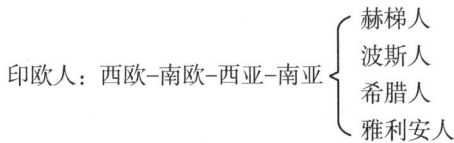

人口迁徙 ⟶ 区域文化交融 ⟶ 人类文明发展

亚欧游牧民族 { 第一阶段(公元前2世纪—公元2世纪) / 第二阶段(公元3—6世纪) } { 新国家崛起 / 区域文化发展 / 本民族文化的新发展 }

(四)核心素养水平划分

水平1:能够从教材和教师呈现的材料中提取有关信息,了解人口迁徙;能够辨别不同时期人口迁徙的空间范围;能够从多种渠道获取与人口迁徙相关的史料信息;能够辨别教材和教学中出现的与人口迁徙相关的历史解释,并对所学内容中的历史结论加以解释。

水平2:能够通过观察历史地图,简单地描述印欧人的迁徙状况,描述亚欧游牧民族迁徙带来的政治版图变化;能够认识印欧人、亚欧游牧民族迁徙的来龙去脉,理解在迁徙中发生的文化交融;能够运用史料论证自己的观点,并从历史角度提出自己的解释。

水平3:能够对印欧人的迁徙和亚欧游牧民族大迁徙有着整体的认知和概括的说明;能够选择、组织和运用相关材料并使用相关历史术语,结合时空观念核心素养,准确掌握公元前印欧人迁徙和公元后亚欧游牧民族大迁徙的相关史实;能够深刻理解游牧民族迁徙对农耕民族产生的影响,认识文化交融是文明形成的重要组成部分。

水平4:能够体会人口迁徙对文化形成的意义,感悟不同文明的交流与碰撞;体会人类在不断的迁徙中求生存、谋发展,并在迁徙过程中逐渐创造了地域文化;能够史论结合、实事求是地论述历史与现实问题,学会尊重不同文明的特性,认识人类文明的多元面貌。

第 7 课

近代殖民活动和人口的跨地域转移

一、课标要求

通过了解历史上跨洲、跨国家、跨地区不同规模的人口迁徙,以及移民所面临的机遇与挑战,认识在迁徙与融入当地社会过程中出现的文化认同。

二、教材分析

本课以空间为轴,以时间为序,讲述新航路开辟到19世纪末世界范围内人口迁移的主要史实及对人口结构、地域文化的影响。本课共三个子目,横向展开,各有侧重。第一子目侧重介绍伴随殖民扩张而出现的人口迁移导致美洲族群的变化;第二子目侧重介绍人口迁移导致大洋洲人口结构替代性的变化;第三子目侧重介绍人口迁移对于美洲、大洋洲开发的贡献及移民的文化认同困境。本课与时空联系密切,可在教学中通过研读地图、梳理时间线,培育时空观念核心素养。

三、学情分析

学生已学过新航路开辟的基本史实,有一定的世界史知识背景,但对于人口迁徙的相关史实了解不多;具备了初步的时空观念,但对人口迁徙的时空感知还比较模糊。教师需引导学生以唯物史观为指导,恰当运用所学和史料,分析论述人口迁徙对于人口结构的影响和由此带来的文化认同问题。

四、教学目标

1. 运用时空定位,了解近代跨洲、跨国家、跨地区人口迁徙的历史背景和概况。

2. 通过史料分析,了解人口迁徙对于不同地区人口结构变化带来的不同影响。

3. 通过史料分析和课堂讨论,分析人口迁徙对于迁入地社会经济发展的贡献,讨论在此过程中移民的身份认同与文化认同问题。

教学重点:了解人口迁徙的概况,形成相应史实的时空观念。

教学难点:认识殖民活动强力推动下文化认同的复杂性。

五、教学过程

(一) 教学主题

通过梳理时间线、展示地图,勾勒近代殖民扩张背景下人口迁徙的时空框架,在美洲、大洋洲人口结构变动和社会经济发展等史料的研读过程中,认识人口迁徙的历史代价、历史作用和产生的文化认同困境。

(二) 教学过程

导入

教师活动:展示《泰晤士世界历史地图集》中《1500—1900年的人口迁移图》(图略)。随着新航路开辟,人类开始在全球范围内流动,两次工业革命则使人口迁移的规模和速度大大超过前代。

设计意图:通过观察地图,增强学生关于近代人口迁移的感性认知。

学习任务1:了解近代人口跨地域转移的概况。

材料1   1620—1780年英属北美殖民地的人口(估算)

	1620年	1650年	1680年	1700年	1720年	1750年	1770年	1780年
白人	2282	48768	144536	223071	397346	934340	1688254	2204949
黑人	20	1600	6971	27817	68839	236420	459822	575420
总数	2302	50368	151507	250888	466185	1170760	2148076	2780369

——李剑鸣《美国通史·第1卷》

教师活动:根据材料设问,引导学生了解北美殖民地人口的变化。

学生活动:根据材料信息,认识1620—1780年,英属北美殖民地白人和黑人人口急剧增加。结合所学分析这种变化的原因,认识新航路开辟和早期殖民扩张是北美殖民地人口变化的历史背景,欧洲移民和奴隶贸易则是直接原因。同时,伴随着白人和黑人人口急剧增加的是印第安人的急剧减少。

材料2 英军由于在美国独立战争中战败,也就无法再把北美地区作为英国的囚犯流放地,于是英国政府瞄上了澳大利亚这块土地。1787年5月13日,菲利普将军接受任命,率领一支船队载着736名囚犯和一些官员从英国起航。经过8个月的艰苦航行,于1788年1月26日登陆澳大利亚东海岸的一个海湾。菲利普船长以英国内政大臣罗德·悉尼的名字,将此地命名为悉尼湾,并在此地建立起第一个英国殖民区——新南威尔士。

——摘编自[英]P.J.马歇尔《剑桥插图大英帝国史》

教师活动:引导学生根据材料2并结合教材,指出英国对澳大利亚殖民的最初目的及后来的变化。

学生活动:英国在北美独立战争中失败后,把澳大利亚作为其流放罪犯的场所,英国人口流向大洋洲。随着工业革命开展,英国对原材料需求增加,开始在澳大利亚建立牧场,开采矿产,澳大利亚逐渐成为英国的原料产地。英国的殖民扩张导致澳大利亚等地的土著居民被驱赶和屠杀,人口锐减。与此同时,大量的欧洲人尤其是英国人迁移到了大洋洲这块新土地。

材料3

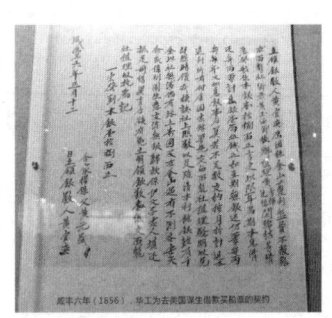

图1 咸丰六年(1856)华工为去美国谋生借款买船票的契约

教师活动:阅读材料3,创设情境。契约内容为:"立领银数人黄官奕,为因往金山获利,盘费不敷,恳求西龙社乡老黄玉涵、邓捷魁,值理黄会辉、黄达德、关瑞结等,情愿发船位本银壹拾捌两正,言定以限一年为期,本息清还,每两要计息银壹两伍钱正……倘有路上未回及在金山遇有不测,各安天命,或系别图生意支消,无银归款,系伊父子家人填还抵足,毋得异言……咸丰六年正月十二日立。"

学生活动:阅读材料,了解苦力贸易形成的时代背景。19世纪初,因为黑奴贸易受到限制,殖民者在亚洲寻找新的廉价劳动力。鸦片战争后,中国一些穷苦百姓因为生活所迫或被诱骗、绑架成为苦力。华工主要集中在美洲,尤其是美国,此外在大洋洲的澳大利亚及一些岛屿上也有大量华工。

设计意图:通过地图、数据表格、图片等材料展现近代以来人口跨地域转移的基本情况,培育时空观念。了解人口跨地域转移的历史背景,认识殖民主义的多重影响。

学习任务2：了解近代人口跨地域转移带来的变化。

材料4 事实上，在殖民时期的巴西，跨民族、跨种族的婚姻是很常见的，由此世世代代相传下来，比墨西哥的梅斯蒂索人的混血情况要彻底得多、复杂得多。

——[美]杰里·本特利、赫伯特·齐格勒《新全球史》

学生活动：阅读材料，思考拉丁美洲人口结构变化的特点。伴随着欧洲白人和非洲黑人的大量增加，印第安人数量急剧减少。特别值得关注的是，在拉丁美洲，白人、黑人、印第安人相互之间的混血后代成为最大族群。

材料5 特鲁加尼尼，生于1803年，即白人入侵的头一年，因此，她的一生跨越了其民族遭灭绝的整个时期。她临终曾恳求不要解剖她的尸体，但是，尽管她的请求很可怜，她的骷髅还是被陈列在霍巴特博物馆。

——[美]斯塔夫里阿诺斯《全球通史》

图2 特鲁加尼尼在塔斯马尼亚岛

教师活动：结合材料5，了解特鲁加尼尼的遭遇，简析19世纪塔斯马尼亚岛人口的变化。随着殖民者侵入，塔斯马尼亚岛土著遭到奴役和屠杀，人口急剧减少，特鲁加尼尼成为一个缩影。

学生活动：认识大洋洲人口结构变化的特点。在澳大利亚和新西兰，土著居民大量减少，欧洲人大量涌入，并成为当地的主要居民，导致人口结构发生替代性的变化。

材料6 纪录片《金色道钉》第五集《无尽的铁路》片段。

学生活动：观看视频，了解华工在美洲的遭遇和他们为美洲开发所作的贡献。

设计意图：通过视频、图片等不同形式材料了解人口迁移给美洲和大洋洲人口结构带来的不同变化，认识移民对迁入地区经济社会发展作出的贡献。

学习任务3：认识人口跨地域转移过程中产生的文化认同困境。

材料7 在19世纪50年代淘金热的年代，英国移民涌向澳大利亚。在这幅油画（图3）中，这群人围着一棵樱草花——这是与家乡的最后联系。这样的情景经常出现在许多横穿大西洋前往加拿大和澳大利亚的移民船上。

——[英]P. J. 马歇尔《剑桥插图大英帝国史》

图3

材料8 然而，你是否想过——穿越国境和大洋的移民造成了一些比较复杂的问题？移居国外的侨民带来一个尖锐的问题：他们的国籍归属。侨民如留居在新国家，他们是否要割断与祖国的关系？如要割断，移民愿意吗？

——[英]艾瑞克·霍布斯鲍姆《资本的年代1848～1875》

377

学生活动:结合教材,说明移民在迁移和融入当地社会过程中出现的不同状况。西班牙人和葡萄牙人基于伊比利亚文化的优越感,来到美洲后往往保持自己在文化上的独立性,不愿吸收印第安土著文化。黑人因为自身奴隶的处境和特殊的生活方式而保持着非洲的宗教传统、信仰、习惯和语言。拉丁美洲的很多日本移民较好地融入当地社会,甚至对所在国政治产生巨大影响。

材料9 移民蜂拥至城市中心,创建了唐人街这类族群飞地以寻求安慰和保护。

——[美]杰里·本特利、赫伯特·齐格勒《新全球史》

学生活动:简述唐人街形成的历史原因和文化原因,探讨唐人街的形成对于华人融入当地社会的利弊。

设计意图:结合教材内容解读与理解史料,培养学生史料实证素养。对比不同地区移民融入当地社会的不同程度,认识移民的文化认同挑战与困境。同时,在讨论的过程中,认识文化的多样性与包容性,形成开放的世界意识。

图4 19世纪末旧金山唐人街景象

(三)板书设计

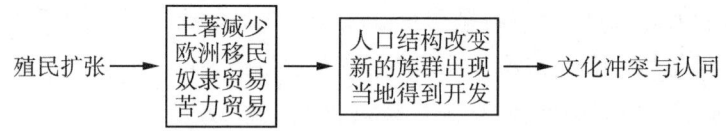

(四)核心素养水平划分

水平1:能够知道生产力发展是历史发展的决定因素,识别《1500—1900年的人口迁移图》中的相关信息,从文字、地图、数据表格等不同形式的史料中获取有效信息,说出近代人口跨地域转移带来的影响,认识殖民主义的罪恶。

水平2:能够知道生产力发展是历史发展的决定因素,利用《1500—1900年的人口迁移图》描述近代人口跨地域转移,尝试运用教材和材料分析近代人口跨地域转移的影响,认识殖民主义的罪恶。

水平3:能够知道生产力发展推动欧洲国家对外殖民扩张从而带动人口跨地域转移,梳理人口跨地域转移的时空框架与阶段特征,选择和运用不同形式的材料分析人口跨地域转移带来的文化认同问题,认识殖民主义的罪恶和移民对当地社会的贡献。

水平4:能够知道生产力发展推动欧洲国家对外殖民扩张从而带动人口跨地域转移,结合教材制作人口跨地域转移的时空地图,在殖民扩张的历史背景下选择和运用不同形式的材料辩证分析人口跨地域转移带来的文化认同问题,认识殖民主义的罪恶和移民对当地社会的贡献,形成正确的历史观、世界观。

第8课

现代社会的移民和多元文化

一、课标要求

通过了解历史上跨洲、跨国家、跨地区不同规模的人口迁徙,以及移民所面临的机遇与挑战,认识在迁徙与融入当地社会过程中出现的文化认同。

二、教材分析

本课主要讲述第二次世界大战后,伴随着经济全球化的时代潮流,劳动力人口迁徙和劳动力市场结构发生了巨大变化,并带来了许多机遇。在此过程中,由于不同因素而出现的难民成为一个不容忽视的独特群体。为解决难民的困境,国际社会作出了很大的努力,但仍任重道远。机遇与挑战并存的移民社会呈现出多元文化的交融与碰撞,美国和新加坡分别是典型的移民国家和城市。

三、学情分析

学生虽已学习过经济全球化带来的机遇与挑战,且对与时事相联系的"跨国公司""难民"等知识有一定的认知,但对本课所涉及的移民和多元文化等概念的认知较为模糊。本课整体上结构清晰、知识内容明确,学生学习过程中遇到的阻力相对较小,教师主要把握历史学科核心素养的渗透。

四、教学目标

1. 阅读教材,归纳梳理二战后跨洲、跨国家、跨地区不同规模的人口迁徙以及劳动力市场结构的变化。

2. 了解难民问题的由来及国际社会的应对措施,进一步认识移民所面临的机遇和挑战。

3. 通过阅读、分析史料,深刻理解移民迁徙与融入当地社会过程中出现的文化认同,进一步感悟世界文明的多样性、包容性和凝聚性,体会文明交流超越文明隔阂、文明互鉴超越文明冲突的价值内涵。

教学重点:了解经济全球化带来的劳动力市场结构变化,认识难民的困境和救助。

教学难点:理解现代移民社会出现的文化认同,感悟世界文明的多样性、包容性和凝聚性。

五、教学过程

(一) 教学主题

基于移民社会所面临的机遇与挑战,理解移民迁徙与融入当地社会过程中出现的文化认同,感悟世界文明的多样性、包容性和凝聚性。

(二) 教学过程

导入

教师活动:不同时期人口流动的推动力是有所变化的。推动现代移民发展趋势的主要因素有哪些?

学生活动:阅读教材,结合时事,讨论、概括推动现代移民发展趋势的主要因素有经济全球化、战争、自然灾害等。

教师活动:经济全球化深入发展,国际分工日益深化,全球劳动力开始大规模流动。

设计意图:阅读教材,结合时事,引发学生思考现代移民社会的主要推动因素,为后续探究移民社会的劳动力结构变化和难民问题打下基础。

学习任务1:了解二战后世界人口迁徙的基本状况及劳动力结构变化情况。

学生活动:阅读教材,梳理二战后主要阶段世界人口的迁徙状况,并概括劳动力结构变化情况。

教师活动:指导学生完成表格。

二战后世界人口迁徙状况

时间	来源地	移民地	劳动力结构
20世纪50—70年代	北非、东南亚、拉丁美洲等	西欧、北美、大洋洲等发达地区	制造业部分和公共服务行业
20世纪70—80年代	非洲、东南亚	中东产油国、日本和亚洲新兴工业国(地区)	贸易、金融等行业,呈现出"精英"迁徙的趋势
20世纪90年代	东欧	西欧、北美	

设计意图:通过梳理教材中的基础知识,了解二战后世界人口迁徙的基本状况,形成宏观认识,并与教材中"绿卡""硅谷"等内容相联系,深化对现代移民社会中劳动力结构变化的认识,尤其是20世纪80年代以来,企业对劳动力的素养提出了更高的要求,呈现出"精英"迁徙的趋势。

学习任务2:探究难民问题。

教师活动:现代移民社会中,在劳动力市场的正常发展之外,还存在一类特殊的群体。

材料2 里根总统曾表示:"我们是一个由外来移民组成的国家。我们的国力源于我们自己的移民传统和我们所欢迎的异乡侨客。这一点为其他任何一个国家所不及……我们将继续奉行美国的传统,使美国成为欢迎外来民族的国土。此外,我们还将与其他国家一起共同承担责任,欢迎和安置那些逃离迫害的人们。"

——[美]斯蒂芬·安佐文《外来移民问题》

问题设计:在现代移民社会中,人口迁徙呈现出多元化的特点。结合"冷战与国际格局的演变"一课相关知识,解释"逃离迫害的人们"的含义。

学生活动:阅读材料2,解释"逃离迫害的人们"的含义是难民。

教师活动:难民正是现代移民社会中一个特殊的群体,分为战争难民、经济难民和自然灾害难民。难民在收留国一般没有基本的国民权利,处境十分艰难。

材料3 截至2017年底,全球有6850万人因战争、暴力冲突与迫害被迫逃离家园。这一数字相当于泰国的总人口,比前一年增加近300万人,比10年前增加50%。以全球人口比例计算,每110人中就有1人被迫沦为难民。输出难民最多的国家是叙利亚,其境外流徙的难民高达630万人,其次是阿富汗、南苏丹、缅甸等。

——编译自联合国难民署《2017年全球趋势报告》英文版

材料4 显而易见,难民在外来移民人口中只占极小的比例,在美国总人口中的比例更是微乎其微。他们对美国人几乎没有构成任何严重的竞争,或者威胁他们的生活方式。相反,他们对这个国家产生的积极影响与他们所占的人口数量不成比例,对这个国家的经济和文化生活起了促进作用。在商业中,他们创办了新企业,刺激了现有企业的发展并拓宽了新市场。在工业中,他们引进了新工艺,生产了美国前所未闻或没有生产过的商品。

——[美]戴尔·R.斯坦纳《我们歌颂你:外来移民与美国历史》

问题设计:根据上述材料,指出当代难民问题产生的主要因素,并分析难民会给当地带来怎样的影响。

学生活动:阅读材料3、4,思考并指出当代难民问题产生的主要因素是战争、造成的后果包括社会动荡、文化冲突、地区局势紧张、经济发展不平衡加剧等,但也会给当地经济、文化的发展注入新的活力。

教师活动:面对复杂的难民问题,国际社会采取了一系列的对策。

材料5 综观半个世纪以来美国难民政策发展的历史进程,其特点和规律可以归纳为以下几个方面:

第一,难民政策是美国移民政策的必要组成部分。……在总的原则上,不会超出移民政策的基本框架,更没有越出美国历史的发展。

第二,无论美国政府怎样调整其难民法,其基本依据和标准是美国人的价值观念和社会制度,政策实施的主要对象……其次才是那些因战争、自然灾害或不同政见而遭受迫害的难民。

第三,在实施难民法的过程中,哪些难民能够优先入境,并不取决于难民的受害性质和程度,而是美国社会的需要和难民自身所具有的利用价值。

——梁茂信《现代欧美移民与民族多元化研究》

问题设计:根据材料,概括美国一系列难民法的主要特点。阅读教材,概述中国和联合国为缓解难民问题所作出的贡献。

学生活动:阅读材料5,指出美国一系列难民法颁布的前提是立足于美国历史和国情。阅读教材,梳理中国和联合国的贡献如下:

中国:签发"生命签证",接收犹太难民。

联合国:成立联合国难民署,通过《关于难民地位的公约》《关于难民地位的议定书》,设立"世界难民日"。

教师活动:国际社会在难民的人道主义救助上作了很大的努力,但要真正解决难民问题,仍然任重道远。现代移民社会中劳动力市场的变化和难民问题的发展,给我们带来了机遇与挑战,也让我们更有必要深刻认识在此过程中出现的文化认同。

设计意图:通过梳理教材、呈现材料,分析难民问题,探究难民问题的根源和国际社会所作出的努力,认识解决难民问题仍任重道远,从而理解移民社会中的挑战和文化认同问题。

学习任务3:理解移民社会中的文化认同,感悟世界文明的多样性、包容性和凝聚性。

材料6 据统计,20世纪80年代与90年代,有专业技能的移民在"硅谷"的数量不断上升。1985—2000年,"硅谷"专业技术人才移民人数达到12.7余万人。

另据2001年沙克斯尼安在旧金山湾区对17家顶尖公司的2273名成员进行调

查,结果竟然发现,有90%是在美国以外地区出生的。

——高慧《美国硅谷创新人才的集聚与扩散机制及对上海的启示》

材料7 1992年4月洛杉矶发生暴乱事件,两名白人警察殴打了一名黑人司机,经各家电视台和报刊报道,引起了全国的关注。当法庭宣布白人警察无罪释放后,愤愤不平的洛杉矶黑人转而将自己的愤恨发泄在就业和福利项目中的竞争者古巴裔、墨西哥裔和韩裔身上。

——杨弘《美国移民政策的里程碑——1965年移民和国籍法》

问题设计:美国是典型的移民国家。有人说,美国是个民族"大熔炉",也有人认为美国是个民族"大拼盘"。结合材料,你更倾向于哪种观点?并说明理由。

学生活动:阅读材料6、7,选择观点并分析回答理由。在思考和回答的过程中,认识到美国独特的移民文化具有多样性和凝聚性,也思考这种文化认同带来不同种族间的冲突与矛盾,从而造成严重的后果。

教师活动:指导学生认识"大熔炉"和"大拼盘"模式的区别主要在于其是否强调民族分界、民族身份和可能带来的不同结果。

材料8 新加坡作为东西方交通枢纽,国小民寡,处于东西方文化的冲突地带,挣扎于东西两大文明之间。自它建立之日起,就注定了其自主发展历程必将充满坎坷,新加坡在利用其有利的地理位置进行转口贸易、充当经济上东西方贸易"二传手"的同时,在文化上逐渐成为两大文明的边缘地带。在新加坡这个舞台上,不同文化、不同族群互相接触、碰撞。

——李志东《新加坡国家认同研究(1965—2000)》

问题设计:新加坡是具有移民社会特征的城市国家,请根据材料并结合教材,概括其形成的背景因素,并指出新加坡的主要人口构成。

学生活动:阅读材料和教材,概括回答其主要背景因素包括有利的地理位置,经济的迅猛发展,摆脱了英国的殖民统治等;人口构成中,主要是来自中国南方各省的华裔移民,还包括马来族、印度裔移民等。

教师活动:面对"不同文化、不同族群互相接触、碰撞",新加坡政府又是怎么做的呢?

材料9 新加坡开始自治时,英国殖民者留下了初步具备一定制度文化水平的政治遗产,如林德宪法、议会民主制度、精英政治、法治等。由于文化和制度的惯性,这些具有现代性和民主性的因素被新加坡政府保留在自治后的政治体制内,并在实用理性主义的主导下与东亚儒家文化进行了有机融合。新加坡有复杂的种族关系,有众多的宗教门派,有多种文化传统,有多种语言和教育,在这种错综复杂的社会体系中,要进行有效的社会整合和社会管理,一个超越国内任何一个阶级、种族和文化的"强政府"成为必然要求。

——摘编自孙建红《新加坡软权威主义政府的"善政"之道》

问题设计:根据材料,提炼新加坡政府应对复杂国家形势时所体现的精神。结合所学,以新加坡的文化景观为例,对此加以说明。

学生活动:阅读材料,提炼出包容、实用、理性的精神。马来语、华语、英语和泰米尔语均为官方语言,各民族尊重彼此的宗教信仰和风俗习惯,各类宗教建筑形式各异,各民族的传统文化活动丰富多彩等,可充分体现这些精神。

教师活动:在不同文化的交汇、借鉴与认同中,新加坡的多元文化得以和谐共处,有许多可取之处。而在全球化背景下的现代世界,顺应时代潮流,尊重文化多样性,是实现文化和谐共处的宝贵经验。

设计意图:通过探讨美国移民社会的交融与冲突、新加坡移民社会的发展,深刻理解迁徙与融入当地社会过程中出现的文化认同,感悟世界文明的多样性、包容性和凝聚性,体会文明交流超越文明隔阂、文明互鉴超越文明冲突的价值内涵。

小结:第二次世界大战后,经济全球化加速发展,全球劳动力市场逐渐形成,全球劳动力市场结构改变,逐渐呈现出"精英迁移"的新趋势,美国"硅谷"便是实例。与此同时,战争、灾难、贫困等因素导致难民问题,使难民成为现代社会移民中的一个特殊群体。为此,国际社会作了很大的努力,但是仍然任重道远。伴随着劳动力市场的发展和难民问题带来的挑战,移民社会呈现出文化交融、碰撞的特征,美国尤为典型。文化的多样性既给美国带来了创新的活力,但也使美国不同种族间的矛盾和冲突愈演愈烈。新加坡是具有移民社会特征的城市国家,在那里多元文化和谐相处,形成了独特的文化景观。美国和新加坡的移民文化既让我们感悟到世界文明的多样性、包容性和凝聚性,体会文明交流超越文明隔阂、文明互鉴超越文明冲突的价值内涵,又为当前国际社会面对移民浪潮提供了启示与借鉴。

(三)板书设计

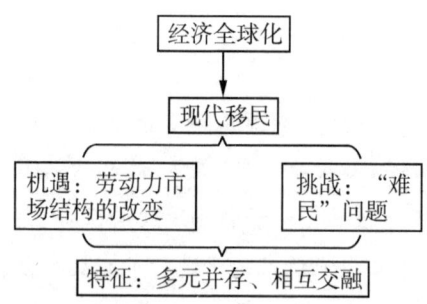

（四）核心素养水平划分

水平1：能够说出二战后跨洲、跨国家、跨地区不同规模的人口迁徙的基本状况；能够指出难民的主要类型。

水平2：能够通过教材和教师提供的材料，概括描述难民问题的由来和国际社会的应对措施。

水平3：能够对移民带来的劳动力结构的变化有着整体的认识和概括的说明；能够基于唯物史观，认识移民所面临的机遇和挑战；能够以美国和新加坡为例，分析移民社会所呈现的主要特征。

水平4：能够深刻理解迁徙与融入当地社会过程中出现的文化认同，感悟世界文明的多样性、包容性和凝聚性；能够史论结合、实事求是地论述历史与现实的问题，体会文明交流超越文明隔阂、文明互鉴超越文明冲突的价值内涵。

第9课

古代的商路、贸易与文化交流

一、课标要求

了解不同时代、不同类型商路的开辟；通过了解商品所体现的特色文化，理解贸易活动在文化交流中所扮演的重要角色。

二、教材分析

本课共有三个子目。第一子目主要介绍了汉代张骞"凿空"西域开辟丝绸之路的史实与丝绸之路在长期发展中开辟的支线的情况，展示了西汉以来中西方之间繁荣的陆上贸易。第二子目介绍了中国北方、西南、海上的商路，说明了中西之间商路的多样化与贸易活动的持续性。第三子目是本课的重点内容，叙述了商品作为文化的载体，成为文化交流的介质。物质、技术、宗教、音乐等在贸易活动进行的同时对外传播，相互融合、共同发展。在教学过程中，可以尝试以典型的商品作为切入点，通过贸易活动理解商路、贸易与文化交流之间的关系。

三、学情分析

学生在以往的学习中，对丝绸之路的开辟已有一定的知识储备，但尚未建立起商路、贸易与文化交流这些概念之间的联系，缺乏全局观念，难以理解其内在关系。

四、教学目标

1. 通过时空定位和史料阅读，了解汉代丝绸之路开辟的史实，掌握丝绸之路演变与发展的历程。

2. 通过史料，对比、分析丝绸之路开辟前后东西方交流的变化，理解丝绸之路开辟的重要意义，阐释中西方文明交流发展的趋势，感受我国古代对外交流的繁荣。

3. 以典型的商品作为切入点,熟知随着贸易活动的进行,物质、技术、精神三个层面的内容得到传播,分析商路、贸易与文化交流之间的关系,深刻认识到文化在不断交流、借鉴中向前发展。

教学重点:了解古代中西方之间商路发展的基本概况,张骞"凿空"西域的历史贡献。

教学难点:理解贸易活动是文化交流的载体,分析商路、贸易与文化交流之间的关系,认识文化在不断交流、借鉴中向前发展。

五、教学过程

导入

材料1 (于阗国)初无桑蚕,丐东国,不肯出,其王即求婚,许之。将迎,乃告曰:"国无帛,可持蚕自为衣。"女闻,置蚕帽絮中,关守不敢验,自是始有蚕。

——欧阳修等《新唐书·西域传》

教师活动:引导学生阅读材料,大致得知蚕是古代东方国家特有的物种,且由于蚕丝可以纺衣,西方诸国心向往之。

设计意图:用历史小故事创设情境,增加课堂趣味性,同时引出本课的主要线索:丝绸。

学习任务1:初步了解丝绸之路开辟前东西方贸易的情况。

材料2 即便到古典时代末期(公元前4世纪末),亚欧东端的中国和亚欧西端的罗马帝国仍不能建立直接的、正式的联系,仍未能相互掌握有关对方的具体、可靠的知识。

——[美]斯塔夫里阿诺斯《全球通史》

材料3 闻汉之饶财,欲通不得。 ——司马迁《史记》

材料4 丝至罗马,价等黄金。 ——[英]威尔斯《世界史纲》

问题设计:根据材料,简要说明早期中西方之间交流的大致状态,分析产生这种现象的原因。

学生活动:阅读材料,了解在丝绸之路开辟前,中西方之间存在着零星的、间接的交流。以丝绸为代表的东方手工艺品与中国的富饶使得西方国家心向往之。

教师活动:在学生阅读、理解的基础上,指出中西方之间由于国家的政策、游牧民族的侵扰等因素,尚未建立起交通线路,也未进行直接的、成规模的贸易活动。

设计意图:通过材料,了解早期中西方交流的基本情况,为讲解丝绸之路开辟以后中西方交流的活跃局面作铺垫。

学习任务2：全面了解古代中西方商路的开辟、发展。

材料5 是时四夷大小君长争遣使入献见，道路不绝。

——司马光《资治通鉴》

材料6 印度、丝国和阿拉伯加在一起每年至少从罗马汲走了一亿金币。……中国人占有这一亿金币的近1/3份额，其余的2/3份额则由运送中国丝绸的中介商赚走了。

——[古罗马]普林尼《博物志》

问题设计：根据材料，指出中西方之间交往发生的变化，结合所学解释出现上述变化的原因。结合所学，说明张骞"凿空"西域的内涵。

学生活动：通过阅读材料与教材，掌握张骞开辟丝绸之路的史实。对比可知，商路开辟之后，中西方之间的交流变得频繁，中国与商路沿线的国家建立起了贸易关系，迈出了对外交流的重要一步。由此理解张骞"凿空"西域的内涵，理解丝绸之路开辟的影响。知道来自中国的丝绸成为这条商路上主要的物品，体会丝绸之路概念的由来。

教师活动：综合上述材料可知，张骞开辟丝绸之路打开了古代中西方交流的大门，加强了沿线国家的交流。强大的国力与先进的手工业发展水平，使中国成为古代丝绸之路的商贸主角。

材料7 丝绸之路路线示意图（见教材，略）。

问题设计：根据地图，结合教材，指出丝绸之路的历史特点。指出"草原丝绸之路""西南丝绸之路""海上丝绸之路"的空间位置，说出各商路的主要商品。

学生活动：充分观察地图，提取有效信息，认识中西方多条交通路线的时空范围，区分狭义丝绸之路与广义丝绸之路，梳理丝绸之路发展的历程，知道"草原丝绸之路""西南丝绸之路""海上丝绸之路"开辟的史实。

教师活动：古代的丝绸之路不是一条单一的交通线，而是由多条交通道路构成的交通网络。古代的丝绸之路长期存在并发展，途经区域逐渐拓宽，沿线交流日趋密切。丝绸之路在历史中动态发展，成为人类交流史上的奇迹。

材料8 唐朝的对外贸易范围更加广泛，政府的政策也更加开明，对外来文化采取兼收并蓄的政策，所以唐朝时期吸引了波斯、阿拉伯商人前来贸易，丝绸之路上的贸易往来非常频繁，中国商人的足迹也远达非洲和欧洲许多地区。

——摘编自杨晓璐《中国古代对外贸易综述》

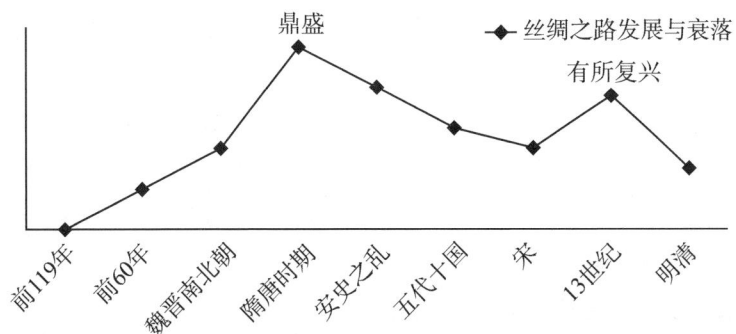

——根据周伟州、丁景泰《丝绸之路大辞典》内容绘制

材料9 丝绸之路在唐朝进入了全盛时期。唐朝的西部疆域超过了汉朝,设置安西四镇,驻兵防守,由安西都护府管辖……为丝绸之路的畅通提供了有力的保障。高宗至玄宗时期,从事国际商贸的粟特人,长期操纵着丝绸之路的转运贸易。他们不仅在经济交流,而且在文化交流中都起着重要作用。

——摘编自樊树志《国史概要》

问题设计:根据材料8、9并结合所学,概括丝绸之路在唐朝前期达到鼎盛的原因,由此总结影响贸易路线发展的因素。

学生活动:国家的政治形势、对外交流的政策、经济发展状况、手工业生产水平、交通技术的发展等因素都影响着商路的发展。

设计意图:通过对比,充分理解张骞"凿空"的内涵,突破本课教学重点;提高学生的史料阅读能力,培养历史解释素养;感受古代丝绸之路的繁荣,涵养家国情怀;通过解读地图,直观认识古代多条贸易路线的发展情况,培养时空观念;选取丝绸之路发展的顶峰时期唐朝作为切入点,由此分析影响商路发展的原因,培养历史解释能力。

学习任务3:理解商路、贸易与文化交流的关系。

教师活动:新疆阿斯塔古墓群位于今吐鲁番东南部,是古代高昌城居民重要的公共墓地。因其地理环境干燥,保存了大量的随葬品,同时也见证了丝绸之路的辉煌。锦是丝织物的一种,出土的这幅纹锦上的对狮,是佛教中的护法,具有典型的波斯萨珊王朝风格。织花技法则采用了我国西北少数民族惯用的斜纹纬线起花。

问题设计:通过这块出土的丝织物,结合教材,分析伴随商品的流通,中西方之间的交流还涉及哪些方面。

学生活动:商路的开辟为商品的交流提供了可能,在商业行为发生的同时,商品与商人也成为文化的载体与介质。物质、技术、精神等都伴随着商业活动进行交流。

材料10 随着丝绸的不断向西出口,养蚕和缫丝技术逐渐传到东罗马。漆器及其制造技术、铁器及冶铁技术西传……瓷器主要经由海路外销……青花瓷是当地工匠竞相仿制的重要产品。茶叶大量从海路向西销售,引起西方的饮茶风气……古代的四大发明传到西方。

中国古代文献中带有"胡"字的物种……基本都是从西方传入的。中亚和西亚的服饰、饮食曾对隋唐社会产生重大的影响……棉花传入内地以后发展成为重要的经济作物……佛教在汉代传入中国,此后逐渐中国化,深刻影响了中国的思想、文学和艺术创作……西亚的祆教、摩尼教……欧洲的基督教陆续传到中国。中亚和西亚的杂技、魔术……在唐朝广受欢迎……中医药知识也传入阿拉伯地区。

——据《普通高中教科书　历史　选择性必修3　文化交流与传播》整理

材料11 蚕丝技术西传后,西域丝织业获得进一步发展。唐朝时期,中亚的康国发展成为世界丝织品生产中心之一和最重要的丝绸集散地……这时候,西域丝绸便通过粟特和阿拉伯商旅更多的传入中国……在中国促使丝织业发生了一场近似革命性的变革,造就了唐宋时期中国丝绸文化的繁荣发展和以后对外传播更为强劲的潮流。

——中外关系史学会《中外关系史论丛第1辑:丝绸之路与文明的对话》

问题设计:根据材料指出中国在古代商路上扮演的角色,概括文明交流的特征,概述丝绸之路开辟对东西方文明的影响。综合上述材料,讨论商路、贸易与文化交流之间的关系。

学生活动:在古代丝绸之路的文化交流中,中国由于强大的实力与先进的手工业技术,成为古代商路上的主角。与此同时,东西方文明在交流中碰撞、融合、共同发展,形成文化回流,从各个地区涌回中国,对中国从生产技术到社会生活各方面都产生了深刻而广泛的影响。因此文明交流具有双向性、竞争性、互惠性的特征。商路的开辟为东西方的交流提供了平台,商品与商人作为文化的载体,成为文化交流的介质。物质、技术、宗教、音乐等在贸易活动进行的同时对外传播,相互融合、共同发展。

教师活动:2013、2014年,习近平主席分别提出建设"新丝绸之路经济带"和"21世纪海上丝绸之路"的合作倡议。我们应以什么样的姿态走向新丝绸之路?

学生活动:以开放的姿态去包容、吸收、创新。

设计意图:理解商路、贸易与文化交流之间的关系是本课难点。通过考古资料,学生可直观看到文化交流的印记,培养史料实证素养。认真阅读教材,找寻其内在的逻辑,打破商路仅仅传播商品这一定向思维,充分认识到商路、商品、商人都是文明的载体,贸易使得物质、技术、精神得到传播,理解不同文明在交往的过程中,融合的同时也在共同发展。

总结:商路的开辟对于促进文化的交流发挥了重要作用。文化在不断交流、借鉴中向前发展。中国文明在交流中走向世界,在交流中迎来了世界。这让我们感悟到了合作共赢的道理。古人用脚步丈量出了丝绸之路,留下了积极进取、敢于冒险的丝路精神。如今"一带一路"倡议提出,中国又一次做好准备走向世界,也再一次做好准备迎接世界。

（三）板书设计

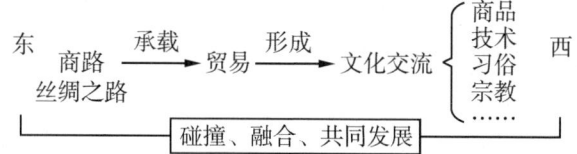

（四）核心素养水平划分

水平1:能够掌握丝绸之路开辟的史实,结合地图精确描述丝绸之路发展的过程。

水平2:能够选择、组织和运用相关材料并使用相关历史术语,说明古代中西方交流的内容与特点,在叙述过程中能将史实陈述与历史解释结合起来。

水平3:能够正确理解商路、贸易与文化交流的关系,运用史料对其作出解释。

水平4:能够深刻认识东西方文化在交流中交融、共同发展,在探究过程中能够恰当运用史料论述所探究问题。

第 10 课

近代以来的世界贸易与文化交流的扩展

一、课标要求

了解不同时代、不同类型商路的开辟;通过了解商品所体现的特色文化,理解贸易活动在文化交流中所扮演的重要角色。

二、教材分析

本课共两个子目。第一子目"全球贸易网的形成",讲述了新航路开辟以来各洲之间的贸易随之拓展,伴随着殖民扩张,工业革命和二战后各国围绕着贸易发展的努力,全球贸易网逐步形成并得以发展强化。第二子目"商品流动与文化交流国际化",讲述了在商品全球性流动的同时,各国文化伴随着商品一道传播到世界其他地区,并与当地经济文化发生碰撞、融合,推动了各国文化在不断借鉴中向前发展。

三、学情分析

学生在以往的学习中,已经对新航路开辟的基本过程和对世界历史的影响有了相对具体的认识,对本课中全球贸易发展的内容也相对熟悉,但对商品所承载的文化特色、商品流动与文化交流之间的密切联系相对陌生,需要辅以材料进行递进式学习。

四、教学目标

1. 阅读教材,归纳得出全球贸易网的形成经历了新航路开辟、殖民扩张、两次工业革命、二战后国际经济秩序重建等关键阶段。

2. 分析材料,理解商品流动的同时亦推动了文化的交流,使各国文化在借鉴中得到丰富与发展。

3. 收集材料,分享商品所承载文化交融的例子。

教学重点:理解商品交换促进了文化的传播与交融。

教学难点:理解商品所承载的文化特色。

五、教学过程

（一）教学主题

认识商品的流动推动各国文化的交流与发展。

（二）教学过程

导入

教师活动:谈到英国下午茶,大家一定耳熟能详,画面感十足,它已成为英国文化的重要组成部分。但如右图所示,1658年英国才出现第一张售茶广告,对英国来讲茶叶是舶来品,但它今日已成为英式文化的一部分。今天这一课将是这一变化的最好注脚。

设计意图:以一张售茶广告的图片导入本课,既能吸引学生兴趣,又能引出本课教学过程中体现文化交流交融的重要商品——茶叶。

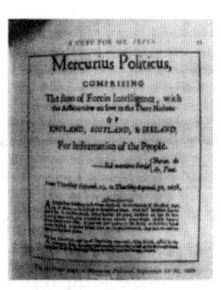

图1　1658年英国《政治公报》新闻周刊刊登的售茶广告

学习任务1:了解新航路开辟后全球贸易网形成与发展的基本历程。

材料1　1500年以前,阿拉伯和意大利商人就已在欧亚大陆一地区和另一地区之间贩运商品,主要是奢侈品——香料、丝绸、宝石和香精。到18世纪末,这种有限的奢侈品贸易由于新的、大批生活必需品交易的扩大而转变为大规模贸易。

——[美]斯塔夫里阿诺斯《全球通史》

材料2　欧洲人在加勒比海和美洲建立殖民地,在大西洋海域建立四通八达的贸易网络。欧洲的制造业产品向西越过大西洋,换来墨西哥的白银、秘鲁的矿产以及蔗糖和烟草等农产品,这些都是欧洲市场的紧俏商品。贩奴是大西洋贸易的特征。欧洲的纺织品、枪支和其他制造业产品向南来到西非,用来交换非洲的奴隶,然后这些奴隶被运送到西半球热带和亚热带的种植园中工作。……到1750年,除了澳大利亚,世界上其他地区都被纳入全球商业网络中。

——[美]杰里·本特利、赫伯特·齐格勒《新全球史》

教师活动:阅读材料1、2,结合所学,思考新的、大批生活必需品有哪些,其对世界贸易的发展有何贡献,还有哪些因素推动了这一时期世界贸易的发展。

学生活动:新的、大批生活必需品包括蔗糖、烟草、玉米、马铃薯等。这些新的商品扩大了贸易的数额,加快了各区域的贸易联系,有助于全球贸易网的形成。除此之外,还有西欧列强在美洲、非洲和亚洲等地的殖民扩张,股份公司的出现和发展等因素推动了全球贸易网的形成。

材料3 早期的工业化只有英国、西欧和北美发生;到了19世纪后期,俄国和日本也开始了工业化。除了拓展到西欧以外,由于工具、技术、商业和金融组织的工业化,以及能够从农业社会获得原材料的交通网络的建立,整个世界被联系在了一起。很多自然资源丰富的地区逐渐成为原料出口地,工业国的代理控制了与贸易有关的商业金融组织机构,相应地,原料出口国却缺少对资源的控制能力。一些国家的市场上充斥着来自工业国家的廉价制造品。

——[美]杰里·本特利、赫伯特·齐格勒《新全球史》

教师活动:阅读材料3,阐述工业化对世界贸易格局的影响。

学生活动:工业化一方面推动工具、技术、交通的发展,让世界的联系更加紧密;一方面工业化的批量生产和生产效率的提高,使欧美发达国家需要寻求更多的原料产地和商品市场,形成了西欧、北美国家生产和出口制成品,其余国家生产和出口初级产品的国际分工和贸易格局。

材料4

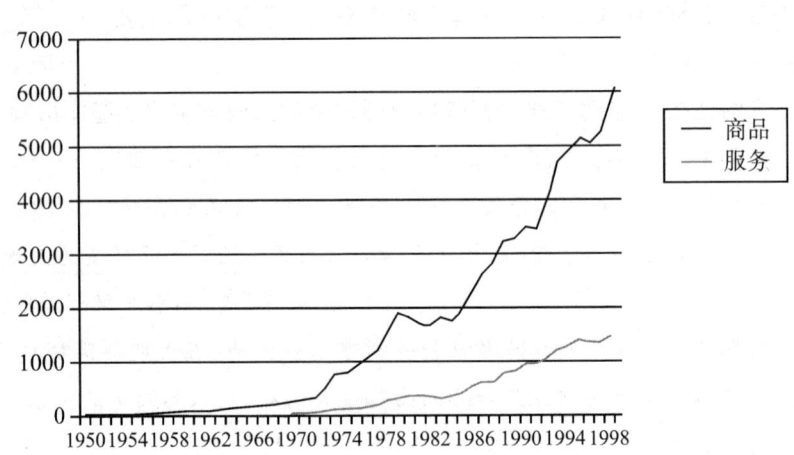

图2 二战后世界贸易(出口)发展情况(1950—2000年,10亿美元)

教师活动:观察材料4的图表,说一说为什么二战后世界贸易(出口)总值出现了这样的发展态势。

学生活动:二战后,世界在很长一段时间里处于冷战时期,不利于世界贸易健康发展。关贸总协定的签署对世界贸易的扩大起到积极作用,随着中国改革开放的发展、冷战的结束和世界贸易组织的成立,世界贸易得到了迅猛发展。

设计意图:通过解读材料,让学生认识到新航路开辟后地区间的贸易与之前贸易的区别,感知全球贸易网的建立;工业革命是全球贸易网形成的关键环节,通过材料让学生明白这一时期贸易格局的变化、贸易分工的基本情况;引导学生通过分析图表得出结论,再用所学去论证结论,培育历史解释素养和分析问题的能力。完成学习任务1后,学生可认识到,全球贸易网的形成有一个过程,学会建立事件之间的因果与逻辑联系。

学习任务2:分析贸易活动对各国文化交流的影响。

材料5 由于欧洲人对蔗糖的需求源源不断,蔗糖很快在欧洲市场上获得了价格优势,种植园主们也顺应形势变化,逐渐转向种植甘蔗和生产蔗糖。西印度人很快发现他们更大的利润来自甘蔗,因为烟草可以在弗吉尼亚大量种植,并且在那里种植的烟草比西印度任何地方种的都多。

——王倩《"蔗糖革命"的历史考察》

材料6 早期引进的茶,味道苦涩,人们喝它容易引起饥饿……随着糖的"加盟",茶就流行开来了。到18世纪末,在乡村生活中,加了糖的茶已成功替代相对昂贵的牛奶。大量英国穷人习惯饮用加糖的茶,是因为这种茶比牛奶和麦芽都便宜,并且其中的糖分具有提神作用。

——王铭铭《糖粒上的历史》

教师活动:根据材料5,分析指出影响种植园主选择大量种植甘蔗的因素。综合材料5、6,概括茶得以在英国逐步流行的原因。

学生活动:种植园主大量种植甘蔗,是因为欧洲人对蔗糖有大量的需求,蔗糖的利润高,烟草种植的竞争更加激烈。茶得以在英国流行的原因包括新航路开辟后中国的茶叶传播到英国,茶和糖结合后口感更佳且具有提神作用,茶叶价格相对便宜。

材料7 18世纪初期的英国贵妇人开始齐聚在茶几品茗,到19世纪中叶时,已拓展到劳工阶级和下层中产阶级的生活中,成为民众的必需品,并且逐渐形成英国特有的"红茶文化"。到了下午4点,是所谓的"下午茶时间",所有人都暂时放下手中的工作,享受红茶的美味。

——摘编自陈慈玉《中国茶叶的全球化》

材料8 英国首相威廉·格莱斯顿在一首诗歌中给予红茶"下午茶的灵魂"的极高赞美:"寒冷若你,茶将为之温暖;激奋若你,茶将为之安定;沮丧若你,茶将为之开怀;疲惫若你,茶将为之抚慰。"

——刘馨秋、朱世桂等《茶的起源及饮茶习俗的全球化》

教师活动:综合上述材料,谈谈对英国"下午茶"文化内涵的理解,并以此为例尝试分析贸易活动对各国文化交流的影响。

学生活动：英国下午茶文化的内涵包括在下午4时许，民众放下工作小憩，品尝红茶，红茶给人带来温暖、安定和抚慰。新航路开辟后，世界从分散走向整体，全球贸易网逐步形成，来自美洲的蔗糖和来自中国的茶叶作为商品流动到英国，英国在接受中国茶和茶文化的同时，也根据国情创造出了属于自己的"下午茶"文化。由此可见，各国文化同其商品一道传播到世界其他地区，各国文化在这一过程中不断借鉴，向前发展。

教师活动：中国饮茶历史悠久，蕴含着含蓄内敛的东方美学，是中国文化的符号之一。携带着这种文化基因的茶叶作为商品传播到英国后，又衍生出独具英伦特色的"下午茶"文化，令人赞叹商品流动与文化交流之间的巨大引力。

设计意图：通过糖和茶两则具体贸易商品的切入，引导学生分析茶在英国流行的缘由，并以英国"下午茶"这一文化形成为例，以小见大，让学生理解国际贸易的过程即文化交流的过程，各国文化在交流借鉴中得到发展。

学习任务3：以中国某一商品为例，介绍其所包含的异国文化因素和对中国文化的影响。

教师活动：商品的流动和文化的交流无时无刻不在发生，请以中国的某一商品为例，介绍其所包含的异国文化因素以及对中国文化的影响。

学生活动：展示成果。

示例1：中山装。它包含了西式服装文化，同时又推动了我国传统服饰文化的革新与发展。

示例2：《功夫熊猫》《花木兰》等电影。它们包含了很多好莱坞文化和表达技法，同时推动了中国文化元素走向国际舞台。

设计意图：通过这一展示环节，让学生深切体会商品所承载的文化属性，以及其对各国文化交流的重要作用，再次强化学生对本课重难点的认识，做到论从史出。

（三）板书设计

新航路开辟
殖民扩张   推动   促进
两次工业革命 ——→ 全球贸易网形成 ——→ 各国文化交流与发展
二战后贸易秩序重建

（四）核心素养水平划分

水平1：能够了解唯物史观的基本观点，如经济基础决定上层建筑，进而更上位地把握本课贸易活动与文化交流的关系；能够清楚准确地表达全球贸易网形成过程中的关键阶段;能够在史料中提取有关贸易发展、国际贸易与文化交流的关系等信息。

水平2:能够以某商品为例,选择、组织和运用相关材料并使用相关术语论证其能体现各国文化的交流;能够基于教材梳理出全球贸易网形成的来龙去脉,理解特定时空下的时代因素对全球贸易网形成的影响;能够理解和尊重各国优秀文化。

水平3:能够整理和辨析课前搜集到的史料,作出自己有理有据的判断与展示;能够用特定的时间和空间术语说明全球贸易网的形成过程;能够在探讨英国"下午茶"文化形成的过程中学会全面分析解释;能够深刻理解新航路开辟后全球商品的世界性流动对各国文化交流的深刻影响。

水平4:能够在对现实生活中的商品及其所蕴含的文化交流等活动的探究中,独立、全面地分析论述,并尝试从唯物史观的角度思考其本质;能够通过学习文化交流的相关史实,把握历史发展从分散到融合的趋势,既增强本民族文化认同感,又包容看待异国文化,从而推动中华文化的发展。

第11课

古代战争与地域文化的演变

一、课标要求

通过了解历史上的著名战争,理解战争对人类文化的破坏,以及造成的文化断裂;认识战争在客观上又为不同文化的碰撞提供了契机。

二、教材分析

本课共两个子目,主要叙述了古代世界马其顿王国的亚历山大远征和蒙古时期的西征,这两次欧亚间著名的战争是古代东西方文化碰撞的典型。奴隶社会时期的马其顿王国兴起及亚历山大远征对西亚、北非等地的文化演变产生重大影响,此后三百年希腊文化与西亚、北非文化相互影响,该区域被称为"希腊化世界",该阶段被称为"希腊化时代"。但这些影响只波及该区域中的城市,西亚、北非广大的乡村地区仍保留原有的语言、宗教和风俗。古代封建社会时期的蒙古进行了三次大规模的西征,破坏了被征服地区的社会经济,但客观上推动了东西方之间的相互了解。蒙古西征还引发了较大规模的民族迁徙,移民与当地居民融合,使被征服地区的文化面貌有所改变。

三、学情分析

通过以往的学习,学生了解并基本掌握了亚历山大远征、蒙古西征等古代世界战争的基本史实,认识了古代战争所带来的基本影响,为本课学习打下了一定的史实基础。但是,学生对于亚历山大远征和蒙古西征的时空观念及"希腊化时代"等基本概念的掌握还不够,要从现有的知识和能力出发分析、探究东西方文化的相互影响,并阐释这种文化交流对整个人类文明发展的影响,对学生来说仍是一个较大的挑战。教师需在教学中给予必要的史料补充和适切的问题设计,引导学生完成这一学习任务。

四、教学目标

1. 运用战争形势图,定位历史时空,了解亚历山大远征和蒙古西征的过程。

2. 解读史料,了解古代战争推动东西方文化交流的典型事例,理解战争的双重作用。

3. 分析文化的交融性和民族性,提升对"文化多样性"这一内涵的认识,增强对不同时期不同民族都在为世界文明的发展作出独有贡献的认知。

教学重、难点:分析亚历山大远征和蒙古西征的主、客观影响,探讨古代东西方的文化交流对整个人类文明发展的影响。

五、教学过程

(一) 教学主题

了解古代战争中东西方文化的碰撞与交流,理解世界文化发展的多样性和交融性,深化文化交流有利于世界文化发展的认同。

(二) 教学过程

导入

教师活动:展示亚历山大远征和蒙古西征的图片。

图1　亚历山大远征　　　　图2　蒙古西征

问题设计:根据两幅图片提供的信息(如军队的穿着打扮),说出两场战争的发起者及战争名称。

学生活动:根据图片信息并结合所学,说出亚历山大远征和蒙古西征。

教师活动:亚历山大远征和蒙古西征是古代世界东西方之间发生的典型战争,如马克思所言:"暴力、战争、掠夺、抢劫等等被看作是历史的动力。……古老的文明被蛮族破坏,接着重新形成另一种社会结构。对野蛮的征服者民族来说,正如以上所指出的,战争本身还是一种经常的交往形式。"这两次战争的过程如何?它们是如何促进东西方的交往?

设计意图:通过战争图片,使学生初步了解亚历山大远征和蒙古西征,引出对两次战争过程及其影响的疑问,激发学生对本课的兴趣,为后续课堂培养学生的历史解释素养做好铺垫。

学习任务1:初步了解亚历山大远征的概况。

教师活动:地中海沿岸以亚历山大命名的城市很多,亚历山大究竟是怎样一个人物?其发动的对外征服战争过程又是如何?展示亚历山大人物简介:亚历山大(公元前356年—前323年),马其顿王国国王,世界古代史上著名的军事家和政治家,是欧洲历史上最伟大的四大军事统帅之首(亚历山大大帝、汉尼拔·巴卡、恺撒、拿破仑)。曾师从古希腊著名学者亚里士多德,统一希腊全境,进而占领中东地区、埃及全境,灭亡波斯帝国,一度占领印度河流域,征服全境约500万平方千米。

学生活动:依据人物简介并结合教材,简述亚历山大远征的概况。

教师活动:在学生初步叙述亚历山大远征的基础上,小结从公元前334年开始,经过10年征战,亚历山大先后占领埃及、波斯,征服小亚细亚到印度河流域的广大区域。公元前323年,随着亚历山大的去世,马其顿帝国陷入分裂。

设计意图:以人物简介的方式引发学生对人物主要活动的整理和认知,为后续课堂教学展开预设铺垫。

学习任务2:辩证认识亚历山大远征的影响,初步理解战争过程中的文化碰撞与交融。

材料1　亚历山大神奇的一生既诠释了战争的积极意义,又展现了战争的消极影响。他深受希腊文化的影响,对波斯人和印度人充满了好奇心。他的所作所为像一部巨大而血腥的文化搅拌机。

——摘编自[英]安德鲁·玛尔《BBC世界史》

问题设计:材料中的"血腥"指什么?"文化搅拌机"又如何理解?

学生活动:根据材料,结合教材,了解亚历山大远征给被征服国家地区带去了屠戮与灾难,这是战争"血腥"的一面。"文化搅拌机"指亚历山大远征把希腊文化传播到征服地区,同时又吸收了波斯、印度这些地区的文化,促进和推动了东西方文化的交流、交融。

材料2　尽管亚历山大帝国很快土崩瓦解,但希腊风格的新城市如雨后春笋般不断涌现。亚历山大的将领们瓜分了古典世界的大部分地区,希腊文化或希腊化文化进入了繁荣时期。哲学家开办了新学校,雕刻家和画家在新的地方找到了工作,某种通用语逐渐传播开来。

——摘编自[英]安德鲁·玛尔《BBC世界史》

问题设计:什么是"希腊化世界"？什么是"希腊化时代"？什么是"希腊化文化"？

学生活动:根据材料,结合教材,指出"希腊化世界"是亚历山大远征征服地区及分裂后的广大区域的统称。"希腊化时代"指从亚历山大远征到罗马最终征服托勒密埃及之间大约300年的时期。"希腊化文化"即希腊化时期,也就是以亚历山大远征到托勒密埃及灭亡之间产生并存在于希腊人控制或直接影响的世界文化。

教师活动:提醒学生关注教材"学习聚焦"。"希腊化时代"的文化是希腊文化与西亚、北非等地的文化相互影响的产物,可以用这一公式表示:希腊文化＋埃及文化＋西亚文化＋波斯文化＝希腊化文化。"希腊化时代"的意义和影响在于何处？

材料3 希腊化时代的历史意义在于:它打破了历史上形成的东西方各自独立的模型,使它们合二为一。现在,人们首次想到把整个文明世界当作一个单位——一个文化高度发达的核心区。起先,埃及人和马其顿人是以征服者和统治者的身份去东方的,他们强制推行希腊化模式。但是,在这过程中,他们自己也发生了变化,使随后产生的希腊化文明成为一个混合物,而不是来自其他地区的移植物。

——[美]斯塔夫里阿诺斯《全球通史》

学生活动:阅读材料,谈谈"希腊化时代"对东西方文化所产生的影响。

教师活动:指出亚历山大远征促进了东西方文化的交融,希腊文化传播到北非、西亚地区,同时西亚、北非文化仍然在希腊化世界保持长期的影响。希腊化文化只是对希腊化世界的城市产生影响,广大农村地区仍保持自己的语言、宗教和风俗。

设计意图:引用《全球通史》中关于希腊化时代历史意义的叙述,加深学生对希腊化时代打破了东西方文化独立模型,加速东西方文化交融这一意义的理解。

学习任务3:了解蒙古西征的过程,从版图扩张角度认识战争的征程伴随文化的交流。

教师活动:展示蒙古军队西征路线图(视频)及蒙古扩张版图(动态图),挖空蒙古三次西征的表格内容,引导学生完成表格内容。

西征	时间	发起者	目标	征服区域
第一次	1219—1225年		花剌子模国	黑海北岸
第二次	1235—1244年	窝阔台	俄罗斯	
第三次	1253—1260年	蒙哥		巴格达

学生活动:根据视频和动态图演示,结合教材内容,完成表格空白部分,了解蒙古西征的概况。

西征	时间	发起者	目标	征服区域
第一次	1219—1225年	成吉思汗	花剌子模国	黑海北岸
第二次	1235—1244年	窝阔台	俄罗斯	德国、匈牙利、巴尔干半岛
第三次	1253—1260年	蒙哥	西亚、中东	巴格达

设计意图:运用地图和表格形式,在落实时空观念核心素养的同时,解释战争为东西方文化交流提供契机。

学习任务4:探讨蒙古西征对不同地域文化产生的影响。

材料4　1205年,在"库里尔台",他被推举为全蒙古大汗,得尊号"成吉思汗",意为"世界的统治者"。现在,他能满足游牧民族的征服和掠夺欲望。据说他曾说过:"人类最大的幸福在胜利之中:征服你的敌人,追逐他们,夺取他们的财产,使他们的爱人流泪,骑他们的马,拥抱他们的妻子和女儿。"

——摘编自[美]斯塔夫里阿诺斯《全球通史》

问题设计:根据材料4,说说蒙古西征对被征服地区的影响。

学生活动:阅读材料,提取材料中的信息,指出蒙古西征伴随着野蛮掠夺,给被征服地区带来了灾难。

教师活动:肯定学生的回答,强调蒙古的三次西征给被征服地区的社会经济带来严重破坏,但同时客观上推动了东西方的相互了解。举例说明蒙古西征后东西方相互交流的表现。

学生活动:阅读教材,指出《马可·波罗行纪》、"色目人"等具体体现东西方交流的事例。

设计意图:展示材料,让学生概述蒙古西征给被征服地区带去的灾难,提升材料解读,信息提取、概括能力;举例说明蒙古西征后东西方相互交流的表现,提升史论结合能力。

小结:本课回望亚历山大远征和蒙古西征这两次著名的古代战争的过程,探讨了两次战争对古代东西方世界所产生的文化影响。依托两次战争中对文化影响的重要概念及文化交流的典型个案,理解战争在给人类带来灾难的同时,又客观上促进不同区域间的文化交融和重构,体现了世界文化发展的多样性趋势。

（三）板书设计

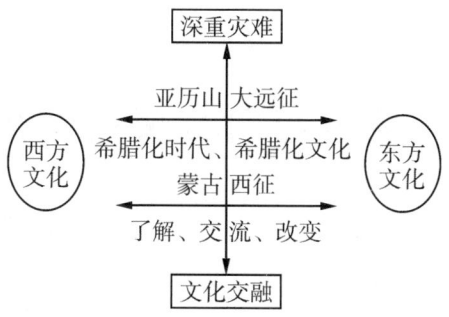

（四）核心素养水平划分

水平1：能够知道亚历山大远征和蒙古西征的过程；能够从多种类型的史料中提取有关信息，说明战争对古代东西方文化所产生的影响；能够辩证地看待战争对于人类文化发展的影响。

水平2：能够运用准确的时间术语描述亚历山大远征和蒙古西征的进程；能够利用历史地图、表格描述亚历山大远征和蒙古西征的重要史事；能够从多种类型的史料中提取有关信息，分析战争对古代东西方文化所产生的影响；能够辩证地认识战争对人类文化发展的深远影响，树立以和平方式进行文化交流的意识。

水平3：能够利用不同类型的史料，分析古代战争对人类不同区域文化所产生的影响；能够理解战争也是人类交往的一种重要方式，推动了不同区域文化的交流与融合；树立避免战争，以和平方式进行文化交往、推进文化多样性发展的意识。

水平4：能够比较、分析不同来源、不同观点的史料，分析古代战争对人类不同区域文化的影响；能够理解古代战争对推动不同区域文化交流的重要作用，理解战争也是人类交往的重要方式，树立避免战争，以和平方式推动人类文化交往的意识。

第12课

近代战争与西方文化的扩张

一、课标要求

通过了解历史上的著名战争,理解战争对人类文化的破坏,以及造成的文化断裂;认识战争在客观上又为不同文化的碰撞提供了契机。

二、教材分析

本课共三个子目。"独立战争后的美国文化与拉丁美洲文化"一目主要讲述独立战争前美洲文化的特点、产生原因和表现,独立战争对美洲文化的影响,战后美洲文化的特点。"拿破仑战争后欧洲文化的重构"一目讲述了拿破仑战争对俄国、波兰、德意志文化重构的全过程,以及拿破仑战争后欧洲各国政治文化间的共性。"欧洲殖民者的文化侵略"一目以近代中国、印度和埃及为例,展现出殖民国家企图通过向被殖民国家输出文化来改造甚至消灭后者的文化,同时也展现了沦为殖民地或半殖民地的国家对待西方殖民者文化侵略的态度——不同程度地接受,但也会努力保护传统文化。

三、学情分析

学生通过以往的学习,已对美国1787年联邦宪法的基本内容、影响以及中国近代向西方学习的历程有所了解。本课中,"独立战争后的美国文化与拉丁美洲文化"和"拿破仑战争后欧洲文化的重构"逻辑性很强,对学生的逻辑思维水平和分析归纳能力提出了较高的要求,教师需要注重前后关联,并补充史料。

四、教学目标

1. 在自主阅读预习的基础上,独立自主地概括美国独立战争和拿破仑战争的基本内容。

2. 运用有关史料加以分析,从当时的情境和历史的角度论述独立战争前后北美洲英国文化与当地文化的融合,以及拉丁美洲的拉丁文化与当地文化的融合。

3. 联系此前所学知识,以启蒙运动的思想为切入口,探讨拿破仑战争对民主、自由等思想在欧洲的推动作用。

4. 运用有关史料,说明近代欧洲殖民者的文化侵略,并以中国、印度、埃及为例说明。

教学重点:了解独立战争后的美国文化,理解拿破仑战争后的欧洲文化重构。

教学难点:理解战争对人类文化的破坏,以及造成的文化断裂;认识战争在客观上又为不同文化的碰撞提供了契机。

五、教学过程

(一) 教学主题

由独立战争、拿破仑战争、欧洲殖民战争辩证认识战争对人类文化的影响。

(二) 教学过程

导入

材料1 暴力、战争、掠夺、抢劫等等被看作是历史的动力……古老的文明被蛮族破坏,接着重新形成另一种社会结构。对野蛮的征服者民族来说,正如以上所指出的,战争本身还是一种经常的交往形式。

——[德]马克思、恩格斯《德意志意识形态》

教师活动:简述马克思、恩格斯对战争与历史演进关系的论述,使学生建立起对战争是一种文化交往方式的初步认识。

设计意图:通过呈现马克思、恩格斯对战争的论述,初步建立起对本课学习主题的认识。

学习任务1:认识独立战争后的美国文化。

材料2 在我经过各个殖民地时,我发现不同地区的人们在习俗和性格方面很少有差别,只在特许状、肤色、空气和政府方面,我看到了一些不同……至于教养和人文方面,他们也十分相似,只是大城镇的居民更开放一些,波士顿尤其如此。

——李剑鸣《美国的奠基时代:1585—1775》

问题设计:阅读材料并结合所学,指出独立战争前北美不同殖民地的人们在文化生活上的异同。

学生活动:阅读材料,能从材料中指出独立战争前北美不同殖民地的人们在特许状、肤色、空气、政府等方面的不同,并能结合所学指出一些相似之处。

教师活动：独立战争前，北美不同殖民地的人们在特许状、肤色、空气、政府等方面是不同的，在习俗、性格、教养、人文等方面十分相似。

材料3 美国是一个由移民组成的国家，美利坚民族是一个由许多民族（或种族）组合而成的民族。北美大陆地沃人稀，资源丰富。经过多年的艰苦努力，早期移民靠勤奋求实的开拓精神……他们重视个人价值，提倡信仰自由……于是美国白人大肆宣扬"白人优越论"，对印第安人、黑人等有色人种推行种族歧视政策。

——崔缨《简论早期移民对美利坚民族性格的影响》

问题设计：阅读材料并结合教材，指出北美移民的构成来源并概括独立战争前北美形成的文化特征。

学生活动：能抓住材料中"早期移民""种族歧视"等关键信息，并迁移《中外历史纲要》中所学内容，指出北美移民的构成来源以及独立战争前的文化特征。

教师活动：北美移民的构成来源主要有英国及其他欧洲国家的移民、被贩卖为奴的非洲黑人、当地的印第安人。独立战争前北美形成的文化特征有重视工商业、地方自治、勤俭务实、重视教育、注重个体和创造精神等，白人对黑人、印第安人的种族歧视和文化优越感根深蒂固。

材料4 1787年宪法强调加强国家权力，又在权力结构中突出"分权与制衡"的原则，以避免权力过于集中，体现了一定的资本主义民主精神。其内容是：立法、司法与行政权三权分立。分权制衡的核心精神在于权力平衡。

——摘编自何勤华《外国法制史》

材料5 清教徒的有序自由在传到马萨诸塞以后，很快变成残酷镇压的工具；绅士的支配自由观念传到弗吉尼亚后，为种族奴隶制大开绿灯，并从中获得支持。

——摘编自[美]大卫·哈克特·费舍尔《阿尔比恩的种子》

问题设计：根据材料并结合所学，阐释独立战争后美国文化的表现。

学生活动：阅读材料4、5，指出启蒙文化对美国文化的影响以及清教徒有序自由观念的传播带来的结果。

教师活动：独立战争后，美国文化以西欧文化为主体，吸收了印第安人和非洲黑人文化；权力制衡原则成为美国政治文化的组成部分；自由女神像是美国文化的重要符号之一；白种人文化优越感根深蒂固，种族歧视伴随着美国文化的形成与发展；发展种植园经济和实行奴隶制，是与美国主流文化相违背的。

设计意图：通过分析独立战争前美国文化特征，让学生对独立战争后美国文化的表现形成鲜明的对比认识，理解独立战争对美国文化形成的客观作用。

学习任务2：认识独立战争后的拉美文化。

材料6 16世纪初，葡萄牙占领了巴西，西班牙统治了除巴西以外的南美广大地区。从此，全洲进入了长达300年的殖民统治时期。为补充劳动力的不足，殖民者又从非洲贩入大量黑奴。宗主国西班牙、葡萄牙等国的社会制度、风俗习惯、宗教信仰以及文化传统，随移民大批涌入，传播到南美各地，西、葡语取代印第安语，成为普遍使用的正式语言。

——摘编自[美]斯塔夫里阿诺斯《全球通史》

材料7 拉丁美洲独立运动形势图(略)。

教师活动：根据文字材料，结合地图，分析西班牙、葡萄牙殖民者给拉丁美洲带来的变化，讲解拉丁美洲独立运动的形势。

材料8 19世纪初，拉丁美洲仍是一个封建主义的殖民地社会。1810—1826年独立战争的领导人们，向往社会进步和自由，放弃了已有的家产和奴隶，提出了解放奴隶，取消对印第安人的人头税和劳役制，废除教会特权，鼓励自由贸易等进步主张。

——摘编自赵长华《论1810—1826年拉丁美洲独立战争的性质》

问题设计：依据上述材料，并结合教材，思考拉丁美洲独立运动所起到的积极作用及其局限性。

学生活动：阅读材料，辩证地分析拉丁美洲独立运动的作用。

教师活动：拉丁美洲独立运动后颁布了宪法，取消了奴隶贸易和奴隶制以及印第安人的人头税和强制劳役，废除教会特权，鼓励自由贸易；但对黑人与印第安人的种族压迫与歧视仍然存在，也促成了战后考迪罗独裁权力的形成。

问题设计：独立战争后的美国文化与拉丁美洲文化有哪些异同？

学生活动：依据所学，运用表格等方法对比分析独立战争后美国文化与拉丁美洲文化的异同。

教师活动：呈现表格内容，讲解独立战争后美国文化与拉丁美洲文化的异同。

异同点	美国文化	拉丁美洲文化
相同点	以欧洲文化为主	
	受黑奴贸易影响	
	美洲文化的破坏	
	文化融合，具有多元性特点	
	种族歧视	
不同点	英国文化为主	西、葡文化为主
	政治文化呈现出民主、法治特点	考迪罗独裁政治

设计意图:通过阅读、分析材料,让学生建立起对拉丁美洲独立运动以及拉美文化的基本认识,引导学生运用唯物史观辩证分析拉丁美洲独立运动产生的双重影响。

学习任务3:认识拿破仑战争后欧洲文化的重构。

材料9 拿破仑战争是指1803—1815年爆发的各场战争,这些战事可说是自1789年法国大革命所引发的战争的延续。它促使欧洲军队和火炮发生重大变革,特别是军事制度,因为实施全民征兵制,使得战争规模庞大、史无前例。……拿破仑掌握法国执政权后,"用不断的战争来代替不断的革命"。战争沉重打击了欧洲封建各国的军事力量,破坏了欧洲的封建传统文化,加速了欧洲封建力量的衰落。战争传播了自由、平等、法治等启蒙思想。

——摘编自谢国良《拿破仑战争》

问题设计:根据材料并结合所学,指出拿破仑传播法国资产阶级革命成果的举措,并谈谈你对"用不断的战争来代替不断的革命"的认识。

学生活动:阅读材料,运用所学,指出拿破仑通过废除封建贵族特权、传播启蒙思想等方式传播了法国资产阶级革命的成果,并结合自身理解分析"用不断的战争来代替不断的革命"。

教师活动:拿破仑传播法国资产阶级革命成果的举措有废除封建贵族特权,推行《拿破仑法典》,传播启蒙思想。"用不断的战争来代替不断的革命"指拿破仑战争打击了欧洲封建各国的军事力量,破坏了欧洲的封建传统文化,加速了欧洲封建力量的衰落,传播了民主、独立、自由、法治等启蒙思想,但也压迫被征服地区,掠夺财富、摊派兵役,激起了各国对法国的反抗。

材料10 起初是贵族和地主,十二月党人和赫尔岑。这些革命者的圈子是狭小的。他们同人民的距离非常远,但是他们的事业没有落空。

——列宁《纪念赫尔岑》

材料11 1848年德意志爆发三月革命,历时一年多的建国尝试,在德意志各阶层的喧嚣声与诸侯间的猜忌不信任中落下帷幕。这一次领导德意志国家统一运动的是来自德意志各邦的资产阶级,建国的方式是采取议会协商的方式,试图制定一部全德意志国家宪法,实现对国内各政治力量的统一整合。

——魏翊《1848—1918年近代德意志国家构建历史进程研究》

问题设计:依据上述材料,分别指出俄国十二月党人与德意志三月革命的革命要求。结合教材,思考拿破仑战争后欧洲的政治文化发生了怎样的变化。

学生活动:阅读材料,指出俄国十二月党人与德意志三月革命的革命要求,结合所学分析拿破仑战争后欧洲的政治文化从专制到民主的变化。

教师活动：十二月党人试图推翻沙皇专制制度和农奴制，发动了武装起义；三月革命要求建立统一的国家、制定宪法。拿破仑战争后欧洲的政治文化诉求从封建、专制到民主、独立、自由、法治。

设计意图：通过展示多则材料，使学生们认识到拿破仑战争对欧洲社会产生的巨大影响以及欧洲多国的政治文化变迁，在培养史料实证精神的同时，提升分析史料、提取关键信息、归纳概括的能力。

学习任务4：认识欧洲殖民者文化侵略的方式与影响。

材料12 近代中国社会精英在与西方侵略者的抗争中，一方面接受外来文化，另一方面努力保护传统文化，最终使得中西文化在博弈中融合。

——熊月之《中国近代民主思想史》

问题设计：根据材料并结合所学，思考中国、印度、埃及在面对西方殖民侵略的过程中如何应对外来文化。

学生活动：阅读教材，简单梳理中国、印度、埃及在面对西方殖民侵略的过程中应对外来文化的举措。

教师活动：运用表格，分析总结中国、印度、埃及在面对西方殖民侵略过程中应对外来文化的举措。

国家	传统文化的保留	外来文化的接受
中国	挽救国家独立	洋务运动—器物 戊戌变法—制度
印度	印度教、伊斯兰教 种姓制度扮演重要角色	英语、法律、政府体制、文官制度
埃及	伊斯兰教 阿拉伯民族的传统方式	君主立宪制

设计意图：通过表格，培养学生自主阅读教材、总结归纳信息的能力，引导学生从对待传统文化与外来文化两方面的态度来认识欧洲殖民者的文化侵略。

教师活动：重新展示材料1，提问，如何理解战争与文化的关系？

学生活动：小组讨论，探究总结。

小结：独立战争后的美国文化与拉丁美洲文化，以欧洲文化为基础，形成了融合性的新文化，重构了美洲文化。拿破仑的对外侵略战争，使被侵略地区接受了启蒙思想，推动了被侵略地区的近代化。欧洲殖民者对殖民地半殖民地的侵略使被侵略国家和地区在学习了西方文化的同时也保留了自己的文化。战争促使不同文化在相互碰撞中交流、传播,人们在外来文化和反思本土文化的精神阵痛中,或主动或被动地对文化进行选择与重构,促进了人类文化的交融与完善。世界各国、各地区、各民族都为创造人类文化作出了贡献。我们反对战争,不同文化之间要相互尊重、平等相待,加强交流互鉴,促进共同进步。

(三)板书设计

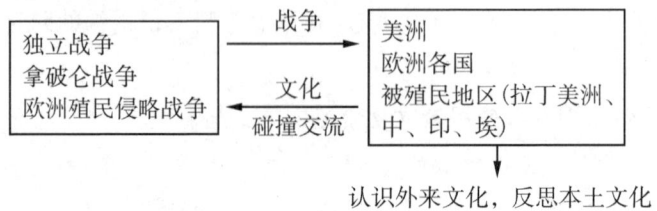

(四)核心素养水平划分

水平1:能够结合材料认识独立战争前后北美洲英国文化与当地文化的融合,以及拉丁美洲的拉丁文化与当地文化的融合情况;能够运用不同材料形成对美洲独立战争、拿破仑战争和欧洲殖民侵略的客观认识,提升史料实证素养。

水平2:能够结合地图,建构三场战争的时空联系;能够联系所学,以启蒙运动的思想为切入口,探讨拿破仑战争对民主、自由等思想在欧洲的推动作用;能够运用有关史料,辩证地认识近代欧洲殖民者的文化侵略,结合表格以中国、印度、埃及为例进行说明。

水平3:能够结合所学,在整体把握教材内容的基础上,辩证描述、分析三场战争对文化的不同影响,揭示其背后的深层因果关系;能够在不同时空框架下作出战争对文化影响的合理解释,形成时空观念,提升历史解释素养。

水平4:能够辩证分析战争与文化的关系;能够认识到世界各国、各地区、各民族都为创造人类文化作出了贡献,不同文化之间要相互尊重、平等相待,加强交流互鉴,促进共同发展,形成正确的价值观念。

第13课

现代战争与不同文化的碰撞和交流

一、课标要求

通过了解历史上的著名战争,理解战争对人类文化的破坏,以及造成的文化断裂;认识战争在客观上又为不同文化的碰撞提供了契机。

二、教材分析

本课共三个子目。"第一次世界大战与民族民主意识的觉醒"一目主讲一战参战见闻和战后诞生的民族独立国家大大激发了欧亚非民族民主意识的觉醒,促使20世纪第一次民族民主运动高潮形成,世界殖民体系开始解体。"第二次世界大战与世界殖民体系的瓦解"一目主要叙述由于二战中殖民地半殖民地的独立要求得到支持,加之战后殖民主义衰落、亚非拉地区经济发展和民族民主意识广泛传播,世界殖民体系在二战后土崩瓦解。"第二次世界大战后新兴民族国家的文化发展"一目主要叙述二战后,新兴民族国家在建设现代化的过程中,形成了本土文化与西方文化相结合的新文化。

在借由两次世界大战发生的与西方文化的碰撞中,殖民地半殖民地人民逐渐形成对世界民族和本民族的认知并接受民族独立思想,生发出民族民主意识,又在其他因素辅助下,成功瓦解世界殖民体系。凭借两次世界大战中与西方文化碰撞与交流的经验,战后新兴民族国家文化恰当选取了本土和西方文化中的精华,成功发展出新文化。由上可知,战争在客观上为人类文化的交流和完善提供了契机。

三、学情分析

从认知结构来看,学生已充分学习过世界殖民体系的建立和瓦解、亚非拉民族独立运动的进展、两次世界大战的政治经济影响等史实,这意味着本课教学不需过多着力在基本史实的讲解上。但战争对人类精神文化世界的影响这一主题是学生基本未接触过的,在探讨"一战如何促使殖民地民族民主意识觉醒"和"战争与文化碰撞的关系"等问题时缺乏知识储备。

从发展需求来看,学生已有知识中对战争的定性多为"破坏者",这体现学生辩证评价某一历史事物的意识和能力较弱,无法用历史的、发展的眼光全面、客观地看待历史,在探讨"一战如何促使殖民地民族民主意识觉醒"和"战争与文化碰撞的关系"等问题时缺乏理论储备。

四、教学目标

1. 借助小说搭建时空框架,认识第一次世界大战激发殖民地人民民族民主意识的历史作用。

2. 借助史料阅读,认识第二次世界大战对殖民主义予以致命打击的历史作用,并在探讨世界殖民体系解体的原因中认识唯物史观"历史发展是历史趋势与人为努力共同作用的结果"的论断。

3. 通过运用所学知识、探讨史家观点,认识战争在客观上存在为人类文化交流提供契机、促进文化在重构中走向完善的历史作用。

教学重点:认识两次世界大战与文化交流、重构的关系,理解战争与文化碰撞的关系。

教学难点:理解战争与文化碰撞的关系。

五、教学过程

(一)教学主题

在小说铺陈的历史情境中,探究一战对殖民地民族民主意识觉醒的促进作用;在史料研读中认识二战与世界殖民体系瓦解的关系、文化碰撞对新兴民族国家文化发展的影响;在此基础上,进一步探讨战争与文化碰撞的关系,认识战争客观上存在为人类文化交融和完善提供契机的历史作用。

(二)教学过程

导入

材料1 "我们到马赛啦!"印度士兵在甲板上激动地呼叫起来。

和很多印度农民一样,拉卢为了躲避地主的迫害和补贴家用而稀里糊涂地充当了英国政府的炮灰。不过大家多对德国人没有刻骨的仇恨,对法国人和英国人没有深厚的感情,他们只是想有一个开眼界的机会,去看看过着上等生活的欧洲。

他们像贵族一样聪明高雅的欧洲老爷们就是从那里来的。

——整理自[印]安纳德《黑水洋彼岸》

教师活动：结合材料和所学，分析印度士兵前往法国作战的原因及其对欧洲宗主国的认知。

学生活动：从材料和教材中提取信息，了解到印度士兵是因受宗主国指派而出战，对欧洲宗主国感到崇拜和好奇。

教师活动：此时宗主国可以随意调遣殖民地人民为其征战，而殖民地人民对"世界"的概念十分模糊，且十分崇拜宗主国的文明，安于被奴役的现状。

设计意图：引导学生在小说提供的时空框架中，对殖民地人民的精神世界作出历史解释，以此快速导入新课并为其后的讨论铺陈时空背景，培养学生时空观念的同时锻炼其历史解释能力。

学习任务1：认识第一次世界大战与不同文化的碰撞和交流。

材料2 运送印度士兵的卡车经过法国的城镇，街道上阔气的店铺，一片精致、高贵的气氛，和印度街上臭水横流的情况有着天壤之别。拉卢听到上尉阿玛·辛格发出感叹："法国人的马路真是漂亮！我们印度也可以建这样的马路吗？我是不是该为印度做点什么？"

材料3 一路辗转，士兵们到达了营地。休整后，上尉阿玛·辛格将士兵们集合起来训话，他说："许多世纪以来你们一直是伟大武士之后代，德国有悠久的历史，但比不上印度历史悠久……这是我们印度人第一次有幸在欧洲土地上同欧洲人作战，你们必须忍辱负重，因为你们的表现与印度的荣誉息息相连。"

——以上材料整理自[印]安纳德《黑水洋彼岸》、徐国琦《第一次世界大战与亚洲"共有的历史"》

教师活动：阅读材料2、3，分析在法见闻对印度士兵产生的影响。

学生活动：阅读材料2，认识到在与欧洲文明的直接接触中，印度士兵开始思考如何向欧洲学习，帮助祖国进步。阅读材料3，认识到当置身于各国士兵中，印度士兵借由护卫民族荣誉逐渐形成了对民族身份的感知和认同。可以说，印度士兵是在异国环境中获得了对祖国和民族的最初认知。

材料4 硝烟弥漫在灰暗的天空里，拉卢快步前进却被一块石头绊倒，滚进一个炮弹坑里。他听见不远处有人向他低声呼救。他怕赶不上队伍，拉起那个人就跑，一路跑进了掩蔽部。他放下背上的伤兵，却发现满脸是血的这军官竟是白天见过的、穿着讲究外套的欧文上尉！

材料5 天微微亮，战斗又开始了。拉卢一出掩蔽部就目睹了一架德国飞机被击落爆炸的惨烈场面。他吓得打了个寒颤,充满同情地说:"那被击落的德国飞行员也是妈妈的儿子呀!"

——以上材料整理自[印]安纳德《黑水洋彼岸》

教师活动:阅读材料4、5,分析在参与作战的过程中,印度士兵对西方宗主国的看法有何变化。

学生活动:阅读材料4,解读出印度士兵眼见"高贵"的欧洲军官在战场上也同样会狼狈受伤,甚至还仰赖印度士兵的救护,白人的神圣感和神秘感正在减弱。

教师活动:有史料表明,一战中参战的殖民地士兵普遍有此感受。南非黑人领袖西托来说,黑人士兵发现枪弹打在白人身上和打在黑人身上效果是一样的;截至1918年,有1363名越南人同法国女人成为男女朋友,至少有250名越南人同法国女人结婚。此外,与白人平起平坐地协同作战、为宗主国获胜作出贡献的体验也提升了这些士兵的自信心和自豪感。

学生活动:阅读材料5,解读出看似高贵发达的西方文明却对邻国人民发动残酷战争,这使人不得不对西方文明的优越性产生怀疑。

教师活动:通过阅读材料2—5可知,以印度士兵为例,殖民地士兵在帮助宗主国作战的过程中逐渐形成对本民族的身份认同,并在近距离接触和观察西方文明中认识到白人不是天命注定应当统治有色人种的种族,这大大激发了殖民地人民的民族民主意识。

材料6 西方占据统治地位时的世界形势图(欧洲在全球的殖民地、半殖民地图示,略)。

——[美]斯塔夫里阿诺斯《全球通史》

教师活动:印度的独立要求被英帝国镇压,但世界各地的民族运动此起彼伏。结合所学,在地图上标注出20世纪初争取民族独立、推进民主进步运动的国家。

学生活动:绘制20世纪第一次民族民主运动参与国地图,进一步感受到一战促进欧、亚、非民族意识普遍觉醒。

教师活动:民族民主运动高潮不断冲击欧洲所代表的殖民主义势力,世界殖民体系开始解体。

设计意图:通过解读史料,学生可以印度士兵的经历为例总结出一战如何激发殖民地人民的民族意识,提高历史解释能力。通过绘制地图建构时空场景,学生可以感受到一战激起的民族意识已经形成全球性的民族民主运动浪潮,培育时空观念。

学习任务2:认识第二次世界大战与战后不同文化的碰撞与重构。

材料7 1940—1941年,印度发起"个人公民不服从运动";1942—1944年,印度发起"退出印度"全印反英运动;1945年,印度爆发848次工人罢工;1946年增至1600次;1946年初,农民运动掀起高潮,以孟加拉为中心辐射联合省、比哈尔和旁遮普。1946年2月18日,印度2万名海军士兵在塔瓦尔、孟买、卡拉奇和马德拉斯等地举行反英起义。

(印度各地爆发反英起义时)英驻印总督和皇家印度军队总司令致函英国内阁,请求军事力量援助。新任首相艾德礼直截了当地拒绝说:"以现行的军事力量和经济力量无力实现。"二战中,为支付军需供应,英国出卖了大部分海外投资,黄金储备几乎枯竭。截至1945年,仅欠所属殖民地和附属国的债务就达到了23.39亿英镑,早已无心无力处理麻烦百出的殖民地事务。

——整理自林承节《殖民统治时期的印度史》、王建《第二次世界大战与英帝国的衰落》、刘震宇《试论1939—1947年英国对英属印度的政策兼谈印巴分治》

材料8 1943年11月德黑兰会议上,丘吉尔明确宣布"不通过战争休想从英国夺走任何殖民地或基地"。1946年2月19日,英国首相艾德礼宣布派内阁特使团前往印度,决定正式移交权力以结束对印度殖民统治。

——整理自刘震宇《试论1939—1947年英国对英属印度的政策兼谈印巴分治》、王建《第二次世界大战与英帝国的衰落》

材料9 虽然二战期间各帝国领导人都表明他们将抓住殖民地不放的决心,但实际上亚洲所有殖民地都在战后10年内成为独立国家,非洲所有殖民地也在战后20年内独立。

——[美]斯塔夫里阿诺斯《全球通史》

教师活动:结合材料7—9和所学,指出材料反映的历史趋势并分析导致这种历史趋势的原因。

学生活动:阅读材料,认识到世界殖民体系正在走向瓦解。其中有历史发展的必然性,也有宗主国行为客观上促进民族民主运动、殖民地人民积极斗争、宗主国实力衰退等多方面因素的助推。

教师活动:二战初期为了彻底打败法西斯侵略者,反法西斯联盟通过一系列文件支持殖民地半殖民地的独立要求,这自然大大鼓舞了民族民主运动。面对高涨的民族民主意识,丘吉尔仍执意维护殖民统治,但这一意识早已越墙而出,无可抑制地广泛传播开来。以印度为代表的大批殖民地、半殖民地在二战后获得独立,世界殖民体系最终瓦解,退出历史舞台。这是在与西方文化碰撞时,产生民族意识并接受民族独立思想的殖民地半殖民地人民积年累月、坚持不懈反抗的结果。同时也应看到二战给殖民主义造成的打击,二战后各帝国国力凋零、无力亦无心维系统治关系等因素的促进作用。应当说,随着生产力的发展,不合理的殖民体系终将完结,但这仍需要诸多人为因素的助推,即"历史发展是历史趋势与人为努力共同作用的结果"。

材料10 印度在英国殖民统治遗产基础上建立起(英式)议会民主制,同时效仿美国建立起了联邦制,又依据信赖强权领袖的传统,在联邦制基础上为中央政府设置了"紧急事务处置权",即无论是否在紧急情况下,只要是国家利益需要,中央政府就可以在总统的一声令下下代行地方政府的职权。

——整理自程亚文《央地关系、议会政治与国家建构——现代印度的产生》、施雪华《印度移植英国政治模式的困境、原因及其对中国的启示》

材料11 我们应该有眼光发现异族人身上潜藏的优秀品质,并毫不犹豫地称赞它⋯⋯拯救人类的希望在于东西方走到一起,调和各自所发现的真理。东方将因此打破禁锢,走出贫困,西方将因此保持和平,获得幸福。

——泰戈尔

教师活动:结合材料10、11,阅读教材,分析独立后包括印度在内的众多新兴民族国家如何发展民族文化,以及这些国家希望吸收西方文化的原因。

学生活动:阅读材料和教材,认识到新兴民族国家一方面接受西方文化的价值取向,一方面注重发扬传统文化,形成了本土文化与西方文化相结合的新文化;认识到文化的交流与借鉴可以帮助文化走向完善。原殖民地民族承认、认可西方文化的优势,取长补短,才能为民族文化发展提供助力。

设计意图:通过探讨世界殖民体系瓦解的原因,学生可以认识到历史是合力作用的结果,培育唯物史观。通过了解借由战争发生的文化碰撞对殖民地发展新文化的作用,学生可认识到文化碰撞的影响,提高历史解释能力。

学习任务3:如何看待战争与文化碰撞?

材料12 战争既毁灭文明,又能孕育文明;既受文明发展的影响,又深刻地影响着文明的发展。

——马克思

教师活动:结合本专题所学,谈谈你对这句话的理解。

学生活动:回顾所学,认识到战争破坏文明成果,客观上也为文化交流提供契机,应在充分认识战争破坏性的前提下辩证地看待战争的历史影响。

设计意图:学生在探讨中学习如何辩证地分析战争的历史影响,体悟应用辩证的、发展的眼光看待历史事物,以此涵养唯物史观。

（三）板书设计

现代战争与不同文化的碰撞和交流

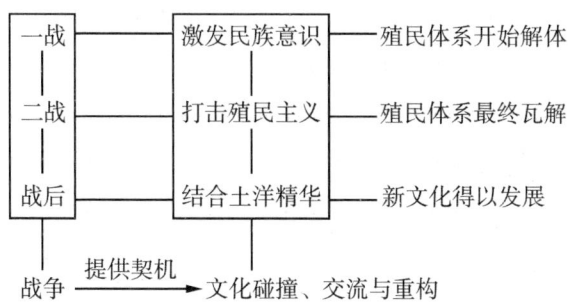

（四）核心素养水平划分

水平1：能够认识到随着生产力的发展，不合理的殖民体系终将衰亡，知道经济基础与上层建筑之间的辩证关系；能够通过阅读地图，知道20世纪初曾掀起世界性的民族民主运动高潮；能够在阅读描述印度士兵在一战战场见闻的史料中，理解一战对殖民地人民民族意识的觉醒有促进作用；能够有条理地复述世界殖民体系解体的过程；能够认识二战后新兴民族国家在发展民族文化时注重发扬传统文化，保持对民族、国家的认同，以此形成对中华民族文化的认同和大爱。

水平2：能够认识到随着生产力的发展，不合理的殖民体系终将衰亡，知道经济基础与上层建筑之间的辩证关系；能够在两次世界大战的时空框架下，认识民族民主意识的发展；能够在探讨一战参战经验对殖民地人民的影响时，尝试列举描述印度士兵参战经历的史料论证观点；能够使用印度抗英运动纷起、英国无力维系统治等史料，对二战后印度获得独立的原因作出解释；能够认识二战后新兴民族国家在发展民族文化时注重发扬传统文化，保持对民族、国家的认同，以此形成对中华民族文化的认同和大爱。

水平3：能够将唯物史观中"历史发展是历史趋势与人为努力共同作用的结果"论断运用于"世界殖民体系解体历史命运"的探讨中，并将其作为认识和理解现实问题的指导思想；能够概括说明两次世界性民族民主运动浪潮的原因和影响；在探讨"战争与文化碰撞"时，能够自主整理和运用本课所学和曾出现的史料；能够在描述印度士兵参战故事的小说中选取适用史料，在唯物史观的指导下对殖民地人民的精神世界作出解释；能够从新兴民族国家处理本土文化与外来文化关系的做法中吸取经验，更全面、客观地看待外来文化，为中华民族文化发展作出贡献。

水平4：能够将唯物史观中"历史发展是历史趋势与人为努力共同作用的结

果"论断运用于"世界殖民体系解体历史命运"的探讨中,并将其作为认识和理解现实问题的指导思想;在探讨殖民地人民对宗主国的态度时,能够将其置于印度士兵参战故事所提供的时空框架中;在探究世界殖民体系崩溃的原因时,能够综合本课提供的两次世界大战对民族民主意识的促进、印度抗英运动、英国国力凋敝等史料,全方位、多角度地分析问题;能够在唯物史观的指导下,全面、客观地论述战争对文化交流的作用;能够从新兴民族国家处理本土文化与外来文化关系的做法中吸取经验,更全面、客观地看待外来文化,为中华民族文化发展作出贡献。

第14课

文化传承的多种载体及其发展

一、课标要求

了解历史上学校教育、留学、书刊出版、翻译事业以及图书馆、博物馆在文化传承与传播中的作用。

二、教材分析

"文化的传承与保护"这一单元的核心词是"传承"与"保护"。本课内容主要讲述文化传承的形态多样的各种载体,共分四个子目:"学校教育的发展""印刷书的诞生""图书馆的成长""博物馆的建设与发展"。"学校教育的发展"一方面介绍中国古代官学与私学的发展及其在古代文化保存与传播、科举考试推行等方面的重要作用,另一方面讲述进入近代以后,现代大学发展的主要历程以及大学在传承文化、发扬科学、培养人才等方面举足轻重的作用,同时,还补充了异域留学作为学校教育重要的一环在传承文化方面的作用。"印刷书的诞生"使得掌握书籍的人不再是少数人,大大促进了文化的大众化,对于提高人们的文化修养、促进各民族的发展具有重要意义。书籍出版所包含的对其他文化典籍的翻译,对促进文化交流、扩大文化影响力发挥着重要作用。图书馆不仅担负着保存人类文化典籍的职责,同时还具有服务公众的职能。博物馆更是将收集、保存、研究有关人类及其环境见证物当作自己的基本职责,公之于众,提供学习、教育、欣赏的机会。无论是哪种载体,通过它们,今天的我们得以了解人类文明发展的源泉与历程,更好地发挥创造力。

三、学情分析

学生在必修模块的学习中对文化传承的多种载体有一定的了解,在日常生活中,绝大部分学生也都接触过图书馆、博物馆等文化载体,所以,在知识了解层面,学生并不会遇到太大的困难。但是,因为文化载体形态多样,且古今中外涉及面广,内容较为繁杂,在了解不同载体自身发展的基础上,理解不同文化载体对文化传承与传播的不同作用,进而认识文化传承对人类社会发展的意义与价值,需要学生具备一定的审辨能力。

四、教学目标

1. 通过梳理教材内容,了解文化传承多种载体的发展历程。

2. 通过分析史料、典型案例,理解不同载体在文化传承中的不同作用,认识不同载体的价值,进一步认识文化传承对人类社会发展的意义。

教学重点:认识文化传承多种载体的发展历程。

教学难点:理解不同载体在文化传承中的不同作用。

五、教学过程

（一）教学主题

通过了解文化传承的多种载体,理解不同载体在文化传承中的作用,认识文化传承对人类社会发展的意义。

（二）教学过程

导入

播放清华大学上海校友会艺术团演唱《少年》的短视频。

教师活动:老年合唱团有很多个,但是一个由清华"学霸"组成的老年合唱团,一个满是中国高级知识分子组成的老年合唱团,可以说独此一家,别无分号。他们的平均年龄达到74岁,年龄最大的已经有89岁。他们中的大部分人扎根祖国边疆,在祖国的各个领域奉献着自己的力量,见证着共和国的发展与强盛。

展示教材图片"清华大学招收的第一批学生合影"。

教师活动:清华大学于1925年设立大学部,第一批招收学生95人,称为"一级"。包括清华大学在内的众多大学的建立,对文化传承、人才培养和社会发展等起到了重要的作用。

设计意图:激趣,引发学生关注,同时让学生初步感受大学教育对精神和文化传承的影响。

学习任务1:了解学校教育的发展,认识学校教育在文化传承中的作用。

教师活动:大学是学校教育体制的重要组成部分,请分组梳理古今中外学校教育发展的主要历程。

学生活动：阅读教材，分别从古代中国官学与私学、近代大学、异域留学三个方面，分组梳理学校教育发展的主要历程。

小组1：展示中国古代官学与私学发展的主要历程。

方面	历程	地位、影响等
中国古代官学	汉代设立太学	代表了古代中国的最高学府和教育行政机构
	西晋设立国子监（国子学）	
	汉代设立地方官学	
中国古代私学	产生于春秋时期	
	唐代以后进一步发展，学塾、村学和蒙学	构成了基层社会教育的重要形式
	宋代书院	书院制度更加推动了私学的发展

教师活动：官学与私学是中国古代学校教育的主要形式。以下以白鹿洞书院为例，了解书院等私学在文化传承上的作用。

材料1 白鹿洞书院现位于江西省九江市庐山五老峰南麓，是中国古代四大书院之一。1179年，南宋理学大家朱熹在江西为官时向朝廷呈报修复书院，虽未得朝廷支持，但他依然坚持己见，自任洞主，制定教规，聘师聚徒，划拨田产，苦心经营。鹅湖书院"朱陆之辩"后，朱熹还曾邀请心学大家陆九渊到白鹿洞书院升堂讲学，并请人将陆九渊关于"君子喻于义，小人喻于利"等论述镌刻入石。"其出发点实乃道德人格之陶铸，而非功名利禄之追求。"不仅如此，朱熹制定的《白鹿洞书院揭示》亦为后世诸多书院效仿，影响深远。有学者评价"《白鹿洞书院揭示》是对儒家精神和教育思想的高度凝练，确立了宋以后书院教育的总体要求和精神格局。"

——摘编自宋子节《白鹿洞书院揭示——一篇南宋校规的恒久魅力》

材料2

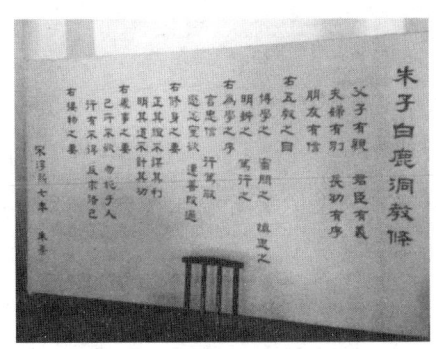

图1 白鹿洞书院揭示

问题设计：根据材料并结合所学，简述白鹿洞书院对古代中国文化传承的作用。

学生活动：白鹿洞书院对保存和传播古代文化发挥了重要作用，《白鹿洞书院揭示》高度凝练了儒家精神和教育思想，确立了宋以后书院教育的总体要求和精神格局。

教师活动：无论是官学还是私学，在中国古代文化的保存与传播上，都发挥了不可替代的作用，使儒家经典得以传承。同时，科举考试的推行，也有赖于官学与私学的支撑。

小组2：展示近代大学发展的主要历程。

方面	历程	地位、影响等
近代大学	欧洲的中世纪大学	现代大学的起源
	法国拿破仑建立"大学区"制度	奠定了保留至今的国民教育制度
	德国人洪堡创办柏林大学	促成大学职能的转变，将教学与研究合在一起
	美国大学逐渐倾向于世俗化与商业化	创造知识、传播知识，还致力于服务社会，使更多人接受大学教育
	北京大学	"囊括大典、网罗众家之学府"
	清华大学	成为全国高水平的大学

教师活动：近代以后，大学逐渐发展成为保存、传播和发展人类文化最重要的场所。提到清华大学，有一位校长是绕不过去的，他就是1931—1948年任职的梅贻琦。

材料3　梅贻琦，1931—1948年任清华大学校长，奠定了清华的校格，为清华大学做出了不可泯灭的贡献，这主要集中体现在两个方面：一是师资人才的严格遴选和延聘，这是"所谓大学者，非谓有大楼之谓也，有大师之谓也"的具体表现；二是推行一种集体领导的民主制度，具体的体现就是成功地建立了由教授会、评议会和校务会议组成的行政体制。在西南联大时期，梅贻琦发表了《大学一解》一文，着重论述了学术自由在大学教育中的特殊重要性。1945年11月5日，梅贻琦在日记中写道："对于学校时局则以为应追蔡孑民先生兼容并包之态度，以克尽学术自由之使命。昔日之所谓新旧，今日之所谓左右，其在学校，应均予以自由探讨之机会，情况正同。此昔日北大之所以为北大；而将来清华之为清华，正应于此注意也。"

问题设计："昔日北大之所以为北大"最主要的原因是什么？简述清华大学在梅贻琦任校长期间能迅速发展成为全国高水平大学的主要因素。

学生活动:最主要的原因是"囊括大典、网罗众家之学府",即兼容并包、学术自由。主要因素有严格遴选和延聘师资人才,集体领导的民主制度,兼容并包、学术自由的精神等。

小组3:展示异域留学发展的主要历程。

方面	历程	地位、影响等
异域留学	古代世界的文明中心,吸纳异域留学	构成留学教育之滥觞
	隋唐时期,日本派"遣隋使""遣唐使"带来许多留学生	一定程度上推动中华汉字文化圈的形成
	1872—1875年,政府官派学生赴美留学	
	甲午战后,中国出现留学日本热潮	
	新文化运动时期兴起"留法勤工俭学运动"	培养了一大批中国革命的中坚力量

教师活动:学校教育不仅是文化传承的重要载体,在发扬科学、培养人才等方面也发挥着举足轻重的作用,更是社会持续发展的助推力。

设计意图:借助表格梳理的方式,引导学生认识学校教育发展的主要历程,认识事物发生的来龙去脉,达成时空观念水平2的层次;通过史料解读,在充分认识学校教育作用的同时,形成正确的价值观和人生观,感悟文化传承的价值。

学习任务2:理解印刷书的诞生所具有的革命性转变。

教师活动:书籍是文化传承的主要载体。一般认为书籍的雏形出现于何时?

学生活动:公元前30世纪,埃及出现的纸草书卷。

教师活动:中国最早的书籍出现于何时?

学生活动:约在公元前5世纪前后出现的以竹片作书写材料的简策。

教师活动:书籍的生产有赖于造纸业的发展与印刷术的发明、改进。提到造纸术,必须要提的代表人物是东汉蔡伦。印刷术的改进则带来印刷书的诞生。

材料4 印刷术迅速让书籍更为亲民,让其拥有了手抄本无可比拟的渗透力。其影响之广阔,几组数据就可说明:1450—1500年间出的印刷书中,保存至今的有30000—35000本,大致相当于10000—15000部不同的作品。已经消失的作品可能还远远多于这个数目。就算当时书籍的平均印刷量仅为500本,1500年之前所印刷的书籍也超过了20万本。不要忘记,当时欧洲的人口密度远没有今天大。印刷书传播广泛的国家人口数量肯定不及百万,而且在这些人口中,识字的人又属于少数。

——[法]吕西安·费弗尔《书籍的历史:从手抄本到印刷书》

材料5 自15世纪中叶起,印刷媒介开始向手抄文化发起攻击,它借助于机械的方式,生产出大量相同的复本,书籍变得方便易得,知识垄断被打破,整个社会成为一个"没有围墙的图书馆","感谢印刷和文本复制,书本不再是昂贵的物品,不再只能在图书馆阅读"。自此,知识传播有了全新的途径,人们获得书本的数量和种类急剧增加,获取知识的成本大大下降。印刷术造就的博学者亦非手抄时代的博学者所能比。

——李昕揆《印刷术与西方现代性的形成》

问题设计:"15世纪中叶起……书籍变得方便易得"局面的出现主要得益于什么?阅读材料,结合所学,简述印刷书的诞生带来的影响。

学生活动:德国人谷登堡将多项技术整合在一起,发明金属活字印刷,直接催生了被视作新一代书籍的印刷书,还进一步推动了报纸、杂志的普及。书籍成为大多数人可得的物品,获取知识的成本大大下降,文化的传承与传播更为便捷,更加走向大众化。

教师活动:北宋毕昇发明的泥活字印刷是印刷技术一次质的飞跃。印刷书的诞生,堪称具有革命性的转变,掌握书籍的不再是少数人,这大大促进了文化的大众化,对于提高人们的文化修养、促进各民族的发展具有重要意义。书籍的出版不仅意味着对本国文化的传承,还包含对其他文化典籍的翻译。结合教材内容,简要概述古代中国的主要翻译活动。

学生活动:从东晋到隋唐,佛经的翻译得到官方支持,佛经翻译成为中国接受外来文化突出的一幕。明末清初来到中国的耶稣会士,翻译、撰写了许多介绍天文、历算等内容的书籍。利玛窦制作并印行的《山海舆地全图》是中国人首次接触到近代地理学知识,他还与徐光启合作翻译了欧几里德《几何原本》前六卷。

设计意图:通过梳理教材内容,了解书籍的出版与发展对文化传承的作用,借助史料的阅读与理解,认识印刷书的诞生对文化大众化、便利化的革命性意义,理解印刷书在文化传承中的价值。

学习任务3:认识图书馆、博物馆的发展历程及职能。

教师活动:每所学校会有自己的校图书馆,每座城市也会有自己特色的图书馆。除了教材介绍的美国国会图书馆和中国国家图书馆,以下再介绍几个世界著名的图书馆。

法国国家图书馆的历史可以追溯到国王路易十一于1461年建立的图书馆。1792年法国大革命期间,图书馆对公众开放,同时还扩大到包括许多法国贵族没收的书籍。拿破仑对图书馆很感兴趣,扩大了它的藏书量。在19世纪,它曾一度是世界上最大的图书馆。

东京的国立国会图书馆于1948年开放。直到第二次世界大战后,日本才有了国家公共图书馆。国会图书馆的建立是因为公众获取信息被视为战后民主化进程的重要组成部分。它既是日本国会的图书馆,也是国家图书馆,拥有日本出版的每一本书。

图2　法国国家图书馆(巴黎)

图3　国立国会图书馆(东京)

大英图书馆是根据1972年颁布的《英国图书馆法》创建的,现在坐落于伦敦圣潘克拉斯的一座新建筑里。此前,这座图书馆曾是大英博物馆的一部分,著名的圆形阅览室曾为包括《资本论》作者卡尔·马克思在内的研究人员提供过住所。

图4　大英图书馆(伦敦)

学生活动:交流分享对图书馆职能和对文化传承价值的认识。

教师活动:有人说,如果我们想要了解一个地方或一座城市的社会生活,最佳的去处就是菜市场;如果我们要了解一个地方或一座城市的历史,最好的去处就是博物馆。请简要介绍曾去过的博物馆。

学生活动:介绍交流。中国国家博物馆,简称国博,是历史与艺术并重,集收藏、展览、研究、考古、公共教育、文化交流于一体的综合性博物馆,其基本职能为文物和艺术品收藏、陈列展览、公共教育、历史和艺术研究、对外文化交流。国博坚持"以人为本"的科学发展理念,以"贴近实际、贴近生活、贴近群众"为宗

图5　中国国家博物馆

旨,把优秀历史文化、革命文化和当代中国先进文化保护好、传承好、展示好、发展好,赓续民族血脉,弘扬民族精神。同时,展示世界优秀文明成果,是国家博物馆的光荣使命。

教师活动:引导学生阅读教材,简要梳理博物馆发展历程中一些标志性事件。

学生活动:依据教材梳理。

时间	事件	标志
公元前290年前后	亚历山大博学园	一般被认为是人类历史上最早的博物馆
1683年	阿什莫林博物馆	第一个具有近代特征的博物馆
18世纪	大英博物馆、法国卢浮宫	博物馆建设迈出重要步伐
1868年	自然历史博物馆	我国最早出现的近代意义上的博物馆
1874年	自然历史与考古类博物馆	
1905年	张謇在南通建博物苑	中国第一个公共博物馆
1921年	国立历史博物馆	
1950年	南京博物院	

设计意图:通过学生熟悉的生活环境与生活情境,认识并理解图书馆、博物馆等传承文化与服务公众的价值。

小结:人类社会发展史既是人类繁衍生命、创造财富的物质文明发展史,更是人类积累文化、传承文明的精神文明发展史。我们会感恩历史,尤其感恩于历史馈赠给我们并已熔铸于民族血脉之中的文化。一个民族的文化,凝聚着这个民族对世界和生命的历史认知和现实感受,积淀着这个民族最深厚的精神追求和行为准则。一个民族、一个区域正是由于对本民族、本区域文化的世代传承,才形成了独具民族、区域特色的传统文化,它是一个民族区别于另一个民族、一个地域区别另一个地域的本质所在。学校教育、书籍出版、图书馆、博物馆乃至今天的电子媒介等,正是这些形态多样的载体,才使我们得以了解我们社会的基因、我们社会的成长。

（三）板书设计

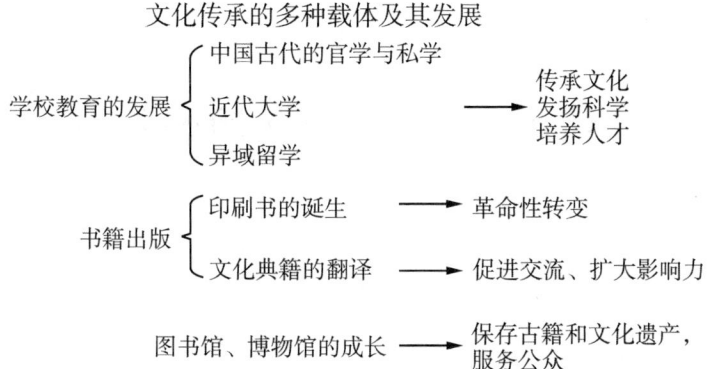

（四）核心素养水平划分

水平1：能够梳理教材知识，了解多种形态的文化传承载体的主要发展历程，说出学校教育、书籍出版、图书馆、博物馆的成长等发展的基本状况，知道文化传承对社会发展的价值与意义。

水平2：能够通过列表的方式，梳理多种形态的文化传承载体的主要发展历程，能够在学校教育、书籍出版、图书馆、博物馆的成长等发展历程的叙述中，认识它们对文化传承的作用，认识文化传承对社会发展的价值与意义。

水平3：能够叙述学校教育、书籍出版、图书馆、博物馆的成长等发展的主要历程，运用相关的史料解释不同形态的文化载体对文化传承的不同作用，理解文化传承对社会发展的价值与意义，树立传承文化的责任感与使命感。

水平4：能够叙述学校教育、书籍出版、图书馆、博物馆的成长等发展历程，在运用相关史料解释不同形态的文化载体对文化传承的不同作用的基础上，探讨信息时代文化传承载体的变化与创新，理解文化传承对社会发展的价值与意义，树立传承文化的责任感与使命感。

第15课

文化遗产：全人类共同的财富

一、课标要求

通过万里长城、故宫、京剧等，认识文化遗产保护对传承民族文化、维护文化多样性和创造性的重要意义。

二、教材分析

本课分为"文化遗产的保护与利用""《世界遗产公约》""各国的历史遗迹与文化遗产"三个子目。其中第一子目聚焦于文物保护的原则和方法，以"真实性"为第一要义；第二子目关注的《世界遗产公约》旨在集各国之力，对日益遭到损毁的文化遗产和自然遗产实施有效保护；第三子目聚焦的"文化遗产"往往代表着一个文明所留下的辉煌，具有"突出的普遍价值"。"保护"是文化遗产"传承"的前提，"传承"是文化得以保持"多样性和创造性"的手段，"多样性和创造性"是"保护"的基石。

三、学情分析

学生在日常的生活和学习中，已接触过"文化遗产""非遗""遗产保护"等概念，能大致理解文化遗产对于世界和中国的重要意义。然而，对文化遗产何以成为全人类共同的财富，破坏文化遗产的各类因素，文化遗产对传承民族文化、维护文化多样性和创造性的重要意义等方面，缺乏理论认识上的辨析与升华。

四、教学目标

1. 了解世界遗产的大致分类，知道"突出的普遍价值"是入选世界遗产的重要前提。

2. 通过以故宫、昆曲为例进行的层层分析，认识文化遗产保护对传承民族文化、维护文化多样性和创造性的重要意义。

教学重、难点:认识文化遗产保护对传承民族文化、维护文化多样性和创造性的重要意义。

五、教学过程

(一)教学主题

通过故宫、昆曲,认识文化遗产保护对传承民族文化、维护文化多样性和创造性的重要意义。

(二)教学过程

导入

教师活动:展示泰姬陵图片,提问其在哪个国家。

学生活动:泰姬陵是印度穆斯林艺术的瑰宝奇葩,是令人赞叹的经典杰作,是古老印度文明的象征,吸引着世界各国的旅游者纷至沓来。

图1　泰姬陵

设计意图:激趣,以照片引发学生关注,同时引入世界遗产这一主题。

学习任务1:世界遗产分类通观。

材料1

图2　世界遗产标识

教师活动:仔细观察世界遗产标识,说出其图案主要由哪些要素构成。图案中的方形、圆圈有什么象征意义?

学生活动:象征人的创造与自然相互依存。

教师活动:世界遗产除了自然遗产、文化遗产、自然和文化双重遗产外,2003年又增加了非物质文化遗产。阅读教材"历史纵横",指出"非物质文化遗产"包含的形式。分别举例中国的自然遗产、文化遗产、自然和文化双重遗产、非物质文化遗产。

设计意图:从分析世界遗产标识入手,自然牵引出世界遗产的类别,再将课堂交由学生,由其讲述我国自然遗产、文化遗产、自然和文化双重遗产、非物质文化遗产的代表性目录。这一设计由抽象到直观,由外化表达到内化理解,层层递进。

学习任务2:印象故宫。

教师活动:播放介绍故宫的视频,提问:视频中故宫给你留下了怎样的印象?

学生活动:深红色的宫墙、金黄色的琉璃瓦、连绵一片的红色和金色殿宇构成了这片辉煌的建筑。在这里,光与影、四季春秋,那些被称为历史的东西都绽放出别样光华。这种美很难捕捉,却可以真实铭刻。

材料2 紫禁城……以园林景观和容纳了家具及工艺品的9000多个房间的庞大建筑群,成为明清时代中国文明无价的历史见证。

——世界遗产委员会

材料3 这座宏伟的明清宫殿建筑充分体现了我国古代的建筑艺术和独特风格,它的建筑布局强调皇帝至尊无上……是古代劳动人民智慧创造的体现。

——单士元《从紫禁城到故宫——营建、艺术、史事》

教师活动:故宫又称为紫禁城,紫,意指紫微星,来自天上,是古人心目中的王者之星;禁,是权力,来自人,也施之于人;城,体现着天下一人的权威,古代帝王以无限的权威在他的家国里俯仰天下,就体现在一个又一个巨大的空间里。故宫的设计,把王朝的权力与信仰纳入其中,让帝王的生活成为权力的展示和伦理的示范。故宫成为中华文明的历史见证,使古时皇权至高无上的象征的含义被世界认可。

材料4 遗产创造了一种传承的感觉,让一些事物得到关注和珍视。如今有一种广泛的认识,那就是我们有责任将这些遗产以当代创新的形式加以扩充,并传承给下一代。如今的故宫也面临发展与传承的问题。

——林德尔·普罗特、帕特里克·奥基弗

教师活动:以故宫为例,谈谈如何更好地继承与传承文化遗产。

学生活动:故宫现在已成为"网红",设计了众多文博产品,受到大众的喜爱。纪录片《我在故宫修文物》的播出,更激发了大众对故宫的关注。新型的文创之举,让古老的故宫焕发出新生。

教师活动:故宫还关注文物"走出去"以及文物保护与修复。阅读教材"学思之窗",思考故宫为什么把养心殿的修复定位于"研究性保护项目"。

学生活动:养心殿在故宫建筑中意义特殊,从雍正皇帝开始成为皇帝处理政务的中心。对于这样一座历史、艺术价值特殊的建筑的修复,应慎之又慎,不可操之过急。以养心殿为模板,边研究边保护,为以故宫为代表的世界遗产的保护提供范本。这种保护性的传承更深沉,可使故宫的发展处于可持续之中。其间,技艺世代相传的新老匠人探索与恢复传统技艺,力求保持故宫的原汁原貌。

设计意图:围绕"印象故宫"这一思路构建教学,从艺术价值到历史价值再到文化价值,紧扣主题,层层递进。

学习任务3:怎样来帮助你,昆曲?

教师活动:播放昆曲《牡丹亭·游园惊梦》的经典片段。

学生活动:聆听,畅谈感受。

材料5

图3　旧版《牡丹亭剧照》,梅兰芳饰杜丽娘　　　　图4　青春版《牡丹亭》海报

教师活动:阅读材料5,探讨如何有效保护和传承昆曲这一种古老的艺术。

学生活动:将传统与现代结合起来,为传统文化的复兴提供一个启蒙范例。

设计意图:以昆曲为例,探讨非物质文化遗产的保护,增加课程的完整性;通过自主阅读材料,培养学生主动探究的精神。

（三）板书设计

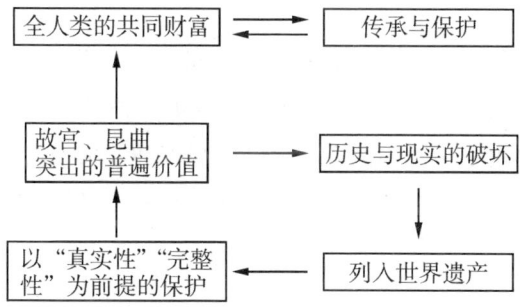

（四）核心素养水平划分

水平1:能够说出世界文化遗产、非物质文化遗产的划分、登录标准,列举两者在中国的代表。

水平2:能够在叙述中把握文化遗产国家与世界的联系,通过对以故宫为代表的世界文化遗产的分析,知道历史理解"真实性""完整性"对于文物古迹的保护的重要意义。

水平3:能够以故宫、昆曲为例,辨析保护与创造性发展的多样途径与选择路径,能够将历史学习与家乡、民族、国家和世界进行联系,从中汲取经验教训。

水平4:能够通过对故宫、昆曲的讨论,体会文化多样性、创造性对于文化发展的重要意义,更全面、客观地认识历史和现实问题。

活动课

信息革命与人类文化共享

一、课标要求

了解现代信息技术对文化传播方式、内容、规模、效果等方面的巨大影响,认识现代信息技术对人类文化共享起到了前所未有的作用,对人类文化的发展提出了新课题。

二、教材分析

本课包含两个板块的内容:现代信息技术的发展历程及其对人类文化共享的影响。现代信息技术的核心和基础是计算机技术,其发展经历了四个阶段。现代信息技术的发展,实现了文化传播方式、内容、规模和效果的转变,推动了人类社会进入实时性、多元化的文化共享时代,与此同时也不可避免地带来了许多问题,对人类文化的发展提出了新课题。

三、学情分析

学生在日常生活中时常接触和使用现代信息技术,已经对现代信息技术形成一定的认知轮廓,但这种认识是浅层且颇具感性的。同时学生对于文化传播具体内涵的了解并不深刻,未形成系统认识。本课虽然是活动课,内容也比较贴近学生的学习和生活,容易引起学生的兴趣,但要求并不低,学生要学会运用客观、全面的历史思维方法,辩证、理性地看待、分析现代信息技术对人类文化共享和发展的影响,这就需要教师在教学过程中有选择地利用身边形象、生动的实例,由具象而概念,帮助学生建构起对信息技术全面、客观的理解。

四、教学目标

1. 通过梳理信息技术从古至今的发展历程,把握现代信息技术的发展趋势,形成系统的时空观念。

2. 通过搜集现代信息技术促进人类文化共享的典型案例,对现代信息技术如何促进人类文化共享与创新发展进行客观、辩证的分析,提高运用唯物史观认识事物的能力。

3. 通过调查研究,分析现代信息技术给人类文化发展带来的新机遇和新挑战,加深对青少年信息社会责任的认识与理解,自觉增强信息社会责任意识。

4. 结合自主学习和合作探究等学习方式,通过现场观摩、查阅资料、社会调查、专题研讨、主题辩论等活动方式,全面提升历史学科核心素养。

教学重点:理解现代信息技术对文化传播方式、内容、规模、效果等方面产生的巨大影响,认识信息技术对人类文化发展带来的新课题。

教学难点:客观、辩证分析现代信息技术对人类文化共享与创新发展的作用。

五、教学过程

（一）教学主题

了解现代信息技术对人类文化发展的影响,认识现代信息技术对人类文化共享所起的作用,探究现代信息技术对人类文化发展提出的新课题。

（二）教学过程

导入

图1　殷商涂朱牛骨刻辞

图2　雕版印刷作品《金刚经》

图3　1876年,贝尔在演示使用电话

图4　世界上第一台计算机

教师活动：展示以上图片，引导学生观察。一定的历史文物承载着一定时期的文明发展状况。结合课前自我探究的内容，梳理五次信息技术革命的历程，完成表格。

学生活动：结合课前自主探究的内容，完成下表。

	信息技术革命内容
第一次	语言的产生
第二次	文字的发明
第三次	印刷术的发明
第四次	电报、电话、电视机等的发明和普及
第五次	计算机、互联网、人工智能的发展

教师活动：信息革命是指由于信息生产、处理手段的高度发展而导致的生产力、生产关系的变革。第一次信息技术革命是语言的产生；第二次信息技术革命是文字的发明，语言、文字是人类传达信息的初步方式；第三次信息技术革命是印刷术的发明，使信息流通范围大大扩大；第四次信息技术革命是电的发明和普及，信息技术变革的速度大大加快；第五次信息技术革命，计算机及其与通信技术相结合，使人类利用信息的手段发生了质的飞跃。其中，我们需要重点把握现代信息技术的发展趋势，试结合下列材料进行概括。

材料1　当信息被数字化并经由数字网络流通时，一个拥有无数可能性的全新世界便由此揭开序幕……实现宽频的多媒体网络是未来信息技术的发展趋势之一。同时，随着未来信息技术向着智能化的方向发展，在超媒体的世界里，"软件代理"可以替我们在网络上漫游，它不再需要浏览器，它本身就是信息的寻找器，它能够收集任何我们想从网络上取得的信息。多媒体技术又将文字、声音、图像等信息媒体与计算机集成在一起，使计算机的应用从单纯的文字处理进入文、图、声、影集成处理的技术，其核心特性是信息媒体的多样化、集成性和互助性。

——摘编自安海忠、方伟《资源信息管理》

学生活动：现代信息技术发展的趋势可以概括为：逐渐数字化、网络化、智能化和多媒体化。

设计意图：通过学生的自主探究，结合系列形象生动的图片，引导学生梳理信息技术发展的历程，并归纳出现代信息技术的发展趋势，为后续探究现代信息技术对人类文化共享与创新的促进作用打下基础。

学习任务1：(小组合作)探讨现代信息技术对人类文化传播的影响。

教师活动：从语言的产生到今天的信息社会，伴随着信息技术的发展，人类文化传播也经历了一个漫长的发展过程。发展至今，现代信息技术全方位地渗透人们的生活领域，并影响了人类文化的传播。

材料2 这种情况下，文化传播不是依靠口传心授完成的，将文化传播和经济建设相结合后，新媒体文化传播渠道对文化理念的推广有着重要的影响。在新媒体作用下，传播路径实现了多样化。

——摘编自任政《新媒体对文化传播力的影响与提升研究》

材料3 互联网与移动终端在人们生活中的普及，使其成为提高文化传播力的基础条件，实现了文化传播速度和质量的提升。在文化传播中，传播效果容易受到传播方式和传播途径规模的影响，而新媒体传播渠道规模较大，增加了人们接触文化的可能性，展现文化的维度性，更好体会文化价值和内涵。

——摘编自任政《新媒体对文化传播力的影响与提升研究》

教师活动：阅读材料2，以新媒体为例，试着说明现代信息技术如何改变人类文化传播的方式。

学生活动：以小组为单位，派代表展示观点。

小组A：现代信息技术使文化传播的路径多样化。

小组B补充：现代信息技术使文化以文字、声音、图像、视频等更加丰富、灵活、多样化的形式向人们展现。

小组C：现代信息技术丰富了文化传播的方式，更加多元化，更具多样性。

教师活动：现代信息技术极大地推动了人类文化的传播，改变了文化传播的具体形式。请以小组为单位，结合材料2、3，从文化传播的方式、内容、规模和效果等角度，总结现代信息技术改变人类文化传播与共享的方式。

学生活动：现代信息技术丰富了文化传播的方式，使传播方式更具多样性；充实了文化传播的内容，使传播内容更加多元化；扩大了文化传播的规模，出现跨时空的文化交流与融合；提升了文化传播的效果，营造共时性的文化交流与融合。

设计意图：通过材料阅读、小组合作，让学生理解现代信息技术对人类文化传播方式、内容、规模、效果等方面的影响，进而认识现代信息技术对人类文化共享与传播的重要作用。

学习任务2：(小组合作)总结现代信息技术给人类文化发展带来的新问题。

教师活动：现代信息技术在影响人类文化传播与共享的基础上，进而影响和改变人们对世界、社会、人与人之间等关系，给人类文化发展带来了前所未有的挑战与冲突,一定程度上威胁着人类社会的和谐、共生与发展,敲打着"地球村"的文明进程。

问题设计:结合生活常识,总结现代信息技术给人类文化发展带来的新问题。

学生活动:部分人沉迷网络,无心学习;出现网络诈骗,虚假信息快速传播,扰乱正常社会秩序;网络沟通一定程度上拉远了人与人的心灵距离;一定程度上影响了社会主流文化的传播;等等。

材料4

问题	解释
信息爆炸	信息的泛滥带来了信息重复、失误、失实等不良情况,导致大量失实、劣质、冗杂信息的存在
信息病毒	信息病毒的产生和传播给整个社会造成了巨大的危害,对软件等产生了巨大破坏
信息犯罪	以信息科技为犯罪手段,故意实施有严重社会危害的行为
信息渗透	网络无序化、网络暴力("人肉搜索")等违背了互联网技术的初衷

——摘编自李力《浅谈信息技术的负面影响》

问题设计:依据材料4,并结合教材,补充总结现代信息技术给人类文化发展带来的新问题。

学生活动:现代信息技术给人类文化发展带来了许多新的挑战,就人类文化信息方面而言,包括信息爆炸、信息病毒、信息犯罪、信息渗透等。

教师活动:此外,人与人之间沟通深度不足、力度缺乏,部分人价值观扭曲,社会矛盾增加等。

设计意图:通过阅读相关材料,并调用生活常识,引导学生探究现代信息技术给人类文化带来的挑战。

学习任务3:(主题活动)分析现代信息技术给人类文化发展带来新问题的原因。

教师活动:直面现代信息技术给人类文化带来的挑战,网络暴力、网络诈骗、"低头族"等与信息技术相关的问题时有发生。以小组为团队,根据事先搜集的相关案例,进行"网络信息通"的新闻报道。

学生活动:以小组为单位,派代表上台展示。

案例1(网络暴力):英国、加拿大等地发生多起青少年由于不堪忍受网络暴力自杀身亡的事件,再度引发各方对于网络暴力的关注,社交网站缺乏监管的现状也由此浮出水面。播放相关新闻报道视频。

案例2：网上授课等方式普及后，伴随而来的网络诈骗也披上"新马甲"，不法分子盯上网课和直播，打起"商机"歪主意。（展示相关网页内容）

问题设计：通过观看新闻报道，以及在制作新闻报道过程中的感悟，谈谈能从哪些角度思考这些问题产生的原因。

学生活动：现代信息技术、使用者、社会环境等角度。

教师活动：阅读材料5，以技术和人为切入点，简述现代信息技术给人类文化发展带来挑战的原因。

材料5 科技及其发展具有多方面的内在属性，但从与科技负面效应相关的角度来分析，其最突出的属性是其作用的两重性，即科技的发展和应用对生态环境、社会和人类自身所具有的正面和负面两方面的作用。当科技的扰乱未超出自然、社会和人类系统自我调节和平衡的限度时，科技的负面效应的表现往往还只是轻微的或潜在的；但当其超出自然、社会和人类系统自我调节和平衡的限度，科技的负面效应则会明显乃至激烈地表现出来，从而对自然、社会或人类自身造成严重的危害。

"今天，技术上的合理性，就是统治上的合理性本身，它具有自身异化的社会的强制性质。"……人对于自然的奴役、统治，最终导致工具理性的膨胀与终极价值理性的阙如的阐发，即"战胜外在自然，是以牺牲内在自然为代价的"。

——整理自《科技负面效应的内在根源探析》《论科技发展负面影响的成因及其解决思路》等文

学生活动：第一，科技内在属性的限制，即科技本身具有正面和负面两种作用，当超过自然和社会环境承载力时，负面影响会无限放大，进而破坏社会发展；第二，人类认知和探求欲望的驱动作用，换言之，当人类的欲望过分膨胀时，容易忽略科技对社会的负面效应。

设计意图：以新闻报道的形式呈现系列真实案例，并结合相关材料，让学生学会从人与技术两方面，思考现代信息技术给人类文化发展带来问题的具体原因，提高学生团队协作的水平。

学习任务4：(调查研究)探究解决现代信息技术给人类文化发展带来问题的方法。

教师活动：针对上述问题，以小组为单位，制订计划，展开调研，探究解决上述问题的方法和策略。

学生活动：事先准备：各组确定主题，制订研究计划后明确分工，利用文献阅读、问卷调查、实地走访、名人访谈等方式进行实时记录,形成初步的调查情况报告。再在教师、专业科研人员的指导下,制定相应的解决方法,以形成本组的研究报告。以古为鉴,从中国古代传统思想与人文社会科学中汲取精华,寻求有利于解决科技负面影响的科学力量;以策为导,发挥国家科技政策对科技发展的调整作用,寻求有益于解决科技发展负面影响的制度保障;以人为引,将科技发展置于"生态、社会、经济"的全方位视野中,寻求有益于解决科技发展负面影响的方向调整。

设计意图:强化学生组织和参与活动的能力,深化学生的信息社会责任意识,寻求解决现代信息技术给人类文化发展带来问题的方法与策略。

学习任务5:(成果共享)呈现"信息革命与人类文化共享"的活动成果。

学生活动:利用班级微信公众号、微博等互联网平台,将本课关于"信息革命与人类文化共享"的活动成果以多种形式向校内外用户进行展示与宣传,并践行运用信息技术促进思想交流与文化共享。

小结:随着科学技术的进步,信息技术不断变革,尤其是计算机及其与互联网相结合,推动了现代信息技术的高速发展。与此同时,这种变革又使人类的生产和生活方式发生了巨大变化,推动人类文明迈上一个又一个新台阶。正是通过人类文化跨时空的交流与融合,人类社会进入了实时性、多元化的文化共享时代,但也不可避免地带来了多元文化间的复杂关系,引发了文化价值观、文化模式的变化,对人类文化的发展提出了新课题。因此,我们需要去探究解决人类文化发展过程中出现的人与自然、人与社会、人与机器等冲突的办法,共同化解人类文明的难题。

(三)板书设计

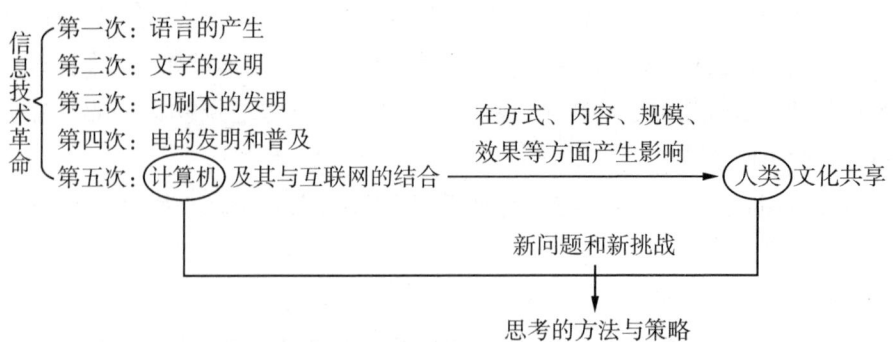

(四)核心素养水平划分

水平1:能够通过自主探究,梳理信息技术从古至今,从信息、文字、印刷术到电报、电话、电视机,再到计算机、互联网、人工智能的发展历程;能够说出现代信息技术的发展趋势;能够归纳整理当前人类文化发展面临的与信息技术相关的各种问题。

水平2:能够对信息革命进行整体的认知和说明;能够通过对典型案例的解读,结合唯物史观核心素养,客观、辩证地分析现代信息技术对文化传播方式、内容、规模、效果等方面产生的巨大影响。

水平3:能够深刻理解并感悟现代信息技术对人类文化共享与创新发展的积极影响;能够从人和技术两方面,准确把握现代信息技术相关问题产生的原因;能够选择、组织和运用相关材料并使用相关历史术语,探求解决网络暴力等问题的方法和策略。

水平4:能够体会信息技术革命对人类文化交流与传播带来的影响,感悟科技的强大力量;能够客观地认识历史事物的内涵,体会现代信息技术给人类文化发展带来的新机遇和新挑战,增强信息社会责任意识。

图书在版编目（CIP）数据

上好高中历史课. 国家制度与社会治理 经济与社会生活 文化交流与传播 / 王少莲主编. -- 杭州：浙江教育出版社，2022.1
 ISBN 978-7-5722-2292-4

Ⅰ．①上… Ⅱ．①王… Ⅲ．①中学历史课－高中－教学参考资料 Ⅳ．①G633.513

中国版本图书馆CIP数据核字(2021)第165464号

责任编辑 彭　宁　　　　　　**责任校对** 沈冰青
美术编辑 韩　波　　　　　　**责任印务** 陆　江
封面设计 吴思璐

上好高中历史课　国家制度与社会治理　经济与社会生活　文化交流与传播
SHANG HAO GAOZHONG LISHI KE　GUOJIA ZHIDU YU SHEHUI ZHILI　JINGJI YU SHEHUI SHENGHUO　WENHUA JIAOLIU YU CHUANBO
王少莲　主编

出版发行	浙江教育出版社
	（杭州市天目山路40号　电话：0571-85170300-80928）
图文制作	杭州兴邦电子印务有限公司
印　　刷	杭州富春印务有限公司
开　　本	710mm×1000mm　1/16
印　　张	28.5
字　　数	511 000
版　　次	2022年1月第1版
印　　次	2022年1月第1次印刷
标准书号	ISBN 978-7-5722-2292-4
审 图 号	GS(2021)5244号
定　　价	100.00元

如发现印、装质量问题，请与承印厂联系。电话：0571-64362059